国家级精品资源共享课配套教材
高等职业教育财经类精品教材·教学改革成果系列

网络营销实务
——"学·用·做"一体化教程
（第4版）

方玲玉　主　编
李小斌　副主编

电子工业出版社
Publishing House of Electronics Industry
北京·BEIJING

内 容 简 介

在借鉴"现代营销学之父"菲利普·科特勒4Ps市场营销理论的基础上,本书创新性地提出了网络营销的 4Ts 分析框架:网络营销=网络市场定位+4Ts(平台建设技术、内容推广技术、销售转化技术、数据优化技术),为网络营销教学及实践创新,提供了基本准则及行动指南。

基于"以技术为基础的精准营销,以销售为导向的体系设计"编写理念,全书以网络营销业务流程为主线,由定位篇、推广篇、营销篇三个部分构成。定位篇包括第一章网络营销导引、第二章网络营销市场定位,推广篇包括第三章网络营销平台建设、第四章网络营销在线推广,营销篇包括第五章网络营销推广方案策划与实施、第六章网络营销效果评估与优化。每章开头由【引导案例】提出思考,每节开头由【内容提要】开宗明义,中间以【技能训练】及【阅读材料】贯穿始终,最后由【思考与练习】与【参考答案】完满收官。本书教学资源渐次递进、教学内容环环相扣。通过碎片化知识,实现精致化学习。

本书体系结构严谨,教学资源精当,是专门针对高等职业院校及应用型本科电子商务、市场营销及工商管理等商科类专业开发的校企合作教材,也适宜作为网络营销及运营推广类初中级岗位员工的培训用书。

未经许可,不得以任何方式复制或抄袭本书之部分或全部内容。
版权所有,侵权必究。

图书在版编目(CIP)数据

网络营销实务:"学·用·做"一体化教程/方玲玉主编. —4 版. —北京:电子工业出版社,2021.7
ISBN 978-7-121-41490-9

Ⅰ. ①网… Ⅱ. ①方… Ⅲ. ①网络营销—高等学校—教材 Ⅳ. ①F713.365.2

中国版本图书馆 CIP 数据核字(2021)第 126781 号

责任编辑:贾瑞敏
印　　刷:三河市鑫金马印装有限公司
装　　订:三河市鑫金马印装有限公司
出版发行:电子工业出版社
　　　　　北京市海淀区万寿路 173 信箱　邮编 100036
开　　本:787×1 092　1/16　印张:16.75　字数:428.8 千字
版　　次:2010 年 2 月第 1 版
　　　　　2021 年 7 月第 4 版
印　　次:2024 年 8 月第 4 次印刷
定　　价:49.80 元

凡所购买电子工业出版社图书有缺损问题,请向购买书店调换。若书店售缺,请与本社发行部联系,联系及邮购电话:(010)88254888,88258888。
质量投诉请发邮件至 zlts@phei.com.cn,盗版侵权举报请发邮件至 dbqq@phei.com.cn。
本书咨询联系方式:(010)88254019,jrm@phei.com.cn。

前　　言

人生的哲学，也就是营销的哲学！当前营销面临百年未有之大变局：移动互联大行其道，智慧商业高歌猛进；自媒体无处不在，大数据洞察一切；再小的个体也是品牌，每个组织都有其 IP。此时此刻，我们需要怎样的网络营销？我们如何学习今天的网络营销？这正是本书将要解答的系列问题。

网络营销之所以超越传统营销，在于它作为以技术为基础的精准营销，可以实施以销售为导向的体系设计。本书以网络营销的业务流程为主线，由定位篇、推广篇、营销篇三篇组成。本书各篇章内容及主要修订内容如下。

定位篇：第一章网络营销导引，增加"第三节 品效合一：网络营销创新的原动力"。对比分析市场营销与网络营销分析框架，阐述了网络营销创新创意的方法原理；从战略、策略、战术三个层面对网络营销进行剖析，创新性地提出了"目标市场+4Ts"的网络营销方法论。第二章网络营销市场定位，在阐述网络营销目标市场调研、竞争对手分析、消费模式分析、目标市场选择、产品独特卖点提炼等内容之外，根据 2B 端产业互联网兴起特点，增加了企业用户快照、用户快照信息获取等新知识、新内容。

推广篇：第三章网络营销平台建设，第二节增加了"四、网站着陆页设计"内容。开篇即从社会化网络媒体的网络营销平台新视角，将第三方平台+网站传统网络营销平台模式，快速切换到全渠道营销视角下的消费场景，打通了线上与线下营销壁垒，弥合了 PC 端与移动端营销鸿沟。第四章网络营销在线推广（原第四、五章合并而成），增加了短视频营销、KOL 营销等主要基于移动端的网络推广新方式，删减了电子邮件推广、网盟推广、数据库营销、名人营销等非主流推广方式，保留搜索引擎推广、网络广告推广、论坛推广、博客/微博营销、微信营销及病毒式营销、事件营销、网络公关等内容。

营销篇：第五章网络营销方案策划与实施，通过对真实案例的剖析，阐述网络营销方案策划流程及实施步骤。第六章网络营销效果评估与优化，原第一节"网络营销效果评估基础"改写为"网络营销效果评估体系建立"，第三节增加了"网络营销优化常用工具"内容，对营销漏斗、SEM 优化决策树、矩阵分析法、创意点信息库、关键词分布曲线等网络营销数据优化工具进行了系统梳理及简要介绍。

纵观中国网络营销二十年，大致经历了 2010 年之前"吸引眼球，流量至上"的第一阶段，后来"征服大脑，销售为王"的第二阶段，到 2020 年以来"品效合一，统合营销"的第三阶段。本书前三个版次的底层逻辑，分别对应这三个历史阶段的营销实践。第 4 版是以上思想成果的集中体现及重要改进，主要特色如下。

1. 分析提炼网络营销一线业务，创新构建网络营销方法体系

今天的网络营销，早已不是一般意义上的流量推广了。从关注广告展示、网站流量、关键词排名等，到聚焦销量、利润及投入产出比（ROI）等转化指标，再到追求品牌推广及效果转化双赢的"品效合一"，网络营销不仅需要吸引眼球，更要能够征服大脑。以上目标的实现，数据和技术的作用显而易见。

网络营销"技术"，不只是传统的信息技术，还包括网络营销新方法、新手段，数据分析新技术、新工具等，以及由此衍生转化而成的网络产品定位技术、卖点提炼技术、流量推广技术、营销转化技术、数据优化技术等。

在深入分析一线企业网络营销业务流程，充分借鉴"现代营销学之父"菲利普·科特勒传统市场营销产品、价格、渠道、促销的 4Ps 理论基础上，本书总结、提炼出"目标市场+4Ts"网络营销方法体系：基于网络市场精准定位的平台整合技术、流量推广技术、销售转换技术、数据优化技术的网络营销组合策略，其先进性和实效性，在网络营销企业实战中已得到验证。基于这一理论设计的"网络营销=定位+推广+营销"的内容体系，帮助学习者建立网络营销的系统性思考和全局性思维方式，突破了同类教材拘泥于网络营销具体策略、"只见树木，不见森林"的致命缺陷。

2. 打破营销壁垒，弥合营销鸿沟，全方位拓展网络营销新视野、新格局

在网络营销平台建设上，本书整合了社会化媒体等网络营销平台新要素，引入了包含卖场、电商、娱乐、直播、终端、VR 等新要素的全渠道消费场景等网络营销新概念。在网络推广方式上，第 4 版增加了基于移动端的微信推广、短视频营销等新内容。这部分内容的迭代更新，破除了线上与线下的营销壁垒，弥合了 PC 端与移动端营销鸿沟，在跨越以企业网站为核心的网络营销平台旧模式的同时，拓展了全媒体网络营销新格局，打开了全渠道网络营销新视角，让网络营销教学与市场同步进入全渠道营销、全媒体营销、全场景营销的新阶段。

3. 通过碎片化知识，实现精致化学习

在对第 3 版数据资料全面更新的基础上，第 4 版几乎改写了全部的【技能训练】及【思考与练习】，新增了特别的【内容提要】模块，只要你用心去品读，哪怕花上 1～2 分钟，都会有不少收获。

每节开头的【内容提要】、中间的【技能训练】、每章最后的【思考与练习】及【参考答案】，为本书精华之所在：小巧精致，却营养丰富；只言片语，却意味深长。通过这种精致化学习，让每位学习者迅速洞察——营销的精髓及市场的本质。

4. 坚持立德树人探索课程思政，吸纳行业标准强化创新思维

在网络营销原理方法介绍及典型案例选取分析中，坚持专业教育与立德树人相统一，坚持技能训练与课程思政相融合。如在分析 20/80 定律时，注重利用原理帮助学生建立积极正面的价值观，养成追求卓越的工匠精神，如"10 人中：2 人做事业、8 人做事情；2 人会坚持、8 人会放弃；2 人正面思考，8 人负面思考"等。另外，通过"图 1-21 20/80 定律在人工智能领域的表现"等案例，用事实和数据彰显中国自信，强化民族自豪感、自信心，如"截至 2019 年 6 月，我国网络购物用户 6.39 亿、手机网购用户 6.22 亿，大约是美国总人口的两倍，超过联合国五大常任理事国中其他四国（美、英、俄、法）人口总和。海量的网民群体及巨大的消费潜力，为中国经济发展提供了广阔的内部市场和充足的发展空间，这也是我们应对外部挑战及贸易摩擦的底气之所在……"等。

在吸纳行业标准、产教深度融合方面，本书整合了湖南乃至全国领先的网络营销服务商及电商企业网络营销方面成功经验、操作规范或行业标准。如第一章"引导案例 鱼和熊掌要兼得：标识标牌行业网络营销的品效双赢"；第二章"目标用户快照""用户快照信息获取"；第三章"网站着陆页设计""技能训练 3-7 营销型企业网站的评测"；第四章"阅读材料 4-1 长尾的力量：

打破推广瓶颈，提升 50%转化"；第五章"阅读材料 5-2 某茶叶公司淘宝店网络营销推广方案（节选）"；第六章新增内容"网络营销优化常用工具""网络广告效果评估指标"等。以上新增内容及素材，大多直接来源于湖南领度信息技术有限公司、湖南竞网智赢网络技术有限公司（百度湖南总代理）、湖南西子电商品牌管理有限公司等企业，他们大多为民政校友创建或运营的网络营销电子商务类品牌企业。

创新创意是网络营销的核心竞争力，创意思维与创新能力是网络营销教学成败的关键。本书开篇第一章网络营销导引，由"网络营销：传统营销的继承与超越""创新创意：网络营销的核心竞争力"两节构成，介绍了 20/80 定律、长尾理论、利基市场等网络营销创新理论，开发了三个创新创意的技能训练：品牌企业 4Ps 策略调研、品牌企业网络营销平台调研、成功网络卖家营销创新创意调研，为学习者提供创新创意深度实践体验。

长沙民政职业技术学院方玲玉教授负责本书统稿及编撰，完成第一章至第三章改编，撰写全部章节的【内容提要】，改写全书【思考与练习】及【参考答案】。李小斌教授参与第四章至第六章改编，负责技能训练修订。刘娜副教授参与【阅读材料】修订及【引导案例】整理。湖南领度信息技术有限公司聂磊总经理参与第六章"数据优化方法及工具"等内容撰写，并与湖南竞网智赢网络技术有限公司（百度湖南总代理）陈花副总经理、湖南西子电商品牌管理有限公司李鹤副总经理等企业专家共同参与本书设计论证及内容审定，还不遗余力地搜集与整理相关案例及行业标准，以确保网络营销教学实践，能运行在市场预期的区间和跑道上。

本书作为 2016 年国家级精品资源共享课、高等职业教育商科类专业群电子商务类新专业教学标准配套教材，主要针对中、高等职业院校及应用型本科电子商务、市场营销及工商管理类专业开发，也适宜作为网络营销及运营推广类初中级岗位员工的培训用书。本书配有立体化教学资源，读者可访问华信教育资源网（www.hxedu.com.cn）获得学习相关资料。

方玲玉

chinahnfly@126.com

目 录

第一篇 定位篇 ……………………………………………………………… (1)

第一章 网络营销导引 ……………………………………………………… (3)

引导案例 鱼和熊掌要兼得：标识标牌行业网络营销的品效双赢 …… (4)

第一节 网络营销：传统营销的继承与超越 ……………………………… (8)
一、市场营销的分析框架 …………………………………………… (9)
技能训练 1-1 传统企业市场营销 4Ps 策略调研 ……………… (10)
二、网络营销的内容体系 …………………………………………… (11)
阅读材料 1-1 爱奥尼公司的网络营销定位 ………………… (15)
三、网络推广与传统促销 …………………………………………… (17)
四、网络营销与电子商务 …………………………………………… (20)
阅读材料 1-2 珍岛集团智能营销云平台简介 ……………… (20)

第二节 创新创意：网络营销的核心竞争力 …………………………… (21)
一、没有创意就没有眼球 …………………………………………… (21)
二、20/80 定律与长尾理论 ………………………………………… (22)
三、利基市场与网络营销创新 ……………………………………… (24)
阅读材料 1-3 裂帛：离客户心灵最近的服装品牌 ………… (27)

第三节 品效合一：网络营销创新的原动力 …………………………… (28)
一、网络营销的核心目标 …………………………………………… (28)
二、营销需求的转型升级 …………………………………………… (28)
三、品效合一的营销创新 …………………………………………… (30)
阅读材料 1-4 玩转"品效合一"必须走好这五步 ……………… (31)
技能训练 1-2 品牌企业网络营销创新调研 …………………… (31)

思考与练习 ……………………………………………………………… (32)

第二章 网络营销市场定位 ………………………………………………… (34)

引导案例 网店服装卖给谁 …………………………………………… (34)

第一节 目标市场调研 …………………………………………………… (35)
一、电子商务平台调研 ……………………………………………… (36)
二、搜索引擎调研 …………………………………………………… (37)
三、论坛、博客、社会化网站调研 ………………………………… (41)

第二节 竞争对手分析 …………………………………………………… (41)
一、发现竞争对手 …………………………………………………… (42)
二、研究竞争对手 …………………………………………………… (43)
技能训练 2-1 网络市场及竞争对手调研 ……………………… (46)

第三节 目标用户消费模式分析 ………………………………………… (47)
一、网民特征分析 …………………………………………………… (48)

　　　　　阅读材料 2-1　中国互联网产业全球地位及特色…………………………（53）
　　二、目标用户快照……………………………………………………………………（55）
第四节　目标市场选择………………………………………………………………………（59）
　　一、避免与大公司竞争………………………………………………………………（60）
　　　　　阅读材料 2-2　凤凰新媒体 CEO 刘爽谈凤凰的经营之道…………………（60）
　　二、选择合适的利基市场……………………………………………………………（61）
　　　　　技能训练 2-2　网络市场选择及目标客户画像………………………………（62）
第五节　产品独特卖点提炼与表达…………………………………………………………（63）
　　一、独特卖点的提炼…………………………………………………………………（63）
　　二、独特卖点的表达…………………………………………………………………（64）
　　　　　技能训练 2-3　产品独特卖点的分析和提炼…………………………………（65）
　　　　　阅读材料 2-3　金羚感冒片的独特卖点………………………………………（65）
　　思考与练习…………………………………………………………………………………（66）

第二篇　推广篇……………………………………………………………………………………（69）

第三章　网络营销平台建设………………………………………………………………………（71）
　　　　　引导案例　广州江湾大酒店电子商务网站建设……………………………（71）
第一节　网络营销平台概述…………………………………………………………………（71）
　　一、网络营销平台的概念……………………………………………………………（72）
　　二、网络营销平台的构成及特点……………………………………………………（74）
　　三、企业网站的主要类型及选择……………………………………………………（75）
　　　　　技能训练 3-1　不同类型企业网站对比分析…………………………………（78）
　　　　　技能训练 3-2　社会化媒体平台的信息发布…………………………………（78）
　　四、企业网站建设规划………………………………………………………………（79）
　　　　　阅读材料 3-1　如何评价一个企业网站的好坏………………………………（80）
　　　　　技能训练 3-3　企业网站建设可行性分析……………………………………（81）
第二节　营销型企业网站建设………………………………………………………………（81）
　　一、网站域名注册……………………………………………………………………（82）
　　　　　技能训练 3-4　企业网站域名设计与查询……………………………………（84）
　　二、网站内容规划……………………………………………………………………（84）
　　　　　技能训练 3-5　网站内容与栏目设计…………………………………………（86）
　　三、网站首页设计……………………………………………………………………（87）
　　四、网站着陆页设计…………………………………………………………………（89）
　　五、网站风格规划……………………………………………………………………（90）
　　　　　技能训练 3-6　不同类型企业网站风格的比较与分析………………………（94）
　　六、网站客户体验设计………………………………………………………………（94）
　　　　　阅读材料 3-2　如何设计网站导航……………………………………………（96）
　　七、网站的后台规划…………………………………………………………………（97）
　　八、流量统计软件安装………………………………………………………………（98）
　　九、网站效果测试……………………………………………………………………（99）
　　　　　技能训练 3-7　营销型企业网站的评测………………………………………（100）

第三节　第三方网络营销平台建设……………………………………………（103）
　　一、第三方网络营销平台概述……………………………………………（103）
　　二、第三方网络营销平台的评价与选择…………………………………（105）
　　　　技能训练3-8　第三方网络营销平台的评价与选择……………………（108）
　　三、第三方网络营销平台店铺建设………………………………………（109）
第四节　企业网站诊断……………………………………………………（111）
　　一、网站诊断基础…………………………………………………………（111）
　　二、网站诊断方法…………………………………………………………（112）
　　　　技能训练3-9　营销型企业网站分析与诊断……………………………（114）
思考与练习…………………………………………………………………（115）

第四章　网络营销在线推广……………………………………………（117）
　　　　引导案例　澳优公司在线推广……………………………………（117）
第一节　搜索引擎推广……………………………………………………（118）
　　一、搜索引擎推广基础……………………………………………………（118）
　　二、搜索引擎推广应用……………………………………………………（122）
　　三、搜索引擎优化…………………………………………………………（126）
　　　　阅读材料4-1　长尾的力量：打破推广瓶颈，提升50%转化……………（129）
　　　　技能训练4-1　企业网站的搜索引擎推广与优化………………………（131）
第二节　网络广告推广……………………………………………………（134）
　　一、网络广告概述…………………………………………………………（134）
　　二、网络广告推广应用……………………………………………………（140）
　　三、网络广告费用计算……………………………………………………（144）
　　　　技能训练4-2　企业网站的网络广告推广及效果评估…………………（145）
第三节　论坛推广…………………………………………………………（146）
　　一、论坛推广基础…………………………………………………………（146）
　　二、论坛推广目标人群定位………………………………………………（147）
　　三、寻找合适的论坛并注册………………………………………………（147）
　　四、设计帖子话题…………………………………………………………（148）
　　五、发布帖子及设计回复…………………………………………………（149）
　　六、论坛推广效果评估……………………………………………………（149）
　　　　技能训练4-3　家纺品类的论坛推广………………………………（149）
第四节　博客、微博营销…………………………………………………（150）
　　一、博客营销………………………………………………………………（150）
　　　　阅读材料4-2　用博客卖葡萄酒……………………………………（154）
　　二、微博营销………………………………………………………………（155）
　　　　技能训练4-4　服饰品类的微博营销………………………………（158）
第五节　微信营销…………………………………………………………（159）
　　一、微信营销简介…………………………………………………………（160）
　　二、微信营销方式…………………………………………………………（160）
　　　　技能训练4-5　个人微信账号的设置与优化……………………………（161）
　　三、微信公众平台…………………………………………………………（161）

· IX ·

　　　　　技能训练 4-6　微信公众号创设体验………………………………………（165）
　　　　四、微店营销……………………………………………………………………（166）
　　　　　阅读材料 4-3　微店、微信小店及其他……………………………………（171）
　　　　　技能训练 4-7　微店的创建体验………………………………………………（172）
　　第六节　短视频营销……………………………………………………………………（172）
　　　　一、短视频发展概述……………………………………………………………（172）
　　　　二、短视频营销策略……………………………………………………………（174）
　　　　　阅读材料 4-4　企业抖音账号的营销传播策略……………………………（177）
　　　　　技能训练 4-8　短视频的制作及发布…………………………………………（179）
　　第七节　其他方式推广…………………………………………………………………（179）
　　　　一、病毒营销……………………………………………………………………（180）
　　　　二、事件营销……………………………………………………………………（182）
　　　　三、KOL 营销……………………………………………………………………（184）
　　　　四、网络公关……………………………………………………………………（188）
　　　　　阅读材料 4-5　阿里公关案例：钉钉碰上小学生跪地求饶………………（192）
　　　　　技能训练 4-9　病毒营销的创意与设计………………………………………（193）
　　思考与练习………………………………………………………………………………（193）

第三篇　营销篇 ……………………………………………………………………（197）

第五章　网络营销推广方案策划与实施…………………………………………………（199）
　　　　引导案例　长沙巴顿公司如何规划网络营销推广方案………………………（199）
　　第一节　网络营销推广方案策划………………………………………………………（200）
　　　　一、网络市场 SWOT 分析………………………………………………………（200）
　　　　二、分析竞争对手网站及推广方式……………………………………………（201）
　　　　三、确定网络营销推广的目标市场……………………………………………（204）
　　　　四、规划网络营销推广的主要目标……………………………………………（204）
　　　　五、选择恰当的网络营销推广方式……………………………………………（205）
　　　　　阅读材料 5-1　如何写企业的网络营销推广方案…………………………（219）
　　第二节　网络营销推广方案实施………………………………………………………（220）
　　　　一、方案实施过程………………………………………………………………（221）
　　　　二、方案实施中易出现的问题分析……………………………………………（222）
　　　　　阅读材料 5-2　某茶叶公司淘宝店网络营销推广方案（节选）…………（222）
　　　　　技能训练 5-1　企业网络营销推广方案策划…………………………………（230）
　　思考与练习………………………………………………………………………………（231）

第六章　网络营销效果评估与优化………………………………………………………（233）
　　　　引导案例　评估与优化长沙巴顿公司的网络营销效果………………………（233）
　　第一节　网络营销效果评估指标体系建立……………………………………………（233）
　　　　一、网络广告效果评估指标……………………………………………………（234）
　　　　二、网站访问效果评估指标……………………………………………………（236）
　　　　三、其他推广渠道效果评估指标………………………………………………（240）
　　第二节　网络营销效果评估……………………………………………………………（241）

一、搜索引擎推广效果评估……………………………………………………（241）
　　二、其他推广效果评估…………………………………………………………（243）
　　　　阅读材料 6-1　如何评估网络广告的效果……………………………（243）
　第三节　网络营销效果优化……………………………………………………（244）
　　一、网络营销优化常用工具……………………………………………………（245）
　　二、网络营销优化常用方法……………………………………………………（248）
　　　　技能训练 6-1　网络访问数据分析与营销优化………………………（253）
　　　　技能训练 6-2　淘宝店铺数据分析与营销优化………………………（254）
　思考与练习………………………………………………………………………（254）

参考文献……………………………………………………………………………（256）

第一篇　定位篇

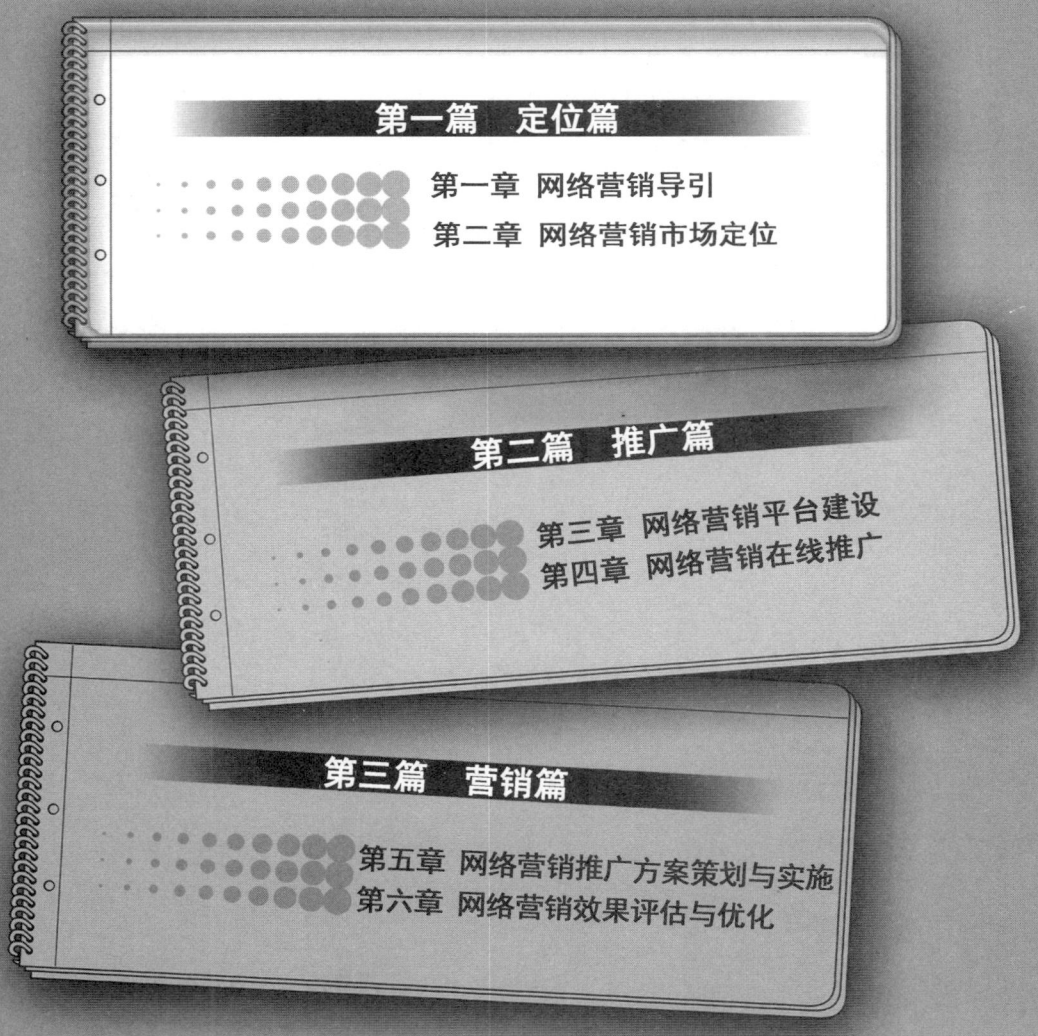

第一篇　定位篇
第一章　网络营销导引
第二章　网络营销市场定位

第二篇　推广篇
第三章　网络营销平台建设
第四章　网络营销在线推广

第三篇　营销篇
第五章　网络营销推广方案策划与实施
第六章　网络营销效果评估与优化

第一章 网络营销导引

21世纪开篇二十年，可谓波澜壮阔。先是网络化、数字化及智能化变革，让人目不暇接，接下来的云计算、大数据及物联网等新技术，吹响了第二次信息革命的集结号。由国际IT巨头主导、起源于"工业经济"的"计算机+软件"模式，正在向适应"信息经济"特点的"云计算+大数据"模式转变，人类开始从以控制为出发点的IT（信息技术）时代，走向以用户为中心的DT（数据技术）时代，如图1-1所示。"客户中心"的时代变迁，驱动营销方式的转型与升级。

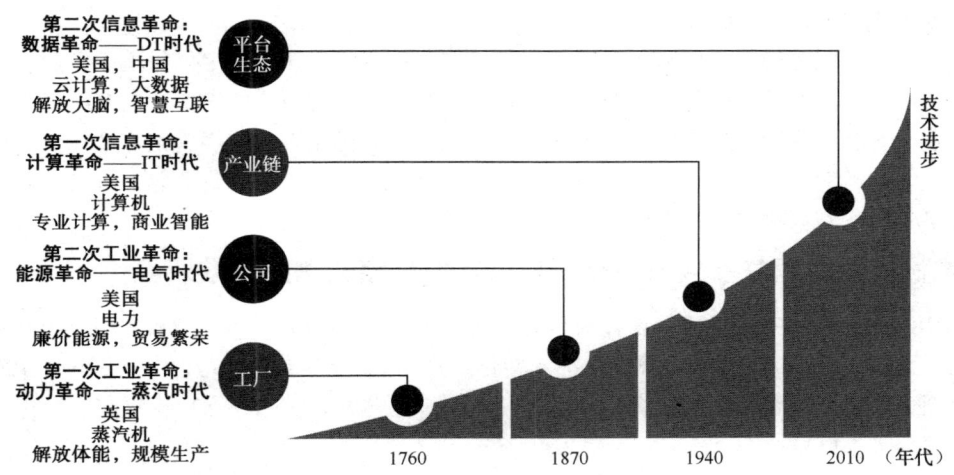

图1-1 第一次工业革命到第二次信息革命的变迁

（资料来源：阿里研究院，www.aliresearch.com，2016-3）

不同于工业文明的"铁、公、机"（铁路、公路、机器），第二次信息革命最重要的基础设施已经演变为"云、端、网"（云计算与大数据、智能终端及APP、互联网及物联网），如图1-2所示；不同于工业文明的"资本+能源"，第二次信息革命中最核心的生产要素已经演变为"数据+信息"（见表1-1）。在大数据驱动的DT时代，精准营销从此翻开新的篇章——营销不仅是一门关于思维与创意的艺术，更是一门可测量、可触到的科学与技术。

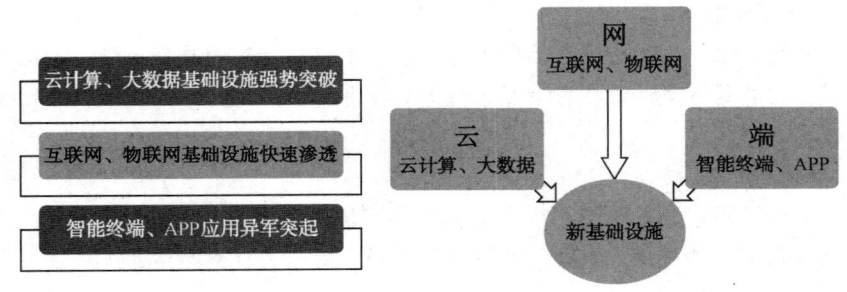

图1-2 信息经济时代新的基础设施：云、端、网

（资料来源：阿里研究院，www.aliresearch.com，2016-3）

表 1-1　信息经济时代核心要素：数据+信息

所处时代	农业经济	工业经济	信息经济
生产要素	土地、简单劳动力	资本、能源	数据
核心生产工具	犁、锄头	大型机械设备	计算机、互联网
产业特点	劳动密集型	资本密集型	知识密集型
主导产业	农业	工业	信息产业
基础设施	土地、运河	铁路、公路、电网	云计算、互联网、智能终端

（资料来源：阿里研究院，www.aliresearch.com，2016-3）

从产业端来看，通过互联网来开展基于数据的精准营销，已经成为广大企业的首选。从消费端来看，中国网民已经习惯于数字化生存，生活、工作、学习、娱乐等各个场景中数字化程度不断提高，线上线下不同触点间的切换日趋频繁。以生活场景为例，在衣食住行四大方面，中国的数字化程度已经赶超美国。

如何利用互联网的特色优势，发掘数字时代的营销密码，在精准定位的基础上，全方位整合企业资源平台，通过吸引目标用户眼球、扩大在线流量，进而征服消费者大脑、提高销售转化，构建一整套"网络定位→内容推广→营销转化→数据优化"的网络营销方法体系，这对于今天的企业、组织及个人，既是一场严峻的挑战，更是一次千载难逢的机会。

网络营销变幻莫测，市场真相并不复杂。请看下面一则企业真实营销案例。

引导案例　鱼和熊掌要兼得：标识标牌行业网络营销的品效双赢

IONIC是一家从事标识标牌设计制作的专业公司，行业经验达15年之久，拥有100多人的专业服务团队，7 000平方米的现代化标识制作厂房及20余台专业生产设备，获得了ISO9001质量管理体系认证等数十项荣誉资质，服务3 000多家客户，其中不乏中国电建、中建、中海等数十家世界500强企业。

公司上线了自己的企业官网，定位为"专业标识标牌设计制作厂家"。2018年网站推广费用为200元/天，月咨询量为10个左右，没有配备专职客服人员，直接由公司副总对接，网络推广效果不尽人意。尽管公司实力雄厚，但也越来越深刻地意识到：网络时代，酒香更怕巷子深。为此，公司打算将2019年的网络推广求助于专业的网络营销公司。

湖南领度是一家领先的网络营销专业公司，项目经理小罗接手IONIC公司网络营销项目后，经与客户密切磋商，很快就达成了初步共识：

➢ 广告投放渠道：主要通过百度竞价等方式投放网络广告，带来询盘，线下成交。
➢ KPI考核目标：年度网络销售额从0提升为500万，每月咨询量从10个提升到60个，并降低获客成本。

在明确企业诉求后，小罗的项目团队充分调研，制订了详细的推广计划，包括项目孵化3个月及年度代运营执行方案。该项目半年来的进展情况如下。

一、定位分析

1. 项目调研

首先是对公司业务、服务领域、服务流程等进行分析，通过对标识标牌垂直行业热门搜索关键词、区域热门搜索关键词、行业门户网站的调研，对企业自身网络品牌现状、主要竞争品牌网络推广现状进行分析。

<u>输出结果</u>：竞争对手分析表、热门关键词搜索平台（百度、360等）日均搜索量等。

2. 营销定位

在前期调研基础上，对企业的品牌定位、产品定位、核心竞争力、目标客户（最终决策者）、业务模式、服务流程等进行分析，并与客户达成充分共识。

网络营销定位分析，主要是帮企业回答"我是谁？""卖什么？""卖给谁？""怎么卖？""买什么？"5个问题。希望通过有效的线上展示，实现充分的线下交易。

输出结果：企业互联网品牌定位及营销系统建设项目沟通纪要。

二、平台搭建

1. 基础平台搭建

主要是PC&移动端网站、微信公众号、微信小程序、百度小程序等平台的搭建及优化。如根据公司业务、服务领域、服务流程的定位分析结果，重新制作企业营销型网站，对每一个页面进行精心策划、设计，改版后网址：http://www.hnaan.cn/，改版前首页和改版后首页如图1-3和图1-4所示。

输出结果：平台策划页及设计版面（符合用户体验及搜索引擎优化）。

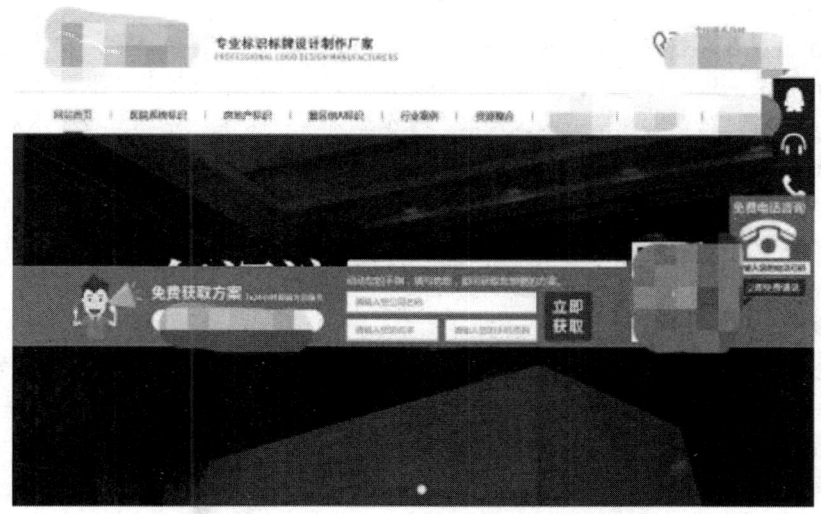

图1-3 网站改版前首页：公司定位"专业标识标牌设计制作厂家"

图1-4 网站改版后首页：公司定位"标识标牌规划、设计、制作一站式服务"

2. 营销平台搭建

主要有百度（百家号、百度百科、百度地图、百度贴吧、百度问答），360，头条（企业头条号），微博，阿里平台等第三方营销推广平台。

输出结果：针对企业定位选择推广渠道，寻找精准客户。

三、营销推广

1. 付费推广

主要是 SEM 推广（搜索引擎营销），选择百度、360、今日头条及阿里巴巴等平台进行竞价推广。

（1）百度：竞价推广、百家号、爱采购等

（2）360：竞价推广

（3）阿里巴巴：竞价推广

（4）今日头条：竞价广告

输出结果：通过精准推送，确保让有需求的客户能马上找到我。

2. 免费推广

主要有 SEO（搜索引擎优化）及内容推广两种形式。

（1）SEO 推广

通过对网站进行优化，提升标识标牌类核心关键词的搜索排名。

（2）内容推广

通过开通企业百家号、微信公众号等方式，进行内容撰写；通过知识问答的文案方式，在问答平台进行投放。这些内容可同步投放到企业搭建好的基础平台及营销平台上。

基础平台：PC&移动企业网站内容编辑、案例整理等；微信公众号、微信小程序、百度小程序内容策划、编辑及发布。

营销平台：百度问答、垂直门户、分类信息、友情链接。

输出结果：根据行业特性，有针对性地选择渠道做营销；布局百度免费、付费推广，实现核心词霸屏等。

四、效果分析

定期对投放广告及推广内容的曝光量、点击量、询盘量、转化量、成交量、搜索引擎来源、地区来源、跳出率、付费与免费点击比率等进行统计分析，并作为下一步优化依据。

1. SEM

半年项目合作时间，百度竞价共计 11 275 个点击，平均点击单价 3.32 元，日均消费 117 元，共 375 个询盘，完成 500 多万销售额。半年内完成了全年 KPI 核心指标，营销推广效果远超预期。

2. SEO

通过搜索引擎优化，"长沙标识制作""长沙景区标识"等系列核心关键词搜索，均出现在首页或第二页的显著位置，如图 1-5 和图 1-6 所示。

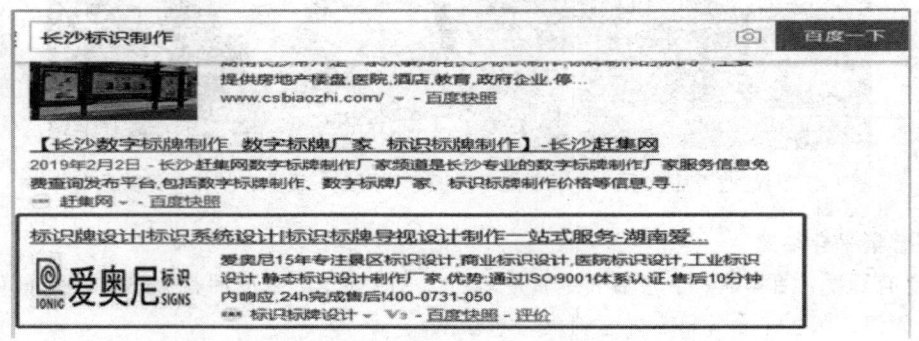

图 1-5　关键词"长沙标识制作"搜索结果

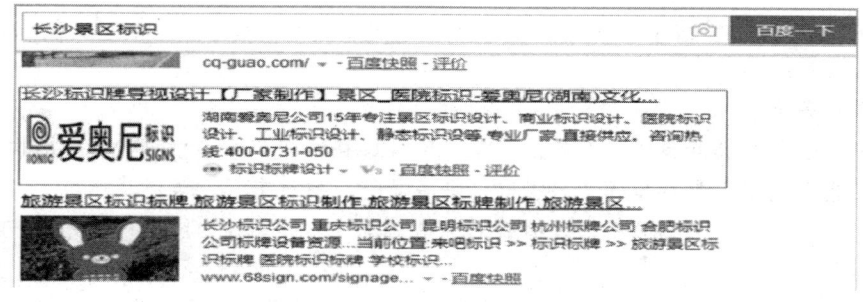

图 1-6　关键词"长沙景区标识"搜索结果

3. 百家号、头条号

用关键词"长沙标识标牌"作为百家号、头条号的名称，如图 1-7 所示，显著提升移动端的品牌曝光度。

图 1-7　用关键词"长沙标识标牌"在百家号、头条号开通企业账号

4. 百度问答

通过百度问答等内容推广，提升品牌词在百度等主要搜索引擎的曝光度，如图 1-8 所示。

图 1-8　百度问答：品牌词排第 1 页

输出结果：询盘登记表，月数据分析，季度、年度总结报告，月工作计划等，根据数据修改调整平台及推广渠道等。

五、客户评价

通过领度团队的精心策划、布局及实施，IONIC 在线成交额不仅大大提升，而且成本也降低了。目前公司在业界的口碑明显提升，许多同行都找过来了。虽然我们绝大部分的推广投放是在湖南，但经过数据分析，还有针对性地对某些关键词在全国也进行了推广，效果也是非常显著的。

我们特别感谢小罗老师的服务团队，是他们的精准施策及定制化服务，让公司的网络营销真正实现了"品效双赢"——品牌渗透和销售转化的同步增长。

（资料来源：领度 Linkdu 企业公众号，2019-12-03）

【案例思考】

上述案例显示，小罗的项目团队，不仅"言出必行"，并且"有行必有果"：每一个动作、每一次行动，必将呈现或提交相应的"输出结果"，给客户，也给自己。

1. 在短短的半年之内，能让一家标识制作类公司的网络推广走上正轨，成功实现网络品牌和经济效益的双赢；显然，小罗他们已经形成了自己关于网络营销的"道"与"术"，你可以总结和发现哪些网络营销的方法与套路？

2. 当今时代的企业、组织或个人，没有网络营销还能获得成功吗？作为未来的商务人士，网络营销会给你带来哪些机会和挑战？

3. "市场营销=目标市场+4Ps（产品、价格、渠道、促销）"，这是长期以来广为流传的营销实战指南。在网络营销时代，你如何评估这套方法体系？

4. 网络营销的逻辑起点是什么？网络营销的终极目标又是什么？与市场营销一样，网络营销是否也可以建立一套独特的方法体系？

教学案例 1-0 爱奥尼公司的网络营销定位

互联网及信息技术的快速迭代，给商务活动的外部环境带来了革命性变化。今天，只有借力端、云、网的信息科技浪潮，抓住网络营销的核心本质，才有可能打造基业长青的企业，才有可能成就精彩卓越的人生。

第一节　网络营销：传统营销的继承与超越

> **内容提要：**
>
> 营销，不仅是关乎销售的技术，更是关乎人生的哲学。人人要传播，事事须沟通。大道至简，营销制胜。
>
> 营销是有价值地满足客户需求。市场营销是通过信息单向传播的广告促销等活动，以最大限度地影响目标用户消费习惯及购买行为。市场营销是目标市场定位+4Ps（产品策略、价格策略、渠道策略、促销策略）的策略组合。
>
> 网络营销是以企业网络品牌为出发点，通过与消费者建立良性互动的网络生态，从而实现品牌传播及销售提升的双赢。网络营销是关于网络品牌定位+4Ts（平台建设技术、内容推广技术、销售转化技术、数据优化技术）的一整套方法体系。
>
> 网络营销不仅是传统营销的继承，更是对传统营销的超越。

一、市场营销的分析框架

1. 市场营销的 4Ps 理论

传统的市场营销，是以目标市场为核心，通过产品（Product）、价格（Price）、渠道（Place）、促销（Promotion）等要素的创新，以吸引目标群体，最终说服消费者购买企业的产品或服务的，如图 1-9 所示。

4Ps 营销理论从管理决策的角度来研究市场营销问题。从管理决策角度来看，影响企业市场营销活动的因素有两大类：一是企业不可控因素，如营销环境，包括微观环境和宏观环境；二是可控因素，如产品、商标、品牌、价格、广告、渠道等，4Ps 就是对各种可控因素的调整与控制。

图 1-9　市场营销分析模型：目标市场+4Ps

（1）产品策略（Product Strategy）。产品策略是指企业以向目标用户提供各种适合消费者需求的有形或无形产品的方式来实现其营销目标，其中包括品种、规格、式样、质量、包装、特色、商标、品牌以及各种服务措施等可控因素的组合和运用。

产品策略的应用，主要表现在对以下问题的思考上。
- 产品性能如何？
- 产品有哪些特点？
- 产品的外观与包装如何？
- 产品的服务与保证如何？

（2）定价策略（Pricing Strategy）。定价策略是指企业通过制定价格和变动价格等方式来实现其营销目标，其中包括基本价格、折扣价格、津贴、付款期限、商业信用以及各种定价方法和定价技巧等可控因素的组合和运用。

定价策略的应用，主要表现在对以下问题的思考上。
- 企业的合理利润以及顾客可以接受的价格？
- 定价是否符合公司的竞争策略？

（3）渠道策略（Placing Strategy）。渠道策略是指企业以合理选择分销渠道、组织商品流通的方式，实现其营销目标，其中包括渠道覆盖面、商品流转环节、中间商、网点设置、储存运输等可控因素的组合和运用。

渠道策略的应用，主要表现在对以下问题的思考上。
- 产品通过什么渠道销售？
- 如何将产品顺利送抵消费者的手中？

（4）促销策略（Promoting Strategy）。促销策略是指企业以利用各种信息传播手段刺激消费者购买欲望，促进产品销售的方式来实现其营销目标，其中包括广告、人员推销、营业推广、公共关系等可控因素的组合和运用。

促销策略的应用，主要表现在对以下问题的思考上。
- 企业如何通过广告、公关、营业推广、人员推销等手段将产品信息传递给消费者以促成消费行为的达成？

2．产品促销是市场营销的关键环节

在传统市场营销活动中，最富于变化、最需要创意的莫过于促销活动的策划。促销，就是营销者利用一定的传播媒介，向消费者传递有关企业及产品信息，说服或吸引消费者购买其产品或服务的一系列活动。

（1）促销活动的表现形式。传统促销以"广告促销""营业促销"为主，其主要的内容及表现形式有以下几种。

① 媒体广告（报纸、杂志、广播、电视）。
② 户外广告。
③ 张贴横幅、店招展示。
④ 捆绑销售。
⑤ 免费赠送。
⑥ 超市促销。
⑦ 广场促销、活动促销等。

（2）广告传播媒体的发展演变。报刊、户外、广播、电视这四大传统媒体，是前互联网时代人们消遣娱乐、传播资讯的重要媒介，也是聚集目标用户的重要平台，更是商家与消费者建立联系并施加影响的主要载体，因而成了各大商家广告促销的必争之地，传统商战竞争之激烈在这里表现得淋漓尽致。

互联网时代，丰富多彩的新媒体形态不断涌现，如数字杂志、数字报纸、数字广播、手机短信、移动电视、网络、桌面视窗、数字电视、数字电影、触摸媒体等。相对于广播、电视、报刊、户外四大传统媒体，新媒体被形象地称为"第五媒体"。

新媒体以其实时、交互、跨时空的特点，消解了传统媒体之间的边界，模糊了国家之间、社群之间、产业之间的边界，甚至还打破了信息发送者与接收者之间的边界，给信息传播的方式和手段带来了革命性变化。随着新媒体的出现，营销推广的方法和路径也将发生革命性变化。

技能训练 1-1　传统企业市场营销 4Ps 策略调研

请选择两家本地区知名品牌企业（如湖南省怡清源茶业有限公司、湖南梦洁家纺有限公司），利用工商红盾网、天眼查等工具对企业资质进行调研，并通过访问企业官方网站等网络调研手段，对这两家企业的经营现状及 4Ps 策略进行分析，最后将结果填入表 1-2。

表 1-2　传统品牌企业经营状况及 4Ps 策略分析

调查内容	怡清源茶业	梦洁家纺
成立日期		
注册资金		
经营状况		
产品策略		
价格策略		
促销策略		
渠道策略		
调研结论		

二、网络营销的内容体系

网络营销，是以现代营销理论为基础，借助网络、通信和数据媒体技术等手段实现营销目标的商业活动，是企业整体营销战略的重要组成部分。

与传统的市场营销一样，网络营销的最终目标，就是通过网络，成功销售企业的产品或服务。随着信息技术的不断完善，除互联网之外，移动通信网络，以及其他的数字通信平台，也成了网络营销的重要渠道。

除了直接的在线销售，企业还可以利用互联网来建立品牌、促进线下销售、提供在线客户服务。这些活动，尽管没有达成直接销售，但最终目标，都是为了促进企业产品的销售。

1．网络营销的三个层级

在具体的操作实施上，网络营销分为自上而下、循序渐进的三个层面。

网络营销战略层：企业以用户需求为导向，对企业网络营销任务、目标及实现目标的方案、措施等，做出总体的、长远的谋划，并付诸实施及控制的过程。如经典的小米营销案例，"粉丝经济"就是其核心的网络营销战略。

网络营销策略层：企业根据自身在市场所处地位，有针对性地采取的系列网络营销组合，包括品牌策略、网页策略、产品策略、价格策略、促销策略、渠道策略、服务策略等。这些策略应与战略保持一致，应围绕战略来制订企业整体的网络营销策略。如小米就是围绕"粉丝经济"战略，在论坛上聚焦用户，通过互动联络感情，最终收获大量忠实粉丝。

网络营销战术层：围绕策略，选择合适的战术方法，制定并执行具体的营销方案，如SEO、竞价、直通车等。对小米论坛而言，如何增加注册用户、如何活跃论坛氛围、如何增加论坛黏性等，都属于战术思考。

2．网络推广与网络营销

网络推广与网络营销，经常混为一谈，其实"推广"是包含在"营销"的概念当中的。显然，网络营销属于战略层，而网络推广是属于战术层。

从字面含义来看，网络推广，重在"推广"，强调的是"方法和执行"，侧重的是采用各种方法，将产品信息推送并传播出去，目的是让更多的人看到这些信息。网络推广考核的重点是信息的展示或传播的"流量"。

网络营销的重点是"营销"，强调的是"策略和创意"，如事件营销，尽管操作比较简单，但要让事件能引发大众的关注和共鸣，则需要强大的创意和创新能力，不是靠执行力强或特别努力就能成功的。因此，针对营销人员的考核，往往是跟最终业绩直接挂钩的，如销售量、用户数等转化及效果指标。

3．网络营销的分析框架

与传统市场营销一样，网络营销的最终目标也是实现销售，其核心内容是产品的促销推广。要利用互联网等新技术、新工具，促进产品在线销售，赢得网络市场竞争优势，这是一个复杂的系统工程，并非轻点鼠标即可完成。

市场营销有一套行之有效的分析框架，网络营销也不例外。如果说市场营销是"目标市场+4Ps"的方法体系的话，网络营销的则是"目标市场+4Ts"的策略组合，即在网络市场定位的基础上,通过平台整合、内容推广、销售转化及数据优化四大技术的整合来实现企业目标。

企业要开展网上营销,并不是在网上开一个店卖东西这样简单。选择什么样的产品以适合在网上销售?如何搭建一个能卖东西的网站?如何开展在线的营销和推广?如何促使网站的访问者下单并成为回头客?如何对营销推广的数据进行分析及优化?这一系列问题,构成了网络营销完整的内容框架。

(1)网络营销产品定位。并不是所有的产品或服务,都适合通过网络来推广和销售。对网络营销人员来说,选择什么样的产品进行网上推广和销售,是网络营销的先导性问题。另外,针对不同的产品,采用何种网络推广的渠道和手段,仍是问题的关键。

对网上销售的产品进行准确定位,有必要对以下问题进行回答和验证。
- 网络营销的产品卖给谁,他们在哪里?
- 网上竞争对手是谁,他们做得怎么样?
- 选择的产品值得在网上销售吗?是否有足够的利润空间?
- 企业的产品与竞争对手相比,有何独特的卖点和竞争优势?

对大多数企业来说,除网络产品定位之外,还有必要对企业的网络品牌、目标用户、业务模式、产品卖点等进行定位分析,如湖南领度公司网络营销定位模型(见阅读材料1-1),通过对"我是谁?卖什么?卖给谁?怎么卖?买什么?"五个问题的回答,来建立一家公司的网络营销定位体系。

(2)网络营销平台建设。网络推广渠道浩如烟海,漫无边际。在建设企业网络营销平台之前,应根据企业资源禀赋及特色优势,对各类渠道进行分析评估,对以下问题进行思考和验证。
- 企业是自建网站,还是利用第三方平台,或者整合各类平台来开展网络营销?
- 可以选择哪些第三方平台或社群媒体?
- 如何建设营销导向的企业网站及营销推广落地页?

根据属性的不同,网络营销平台可分为基础平台、营销平台两类。基础平台是企业自建的专属平台,如企业自建的 PC 端官网、移动端网站、企业微信公众号、微信小程序、百度小程序等。营销平台是企业通过入住第三方平台或注册媒体频道而搭建的网络营销空间,如百度搜索(百家号、百度百科、百度地图、百度贴吧、百度问答)、360 搜索、头条(企业头条号)、微博、阿里平台等。

(3)网络产品在线推广。有了好的产品,构建了企业的网络营销平台,只是具备了网络营销的基本条件。在线推广的核心,是原创或发布哪些具体内容,如图片、文字、视频、音频等,以成功吸引消费者的眼球,获得足够的优质访问流量。因此,内容营销是在线推广的关键。

(4)网络产品在线销售。大量的访问流量,未必等同有效的销售订单。营销人不仅要"吸引眼球",更要"征服大脑",给消费者足够的理由,订单和销售才是问题的关键。

企业推广人员经常会发出下面这样的疑问。
- 广告展现挺多的,怎么没人点击?
- 点击次数挺多的,网站怎么没有访问量?
- 网站流量挺大的,怎么没有多少咨询电话,也没多少人下单?

由此可见,作为网络推广人员,怎样给消费者一个赏心悦目的理由,促使他们下单,并购买更多的产品和服务。另外,通过哪些技术或策略,提高企业网站的黏度,让更多用户成为回头客,如此等等,都是在线销售中所要解决的关键问题。

(5)网络营销数据优化。传统广告人经常感叹——我知道有一半的广告浪费了,但不知道是哪一半！智能化的网络营销，是基于大数据的可视化、透明化营销。利用现有工具软件，企业投入的每一分钱，流向哪里？触发了哪些用户行为？收获了多少销售转换？带来了多少利润效益？……这些都变得可监测、可评估、可核算。通过对系列数据的分析评估，找出营销推广的薄弱环节，为后续营销优化提供可靠支持。

综上所述，基于"目标市场+4Ts"的网络营销方法体系，与市场营销一样，具有其内在的逻辑与规律，如图 1-10 所示。

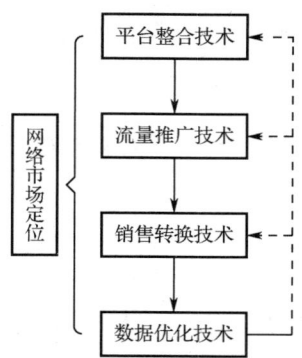

图 1-10　网络营销分析模型：目标市场+4Ts

4．网络营销的操作流程

根据网络营销的内容体系，无论什么样的产品或服务，都可以按下面步骤，在最短的时间内，找到合适的营销方法及推广策略。

（1）明确网络营销推广目标。网络营销的目标，是追求流量、注册量、销售量，还是品牌知名度？这是必须首先搞清楚的事情。网络营销的终极目标是品效双赢，但在具体的时间点上必须有所侧重。目标不明确，营销推广方向就可能出问题。

（2）明确能够让目标实现的主要用户。对企业来说，网络用户有这几大类：能够带来收入的用户、能够带来流量的用户、能够带来内容的用户、能够带来口碑的用户、能够带来品牌知名度与权威性的用户。根据企业的推广目标，自然就可以选择正确的网络用户了。

（3）细分目标用户群，明确用户特征。如某服装卖家，主要面向 18～25 岁的女性。这个定位似乎没有问题，但在具体的操作上，还是无法实施。因为，不是每个此年龄阶段的女性，都会购买该产品。因此，需要进一步细分目标用户群体，究竟其中的哪一些可能购买？她们以从事什么职业为主？文化层次如何？消费能力如何？是喜欢追逐潮流，还是比较成熟稳重？是喜欢音乐视频，还是喜欢 QQ、微信？只有了解了用户的这些特点和需求，才能为网络推广准备合适的素材及内容。

（4）寻找目标用户聚集的网络平台。这要结合用户的特点及需求进行分析：如果用户的主要需求是浏览文章，那就要找到目标用户常去的网站；如果目标用户上网做的最多的事是与人交流，那就要弄清楚是在哪一类主题的 QQ 群、哪些专业论坛或微信群中；如果用户喜欢用搜索引擎查找信息，那就要将用户经常搜索的词全部列出来。上述渠道了解得越细越具体，以后的推广就会越精准越高效。

（5）结合用户特点和产品特点来打动用户。如果用户上网的第一个行为是查找信息、查询资料，就要分析是通过搜索引擎搜索、通过百度知道等网站提问，还是通过论坛或 QQ 群交流。如果主要采用搜索引擎，那搜索引擎营销（Search Engine Marketing，SEM）、搜索引擎优化（Search Engine Optimization，SEO）就是要重点考虑的推广方式。如果用户获取信息的主要手段是百度知道这类平台,那问答推广则是主要手段,建立问答推广团队是必需的。

(6)了解用户最关心的问题,进行集中展示和重点介绍。当用户通过不同的渠道来到自己感兴趣的页面后,应该能够满意地看到企业为他们精心准备的内容,如价格、口碑、产品性能、特点等。

(7)建立良好的客服咨询体系。一部分用户可能会直接在线购买,也有一部分可能要联系在线客服。这就要求企业建立一套标准化、流程化的客服话术体系。

(8)适当建立基于全网的营销推广体系。联系完客服后,还有些用户仍然不放心,这就需要企业适当地进行全网推广,如在权威媒体上进行新闻推广、软文推广,在相关论坛进行口碑推广等。

上述操作步骤已经整理清楚,大致的方法策略也明确无误,接下来的事情,就是要将它们梳理清楚,最终形成纸面方案,再让各部门通力合作,执行到位。网络营销操作流程如图1-11所示。

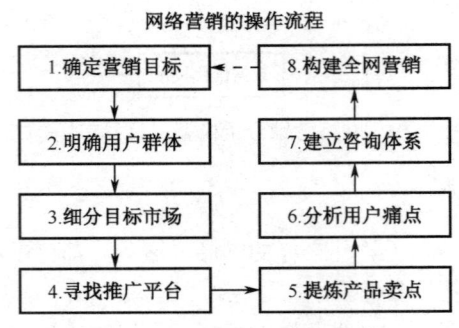

图1-11 网络营销的操作流程

5. 网络营销的漏斗原理

网络营销目标能否实现,与系列营销传播环节关系密切。任何一个环节出现疏漏,营销目标就可能功亏一篑。下面以搜索引擎营销为例,来说明网络营销的漏斗原理。

搜索引擎营销,是企业利用搜索引擎关键词排名等工具,让自己的产品或服务在搜索引擎上有良好表现,以获得更多曝光、点击、访问、咨询及订单。在搜索引擎营销中,企业推广过程与网民购买过程彼此呼应、相辅相成,如图1-12所示。

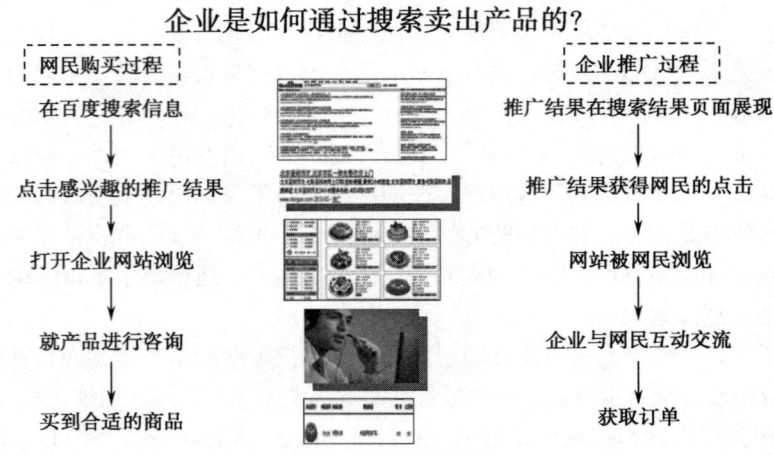

图1-12 搜索引擎营销流程

理想的情况是，所有的曝光都有点击，所有的点击都有访问，所有的访问都有咨询，所有的咨询都有订单。但实际情况是，从展现量、点击量、访问量，到咨询量、订单量，一直在以漏斗的形式逐渐衰减，如图1-13所示。

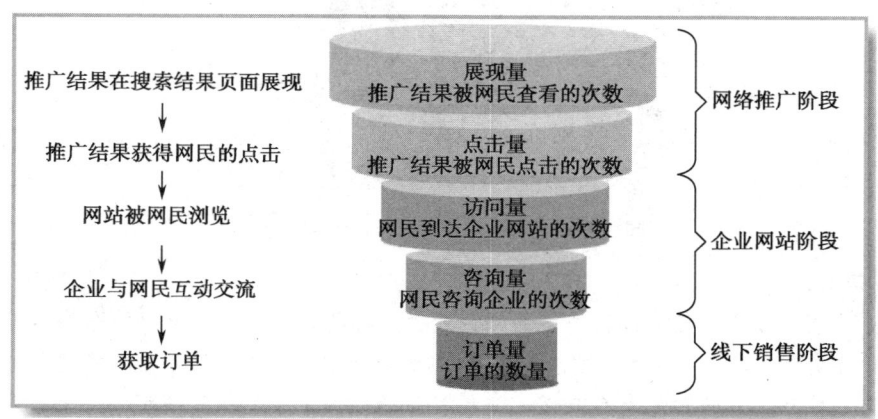

图1-13　搜索引擎营销的漏斗原理

（1）展现量。这里所提到的"量"，不应当仅仅是单纯的访问量，还应当包括网站的访问质量，也就是说，有针对性的目标客户才是整个"量"的标准。因此，在进行搜索引擎营销时，不应当为追求访问者的数量、网站的曝光率而盲目提高展现量，而要在访问的质量上下功夫，真正做到将广告展现给有需求的用户，这样才能提高下一步工作的效果。

（2）点击量。当有需求的用户看到你的网站时，他们也一定看到了竞争对手的网站。这时，如何引导用户去点击你的网站、浏览你的产品，变得十分重要。无论是通过有吸引力的标题，还是利用煽动性语言去引导用户点击，关键都是要为最后的订单做好铺垫，但不要引起用户的强烈反感。

（3）访问量。正常的情况是，通过点击搜索引擎结果页面的链接，用户进入网站，并开始浏览、查询感兴趣的商品。因此，在这一步，一定要想办法留住用户，让他在网站内找到最终的商品，并产生购买意向，达成购买行为。

（4）咨询量。这是非常关键的一层。这时要针对有潜在意向的客户，进行有效的互动沟通。客服的作用非常关键，专业知识、沟通能力、职业态度等，是促成交易的主要因素。

（5）订单量。当进入这一步时，就基本上已经确定了用户的购买行为。在前四步中，企业一方基本上处于被动，只有到了这一步，才开始变得主动。如何对用户进行二次开发、后期服务跟踪等，企业都占据非常大的优势。

在搜索引擎营销的每个环节中，对数据的分析是必不可少的，如展现量和点击量的比例、点击量和成交量的比例等。通过数字来说话，会更具有权威性。任何一个环节出现问题，都可以通过这些比例数据进行分析判断，从而有针对性地对营销过程进行优化。

阅读材料1-1　爱奥尼公司的网络营销定位

湖南领度接管爱奥尼公司的网络营销项目后，在充分调研的基础上，采用领度网络营销定位模型（图1-14），对爱奥尼公司的品牌定位、产品定位、核心竞争力、目标客户（最终决策者）、业务模式、服务流程等进行系统梳理，在回答"我是谁？卖什么？卖给谁？怎么卖？买什么？"五个问题后，成功构建了爱奥尼公司的网络营销定位体系：

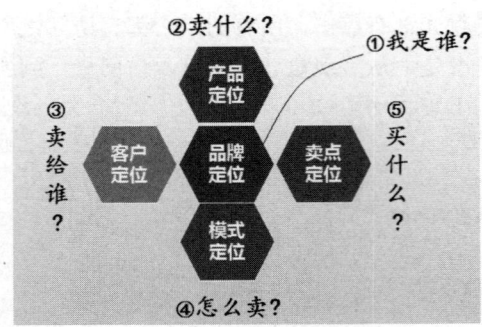

图 1-14　湖南领度的网络营销定位模型

1. 我是谁？

即企业的网络品牌定位，如将之前的"专业标识标牌设计制作厂家"的网络品牌定位调整为"标识标牌规划、设计、制作一站式服务"。对这一问题的回答，是企业网络营销推广的逻辑起点，是建立良好企业品牌声誉的关键。对 IONIC 来说，主要从服务品质、行业影响、工厂实力三个维度，阐明企业的身份地位及特色优势。

针对服务品质：
➢ 15 年标识标牌规划、设计、制作经验
➢ 100 多人专业服务团队，3 000 多家标识项目成功见证
➢ 5 000 平方米现代化标识制作厂房

针对行业影响：
➢ 3 000 多家标识项目成功见证
➢ 中国电建、中建、中海等世界 500 强合作伙伴

针对工厂实力：
➢ 拥有 5 000 平方米现代化标识制作厂房
➢ 80 人生产团队；7 步定制流程，4 项服务宗旨，为客户提供标识标牌规划、设计、制作一站式服务（高效、精准、专业、安全）
➢ 剪、刨、折、焊、刻、激光及烤漆等 20 余台专业生产设备

根据网络推广的需要，以上的每句话都需要配上相应的图片，如标识厂家的图片、标识的场景图等，做到语言掷地有声、有图皆有真相。

2. 卖什么？

即企业的产品定位，确定全网营销以"标识标牌设计"为主，同时展示"产品定制"。

3. 卖给谁？

即企业的目标客户定位，主要有终端大客户、经销客户群、最终使用者三类，在服务行业上主要聚焦房地产标识、景区标识、医院标识、商业地产标识、静态标识、宣传栏及公交站点标识等。

终端大客户：招标单位、工程商（关系户）、行业客户采购单位等。

经销客户群：工程商找制作商、批发商、总包公司、广告公司、行业设计公司、设计院、采购人员等。

最终使用者：地产商、景区园林、高铁站、医院、学校等。

4. 怎么卖？

即企业的业务模式定位。公司作为一家"标识标牌规划、设计、制作一站式服务"提供商，

希望通过有效的线上展示，实现充分的线下交易。

5. 买什么？

前面四个问题，都是从企业自身出发，没有充分考虑目标用户需求及痛点。客户对产品/服务最关注什么？针对客户关注点，公司是怎么解决的，或者有什么优势？对 IONIC 公司来说，要让客户对公司建立信心、产生信任、萌生希望、买到放心。

能不能做：通过专业设计团队展示、标识标牌生产厂家实力展示、各行业标识标牌案例及公司资质展示，给用户吃上一颗定心丸——让客户买信心！

怎么做：通过展示"前期调研→定制设计→深化设计→图纸文件→定制生产→成品安装→后期维护"七位一体的业务流程，明确回应用户的核心关切——让客户买信任！

做过哪些：各行业展示案例——让客户买希望！

有哪些优势：15 年行业经验、3 000+行业案例、纯定制化设计及生产、生产厂家规模及设备、专业的设计团队、过硬的专业资质及交货期保证与售后承诺等——让客户买放心！

（资料来源：领度 Linkdu 企业公众号，2019-12-03）

三、网络推广与传统促销

在市场营销活动中，企业与客户之间的信息传播、交流及沟通非常关键，因此，产品促销和推广成为市场营销的核心环节。网络营销和传统营销的根本区别在于——客户获得产品信息的渠道和方式，已经发生了根本性变化。

在互联网时代，人们要获得产品和服务资讯，不再只是通过电话、纸邮、展会、广告及产品促销活动，而是更多地依赖企业网站、电子邮件、网络新闻、搜索引擎、社区、论坛、社交网络、手机短信、微信朋友圈及各类小程序等新媒体渠道。显然，与传统的促销活动相比，网络推广的方式和手段也必将产生革命性变化。

1. 网络推广的逻辑起点：网民的聚集地

在传统促销活动中，营销人员必须首先了解目标消费者行为习惯，找到他们喜欢的"聚集地"，然后建立与他们发生联系的"接触点"；再通过广告宣传及活动策划，对他们"动之以情、晓之以理"，让他们了解、认同并接受企业的产品或服务——这是一次典型的、完美的传统促销之旅。

在没有互联网的时代，人们主要通过阅读报纸、杂志，收听广播、电视来消遣娱乐、获得资讯。在互联网时代，网络环境的多样性，给人们提供了丰富多彩的选择。门户网站、行业网站、购物平台、社区论坛、微博、微信（含朋友圈）等，已经成为网民主要的"聚集地"，自然也成为商家与客户重要的"接触点"。

中国互联网络信息中心 2019 年 8 月发布的第 44 次 CNNIC 报告显示，截至 2019 年 6 月，中国网民规模达到 8.54 亿人，互联网普及率达到 61.2%，手机网民规模达 8.47 亿人，有 99.1%的网民通过手机上网。其中，网购用户达 6.39 亿，农村网民规模为 2.25 亿。此外，有 4.21 亿人通过网络叫外卖，7.59 亿人通过网络看视频，3.39 亿人使用网络约车……越来越多的网民汇聚网上，发布信息，沟通需求，获得服务。

互联网的普惠、便捷、共享特性，已经渗透到公共服务领域，加快提升公共服务水平、有效促进民生改善与社会和谐。超过 96%的网民使用即时通信（在线聊天），超过 80%的网民使用搜索引擎、网络新闻、网络视频，超过 70%的网民使用网上支付和购物（表 1-3）。无处不在的网络应用,是网民生活工作的"聚集地",更是商家营销推广的"接触点",值得营销人特别关注和研究。

表1-3 2018.12—2019.06 中国网民各类网络应用的用户规模及使用率

应用	2019.6 用户规模/万	2019.6 网民使用率	2018.12 用户规模/万	2018.12 网民使用率	半年增长率
即时通信	82 470	96.5%	79 172	95.6%	4.2%
搜索引擎	69 470	81.3%	68 132	82.2%	2.0%
网络新闻	68 587	80.3%	67 473	81.4%	1.7%
网络视频（含短视频）	75 877	88.8%	72 486	87.5%	4.7%
网络购物	63 882	74.8%	61 011	73.6%	4.7%
网络支付	63 305	74.1%	60 040	72.5%	5.4%
网络音乐	60 789	71.1%	57 560	69.5%	5.6%
网络游戏	49 356	57.8%	48 384	58.4%	2.0%
网络文学	45 454	53.2%	43 201	52.1%	5.2%
旅行预订[27]	41 815	48.9%	41 001	49.5%	2.0%
网上订外卖	42 118	49.3%	40 601	49.0%	3.7%
网络直播[28]	43 322	50.7%	39 676	47.9%	9.2%
网约专车或快车	33 915	39.7%	33 282	40.2%	1.9%
网约出租车	33 658	39.4%	32 988	39.8%	2.0%
在线教育	23 246	27.2%	20 123	24.3%	15.5%

（资料来源：中国互联网络信息中心，www.cnnic.net.cn，2019-08）

2. 常见的网络推广方式和手段

找到目标消费群体的"聚集地",建立与他们交流互动的"接触点";通过信息的传播及企业价值观的渗透,来影响和改变消费者,从而塑造品牌、提升销售,这是营销推广的普遍法则。线上线下,概莫能外。

第37次 CNNIC 报告对企业互联网营销渠道使用情况进行了调研,数据提示企业"网络推广"与网民"聚集地"之间的密切关系,因为网民在聊天、在网购、在搜索……,所以企业就应当并且已经到这些"聚集地"去做推广、做营销、做传播,如图1-15所示。

3. 网络推广是传统促销的继承和超越

与传统的产品促销一样,网络推广是网络营销的核心内容和主要环节。在网络营销的早期,人们甚至将网络推广与网络营销等同起来。

作为网络营销中最富于变化、最富于创意的在线推广,因为其所依赖环境平台发生了革命性变化,与传统的促销活动相比较,不仅有了继承和发展,还有了颠覆和超越。所以,网络营销,不仅包含旧的营销,它更是一种全新的营销。

企业在网络营销推广的实践中,为了达成销售目标,应综合利用各类推广方式,进行整合与创新,以获得最佳营销效果。具体来说,可以从三个方面来进行营销推广的创新与超越。

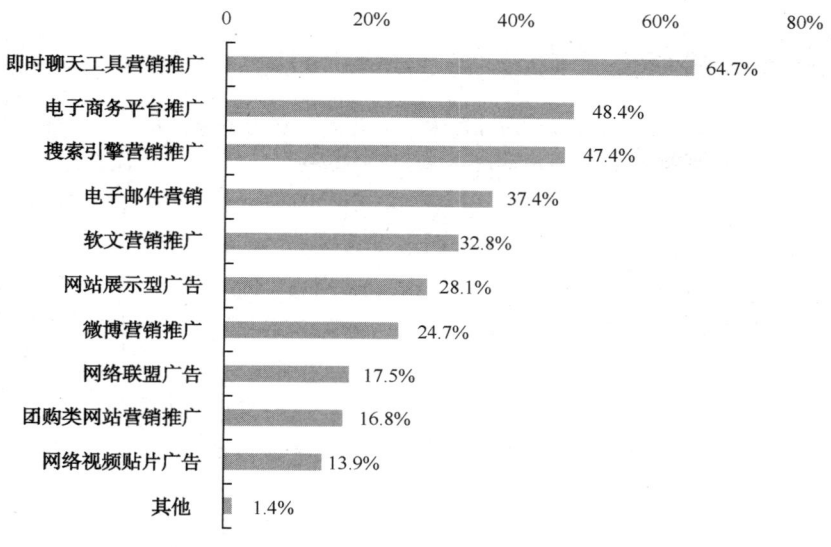

图 1-15 中国企业各互联网营销渠道使用比例

（资料来源：中国互联网络信息中心，www.cnnic.net.cn，2015-12）

网络推广1：传统促销方式在互联网上的延伸和拓展。
网络推广2：对传统促销方式的继承和保留。
网络推广3：对传统促销方式的创新和超越。
网络推广与传统促销的区别与联系如表1-4所示。

表 1-4 网络推广与传统促销的区别与联系

区别与联系	传统促销	网络推广
网络推广1： 传统促销方式在互联网上的延伸和拓展	报纸广告	网络广告/软文广告
	杂志广告	电子杂志
	广播、电视广告	网络视频等
	张贴横幅、店招展示	网站Logo、店铺名称、店铺公告
	活动促销、广场促销	店铺活动促销、社区营销
	直邮广告/DM广告	电子邮件营销
	公共关系	网络公关
网络推广2： 对传统促销方式的继承和保留	户外广告	√
	捆绑销售	√
	免费赠送	√
	事件营销	√
	名人营销	√
网络推广3： 对传统促销方式的创新和超越	×	搜索引擎营销
	×	博客营销/微博营销
	×	论坛营销
	×	网盟广告
	×	病毒式营销
	×	数据库营销
	×	移动网络营销
	×	APP小程序营销

四、网络营销与电子商务

教学案例 1-1　电商的道与术

如果说网络营销是在网上卖东西的一种技术，主要由目标市场定位 + 4Ts 构成，电子商务则是在网上卖东西的整个过程。

电子商务所涵盖的范围，比网络营销要宽广得多。企业要开展电子商务，除能在网上销售出产品之外，还需要考虑商品采购、物流配送、人员管理、投资融资等问题，如图 1-16 所示，而网络营销只是其中的一个环节。营销是各类商务活动的核心环节，电子商务的核心在于网络营销。

最开始的电子商务并不是发生在网站上，而是发生在网络新闻组（类似于现在的论坛）、电子邮件等媒体上。随着电子商务应用的深入及拓展，电子商务的主战场早已转移到各类网站、手机移动端等设施设备。现在的企业，如果没有自己的网站等基础性网络平台，作为开展网络营销的大本营，要达成电子商务目标，成功的概率就很小了。因此，基于企业网站、网店及移动端应用的推广，是当前网络营销的主要内容。

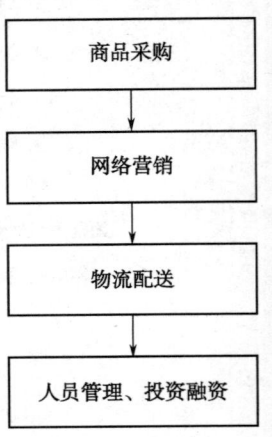

图 1-16　电子商务的主要环节

阅读材料 1-2　珍岛集团智能营销云平台简介

珍岛信息技术（上海）股份有限公司（简称珍岛集团），秉承"整合数字资源，技术驱动营销"的核心运营理念，专注于数字营销技术、产品、服务、资源的创新与整合，致力于打造全球领先的智能营销云平台（www.71360.com），面向全球企业提供营销力软件及服务，现已形成 IaaS（云计算）、PaaS（数据中台）、SaaS（场景化智能营销工具集），以及威客服务平台、云应用市场、数字媒体自助等子平台，为企业、院校、园区等客群提供 360 度全方位多场景营销赋能服务。

珍岛在业内首度提出"智能营销"理念，建立了珍岛智能营销云平台，将数字资源在此平台上按照"有机且有序"逻辑进行生态重构，搭建企业营销人所需要的"工作台"。营销人通过这样的 SaaS 化工作入口，能非常便捷地实现"数字资源的按需所取"及"营销决策自助"。这样的智能营销生态系统，可以帮助企业营销人在营销前进行"智能诊断"，在营销中帮助企业"建平台""做推广""再营销"，在营销后帮企业"看结果"及做优化（图 1-17）。

图 1-17　珍岛集团智能营销云平台结构简图

（资料来源：珍岛集团官网，www.71360.com，2020-03）

第二节　创新创意：网络营销的核心竞争力

> **内容提要：**
>
> 营销的本质，在于传播与沟通。唯有传播才能"吸引眼球"，唯有沟通才能"征服大脑"。信息过剩，舆情泛滥，唯有创新创意，才能让企业在新媒体的汪洋大海中浮出水面。
>
> 20/80定律，强调要抓住关键的少数；长尾理论，提醒人们不能忽视海量市场中非主流的小个体。
>
> 利基市场，也叫补缺市场，是指选准一个比较窄小的产品或服务，再集中企业全部资源去经营和服务。
>
> 聚焦，就是尽可能做到：一厘米的宽度，一公里的深度。
>
> 大众创业，万众创新。大国工匠，赢在极致。

一、没有创意就没有眼球

商务活动的核心在于营销，电子商务也不例外。无论是线上还是线下，营销都是商务活动中竞争最激烈、最需要创新与创意的环节。

营销的关键，不只是争夺眼球，更在于征服大脑。优质的产品、上乘的服务，如果没有让人耳目一新、过目难忘的营销创意，是不可能"打动消费者"的，更谈不上"建立信任"并"形成依赖"。

互联网是信息的海洋，人人皆可发布与传播，导致资讯鱼龙混杂、信息真假莫辨。只要轻点鼠标，搜索引擎反馈结果动辄千万。要让潜在用户锁定企业信息、点击推广链接，为企业导入高商业价值的优质流量，并非易事。唯有别开生面的创新与设计，才能让"吸引眼球"不再艰难。下面是一个早些年发生的真实事例，现在看来依然非同凡响。

生活在英国的林女士在运营一个汽车出租网站。她在2005年从上海买了一辆军用六轮卡车，然后自己造了一个导弹模型，模型上印着她的网站地址，以及她自己的头像，如图1-18所示。

这是一个多么引人注目的画面。林女士把这辆卡车放在高速路旁，用她自己的话说：放在布莱尔（时任英国首相）所管制的地方，导弹头指向布什所在的国家。每年数百万人在路边来来往往，这样一辆造型奇特、画面感十足的军车，要让人记不住都很难。

图1-18　林女士别出心裁的网站广告

别出心裁的营销创意，过目难忘的视觉冲击，传统与网络的完美对接——这是林女士的网上生意大获成功的法宝。

优秀的创意，不仅是吸引眼球的法宝，更是提高广告转化率、提升网络推广投资回报率的重要武器。图1-19是一家整形外科医院在互联网上投放的广告，不同的广告创意，会带来大相径庭的广告点击率。由此可见，创意也是生产力！

图 1-19　不同创意带来不同的广告点击率

二、20/80 定律与长尾理论

1. 20/80 定律

20/80 定律又称帕累托定律，是 19 世纪末 20 世纪初意大利经济学家帕累托发明的。他认为，在任何一组事物中，最重要的只占其中一小部分，约 20%，其余的 80% 尽管是多数，却是次要的，因此又称为二八法则，如图 1-20 所示。

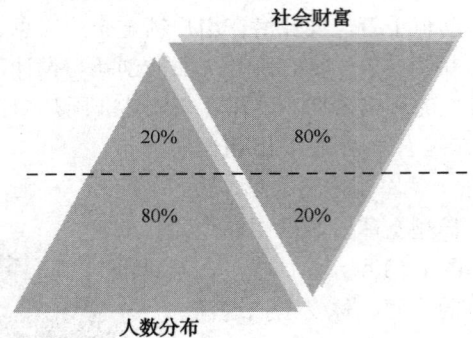

图 1-20　20/80 定律在社会财富分配中的表现

1897 年，帕累托偶然注意到 19 世纪英国人的财富和收益模式。在调查取样中，他发现大部分财富流向了少数人手里。同时，他还发现了一件非常重要的事情，即某一个族群占总人口数的百分比和他们所享有的总收入之间有一种微妙的关系。不论是早期的英国，还是其他国家，甚至在早期的资料中，他都发现这种微妙关系一再出现，而且在数学上呈现出一种稳定的关系。

帕累托从大量具体的事实中发现：社会上 20% 的人占有 80% 的社会财富，即财富在人口中的分配是不平衡的。同时，人们还发现生活中存在许多不平衡的现象。因此，20/80 定律成了这种不平等关系的简称，不管结果是不是恰好为 80% 和 20%（从统计学上来说，精确的 80% 和 20% 不太可能出现）。以人工智能领域为例，20/80 定律的表现如图 1-21 所示。

以下是 20/80 定律在商业活动中的一些表现形式。

- 80%的利润，来自 20%最畅销的产品。
- 80%的利润，来自最忠诚的 20%的客户。
- 80%的销量或利润，来自 20%最成功的网络营销渠道或投资。
- 80%的销售，来自 20%最优秀的营销人员。

因此，经典的商业理论总是提醒人们：找到最有效的 20%的热销产品、渠道或销售人员，在最有效的 20%上投入更多努力，尽量在 80%低效的地方减少浪费。

习惯上，20/80 定律讨论的是顶端的 20%，而非底部的 80%。值得注意的是，人们发现，20/80 定律在日常生活中几乎随处可见，也令人深思。

- 10 人中：2 人做事业，8 人做事情。
- 10 人中：2 人会坚持，8 人会放弃。
- 10 人中：2 人正面思考，8 人负面思考。
- 10 人中：2 人改变自己，8 人改变别人。
- 10 人中：2 人放眼长远，8 人只在乎眼前。
- 10 人中：2 人鼓励和赞美，8 人批评和攻击。
- 10 人中：2 人重复简单的事，8 人不愿做简单的事。
- 10 人中：2 人明天的事今天做，8 人今天的事明天做。
- 10 人中：2 人按成功的经验行事，8 人按自己的意愿行事。

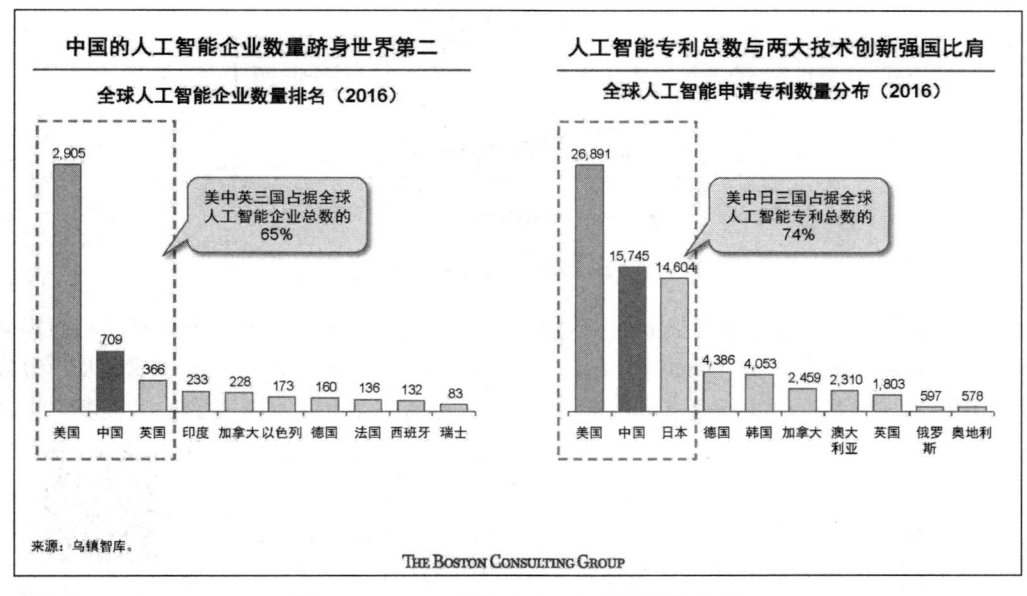

图 1-21　20/80 定律在人工智能领域的表现

2．长尾理论

在传统商业活动中，人们一直在用 20/80 定律来界定主流，计算投入产出效率，它贯穿了整个生活和商业社会。这一理论中被忽略的 80%就是长尾。

但是，在互联网的商业世界，人们看到被奉为传统商业圣经的 20/80 定律开始有了被改变的迹象，尤其在媒体和娱乐业，更多的注意力开始由主流市场向非主流市场转移。

长尾理论（The Long Tail）是网络时代兴起的一种新理论，由美国人克里斯·安德森提出。长尾理论认为，在互联网上，商品储存及流通展示的场地和渠道足够宽广，使得单位商品的生产、展示的成本急剧下降，并且商品的销售成本也急剧降低，几乎任何以前看似需求极低的产品，只要有人卖，都会有人买。这些需求及销量不高的产品汇聚起来，所占据的市场份额，甚至可以和主流产品的市场份额相匹敌，甚至更大，如图 1-22 所示。

过去人们只能关注重要的人、重要的事，如果用正态分布曲线来描绘，人们只能关注曲线的"头部"，而将处于曲线"尾部"，需要更多的精力和成本才能关注到的大多数人或事进行选择性忽略。例如，在销售产品时，厂商关注的是少数几个 VIP 客户，"无暇"顾及在人数上居于大多数的普通消费者。

在网络时代，由于关注的成本大大降低，人们有可能以很低的成本关注正态分布曲线的"尾部"，"尾部"产生的总体效益，甚至会超过"头部"。举例来说，一家大型书店通常可摆放 10 万本书，但亚马逊网络书店的图书销售额中，有四分之一来自排名 10 万以后的书籍。这些"冷门"书籍的销售比例正以高速成长，预估未来可占整个书市的一半。

长尾所涉及的"冷门"产品，涵盖了几乎更多人的需求。当这些"另类"的需求有了满足的可能性后，会有更多的人意识到这种需求，从而使"冷门"逐渐变热。

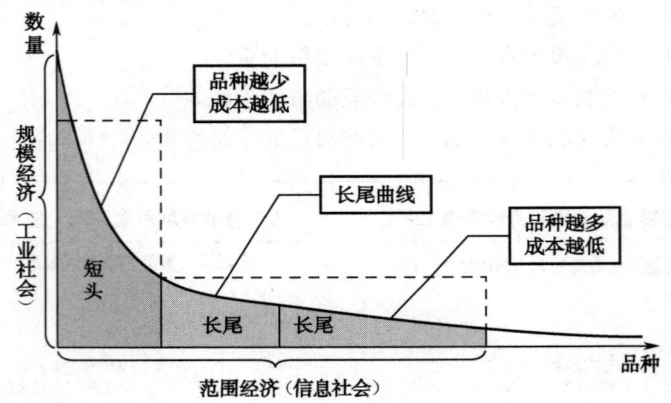

图 1-22 20/80 定律与长尾理论示意图

综上所述，长尾理论是对经典商业活动中的 20/80 定律的颠覆，它的前提是商品销售渠道足够宽，并且商品生产、物流的成本足够低。网络市场上，产品生产、展示、配送及销售方式的数字化，为这一理论的实践提供了现实的可能性。但是，我们必须注意到，对很多中小企业网站来说，产品只有几十种，或者再多至几百、几千种，这都不足以产生长尾现象，起支配作用的依然是 20/80 定律。

另外，长尾产品由于竞争比较小，可以溢价出售，有可能获得更高的利润。而热门产品容易被拿出来促销打折，由于竞争激烈，常常以低价出售。

教学案例 1-2 小而美做长尾

三、利基市场与网络营销创新

1．利基市场

长尾市场又称利基市场。"利基"一词是英文 Niche 的音译，意译为壁龛，有拾遗补阙或见缝插针的意思。利基市场形态如图 1-23 所示。

通过对市场的细分和聚焦，企业集中力量于某个特定的目标市场，严格针对一个细分市场，或重点经营少数几个产品或服务，以创造出别具一格的经营特色和优势。

对于大众化产品来说，因为网络市场的透明性，电子商务市场的竞争更为激烈，更加白热化。对一般的小型网络创业者而言，没有独具特色的市场定位，要想在白热化的市场竞争中分一杯羹，绝非易事。

实施利基市场战略的重要意义在于：进入利基市场的公司，事实上已经充分了解了目标顾客群，因而能够比其他公司更好、更快、更完善地满足消费者需求。并且，因为产品的独特性、稀缺性，企业可以获取更多的超额利润。

创新是电子商务的重要特征和本质要求。利基市场的创新思维，是企业市场定位的重要理论基础。理想的利基市场，应当具有以下特征。

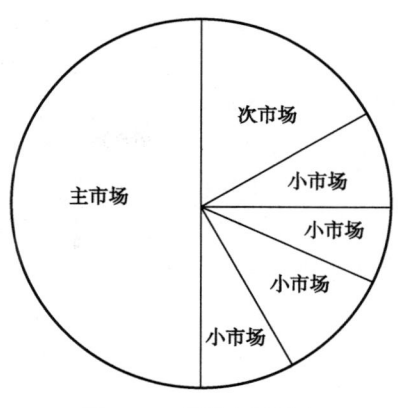

图 1-23　利基市场形态

（1）狭小的产品市场，宽广的地域市场。利基战略的起点，是选准一个比较窄小的产品或服务，再集中全部资源攻击很小的一点，即所谓"一厘米的宽度，一公里的深度"，以求在局部形成必胜的力量，这是利基战略的核心思想。同时，以一个较小的利基产品，占领宽广的地域市场，实现规模经济。全球化的网络市场，为利基战略提供了广阔空间。

（2）具有持续发展的潜力。要确保企业在选择的利基市场上能够长期获利，要做到以下两点。一是要保证企业进入市场以后，能够建立起强大的壁垒，使其他企业无法轻易模仿或替代；或者是可以通过有针对性的技术研发和专利，引导目标顾客的需求方向，引领市场潮流，以延长企业在市场上的领导地位。二是这个市场的目标顾客将有持续增多的趋势，利基市场可以进一步细分，企业便有可能在这个市场上持续发展。

（3）市场过小、差异性较大，以至于强大的竞争者对该市场不屑一顾。既然被其忽视，则一定是其弱点。反过来想，我们也可以在强大的竞争对手的弱点部位，寻找可以发展的空间。所谓弱点，就是指竞争者在满足该领域消费者需求时，所采取的手段和方法，与消费者最高满意度之间存在差异，消费者的需求没有得到很好的满足，这正是可取而代之的市场机会。

（4）企业所具备的能力和资源，与对这个市场提供优质的产品或服务相称。这就要求企业审时度势，不仅要随时测试市场，了解市场的需求，还要清楚自身的能力和资源状况，量力而行。

（5）企业已在客户中建立了良好的品牌声誉，能够以此抵挡强大竞争者的入侵。

（6）这个行业还没有统治者。

2. 网络营销创新

因为网络的透明性，网络市场竞争之激烈甚至远远超出了传统市场。与此同时，互联网对人类个性化需求的激发、特色化需求的满足、碎片化市场的整合等方面，潜力巨大、机会无限，不能不让人们浮想联翩、憧憬不已。

（1）创新是网络营销的核心竞争力。如果说市场细分与定位，是市场营销的重要利器，那么创新与创意，则是网络营销的核心竞争力，是网络营销成功的内在密码。

近年来，我国网络购物市场中，服装、鞋帽、箱包类的市场份额超过四分之一，达 26.5%，市场规模数以千亿（元）计。从传统品牌到网络原创，从 PPG 到凡客诚品，从韩都衣舍到裂帛，服装网购市场群雄逐鹿。试想，在这样的市场竞争格局中，作为个人卖家，作为小微型网络创业者，怎样才能立足？如何才能发展？裂帛的创建与崛起（见阅读材料 1-3），创造了一个网络营销创新的经典案例。

（2）创新的方法与路径。创新与创意，是网络营销成败的关键。然而，如何创意，如何创新，却无章可循，也难以传授。如果能够根据既定的方法和套路，按图索骥地进行创造性活动，那也就无所谓创新、无所谓创意了。但是，创新思维的培养，却有迹可循。"小而精，小而美，小而强"，这也许是小微型网络创业者，在网络营销创新实践中，最重要的思维法则和行动指南。如果从以下几个方面进行分析和思考，也许能获得一些有价值的启示。

① 展开"幻想"的翅膀。爱因斯坦说过："想象力比知识更重要，因为知识是有限的，而想象力概括着世界的一切，推动着进步，并且是知识进化的源泉。"

想象力是人类运用储存在大脑中的信息进行综合分析、推断和设想的思维能力。在思维过程中，如果没有想象的参与，思考就发生困难。据心理学家研究，一般人只用了想象区的15%，其余的还处于"冬眠"状态。

在进行创意性策划时，不要给自己设限，不要有太大压力。有时候，天马行空、随心所欲，想出一些"不靠谱，不着调"的点子，也不要马上否定，而是即时记下来，以后再探讨有没有实现的可能，效果将会怎么样。图1-24是对著名苹果Logo的一种再创造，将原有的彩色苹果换成了一个半透明的、泛着金属光泽的银灰色Logo，意味深长，让人过目难忘。

图1-24 苹果Logo的创意

② 培养发散思维。发散思维，是指倘若一个问题可能有多种答案，那就以这个问题为中心，思考的方向往外散发，找出的适当的答案越多越好，而不是只找一个正确的答案。人在这种思维中，可左冲右突，在所有适合的答案中充分表现出思维的创造性成分。

允许自己"不按常理出牌"，凡事多问几个为什么，有时甚至反其道而行之，这是发散性思维的重要特征。针对特定的问题，第一次想出来的解决办法，通常都是已有经验、知识、套路的结果；你这样想，别人也这样想，价值不大。"不这样，行不行？""我偏要按相反的方向走，效果会怎样？"如此等等，也许可以获得一些有特别价值的创意。

③ 发展直觉思维。直觉思维，是指不经过一步一步分析而突如其来的领悟或理解。很多心理学家认为，它是创造性思维活跃的一种表现，既是发明创造的先导，也是百思不解之后突然获得的硕果，在创造发明的过程中具有重要的地位。物理学上的阿基米德定律是阿基米德在跳入澡缸的瞬间，发现了溢出的水的体积与他身体入水部分的体积一样大，从而悟出了该著名定律的。

④ 培养强烈的求知欲。一般认为：涉猎多方面的学问，可以开阔思路。对世界或人类社会的事物掌握得越多，越有助于培养个人的创造性思维能力。

强烈的求知欲，会促使人去寻找真相、发掘规律。只有在探索过程中，才能不断激起好奇心和求知欲，使创新创意的源头活水永不枯竭。

创新与创意，是网络营销高手与庸常大众的差别所在。互联网上资讯泛滥，简单地复制或模仿他人的做法，只能是事倍功半。让人眼前一亮的创意，才是网络营销最强大的武器。

阅读材料1-3　裂帛：离客户心灵最近的服装品牌

裂帛，作为原创衣饰的佼佼者，单看名字，就可以感到这个品牌的不拘一格。裂帛的字面意义——撕裂丝帛，当然，也一样可以撕裂礼服、撕裂规则。这是裂帛在自己的网店上，对于自身品牌含义的解读。

作为个人创业者大风和小风于2006年创建的网上品牌，裂帛定位于白领层，用服饰延伸着人类文化中人们对色彩、自然、情感共同的热爱与表达，分享内心生活的感动和喜悦；有着狂喜、神秘、流浪、异域的意态气场，被誉为离客户心灵很近的品牌。裂帛的风格即参照本心、无拘无束，被大众指认为自然风、民族风。

至2011年年底，裂帛已经成为淘宝网上著名的女装网货品牌，拥有一家5皇冠C店和一家B店，交易额在淘宝网的所有女装品牌里面稳居前20名。目前裂帛C店拥有近8万名会员，152 000PV的日均流量，创造着上千万元的年销售额。裂帛的B店也处于快速增长之中。

差异化、营销能力、平面设计能力是裂帛成功的三大秘诀。

差异化是裂帛的座右铭。裂帛走的是差异化、细分市场的路线。其产品在设计上夸张、大胆、突出个性，尽管不能获得所有消费者的青睐，但却形成了一个忠实的客户群。

营销能力将裂帛差异化的特点有效传播出去。服装行业的传统销售思路是"新品不打折，过季之后打折，最后亏本清仓"，他们则推出了针对新品的8折限时抢购活动——"抢果果"，让新品在刚刚上市的时候就受到追捧。与此同时，裂帛也开始挖掘论坛的能量，先后推出征文等活动，通过帖子与消费者互动，引起了很大的关注度，从而使得裂帛在淘宝论坛上仅仅用了2个月就升级为帮，创造了一个小小的奇迹。

图1-25　裂帛服饰天猫旗舰店首页（2019-09）

精准的产品定位、大胆的营销创新，是裂帛打造"离客户心灵最近的品牌"的制胜法宝。正是通过网络营销创新，裂帛成功地将一个"小众化"品牌，开拓出了一个网络"大市场"；让竞争者"也许可以模仿，始终难以超越"；让消费者"即使不会购买，也会常去看看"。

2016年12月，中国最具影响力的电商营销"奥斯卡"金麦奖揭幕，继2013年、2014年连续两年以特立独行的营销方案捧走金麦奖杯，裂帛以"生如裂帛"为主题第三次摘得女装类目奖杯荣誉。

图 1-26　裂帛在北京展览馆举办"双 11"新品时尚创意展/发布秀（2016-10）

之所以营销主题定为"生如裂帛"，正是希望唤起每个人内心的渴望。在喧嚣的时代，敢于专注执着、初心不改，去成为最好的自己。该方案主要策划了在"双 11"预热期间，裂帛于北京展览馆举办"双 11"新品时尚创意展与发布秀，将电商品牌裂帛的最新商品、服务落地，与观众实时互动。在阿里巴巴于今年"双 11"打造的"新零售"概念之际，裂帛此次活动中，线上与线下的结合、走秀与直播的叠加，真正实现将时尚体验与消费无缝结合，成功迎合新概念，向"新零售"模式首伸触角。

（资料来源：豆丁网、环球网等）

第三节　品效合一：网络营销创新的原动力

> **内容提要：**
> 品牌广告，以追求品牌的曝光率为主；效果广告，以提升广告的转化率为目标。
> 品效合一，是品牌曝光与效果转化的统一，是企业长期品牌资产与当下经济指标的双赢。
> 理想的网络营销有四"度"：目标定位有精度——精准触达目标用户群体；内容传播有温度——能引发消费者共鸣；互动沟通有深度——能强化客户关系；营销效果有高度——较高的品牌曝光及效果转化。

一、网络营销的核心目标

网络营销的终极目标，不外乎品牌影响的扩大及经济指标的提升。一方面，强大的网络品牌，是企业宝贵的长期资产，为流量变现、用户转化及销售提升提供支撑。另一方面，用户点击、销售转化等效果指标的提升，不仅给企业带来直接的经济利益，又能进一步烘托和放大企业网络品牌的价值和影响力。

品效合一的本质，是要求企业的网络营销和推广，在长期资产与短期收益中取得平衡，是企业长期价值和近期利益的双赢。对品效合一的极致追求，是当下网络营销创新迭代的原动力。

二、营销需求的转型升级

根据目标定位的不同，网络广告可分为品牌广告、效果广告两大类。品牌广告，以树立企业品牌形象，提高产品市场占有率为根本目的，是突出品牌在消费者心目中确定的位置的一种方法。效果广告，指通过基于效果为基础的广告系统，企业只需要为可衡量的结果付费，广告的投入与产出比可量化。对两种广告形式的对比分析如表1-5所示。

表1-5 品牌广告与效果广告的对比分析

类型 指标	品牌广告	效果广告
定义	以树立产品品牌形象，提高产品市场占有率为根本目的，突出传播品牌在消费者心目中确定的位置的一种方法	在基于效果为基础的广告系统中，广告主只需要为可衡量的结果付费。广告的投入与产出比可量化
特点	时间长、渗透慢、跨媒介、跨屏、跨时间等	时间短、效果快
KPI指标	品牌曝光度、目标受众浓度、总体覆盖率等	点击量、粉丝数量、评论量、销售量、安装量等
价格	相对较贵	相对便宜
精准程度	精准度相对较低	多维度、复合式匹配用户画像和广告素材，精准度较高
信息类别	品牌型推广信息	销售型推广信息
表达风格	创意性表达	诱导性表达
消费动机	正向激励	负向压力
目的	占据心智，打造品牌	诱发行为，促成销售
促销效果	慢	快
影响力	持久	短暂

智能手机及移动应用的普及，使人们信息获取碎片化，消费者购物方式多元化。消费沟通渠道和方式的大变革，迫使企业对营销行为做出改变。今天，投放品牌广告的企业，不满足于品牌曝光度的数据，而是越来越在意品牌曝光后效果转化的结果。而效果广告主，则希望出现可以更快实现效果转化的新的驱动力，如深入人心的品牌形象。

企业之间的竞争、消费者需求的改变，智能营销技术的发展，都促使网络营销向品效合一逐渐转化。今天，人们有理由相信，在一次营销活动中，能够同时实现：内容化、互动化、精准化、效果化。前两者偏向品牌价值的传递渗透，而后两者偏向于广告效果的直接输出（图1-27）。

图1-27 网络营销需求的转型与升级

显然，营销技术的发展，为品效合一提供了强大技术支撑。人工智能在营销领域应用逐渐成熟，在用户洞察、策略制定、创意生成、智能投放、效果分析等方面逐渐渗透。越来越多的企业开始探索人工智能与营销相结合，智能营销技术将更好地实现效果转化，为品效合一的广告投放提供强大的经济支持。

三、品效合一的营销创新

品牌导向的内容营销可以聚集大量的目标群体，而大数据、智能化营销技术推进品牌广告更快地向效果化转变。与此同时，今天的效果广告除了重视销售增长，更多的开始强调利用内容营销提升品牌价值、强化品牌形象等。由此可见，品牌广告与效果广告的目标逐渐融合，品效合一的趋势日益凸显。

广告平台的"品""效"属性逐渐融合，品效合一实现路径分为"品转效"与"效转品"两种。这两条路径分别采用不同的方式进行转化，但最终目标都是达到品效合一。

1. 品转效平台

品转效比较突出的平台包括社交平台、短视频平台、视频平台等。品转效路径中的优势在于品牌内容。媒体平台帮助广告主在品牌内容的基础上增加广告链接，一方面内容可持续渗透消费者内心，另一方面链接加速了效果转化。

品转效平台以抖音为例，通过视频内容激发消费者购买欲，利用橱窗功能加速商品链接跳转。抖音以短视频的形式吸引广告主进行广告投放，在传递品牌价值的同时也能较好地实现效果转化，达到品效合一。广告主会通过星图平台进行硬广投放，同时，抖音平台实现品效合一的广告均有可点击的标识链接。如有"广告"标识，以 APP 下载、表单类广告居多，点击"广告"标识跳转至外部链接；有"橱窗"标识，是抖音与淘宝合作，广告内容主要为商品推荐，用户点击"橱窗"会跳转至抖音商城，橱窗汇集了商家在淘宝商城的产品链接，点击橱窗内的商品会相应跳转至淘宝链接。抖音的橱窗功能对部分 KOL 和淘宝商家的账号开放。

2. 效转品平台

常见的包括电商平台和搜索平台等。效转品广告自带链接属性，媒体平台帮助广告主增加了品牌内容和产品调性内容后，在广告链接保证效果转化的基础上，帮助消费者树立品牌认知，增加识别度与信任度。

效转品平台以美团点评为例，基于位置的服务（Location Based Services，LBS）向用户推荐周边生活品牌，注重线上和线下场景互动。平台纵向联动线上线下，横向拓展不同的场景和门店。通过线上发放各品牌优惠福利刺激消费者购买，随后在线下进行消费，加速广告效果转化。与此同时，美团点评构建内容社区，以商铺短评和长篇攻略为主要形式，基于 LBS 和品牌评价等级按序推荐给用户，实现品牌渗透。在效果转化的同时有效补充品牌认知，建立品牌与用户间的深度关联。

3. 品效合一的挑战

品效合一的痛点与挑战，主要在于品牌广告的效果转化和效果广告的品牌传播。

对于品牌广告主，最直接的痛点在于实现转化：如何进行品牌渗透和业务增长？如何在每个广告触点的传播中实现转化？如何精准洞察消费者需求以达到效果转化？

对于效果广告主，希望在广告投放的过程中实现品牌传播，在原有基础上提升品牌内容创意，增加消费者的认知与体验。

品效合一，是通过内容渗透心智，以激发消费者购买欲为契机，用各种营销策略促成消费者购买为目的，更多、更快地帮助企业实现广告投放效果最大化。

面对品效合一带来的挑战，网络广告产业链在创新中发展，在发展中成熟。由内容服务商生产广告内容，由广告投放商进行专业投放，由集聚优质品牌内容和更多营销玩法的品效合一实践平台，通过组合策略将广告呈现给消费者。由广告主、广告内容生产服务商、品效合一广告投放平台及广大消费者，组成的品效合一网络营销生态日趋成熟（图1-28）。

图1-28 品效合一的网络营销生态图谱

阅读材料1-4　玩转"品效合一"必须走好这五步
（详见本处二维码）

教学案例1-3 玩转"品效合一"，必须走好这五步

技能训练1-2　品牌企业网络营销创新调研

三只松鼠和裂帛等品牌，是近年来在淘宝上大获成功的"小"卖家，他们在网络营销的创新创意上超凡脱俗、技高一筹。请对这两家网店开展网络调研，对他们的营销手法进行分析评估，并将调研结果填入表1-6。

表1-6　传统品牌企业网络营销创新创意情况

分析指标	三只松鼠	裂帛
产品市场概述		
利基市场特征		
主要竞争对手		
营销创新创意		
调研结论		

思考与练习

一、判断题

1. 以用户为中心的 DT（数据技术）时代，不同于以控制为出发点的 IT（信息技术）时代，"客户为中心"的时代特征，是新商业营销创新与变革的重要驱动力。（   ）

2. 从管理决策角度来看，影响企业市场营销活动的因素有企业不可控因素（如微观环境和宏观环境）、可控因素（如产品、商标、品牌、价格、广告、渠道等），4Ps 就是对这两类因素的调整与控制。（   ）

3. 电子商务所涵盖的范围比网络营销要宽广得多。企业要开展电子商务，除了能在网上销售出产品，还要考虑商品采购、物流配送、人员管理、投资融资等问题，网络营销只是其中的一个环节。（   ）

4. 传统商业活动中，起支配作用的主要是 20/80 定律；网络商务活动中，起支配作用的主要是长尾定律。（   ）

5. 裂帛定位于特定的白领阶层，用服饰延伸着人类文化中人们对色彩、自然、情感共通的热爱与表达，有着狂喜、神秘、流浪、异域的意态气场，是一种典型的利基市场定位。（   ）

二、选择题

1. 4Ps 营销理论，主要是从（   ）主体出发来研究市场营销的问题。
   A. 生产者   B. 消费者

2. 网络营销的核心目标是（   ）。
   A. 扩大流量   B. 推广品牌
   C. 促进销售   D. 提供在线客户服务

3. 网络营销是由（   ）系列环节构成的一整套方法体系。
   A. 平台建设→网络定位→内容推广→营销转化→数据优化
   B. 内容推广→网络定位→平台建设→营销转化→数据优化
   C. 网络定位→平台建设→内容推广→营销转化→数据优化
   D. 网络定位→内容推广→平台建设→营销转化→数据优化

4. 网络营销由战略、策略、战术三个自上而下、循序渐进的三个操作层面构成。SEO、竞价排名、直通车推广，如何增加注册用户、如何活跃论坛氛围、如何增加论坛黏性等，都属于（   ）的思考。
   A. 网络营销战略层   B. 网络营销策略层   C. 网络营销战术层

5. 一般认为，网络推广应从目标消费群体聚集扎堆的地方入手。目前大部分网民经常使用的互联网服务有（   ），这些都是网络营销推广的切入点。
   A. 即时通信   B. 搜索引擎   C. 网络音乐   D. 网络新闻

6. 下述网络推广方式和手段中，体现了网络营销对传统促销方式的创新和超越的有（   ）。
   A. 搜索引擎营销   B. 网盟广告
   C. APP 小程序营销   D. 病毒营销

7. 如果说网络营销是在网上卖东西的一种技术，电子商务则是在网上卖东西的整个过程。下述电子商务的主要环节中，作为核心环节的是（   ）。

A. 商品采购　　　　　　　　B. 网络营销
C. 物流配送　　　　　　　　D. 人员管理

8. 以下经济社会现象中，对 20/80 定律进行验证和表征的是（　　）。

   A. 根据美国经济政策研究所的统计报告，2009 年，美国最富有的 1%家庭的收入占所有家庭收入的 21.2%，10%最富有家庭的收入占所有家庭收入的 47.1%

   B. 中关村在线调研中心发布的数据显示，2007 年 8 月，在中国市场上最受消费者关注的十大鼠标套装品牌调查中，72%的消费者选择了罗技等三大知名品牌

   C. 亚马逊网络书店的图书销售额中，有四分之一来自排名 10 万以后的书籍。这些"冷门"书籍的销售比例正以高速成长，预估未来可占整个书市的一半

   D. 1897 年，意大利经济学家帕累托从大量具体的事实中发现：财富在人口中的分配是不平衡的，社会上 20%的人占有 80%的社会财富

9. 下列哪些基础条件，（　　）是理想的利基市场所应当具备的。

   A. 狭小的产品市场，宽广的地域市场

   B. 具有持续发展的潜力

   C. 市场过小、差异性较大，以至于强大的竞争者对该市场不屑一顾

   D. 企业所具备的能力和资源，与对这个市场提供优质的产品或服务相称

10. 网络广告主对营销需求的转型升级，主要体现在以下哪几个方面（　　）。

    A. 内容化，与消费者达成情感上的共鸣

    B. 互动化，加强与消费者之间的联系

    C. 精准化，精准聚焦目标受众群体

    D. 效果化，让广告兼具品牌曝光和效果转化双重功效

三、简答题

1. 什么是网络营销，与传统市场营销的区别与联系有哪些？
2. 什么是品效合一，品效合一创新的方法与途径主要有哪些？

参考答案

第二章　网络营销市场定位

注册一个域名 50~60 元，买一个空间 100~200 元，建一个网站 2 000~3 000 元，然后下载一个免费的 CMS（内容管理系统）或购物车，花费不超过一万元，我们就可以开始自己的网上生意了。确实，企业开展电子商务或网络营销的门槛并不高，然而，要通过网络营销赚钱，却并不是一件容易的事情。

网络营销的好处是，可以通过网站，随时随地将产品销往全世界，但它的风险也在于此：全球范围内的同行或卖家，一夜之间，都可能变成你的直接竞争对手！

引导案例　网店服装卖给谁

电商专业毕业的小杨想开一家网店创业，考虑到服装网购市场火爆，并且因为自己小孩的缘故，这些年对婴幼儿服装市场了解不少，因此想开一家婴幼儿服装网店。说干就干，小杨将自己的网店取名"星星宝贝"，并马上着手对网络服装市场进行调研。经过两个多月的前期调研准备，她发现："原来服装网购市场的水，比想象的要深得多、要广得多！"虽然婴幼儿服装网购市场规模庞大，前景看好；然而品牌林立，强手如云，使得市场竞争异常激烈。如果漫无边际地开展网络推广，凭个人的财力、资源、实力，要在竞争激烈的市场中分一杯羹，恐怕难上加难。只有集中精力、扬长避短、高度聚焦、定点突破，才有可能赢得一席之地。

经过反复的调研评估、分析论证，小杨最终确定了自己的目标客户定位：那些讲究生活品质的白领妈妈，她们特别在乎自己小孩的外表形象，希望自己的孩子不仅干净整洁，而且有型有范。这些妈妈的月收入在 5 000~8 000 元，既非奢华一族，也无温饱之虞。这一群体要求产品质量可靠、价格实在，还要设计新颖、潮流时尚。这些服装可以不是大品牌，却有可圈可点的性价比和品位感。

从"服装"，到"婴幼儿服装"，再到"中等收入、潮流时尚、讲究生活品质、在乎小孩形象及素质培养的白领妈妈的服装"，最后在产品风格的定位上，着力打造卡通动漫及儿童 DIY 创意两个系列。随着调研的深入、细分的明确，产品个性定位逐渐清晰起来。小杨发现自己终于进入了一个"更为熟悉、更有把握、更有底气、更与众不同"的服装细分市场。在这一系列调研、分析及判断的基础上，小杨拿出了自己的商业计划书，立即得到了不少投资人的青睐。创意有了，资金有了，"星星宝贝"网店很快就热热闹闹地开张，并红红火火地运营起来了。

【案例思考】

互联网打破了地域限制，让全球网民都可以成为你的客户。然而，像小杨的这类网店，要在众多竞争对手中脱颖而出，还有系列问题需要解决，还有众多困难需要克服，比如：

- 你的产品在网络市场上竞争力如何：是否有价值？是否值得去做？
- 网上主要竞争对手是谁：他们在哪里？他们做得怎么样？
- 网络消费模式有何特点：用户为什么在网上买？他们在网上浏览和购买行为有何特点？
- 如何选择网上目标客户：选择哪一部分目标消费群体？如何做到精准定位？如何在

网上找到他们？
- 如何吸引用户眼球：如何提炼网络产品的独特卖点？如何选择合适的载体来展现产品的特色优势？
- 如何走进用户的内心世界：通过怎样的产品设计及文案创意，去触达用户的心灵，去征服用户的大脑？

……

归根结底，就是要通过网络市场调研，解决企业在网络市场上的定位，特别是网络产品的定位问题，为网络营销的开展确定科学合理的逻辑起点。

教学案例 2-0 店铺运营与定位

第一节　目标市场调研

> **内容提要：**
>
> 卖方组成行业，买方构成市场。每一个产品，每一种服务，都有其特定的消费群体，正是这些消费群体，构成了企业的目标市场。
>
> 商业的本质是交换，营销的核心是价值。目标市场调研，就是要在产品价值与用户需求之间建立正确的通道。
>
> 网络用户在哪里？他们的需求有多大？他们的需求是如何被满足？只要去访问一下现有的电商平台，或者一些专业化的论坛、博客或社交网络，这些问题就会迎刃而解；或者利用搜索引擎等相关工具进行深度调研，企业的机会或挑战自然就会浮出水面。

稻草变黄金，传统商业不可能，网络营销也做不到。无论何种商业形态，本质上都只能是为有价值的商品，寻找合适的买家。以业内享有盛名的网络营销服务商——湖南领度信息技术有限公司为例，既使在初创阶段，也会精心挑选自己的目标客户，致力于品质营销、诚信营销。自始至终，公司明确规定：只为以下三类客户提供数字化智能营销解决方案：

➢ 自身产品和服务具备优势（成本优势、技术优势等）的企业；
➢ 在经营方面（市场、渠道）具备优势的企业；
➢ 具有自有品牌（知名品牌），或位居行业内 TOP10 的企业。

网络营销的关键，就是要给用户一个选择的理由、一个购买的理由！一方面，互联网不仅是信息的海洋，更是产品和服务的聚集地。包罗万象的网络市场，链接着数以亿计的网购用户。没有精准聚焦的市场定位，没有新颖独到的网络创意，就不可能有成功胜出的网络营销。另一方面，网络市场的精准定位，只能源于对网络市场的深度调研及洞察。

网络市场调研，就是要回答"网络市场竞争态势如何""市场容量有多大""是否有价值""是否值得企业去做"等系列问题，并形成初步结论和判断。

以传统零售业态为例，贴近目标人群、沟通配送便捷的社区小店、购物中心等业态，受互联网的冲击较小；而专业卖场、百货业、连锁超市等离用户较远、标准化程度较高的业态，受互联网的冲击更大。图2-1显示了不同类型的传统商业模式受互联网的冲击程度，从一个侧面也揭示了究竟哪些商品和服务在网络市场上机会更多、潜力更大，以及这些市场是否值得去做、发展前景如何等。

- 百货商场：普遍采取的"联营扣点"模式（15%～30%），缺乏对商品、客户的管理，丧失了零售业的基本功能。
- 连锁超市的畸形盈利模式：30%的毛利来自于前台毛利，即价差，70%的毛利来自于后台毛利，即进场费、条码费、促销费等，以及所谓的供应链金融（拖欠供应链货款）。

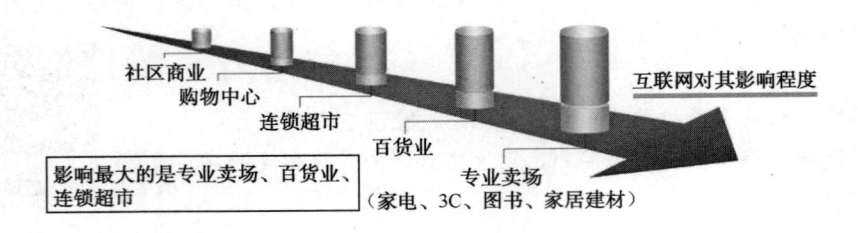

图 2-1　互联网对传统商业的冲击程度

（资料来源：阿里研究院，www.aliresearch.com，2016-1）

　　网上销售，不外乎产品或服务。网络用户规模庞大，任何产品或服务，都不可能满足所有网络用户的偏好和需求。对一些初级创业者或小微企业而言，瞄准某些利基市场，成功的可能性更大。因此，在网络市场调研中，首先要对目标市场进行初步分析，从而确定调研目标，并通过网络市场调研，有效解答以下关键问题：

- 目标客户在哪里？
- 他们现在从哪里购买这些产品？
- 网络市场规模有多大？

　　产品服务卖给谁？这似乎是最容易回答的一个问题，却往往也是最难回答好的一个问题。习惯上，人们希望将产品卖给所有的人，最好是男女老少，无所不包；贫富贵贱，人见人爱。这当然是理想化的状况，却只是商家的一厢情愿。现代商务活动实践一再证明：任何人想要在所有的时候讨好所有的人，结果往往适得其反，事倍功半。

　　网络市场的定位，首先就是要解决"产品卖给谁"的问题。网络产品定位的关键就是如何做到精准定位。"一厘米的宽度，一千米的深度"，这是关于"精准定位"最形象的描述。只有足够精准，才能利用有限资源，打造产品特色优势；只有足够聚焦，才能准备足够的"火药"和"弹炮"，让营销不仅能"吸引眼球"，更能"征服大脑"。

　　以服装市场为例，要准确回答"网店服装卖给谁"这个问题，首先应根据自身特点，在电子商务平台、搜索引擎、论坛等渠道调研的基础上，从宏观到微观、从抽象到具体，对网络消费群体进行深度细分，最后才能形成精准定位。下面以服务市场为例，探讨网络目标市场调研及定位的基本方法。

一、电子商务平台调研

　　网络市场调研，可以从阿里巴巴、淘宝、京东、凡客等各类主流电子商务平台，以及服装类行业或企业网站入手，掌握市场格局、了解竞争态势。

　　下面以淘宝网为例，通过调查网购市场上服装类商品常见的分类方法，以便锁定目标消费群体，发现主要竞争对手。

　　图 2-2 是在淘宝网站上，以"服装"为关键词，进行"宝贝"搜索，所了解到的网络上服装类商品的主要分类方法。

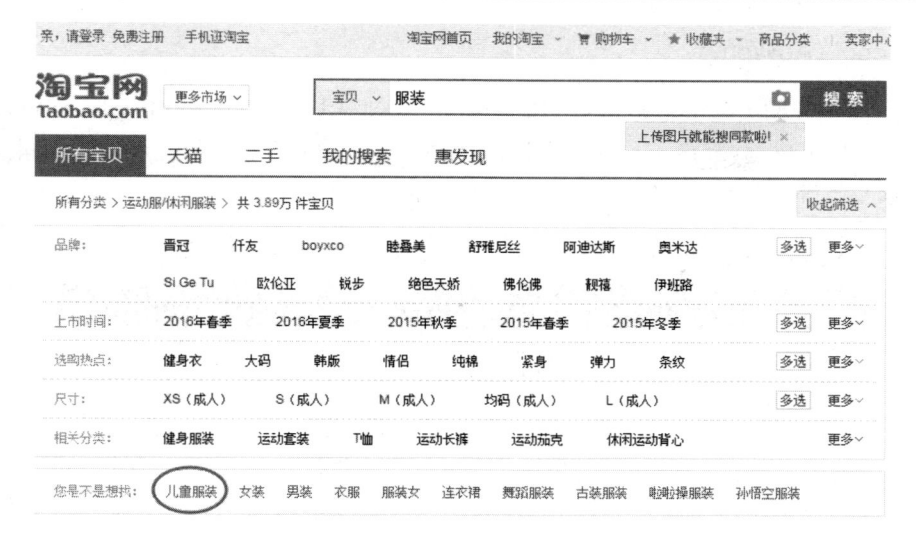

图 2-2　淘宝网以"服装"为关键词搜索的结果页面

单击"儿童服装",以进一步了解童装的热门销售类别,如图 2-3 所示。

图 2-3　淘宝网以"儿童服装"为关键词搜索到的产品热门销售类别

由此可见,在网络市场调研的基础上,通过必要的分析、判断,引导案例中的小杨才有可能形成自己网店的清晰定位,其市场细分与定位的逻辑线路如图 2-4 所示。

网店服装卖给谁
- 男士
- 婴幼童
- 女士

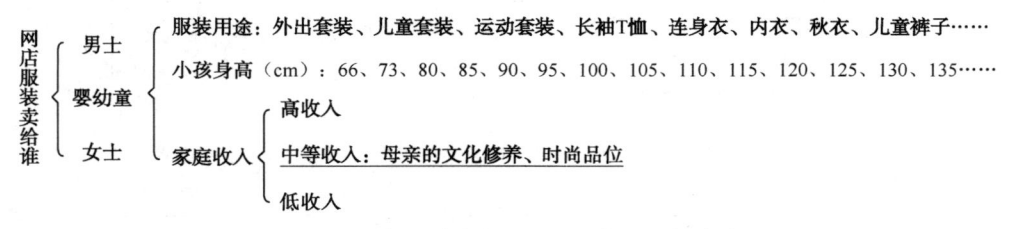

- **服装用途**：外出套装、儿童套装、运动套装、长袖T恤、连身衣、内衣、秋衣、儿童裤子……
- **小孩身高（cm）**：66、73、80、85、90、95、100、105、110、115、120、125、130、135……
- **家庭收入**
  - 高收入
  - 中等收入：**母亲的文化修养、时尚品位**
  - 低收入

图 2-4　服装网购市场细分与定位的逻辑线路

二、搜索引擎调研

与产品最相关的主关键词,被搜索的次数越多,说明市场需求越大,用户关注度越高,这是最直观的网上市场需求调研方法。常用的关键词工具主要有以下几种。

1. Google AdWords

Google 退出我国大陆市场后，它的服务和功能受到很大影响。登录 Google AdWords 关键词工具页面，输入关键词后，Google 将列出这些关键词的"竞争程度""全球每月搜索量""本地每月搜索量"等相关数据，如图 2-5 和图 2-6 所示。

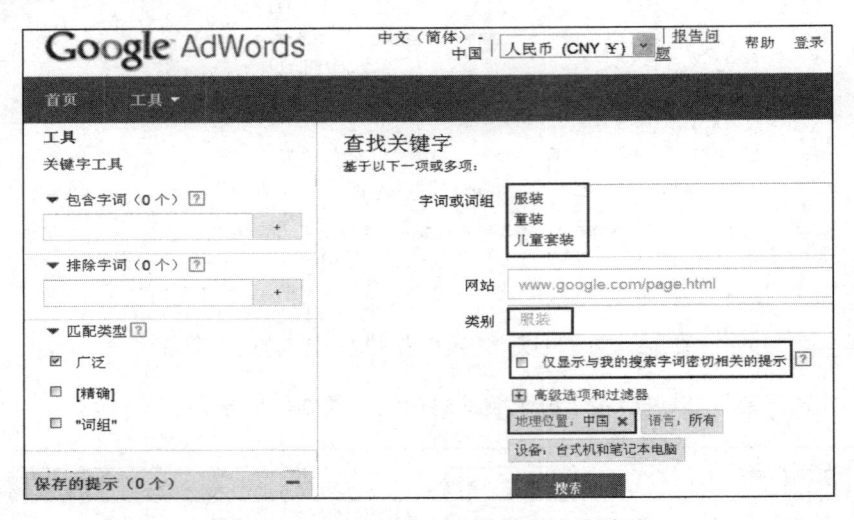

图 2-5　Google AdWords 关键词工具页面

图 2-6　关键词"服装""童装""儿童套装"的搜索结果

搜索结果显示，"时装"关键词的竞争程度低，而"tongzhuang"的竞争程度高，这一结论，从图 2-7 和图 2-8 可以得到验证。当搜索"时装"时，左侧正常排名位置上没有出现广告位；而搜索"tongzhuang"时，左、右两侧均出现了广告位。

图 2-7 在 Google 上搜索 "时装" 的返回结果页面

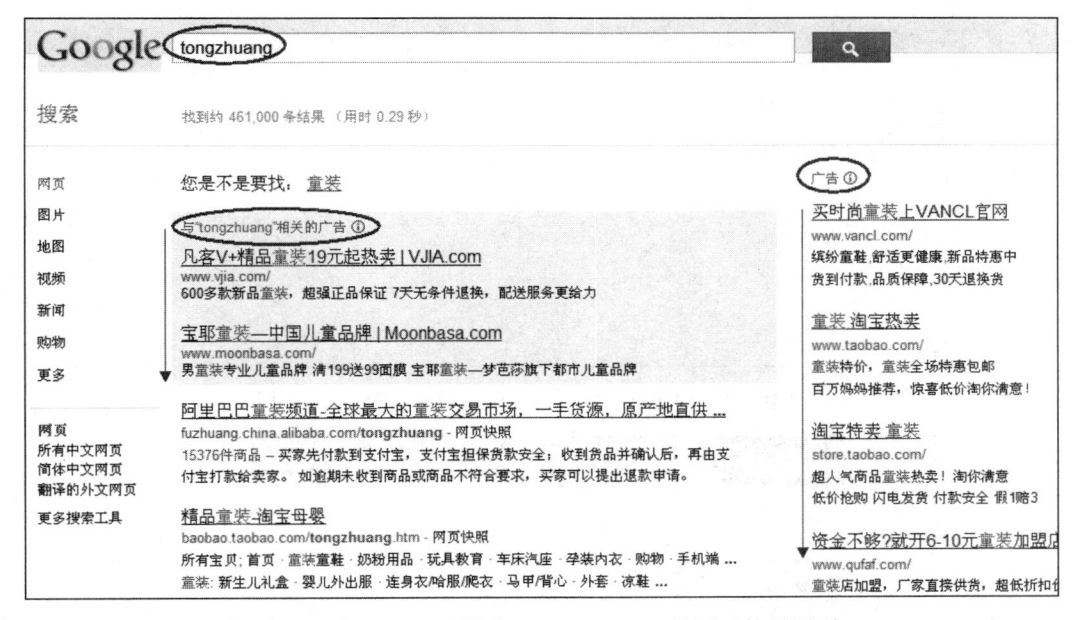

图 2-8 在 Google 上搜索 "tongzhuang" 的返回结果页面

2. 百度指数

访问百度指数（index.baidu.com），搜索 "儿童服装"，2021 年 1 月 27 日 "儿童服装" 搜索指数整体同比上升 37%、环比上升 9%（图 2-9），而四年之前是同比下降 15%、环比上升 4%。除 "整体趋势" 外，还可以了解 "PC 趋势" 和 "移动趋势"（图 2-10）。从 "儿童服装" 的搜索人群来看，排名前三的省份分别是江苏、安徽、山东（图 2-11）。显然，对于童装市场，用户的搜索热度是增还是减？是更多地依赖 PC 端还是手机移动端搜索？主要的用户集中在哪里？通过搜索调研后会有一个大致的了解。

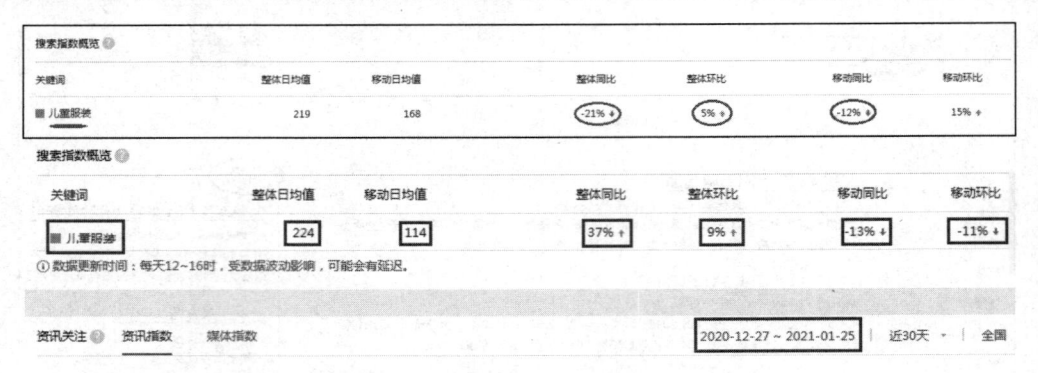

图 2-9 "儿童服装"的百度指数（2021-1）

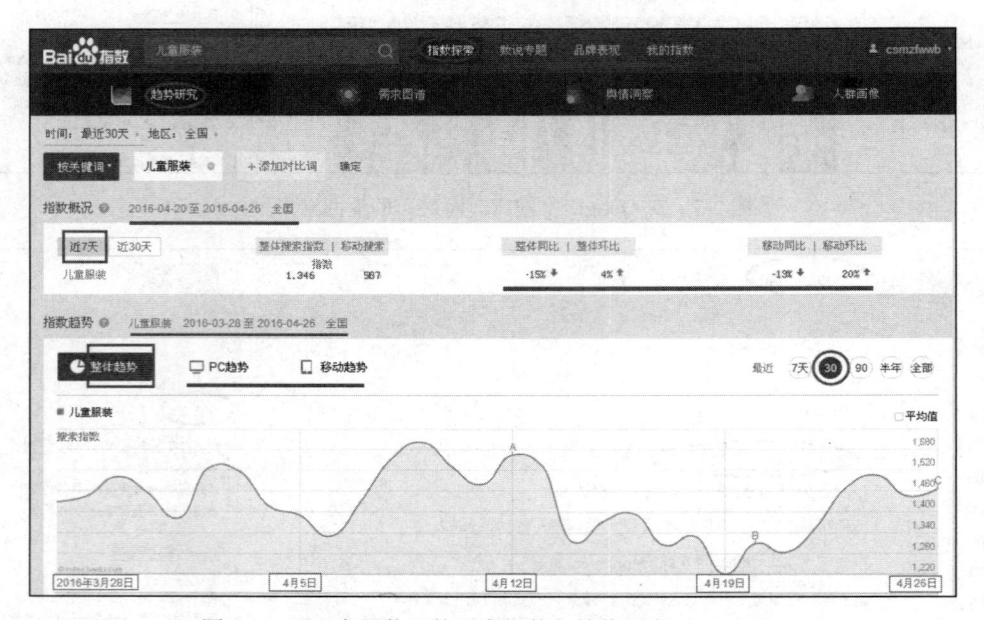

图 2-10 "儿童服装"的百度指数之趋势研究（2016-4）

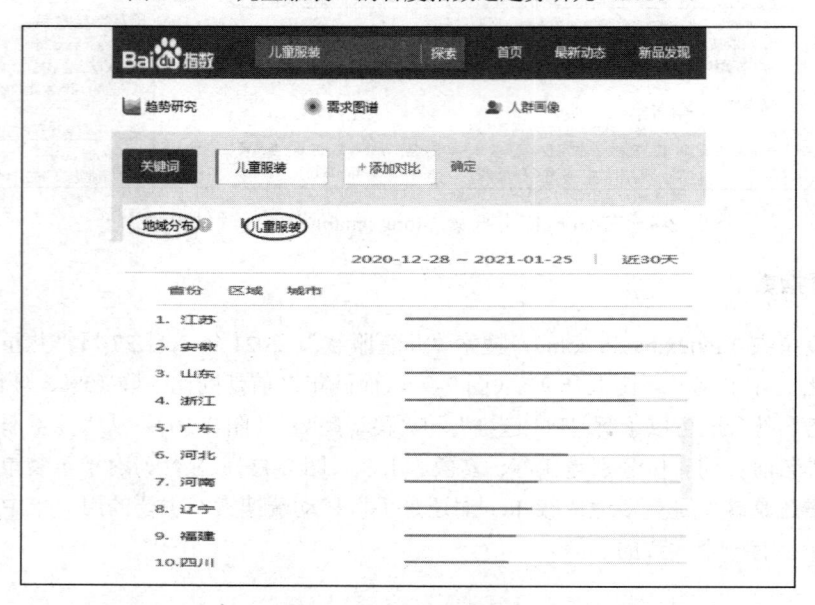

图 2-11 "儿童服装"的百度指数之人群画像（2021-1）

三、论坛、博客、社会化网站调研

去一些专业化论坛、博客和社会化网站，搜索相关关键词，可以了解真实的用户都在讨论什么，对产品有何评价，有什么问题需要解决，竞争对手的产品声誉如何。当然，企业的网络营销推广人员，也可以通过发帖、跟帖，参与论坛的交流，谈谈自己的想法，征求用户的意见，问大家对产品是否有兴趣，有什么改进的点子，有什么需要注意的地方。通过这些活动，企业可以获得宝贵的第一手资料。

图 2-12 是虎扑篮球论坛"装备版"的"交易区（新品）"界面。网友"小猪钓鱼"发了一个"纯正美国专卖货 球场型男 易建联示范"帖子，推荐一款男款运动服，被浏览了 20 644 次，回帖数达 11 527，由此可见专业论坛巨大的影响力和商业推广价值。

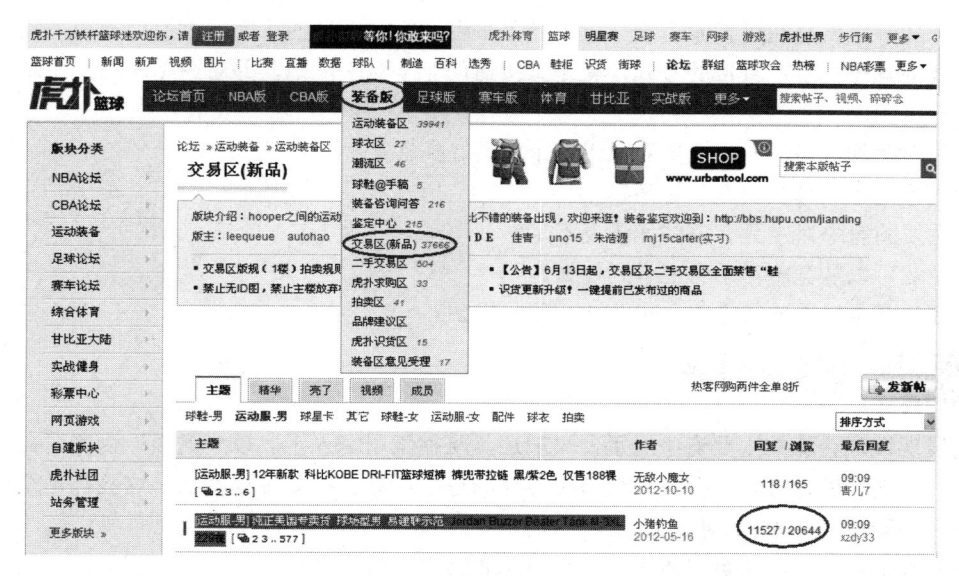

图 2-12 虎扑篮球论坛"装备版"的"交易区（新品）"界面

第二节 竞争对手分析

> **内容提要：**
>
> 同行业的产品提供者，满足相同目标群体的服务商，都是企业的竞争对手。但只有体量和品级相当、目标人群高度重合、细分类目基本一致，才算得上是企业直接的竞争对手。
>
> 强大的竞争对手，是企业赶超的标杆，更是企业学习的榜样。优秀的企业与竞争对手：既竞争，又合作；先模仿，再超越。
>
> 竞争对手的分析，首先是要发现谁才是真正的竞争对手，然后去研究他们的优势与劣势，从而发现企业可能存在的机会和挑战，最后寻求营销的创意与突破。
>
> 在网络上发现和研究竞争对手，主要有直接和间接调研两种方式。可以通过电子商务平台、行业网站访问，以及搜索引擎的调研等方式，间接了解竞争对手；还可以直接访问竞争对手网站或店铺，并对站点流量销量等运营指标进行深度分析。

对于一个企业来说，广义的竞争者来自许多方面。企业甚至与自己的顾客、供应商之间，都存在着某种意义上的竞争关系。一般情况下，企业可以从产品提供行业、消费市场，以及细分市场三个角度来发现自己的竞争对手。

从行业角度来看，竞争者主要是那些本行业内提供同一类产品或服务的企业，或提供可相互替代产品的企业。从市场及消费者角度来看，凡是满足相同的市场需要，或者服务于同一目标市场的企业，无论是否属于同一行业，都可能是企业的潜在竞争者。

当然，企业要关注的，并不是所有的竞争者。结合产品和市场两个角度，既要考虑与本企业所提供的产品（或服务）的相似性和替代性，更要考虑与本企业需要满足的消费者的一致性——只有那些与本企业提供的产品或服务相类似，并且所服务的目标顾客也相似的那些企业，才是值得企业认真关注和重点研究的主要直接竞争对手。

利用网络对竞争对手进行调查，可以采用间接或直接两种方式，来发现并了解竞争对手。间接的方式，主要是通过搜索引擎、电子商务平台、行业网站的访问，以及搜索相关资讯，来发现主要的竞争对手。直接的方式，就是直接访问竞争对手网站，并对网站流量变化及运营情况进行分析。

竞争对手的网络调研，主要对以下几个问题寻找答案：
- 谁才是企业真正的竞争对手？
- 主要的竞争对手具有哪些优势及不足？
- 企业可以从竞争对手身上学到什么？
- 在与竞争对手的较量中，企业还有哪些机会？

一、发现竞争对手

要发现谁是企业的主要竞争对手，一般还是从搜索引擎入手。以"童装"为例，在百度、Google、雅虎上进行搜索，会发现数以千万计的返回结果，在某种程度上，这些都是企业的竞争对手，如图2-13和图2-14所示。

一般来说，返回结果数目越大，市场竞争越激烈，进入这个市场的阻力越大。当然，这个数据只能作为参考，真正有实力的竞争对手，肯定比这个数目要少得多。因为这些返回页面中，可能几万、几十万条都属于同一个网站，只是同一个竞争对手。

在这些返回结果中，一般人们只关注前几页，特别是第一页，因为主要的竞争对手大都集中在这里。根据搜索结果，将产品关键词和排名靠前的主要竞争对手的公司名称一起搜索，可以了解这些竞争对手有哪些新闻报道，什么博客在谈论他们，最终用户有什么评论。

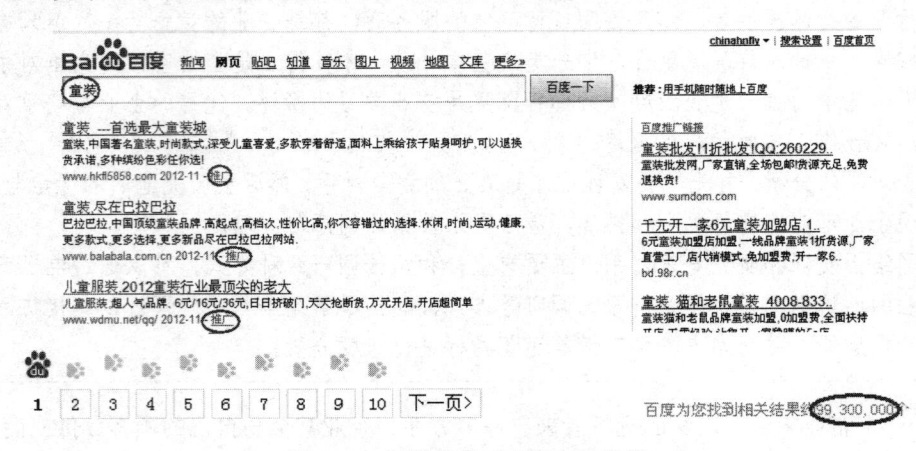

图 2-13 百度搜索"童装"的结果

图 2-14　Google 搜索"童装"的结果

如果发现竞争对手有大量报道来自新闻网站和门户网站，则对方可能是一个强劲的对手。要与之抗衡，光靠网络营销也许还不够，还必须开展整体的宣传攻势。如果发现竞争对手有不少软文，则意味着对手有专业的网络营销人员在操盘。如果发现大量竞争对手的负面新闻，而对手没有采取反制措施，则意味着对方至少在网络营销方面还存在漏洞。

当然，有些竞争对手不一定是在网上搜索发现的。行内人士一般早就知道主要的竞争对手，特别是在传统行业里。

另外，对一个网上服装小卖家来说，没必要将网上卖服装的所有商家，都当成自己直接的竞争对手。就像初级的创业者，没必要将李嘉诚当对手一样。只有体量和品级相当、目标人群高度重合、细分类目基本一致，才算得上是企业直接的竞争对手。

二、研究竞争对手

明确主要的竞争对手之后，就可以直接访问企业网站，搜集第一手材料。另外，还可以利用常见的工具或软件，分析竞争对手网站的主要指标，并据此做出判断。

1. 直接访问竞争对手网站或门店

要开展电子商务，公司往往会建立自己的企业网站，或入驻第三方电子商务网站，以构建自己的网络平台，作为网上营销推广的大本营。所以，竞争对手的站点可能不止一个，而是好几个。如国内知名的美妆类淘品牌"御泥坊"，不仅有自己独立的网上商城"汇美丽"，还在天猫、京东、唯品会、拼多多等传统电商平台，云集、贝店等社交电商平台，以及沃尔玛、屈臣氏等超市及商场上构建了自己的网上商城或专柜，如图 2-15 所示。

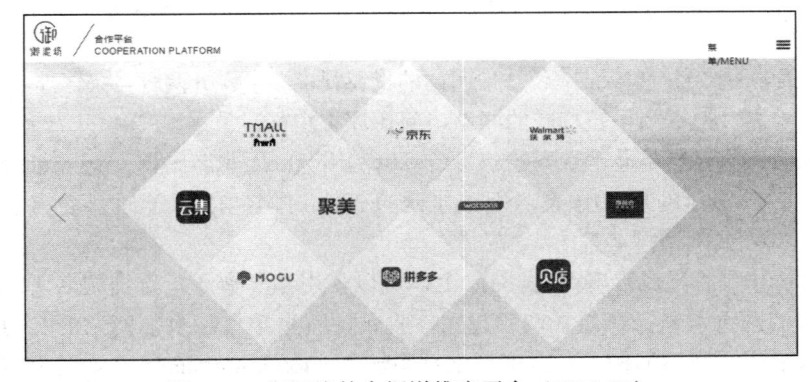

图 2-15　御泥坊的全渠道推广平台（2019-09）

直接访问竞争对手的网站，不仅可以了解其业务模式、经营特点，还可以站在网络营销的角度，了解其网站设计水平、界面友好性、功能易用性，通过观察其网络营销推广的操作痕迹，也能直观地看出对手的竞争实力。

2．调查竞争对手网站基本情况

将主要竞争对手的网站列出来，查询网站以下指标，以了解网站运营的一些基本情况。

（1）网站首页 Google PR 值。PR 值全称为 Page Rank（网页级别），是用来表现网页等级的一个标准，级别分别是 0～10，是 Google 专有的算法，用于评测一个网页"重要性"的一种方法。

一般而言，网站首页 PR 值达到 2～3，说明网站实力一般；达到 4～5，说明网站重要性和权威性不错；如果达到 6～7，说明这是一个非常强劲的竞争对手了。如果某中文网站发现其 PR 值是 8，那么已经没有必要进入这个市场了。

登录站长之家网站的"站长工具"（pr.chinaz.com），查询到淘宝网的 PR 值为 7，如图 2-16 所示。

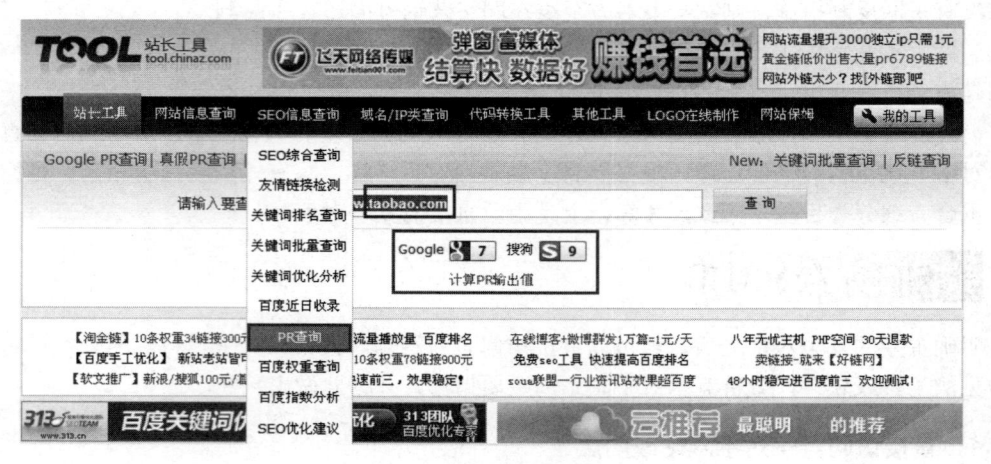

图 2-16 淘宝网的 PR 值

（2）网站年龄。登录域名注册信息查询服务网站，如选择站长之家的"域名/IP 类查询"下的"WHOIS 查询工具"（whois.chinaz.com），可以查询竞争对手网站的注册信息，查看域名注册日期及相关信息，了解对手网站的发展演变过程。

一般情况下，网站域名的年龄越大，积累的信任、流量、客户也越多，搜索引擎的排名、外部链接的数量等指标也会越好，要超越它的难度也越大，企业需要付出更多、更大的努力才有可能胜出。

（3）网站 Alexa 排名。Alexa 排名是指网站的世界排名，主要分两种：综合排名和分类排名。目前，行业人士大多把它当作较权威的网站访问量评价指标。

竞争对手网站的流量是非常重要的信息，可以利用 Alexa 排名工具（www.alexa.com）进行大体估算。图 2-17 显示的是 2019 年 9 月淘宝网的 Alexa 排名信息：全球排名第 80，中文网站排名第 23，电商行业网站排名第 1。

（4）搜索引擎收录。在百度或 Google 上，可以使用 site 命令，查询域名所属网站在搜索引擎上所收录的网页数量。显然，网站越大，收录的网页数量越多，网站的实力和影响力也越强。以湖南怡清源网站为例，在百度搜索框中输入 site:yiqingyuan.com，发现被收录的网页有 2 280 个，如图 2-18 所示。

图 2-17　在站长之家上查询淘宝网的 Alexa 排名（2019-09）

图 2-18　百度收录的外部链接数量（湖南怡清源网站）

（5）外部链接。外部链接也叫反向链接，一般是指其他网站链接到本网站的链接。如果与网站建立链接的外部网站知名度高、访问量大，则说明外部链接质量高、价值大，这是企业网络营销推广的重要目标。

在百度等搜索引擎上，使用 link 命令，可以查出搜索引擎所收录的特定网站的外部链接数量。不过，这个数字往往不太准确，只能作为参考。在百度搜索框中输入 link:yiqingyuan.com，发现湖南怡清源网站的外部链接只有 19 个，如图 2-19 所示。

图 2-19　百度收录的外部链接数量（湖南怡清源网站）

（6）维基百科、百度百科。查一下维基百科、百度百科，了解这些百科类网站是否有竞争对手的链接。由于百科具有的权威性和影响力，这些链接既可以带来直接的点击量，也会在一定程度上影响人们的判断和评价。很多人把这些链接当作重要的参考资料。

通过竞争对手的这些资料列表，可以大致判断竞争对手的实力及网络营销的成效。图2-20是维基百科上关于"百度"的词条，给人权威、专业的感觉。

图2-20 维基百科的"百度"词条

技能训练 2-1　网络市场及竞争对手调研

1. 请选择一个你最感兴趣的产品市场（服装、食品、化妆品等）及企业，如以口味王集团为例，调查该公司的经营现状、行业现状、互联网搜索情况、淘宝采购指数、阿里采购指数、生意参谋相关数据，最后将调研的过程及结论填入表2-1。

表2-1　竞争对手的寻找与发现

调研项目	调研内容	调研结论
湖南口味王集团	主要产品、销售渠道、网站PR值、网站Alexa排名、网站年龄等	
行业现状	分析该行业的市场发展现状及前景（200字）	
淘宝调研	淘宝主要品牌、卖家主要省份、搜核心关键词店铺默认排名前5家名称及销量	
百度指数	搜索核心关键词，分析近5年来搜索高峰及低谷	
阿里指数	搜索核心关键词，分析5年来淘宝采购和1688采购指数最高峰及低谷	
生意参谋	行业大盘、排名前5竞争对手店铺的近30天交易指数	
论坛调研	搜索贴吧、天涯论坛对该公司产品的评价	
调研结论	该行业市场是否具有发展潜力，产品是否具有周期性	

2. 在上述调研的基础上，选择2家主要的竞争对手，对其主要网站的运营情况进行调查，并将结果填入表2-2。

表 2-2　竞争对手的调研与分析

调研内容	竞争对手 1	竞争对手 2
企业网址		
网站 PR 值		
网站年龄		
Alexa 排名		
淘宝店铺（域名、销量、宝贝数量等）		
天猫店铺		
京东平台		
调研结论（分析竞争对手同口味王相比各指标情况如何）		

第三节　目标用户消费模式分析

> **内容提要：**
>
> 商业模式是商家赚钱的途径或方式，消费模式则是消费者选择商品或服务来满足自身需求的途径与方式。
>
> 今天的网络消费者拥有更多的主动权：他们选择平台和商品，给出意见和评价，甚至参与产品的设计和研发；他们希望产品有更多的设计感、娱乐感和意义感，他们通过分享自己的消费体验，来影响商家，并引领时尚。
>
> 网络消费模式分析，是要了解哪些人在网上消费，他们具有怎样的消费心理和需求特征，他们是通过哪些途径和方式来选择产品和服务。
>
> 网络上除了常见的个人消费者，还有一类组织或企业用户，他们分别构成 to C 及 to B 的商业模式。个人用户快照、企业用户快照，是对这两类用户精准聚焦的主要方式。

找到了网上目标消费群体，掌握了竞争对手的优缺点之后，还有必要对网民的消费模式进行剖析。

商业模式是指企业赚钱的模式，消费模式就是指消费者选择商品以满足自身需求的方式。淘宝网以服装类目为特色，具有品类齐全、价格低廉，可满足用户多样化、个性化需求的消费特点；京东以 3C 及家电类目为特色，以品牌承诺及良好的物流体验为卖点；而拼多多则以水果销售见长，对那些喜欢热闹、喜欢社交、喜欢低价、喜欢实惠的网民具有较大的吸引力。不同网民群体各具特色的消费模式，是电商平台及各类商家特色定位的前提和基础。

在以"云、端、网"为基础设施的 DT 大数据时代，消费者的主导地位日益凸显。由于企业供给与市场实际需求间的交集越来越小，消费者开始处于商业活动的中心（见图 2-21）。今天的网络市场，消费者拥有越来越多的主动权，他们选择平台、选择商品；他们提出意见、给出评价；他们甚至参与产品设计和研发；他们还希望产品有更多的设计感、娱乐感和意义感。可以说，不懂今天的网络消费者，就不可能有成功的网络营销。

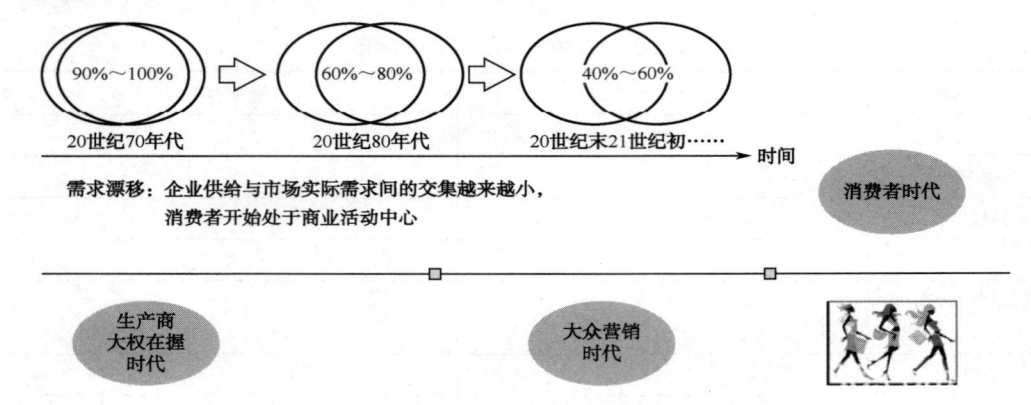

图 2-21　消费者中心时代来临

（资料来源：阿里数据经济研究中心，www.aliresearch.com，2016-4）

网络消费模式，是指网络消费群体所具有的购物方式及操作路径。如某一特定结构的网民群体，由于具有共同的消费心理和行为特点，会表现出相对一致的网络购物行为方式及操作路径。显然，对网民消费模式的研究，是企业制定行之有效的网络推广策略的前提。在移动互联时代，网民的消费模式日益丰富多彩。

只有掌握了网络用户的心理特点和消费规律，才能为企业的产品策划、网络购物路径优化、网络营销推广手段选择等方面提供必要的决策支持。消费模式分析主要包括以下内容：

- 什么样的人在网上买东西？
- 这些人为什么在网上买？
- 他们会买什么产品？买多少钱的产品？购买频率如何？
- 他们通过哪些方式找到购物网站？
- 他们在网上的浏览和购买行为有什么特点？

网民消费模式的分析，可以从宏观与微观两方面入手：一是分析网民整体的网上消费模式；二是分析特定产品，即企业要销售的产品的目标网上用户的消费心理及特点。

一、网民特征分析

中国互联网络信息中心（CNNIC）每隔半年发布一次中国互联网络发展状况统计报告，对我国网民的基本情况提供了一系列比较准确的数据。下面以 2019 年 8 月 CNNIC 发布的第 37 次报告为例，介绍我国网民的一些基本特征。

1. 网民规模

截至 2020 年 3 月，我国网民规模达到 9.04 亿，互联网普及率 64.5%，其中手机网民超过 99.3%，达 8.97 亿。与五年前相比，移动宽带平均下载速率提升 6 倍，手机上网流量资费水平降幅超 90%。"提速降费"推动移动互联网流量大幅增长，用户月均使用移动流量达 7.2GB，为全球平均水平的 1.2 倍。

我国全球第一的网民群体，特别是数量庞大的移动网民，为电子商务的持续发展，以及互联网+商业模式的变革，提供了前所未有的创新空间。

2. 网民结构

（1）性别、年龄结构。截至 2019 年 6 月，中国网民男女比例为 51.9∶48.1，网民性别结构趋

向均衡。在年龄上，我国网民以 20～39 岁群体为主，占整体的一半左右。10 岁以下低龄群体、60 岁以上高龄群体占比呈上升趋势，也构成了体量巨大的细分市场，如图 2-22 所示。

网民年龄结构

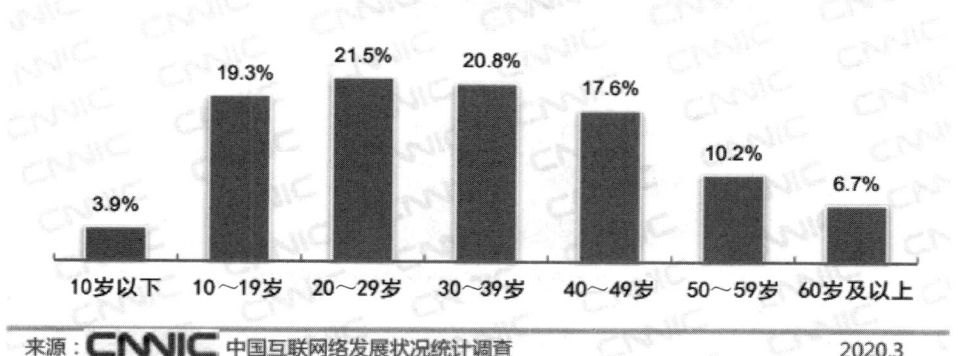

10 岁以下	3.9%
10～19 岁	19.3%
20～29 岁	21.5%
30～39 岁	20.8%
40～49 岁	17.6%
50～59 岁	10.2%
60 岁及以上	6.7%

来源：CNNIC 中国互联网络发展状况统计调查　2020.3

图 2-22　2020 年中国网民年龄结构

（2）职业、收入结构。从职业来看，学生、自由职业者仍是主流的上网群体，在网民中占比接近一半；另外，即便退休、下岗人员，在网民中也占据了相当比例，从一个侧面说明，大部分 to C 端的生意，都可以在网上找到自己的用户，如图 2-23 所示。

网民职业结构

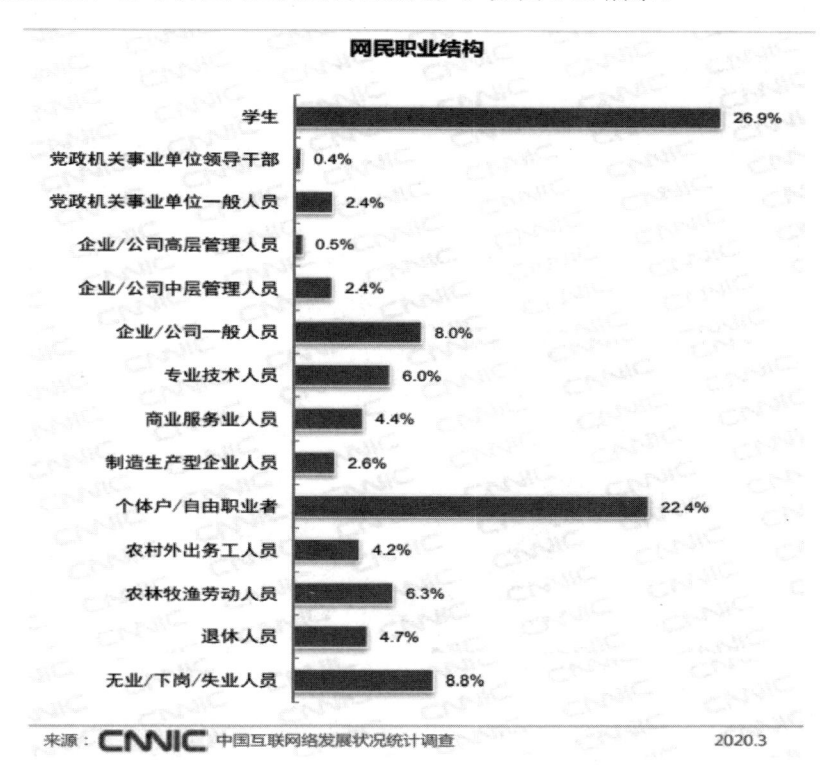

学生	26.9%
党政机关事业单位领导干部	0.4%
党政机关事业单位一般人员	2.4%
企业/公司高层管理人员	0.5%
企业/公司中层管理人员	2.4%
企业/公司一般人员	8.0%
专业技术人员	6.0%
商业服务业人员	4.4%
制造生产型企业人员	2.6%
个体户/自由职业者	22.4%
农村外出务工人员	4.2%
农林牧渔劳动人员	6.3%
退休人员	4.7%
无业/下岗/失业人员	8.8%

来源：CNNIC 中国互联网络发展状况统计调查　2020.3

图 2-23　2020 年网民职业结构

网民中月收入在 3 001～5 000 元的群体占比较高，在 20%以上。另外，无收入及 8 000 元以上高收入群体也占有相当比例，这一现象为利基市场的差异化营销、个性化营销奠定了现实基础，如图 2-24 所示。

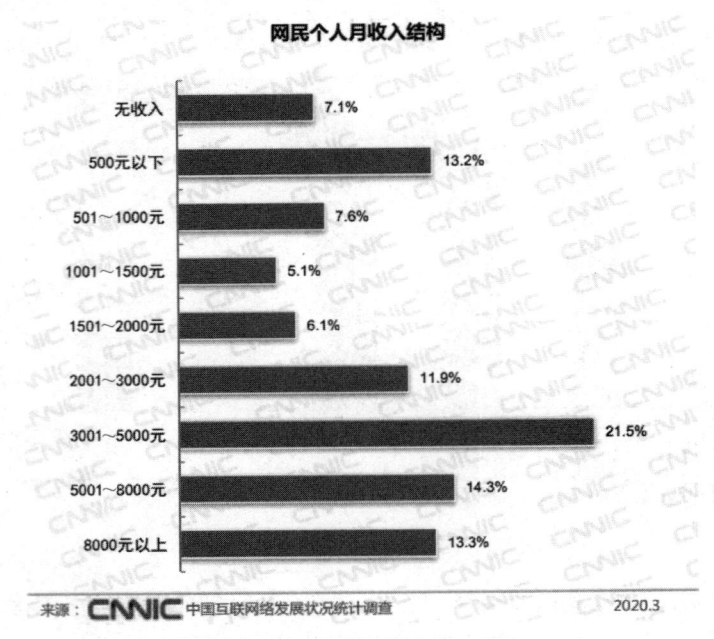

图 2-24 2020 年网民收入结构

3．上网行为

网民上网，除购物以外，还有看新闻、聊天、听音乐、看视频等消遣方式。这些行为习惯，都会影响其网上消费模式，都是企业开展网络营销推广的切入点。

2020 年，我国网民人均每天上网 4 小时以上，真正意义上实现了网络化生存。这 4 小时有一半花在聊天、视频、音乐等消遣上（图 2-25），这为网络营销方式及手段的创新提供了现实基础。

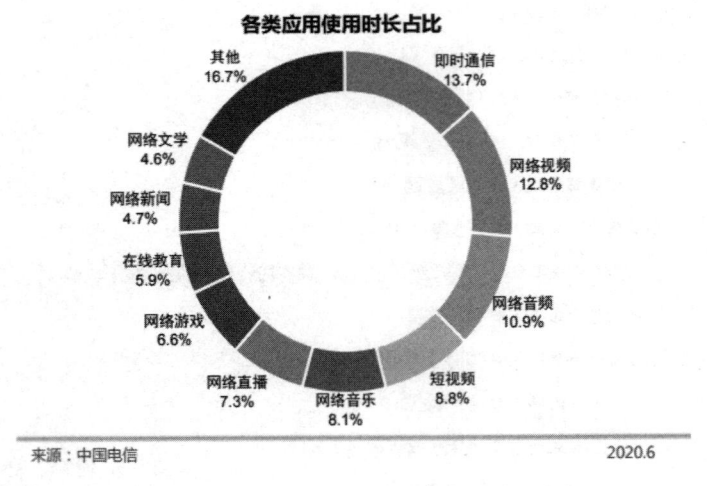

图 2-25 2020 年网民各类应用使用时长占比

4．购物方式

有些人坚持传统购物，但越来越多的人习惯网上购物，原因何在？他们为何选择网上购物，网上购物具有怎样的操作路径？这是网络营销人员必须弄清楚的基本问题。调查显示，网民选择网上购物与否，影响的因素有多个方面，如表 2-3 所示。

表 2-3 网民网上购物与否的影响因素

分析	具体原因
网民网购原因分析	• 78%是因为方便 • 66.4%是因为没有销售员的压力 • 64.2%是因为节省时间 • 60.7%是因为信息丰富 • 30.8%是因为能查看产品评论和推荐
网民不网购原因分析	• 79%是因为安全问题 • 77%是怕个人隐私被泄露 • 48%是因为对网站缺乏信任 • 65%是因为看不到，也摸不到产品 • 55%是因为运费 • 21%是因为购买过程太复杂

这些选择网上购物与否的原因，正是营销人员改善业务流程、提高推广效率的切入点。如何进一步彰显网上购物的优势，提升网络购物在个性化、便捷性等方面的附加价值；如何更好地消除网络购物的心理障碍、安全忧虑等，都值得营销人员认真研究和思考。

除传统的网络购物外，团购、手机网络购物等新型购物模式不断涌现，且发展迅速。截至 2020 年 3 月，我国网络购物用户 7.1 亿、手机网购用户 7.07 亿，大约是美国总人口的两倍，且大于联合国五大常任理事国中其他四国（美、英、俄、法）人口的总和。巨大的网民群体及消费潜力，为中国经济发展提供了巨大的内部市场和广阔的发展空间，这也是我们应对外部挑战及贸易摩擦的底气所在。

5．网民购物路径

网上用户大多是在寻找信息，而不是搜索产品。调查显示，搜索引擎中的关键词，80%是信息类，10%是导航类，只有 10%是购物类。在制定网络营销推广策略时，如何满足这 80%寻找信息的需求，在回应他们信息需求的同时，还能吸引他们注意到你的产品？怎样让他们今天购买了你的产品，明天还会记得你的网站？这都是网络营销策划和创意的出发点。

研究网民的购物路径，就是要探明网民在网络上购物的行为规律：购买缘起、操作路径、重复购买原因等。一般来说，我国网民的购买行为，会有一个鲜明的操作路径。

① 利用搜索引擎，分析产品的可靠性，搜索产品、商标、品牌、生产商信息。

② 利用博客、论坛，了解产品的口碑，做出基本判断。

③ 访问著名的电子商务平台（淘宝、京东、阿里巴巴）或企业官网，了解可供选择的产品或服务。

④ 购买决策。

"了解→分析→判断→决策"这一购买决策操作路径的每个环节都值得网络营销人员给予高度关注和进行深入研究。图 2-26 显示了一个搜索用户典型的网络购物路径。

当然，对今天的网络消费者，用来了解商务信息的终端、媒体和渠道已经日益丰富，并且多姿多彩。具体到某类产品的网络消费者，其网络购物路径的分析要考察更多的细节和关键节点。如一位想购置汽车的网民，可能通过手机、平板电脑等终端，通过各类媒体了解汽车相关资讯，对收集的信息进行综合后，初步确定有意向的品牌，再去企业的官网进行深度体验，基于信任的建立做出购买决策，最后到实体店进行现场的体验及购买，如图 2-27 所示。

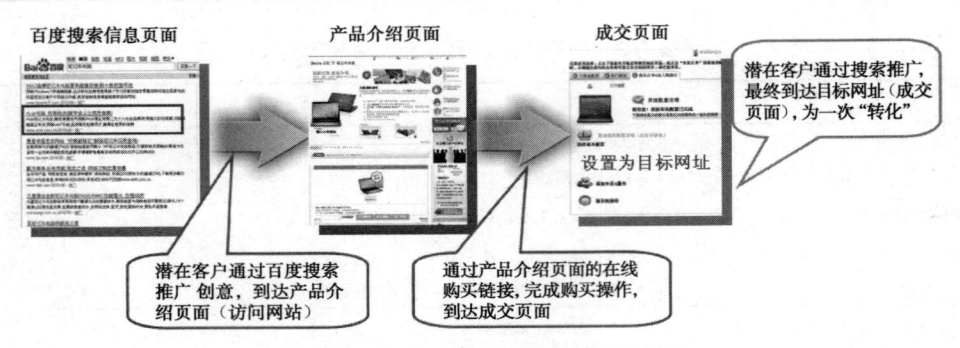

图 2-26　搜索用户典型的网络购物路径

图 2-27　购买汽车网民的网络购物路径

随着新商业、新零售及智慧商业的成熟推进，生活、工作、学习、娱乐等各个场景的数字化的程度不断提高，消费者在线上和线下不同触点间的切换转化起来越方便。2019年波士顿咨询公司（BCG）针对中国 200 个家庭的消费行为调研显示，中国消费者典型的消费行为路径为"发现→研究→购买→付款→配送→售后"，从发现、研究，到购买、付款，再到配送、售后的每一个环节中，线上线下、多渠道、多触点全面融合的消费路径已经形成，如图 2-28 所示。

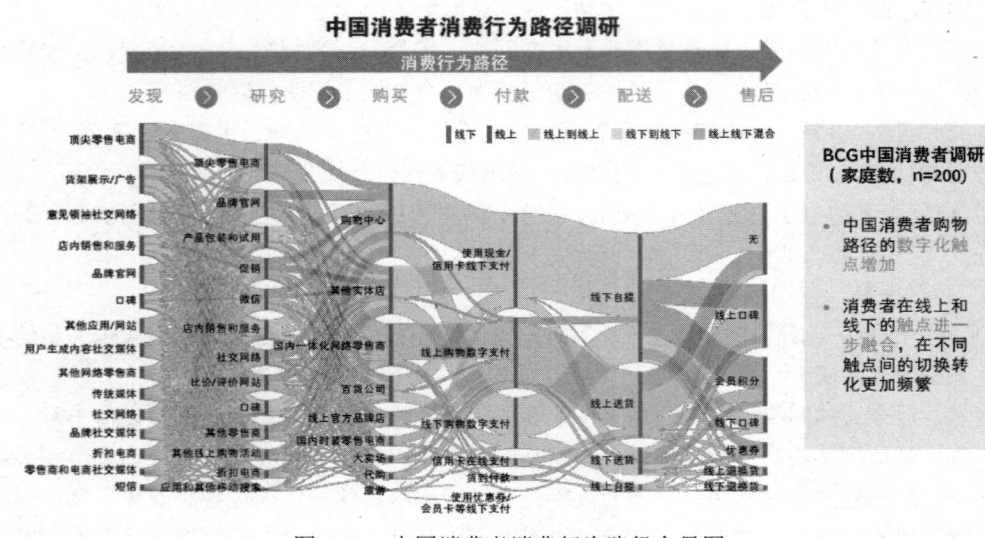

图 2-28　中国消费者消费行为路径全景图
（资料来源：中国互联网经济白皮书 2.0，2019-01）

阅读材料 2-1　中国互联网产业全球地位及特色

1. 市场篇

总体来看，中国互联网规模大、增长快、潜力足，互联网化程度名列世界前茅。从影响力看，相当数量的中国互联网巨头和初创企业已登上国际舞台。从结构上看，中国互联网市场呈现鲜明的中国特色，电子商务和互联网金融板块尤为发达。

规模大、增长快：截至 2016 年，中国的网民总数已达 7.1 亿，约相当于印度与美国的网民总量，占全球网民总数的 1/5（参阅图 2-29）。中国的互联网消费规模高达 9 670 亿美元，仅略低于美国。从增长来看，"中国速度"亦惊艳了世界。中国网民总量过去 15 年里年复合增长率高达 25%，互联网消费过去 5 年里年复合增长率高达 32%。

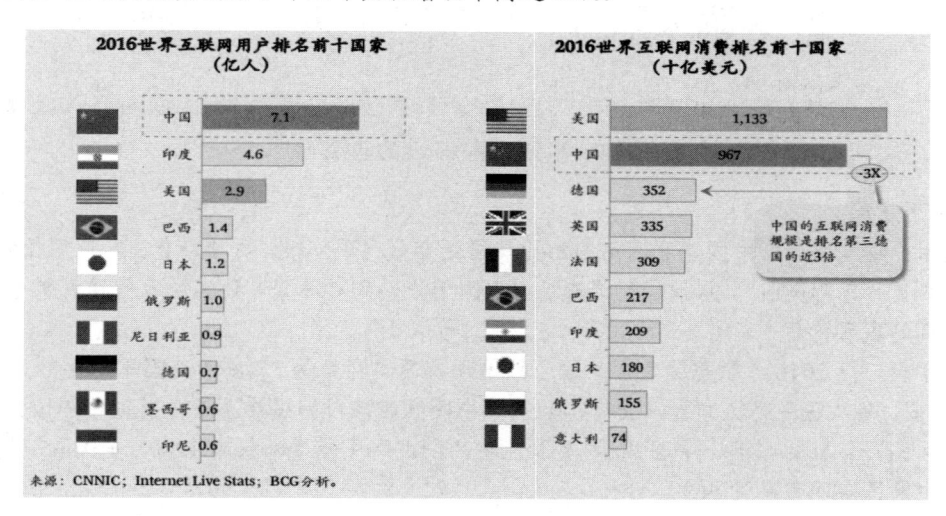

图 2-29　2016 年中国互联网规模及在全球排名

潜力足：虽然规模庞大、增长迅速，但中国的互联网用户普及率（网民占总人口的比例）仍然较低，仅 52.2%（截至 2016 年 7 月）。其他 G20 国成员中，发达国家集团互联网普及率均高于 85%，新兴国家集团如俄罗斯、阿根廷也在 70% 左右。中国互联网未来增长仍可期，想象空间仍大。

互联网化程度高：根据 BCG 对 eGDP 1 的估算，中国互联网相关经济规模在整体 GDP 中的占比高达 6.9%，仅次于韩国，排名全球第二。韩国、印度排名高的原因主要是 ICT 设备相关的进出口产值高，如果将这部分排除不包含在计算内，则中国排名第一（6.4%），韩国降至第三（5.8%），印度降至第八（3.2%）。

影响力彰显：中国互联网市场的腾飞也孕育了一批具有竞争力的"中国巨龙"。如图 2-30 所示，在全球市值排名前十的互联网公司中，阿里、腾讯、百度、京东、网易 5 家中国公司入列，与美国分庭抗礼。同时，近年来中国互联网行业也涌现了一大批颇具规模的新创公司。CrunchBase 的 221 家全球独角兽中，中国企业数量占三成（63 家），估值占比高达四成（合计约 3 300 亿美元）。

电子商务和互联网金融比重大：根据 BCG 模型估算，中国的电子商务和互联网金融板块占比较大。这两个板块的绝对规模和相对占比都超越了美国。中国的电子商务占市场总体 44%（美国：27%）。中国的互联网金融板块收入占市场总体 12%（美国：6%）。

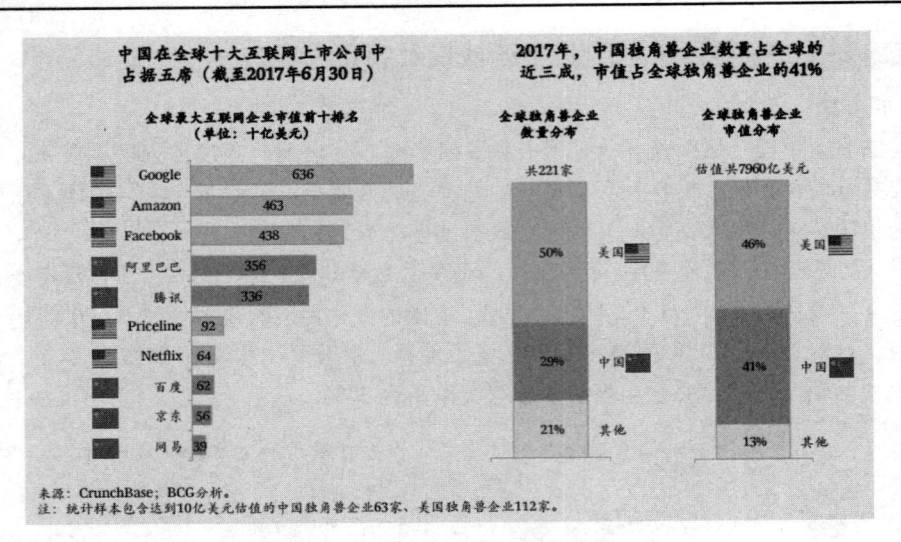

图 2-30 中国互联网企业的世界地位

2. 用户篇

从用户结构来看，中国互联网用户相比美国更年轻、更草根、更移动化。从应用偏好来看，中国用户更"喜新厌旧"。从消费行为来看，中国用户网购更频繁，数字内容付费意愿亦快速提升，并日趋多元化。

更年轻：以 2016 年数据为例，中国互联网用户平均年龄为 28 岁，美国平均年龄为 42 岁，相差 14 岁。除中国总体人口结构更年轻以外，中国高年龄段网民渗透率显著低于美国，也是导致中国网民更年轻的原因。中国 60 岁及以上年龄段中网民渗透率仅为 12%，美国 65 岁及以上年龄段中网民渗透率高达 66%。

更草根：从受教育程度看，以 2016 年数据为例，中国高中以下网民占比高达 51%，美国仅为 9%；中国大专及以上网民占比仅为 21%，美国则高达 64%。从城乡分布看，中国农村网民占比为 25%，而美国为 17%。

更移动化：以 2016 年数据为例，在接入互联网各终端中，中国均落后于美国，唯独移动端的渗透率高出美国达 12%（中国：90%，美国：78%）。此外，中国有将近 1/4 的手机原生网民，而美国这一比例仅为 11.3%。中国手机原生网民的一般特征是：年龄较低、学历较低（初中及以下）、收入水平较低（尤其是农村外出务工人员、农民）、乡村居民。

更"喜新厌旧"：中国网民更愿意接受新的应用，但抛弃应用的速度也更快。很多新兴应用在中国的渗透速度超越了美国，如：Uber 在美国的用户渗透率于 2016 年仍未到达 50%，而滴滴在中国实现这一目标仅花了 3 年的时间（参阅图 2-31）。中国即使三线以下城市的人均 APP 安装量都高达 38 个，但与此同时，中国高达 43% 的 APP 仅被使用 1 次，美国只有 25%；中国仅有 15% 的 APP 能使用 10 次以上，而美国这一比例则有 37%。

网购更频繁：中国网民 PC 端和移动端的网购频次都远高于美国。如图 2-32 所示，中国网民每周 PC 端网购 1 次及以上的占比为 64%（美国：34%），移动端网购占比则更高，达 70%（美国：43%）。

数字内容付费意愿越来越强：过去，游戏几乎是中国互联网用户唯一愿意付费的数字内容，这一占比至今依然很高（2016 年：76%），但相较 2011 年的 86%，降幅达 10%。与此同时，其他数字内容的付费用户比例正在快速提升，尤其直播&秀场和视频增长迅速，付费金额占比分别达到 10% 和 5%。

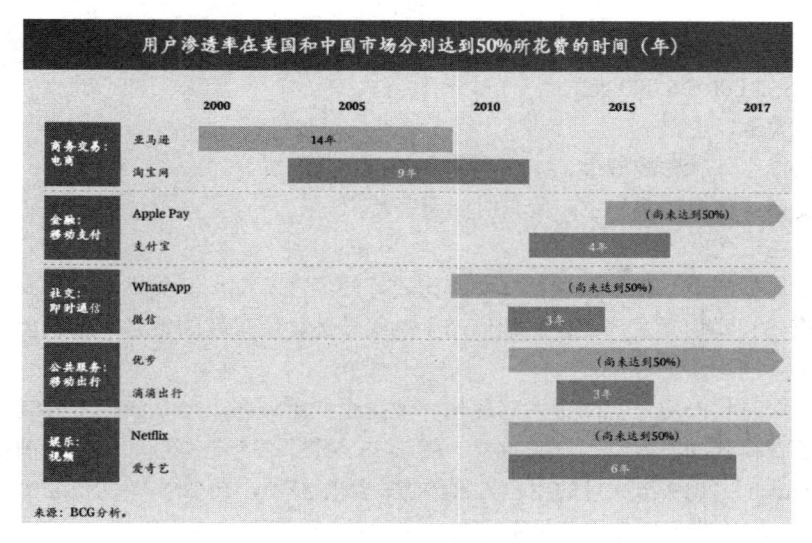

图 2-31 用户渗透率达 50%在中美所花时间比较

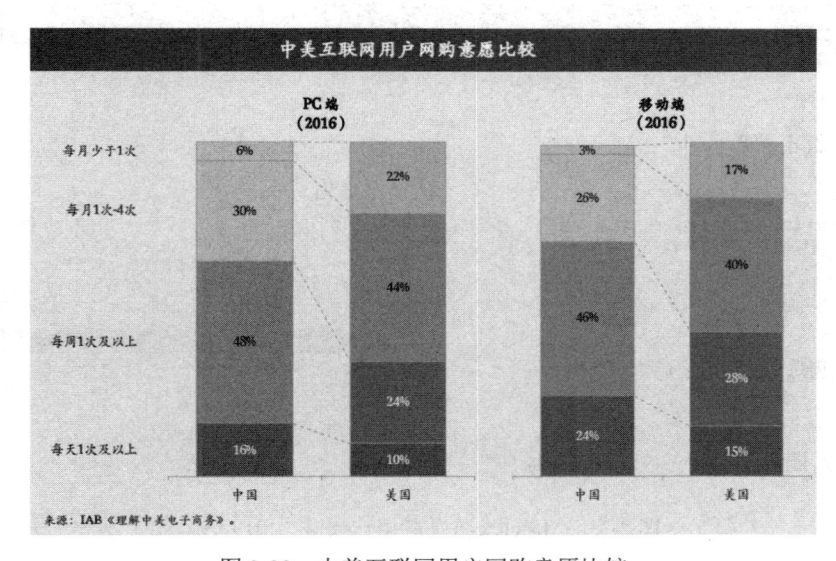

图 2-32 中美互联网用户网购意愿比较

二、目标用户快照

1. 个人用户快照

网民整体的行为特征研究，是从宏观角度对网民群体的扫描，有助于对网民的整体性、规律性、方向性问题的把握。从微观视角出发，对企业网络用户研究，要形成网络用户的典型特征描述，作为制定网络营销推广策略的基本依据，包括年龄、收入、教育水平、办公地点、工作性质、地理位置、家庭人口、消费类型（时尚型、理智型、冲动型、透支型）、个性特点、心理偏好等，可以称之为"目标用户快照"。

在引导案例"网店服装卖给谁"中，我们不难发现，小杨正是通过自己缜密的前期调研，准确地描绘出了目标用户特征。

不难发现，这一目标用户快照，明显具有以下特点。

- 性别：女。

- 年龄：30～45 岁。
- 月收入：3 000～5 000 元。
- 学历：大专以上。
- 地理位置：一、二线城市。
- 消费类型：理性消费为主，兼具时尚消费特点。
- 家庭：三口之家。

这是一个典型的中、青年白领群体，有比较好的经济基础，但并不是大老板。他们有自己特有的思维模式和购物模式，要说服他们产生购买欲望，所采取的策略和方式会与刚大学毕业的年轻人完全不同。

移动互联网时代的用户上网行为碎片化，使得企业忠诚客户培育面临新挑战，网络消费者上网行为及消费模式的洞察变得异常重要。图 2-33 至图 2-35 是有全球运动补剂知名品牌肌肉科技（Muscletech）2019 年 9 月的用户人群画像。数据显示，20 出头，住在北上广深一线城市的单身男性，他们这些习惯使用苹果手机的公司职员，最有可能成为肌肉科技产品的忠实粉丝。

图 2-33　Muscletech 品牌用户数据（2019-09）

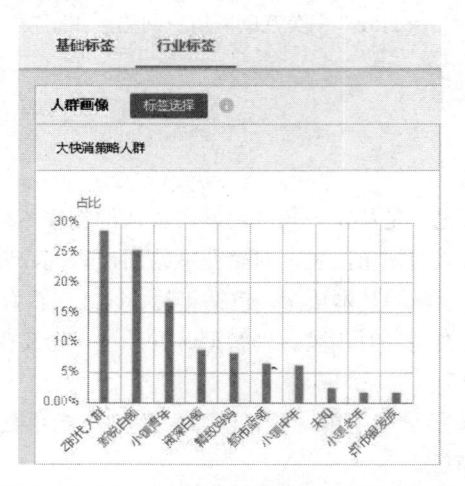

图 2-34　Muscletech 品牌购买人群行业标签

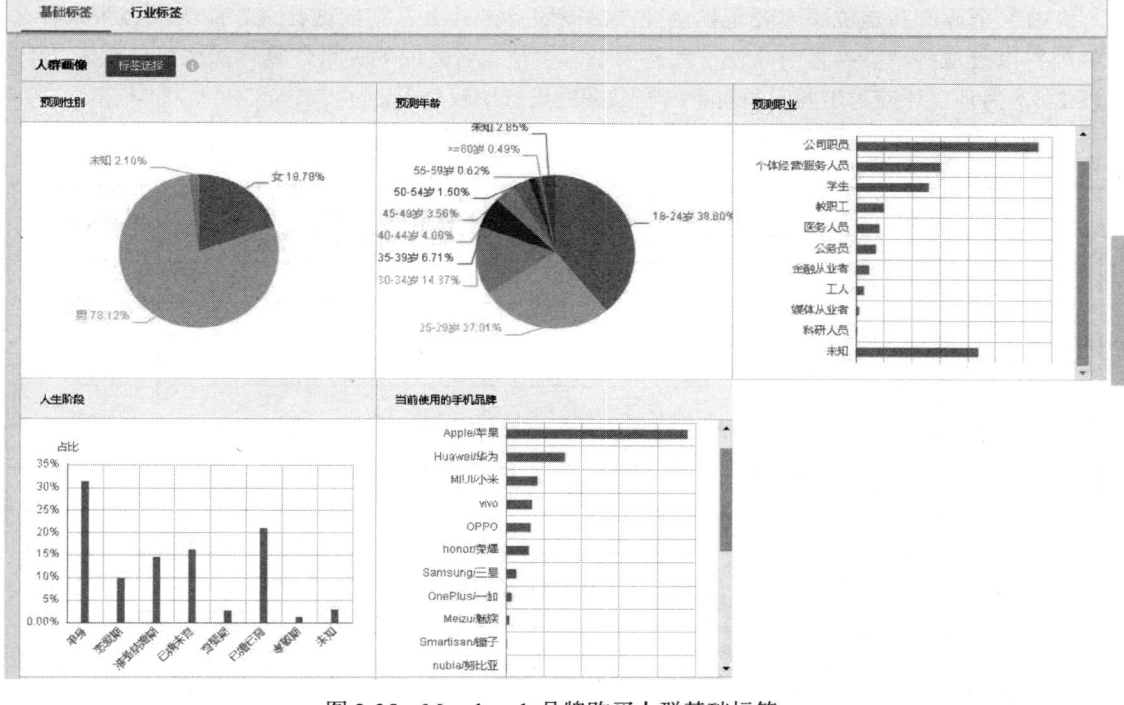

图 2-35 Muscletech 品牌购买人群基础标签

目标用户特征描述及目标用户快照的建立过程，也就是网上目标用户精准定位的过程。每个网站的产品服务不同，用户特征千差万别，不可能依靠市场调研机构给出现成答案。网络营销人员只能通过网上市场调研，形成自己的调研结论。

2. 企业用户快照

显然，除了 C 端个人消费者之外，企业的网络用户还包括 B 端的企业或组织用户。显然，通过市场调研，为这类 B 端用户准确画像也十分重要。

任何一家企业盈利模式，不外乎是选择一个目标市场，在了解用户的需求后，为其开发独具特色的产品或服务，并设计将产品或服务传递给顾客的高效价值链，以满足市场需求，获得企业收益。因此，要了解一家企业的核心和本质，不外乎从产品（行业市场）、市场（消费市场）、业务模式（运作模式）三个维度去分析、去探究，如图 2-36 所示。

图 2-36 企业用户洞察的三个视角

（1）企业产品定位。主要是指企业产品或服务是什么？它能做什么？能给顾客带来什么好处？以及这些产品销量的高低、利润大小，以及二者之间的关系，具体操作可参看表2-4、表2-5。另外，还应对主要竞争对手的产品属性进行比较分析。

表2-4　企业产品及竞品属性分析表

产品名称	属性（是什么）	作用（能做什么）	益处（能给顾客带来什么好处）	消费场景
产品1				
产品2				
产品3				
竞品1				
竞品2				
竞品3				
……				

表2-5　企业产品销量-利润分析表

维度	高销量	低销量
高利润		
低利润		

（2）企业市场定位。企业经营必须进行选择和集中，是在目标市场内，获得属于自己的空间，求得成长和发展，目标市场分为消费者市场（ToC）和组织市场（ToB）。

（3）业务模式定位。主要包括交付模式、营销方式及营销渠道的定位三个方面。产品或服务交付模式，即通过什么方式传递给消费者；营销方式是指线下营销的媒介广告、传单，还是线上营销的SEM、信息流、互联网媒体广告等；如营销渠道是指企业自有销售团队，还是渠道经销商（代理商）、合伙人直营、互联网分级代理等，如表2-6所示。

表2-6　企业业务模式定位分析表

业务模式范畴	内容	描述
交付模式	产品或服务，通过什么方式传递给消费者	例如：购买一台汽车，需要从厂家生产后，发货经销商，消费者需通过经销商提车
营销方式	线下营销：传统媒介广告、传单…… 线上营销：SEM、信息流、互联网媒体广告、社群……	罗列并分析主要营销方式
营销渠道	自有销售团队，渠道经销商（代理商），合伙人直营，互联网分级代理……	罗列并分析主要营销渠道

在充分理解企业产品和市场定位的基础上，锁定目标人群，理解企业营销痛点，构建企业档案卡，分析企业营销现状，对主要推广产品（主要卖什么）、主要售卖对象（卖给谁，以及获客的主要方式、客单价）、主要售卖方式（通过什么方式售卖，互联网线上包括哪些环节），以及营销方式（主要的营销渠道及对应团队）等指标进行清晰描述，最终形成完整的企业用户画像。

3．用户快照信息获取

目标人群描述，要针对产品或服务的细分市场，进行群体画像的特征提炼和归类。锁定具体人群的方式有以下几种方式：
- 线下 WiFi 探针采集 MAC 地址、录入百度云，输出人群画像确定目标人群，如展览会、小区、商超、SHOPMALL、店铺内等场景；
- 通过易观千帆指数等数据分析工具，针对某类特定的 APP 下载和使用群体，获取目标人群，如在健身俱乐部，可获取下载了 KEEP 的人群特征等；
- 通过百度指数等第三方免费平台，搜索品牌关键词、行业词，获取目标人群，如对工业行业企业，输入特定行业产品名词或企业品牌词；
- 历史营销数据分析，如 SEM 搜索词分析、在线客服咨询内容、广告投放时间、地域等；
- 同行网站、着陆页、营销内容分析，如分析行业内龙头企业、优质互联网营销企业，分析他们的着陆页设计、内容策划等，以逆推用户人群等。

综合上述分析，建立目标消费人群或企业用户的档案卡，利用相关工具表格，提炼和刻画出完整的目标用户画像，如表 2-7 所示。

表 2-7　目标用户画像工具表

标签	个人用户画像	企业用户画像
对象	终端消费者：性别、年龄、婚姻状况、收入水平、职业特征、文化水平、活动地域、精神信仰、生活方式、是否有孩子、孩子年龄、孩子性别、是否有孕妇、是否有车、是否有房等	企业规模、成立年限、主营产品、销售模式、所属行业、行业地位
兴趣图谱	经常去的场所、爱好、品牌偏好、评价关注程度、颜色偏好	品牌、产品、服务偏好、评价关注程度
消费时间	周期行为淡旺季；一天中的时段；促销、活动期间；新品上线	行业周期行为淡旺季；一年中的时段；促销、活动期间；新品上线
消费地点	获取产品的主要渠道？线上/线下	获取产品的主要渠道？线上/线下
消费行为特征	搜索行为的路径、网站浏览行为路径、线下消费路径、促销敏感度	搜索行为的路径、网站浏览行为路径、采购决策流程
……	……	……
结论描述	基于标签，总结描述消费者画像	基于标签，总结描述企业画像
需求描述	需求是什么？刚性/投机；高频/低频；真实/虚假；关键词分析	需求是什么？刚性/投机；高频/低频；真实/虚假；关键词分析

第四节　目标市场选择

内容提要：

目标市场，是企业和产品的"真命天子"。为目标市场提供优质服务的前提，是首先要成为他们之中的一员。

产品卖点，是企业独特的销售主张，是竞争对手做不到或无法提供的特别好处或福利。独特性、唯一性、震撼性的卖点，是企业吸引眼球、打动人心的营销利器。

产品独特卖点的提炼，就是要追求与众不同、制造非同凡响。

产品独特卖点的表达，必须针对特定的消费群体，必须明确它带来的特殊利益，必须具有一定的推销力、号召力、影响力和震撼力。

网络创业者，大多是个人或中小微企业。如果与大公司、大网站正面竞争或冲突，自然胜算不多。无论你觉得自己的点子多么高明、产品多么优秀、渠道如何特殊，一般情况下，只要你不是大公司或特殊人物，都不要与大公司正面竞争。网络创业，对大多数中小卖家来说，通常从利基市场开始。

一、避免与大公司竞争

无论是线上还是线下，在资金、品牌、渠道等方面，大公司所具有的绝对优势，都足以压垮任何一个新出现的竞争者。网络创业者对目标市场的选择，不能不三思而行。无数案例一再提醒人们：网络创业，不只是激情与梦想，还必须面对现实与挑战。从渠道、资金、品牌出发，理性评估竞争对手的优势和特色，避其锋芒，另辟蹊径，才能赢取胜利。

1. 渠道

大公司历史悠久，进货及销售渠道稳固，凭其垄断地位，往往可以获得更多优惠折扣。相反，市场上新的进入者，尤其是小型竞争者，在各种资源的竞争中处于劣势，这是不言而喻的事情。

2. 资金

大企业有强硬的后台支持，资金充裕，预算庞大，甚至可以忍受长达数年的亏本经营。仅此一项，小型创业者也难以与之抗衡。

3. 品牌

在同等条件下，大企业品牌是促使用户选择的理由之一。现在的产品市场高度同质化；即使产品之间有些细微的差别，普通消费者也难以识别。知名的大品牌，往往意味着安全、意味着可信、意味着优质，这是人们普遍存在的消费心理。

阅读材料 2-2　凤凰新媒体 CEO 刘爽谈凤凰的经营之道

凤凰网财经资讯 2009 年中国互联网大会 11 月 2 日至 3 日在北京国际会议中心举行，凤凰网财经全程进行视频图文报道，以下为凤凰新媒体 CEO 刘爽的演讲摘录。

黄澄清：我们有请凤凰新媒体 CEO 刘爽为我们演讲，他演讲的题目是《坚守媒体追求，传播稀缺内容，打造专注主流人群的综合门户》，有请刘爽先生。

刘爽：尊敬的各位领导、各位来宾，很荣幸参加我们这个盛会和大家一起分享凤凰网多年来精心探索的思考。

凤凰之道是什么呢？我们简而言之，就是这么几个字：第一是锁定主流人群；第二是传播稀缺信息；第三是专注组合传播；第四是坚守媒体气质。我想一一跟大家分享一下。

我们说锁定主流人群，这个理念是相对于各个门户网站对于海量访问追求来说的。海量的访问量是各大门户追求的非常重要的指标。对商业网站来说，流量是很重要的，我们也很在乎，但是我们更在乎的是口碑，更在乎的是我们的核心受众。我们的核心受众就是我们要锁定的人群，简而言之就是都市白领，他们是 25 岁到 45 岁的人群，他们有较高的收入、较高的职位、比较良好的教育，他们积极、奋斗、进取，同时又懂得生活、享受、消费。他们也许没有那么多的时间在网上抢车位、种庄稼、写跟帖、刷微博，但是我相信他们是网络上的主流人群，是沉默的大多数，他们才是我们凤凰网锁定的人群。这些人群也深受我们的广告客户认可，这也是为什么3年来我们的广告收入连续保持100%的增长，当然我们的基数不一样。同时，我们的增长非常快，尤其是在这次金融危机引起的互联网寒冬，我们仍然保持了稳定的增长。我想，这也是我们对于人群定位的意义。总而言之，我们要专注主流人群，做差异化的服务。我们不追求大而全，我们也不奢望所有的网民都上我们的网站，但是对于我们的核心受众，我们希望多多益善、一网打尽。

第二个体会是，我们要传播稀缺信息。在这个信息爆炸的时代，各种各样的内容泛滥、各种各样的形式存在，如铃声、广播、大屏幕等，令人目不暇接。还有内容的同质化，很多门户都是同样几家通讯社、同样几家报纸的稿件。网民被这些同质化的内容所骚扰，恰恰给我们凤凰网这种传播稀缺资源的机构制造出了很大的机会。我们的信息是独家的，无论是奥巴马的精彩演说，还是陈水扁锒铛入狱，无论是陈冠希的记者招待会，还是迈克尔·杰克逊的死讯和葬礼，无论是郭德纲的小品精彩片段，还是几年前"9·11"的直播，又或者是汶川地震的现场报道，我们的网民都可以第一时间在凤凰网看到有关的精彩内容，这便是我们的核心优势之一。

第三个体会是专注组合传播，……我们对组合传播的理解包括两个层次。第一个是文字、图片和视频的组合传播。……第二种理解是三屏联动。我相信我们网民很快可能碰到不是单一一个屏幕，很可能是用两三个屏幕同时消费一个媒体。比如说凤凰卫视和凤凰网拟定联手打造一个栏目，叫作网者无疆……

最后要强调的是坚守媒体气质，这是针对技术引领提出的。由于新产品、新技术不断涌现，互联网技术对门户的引领，被推崇到无以复加的地步。但是，媒体的气质被大家淡忘，我想对于新媒体来说，海量、快速、精准、互动都是非常重要的。但是对于媒体与户外大屏幕、液晶显示屏、软件公司、搜索公司，最本质的区别就是媒体必须提供判断，彰显人性，传递价值。我想无论是新媒体还是旧媒体这都是要必须坚守的。

（资料来源：凤凰网财经频道，www.ifeng.com，2009-11）

二、选择合适的利基市场

寻找和选择合适的利基市场，不仅是企业生存发展的需要，更是营销创新与创意的逻辑起点。

1. 领域越聚焦，营销越精准

只有寻找到合适的利基市场，企业才能清楚地知道，营销的目标和对象是谁，他们在哪里；营销人员才明白，时间精力该如何分配，有限的广告预算该花在什么地方；经过分析评估之后，才能有的放矢、不打乱仗。

以服装企业为例，如果打算将产品卖给所有要穿衣服的人，那只能到新浪、搜狐，甚至中央电视台做广告，要有巨额的预算才行。但是，如果选择利基市场，比如专做婴儿内衣、儿童衬衣，那最好选择母婴类网站或频道投放广告；或者参与到年轻妈妈聚集的论坛或社群，投入有限，且效果可控。

除数字产品以外，服装也许是最适合网络销售的产品之一。以衬衣为例，本来已经是一个相对较小的细分市场，还可以将它进一步细化，比如以下分类：

- 专做小男孩衬衣、女士衬衣、中性衬衣。
- 专做高档衬衣，别人68元，你就卖680元，甚至1 680元的顶级体验。
- 专卖特殊尺寸衬衣，加肥或袖子加长。

- 专卖丝绸衬衣。
- 专卖黑色衬衣。
- 专卖具有东南亚风格的花衬衣。
- 专卖军用衬衣。
- 专卖防辐射衬衣。
- 专卖情侣衬衣,一大一小,完全一样,配上情侣标志等。

以上这些利基市场,并非只是虚拟的创意,而都已经在网上真真实实地存在了。

一旦明确了利基市场,就可以有针对性地调整网站内容设计。不同目标人群,有不同的购物习惯和审美偏好,在网站上就应当采用不同的文字、标题、图片、颜色。目前的问题是,企业的网络推广实践,往往因为目标宽泛、漫无边际,使产品介绍及文字描述空洞无物、了无特色。

2. 选择可定位可营销的利基市场

找到一个利基市场以后,企业还不能马上进入,还要考虑这是不是一个可以定位、可以营销的目标市场。也就是说,可不可以有效地传递营销信息给目标群体,如目标市场在不在网上,他们是否可以被集中定位。

(1)目标市场是否在网上。如果定位做老年人交友婚介服务,目标群体很明确:单身老年人。但目前70岁以上的老人,上网比例很小。因此,无法通过网络进行推广,自然也不宜作为网络营销项目。

(2)目标市场是否可以被集中定位。目标人群即使上网,但如果过于分散,没有在网上聚集扎堆,如论坛、博客、贴吧等,也难以找到有效传达信息的通道和方式。油、盐、酱、醋等日常用品,大家每天都用,但很少有人去研究和讨论。这些产品的购买,大多由习惯决定,除非特殊原因,否则会一直使用下去。对这类产品做网络营销非常困难。除非是大公司,才有可能借助全方位的广告轰炸,改变消费者的思维定式和行为习惯。

技能训练2-2 网络市场选择及目标客户画像

电子商务的本质不是技术,而是商务,是通过为客户提供产品和服务而获得利润。因此,企业在进行网络市场定位时,需要考虑三方面问题:企业为客户提供什么样的产品和服务?企业为哪些客户提供产品和服务?企业如何为客户提供产品和服务?

请以御泥坊天猫旗舰店和兰蔻官方旗舰店为例,通过对目标市场、用户消费模式的调研分析,了解企业的网络市场定位,得出企业目标客户画像,并将相关结论填入表2-8。

表2-8 网上目标市场的选择及定位

内　　容	御泥坊天猫旗舰店	兰蔻官方旗舰店
公司介绍(200字)		
公司具备的核心优势		
店铺商品数量及店铺销量		
搜索"面膜"关键词,两个店铺排名最先的产品对比		
销量排前5的产品及价格		

续表

内容	御泥坊天猫旗舰店	兰蔻官方旗舰店
搜索"面膜"关键词，两个店铺排名最先的产品详情页对比（截两张客户利益图并说明主要差异）		
店铺目标客户定位		
目标客户画像（客户年龄、性别、收入、地域、爱好、网上行为、易受影响因素分析）		
结论（比较一下两个店铺定位的）		

第五节 产品独特卖点提炼与表达

内容提要：

用户需求有痛点，产品营销要卖点。

再小的个体，也有品牌；每一朵鲜花，都将绽放。

产品卖点，是企业独特的销售主张，是竞争对手做不到或无法提供的特别好处或福利。独特性、唯一性、震撼性的卖点，是企业吸引眼球、打动人心的营销利器。

产品独特卖点的提炼，就是要追求与众不同、制造非同凡响。

产品独特卖点的表达，必须针对特定的消费群体，必须明确它带来的"特殊利益"，必须具有一定的推销力、号召力、影响力和震撼力。

独特卖点，即企业独特的销售主张，是企业独有的、竞争对手做不到或无法提供的特别好处或福利，如产品品质、耐用度、美观度、包装等与其他产品不一样的地方。具有独特性、唯一性、震撼性的独特卖点，是企业吸引眼球、打动人心的营销利器。

即使找到了一个不错的利基市场，一般还是会有不少竞争者。既然消费者并不是非在这里购买不可，那我们必须给他们一个可靠的理由：为什么要选择这里，而不是其他网站。

价格促销，是最常用的策略和理由。但除非企业有足够的财力，否则赔本赚吆喝，最终将被对手拖垮。

在产品和服务差别不大的情况下，最重要的就是如何提炼并展现产品的独特卖点，只有这样，才能将你和其他竞争对手区分出来。

创建于20世纪60年代的达美乐比萨，面对麦当劳、必胜客、肯德基这些强劲对手，当时选择了一个从没出现过的口号：30分钟之内，热腾腾、可口多汁的比萨就会送到您手上，否则免费！比萨这种产品，从食物本身已很难找到独特卖点。从配送下手，别出心裁，很快吸引了消费者眼球，大受欢迎。

独特卖点的研究，主要有以下两方面内容：如何提炼独特卖点，如何表达独特卖点。

一、独特卖点的提炼

独特卖点，是给消费者一个理由，为什么要选择你的产品和服务。一旦提炼出了企业的独特卖点，在以后的营销推广活动中，要以足够强大的声音说出来，并不断强调，以深入人心、成为共识。

以下是我们耳熟能详的一些企业产品或服务独特卖点的陈述。

- 我们的产品质量过硬。
- 我们提供完整的解决方案。
- 我们的产品物美价廉。
- 我们的理念是用户第一，客户就是上帝。

以上这些销售主张，看似震撼，实则宽泛空洞，缺乏实质内容。

企业的口号要做到吸引眼球、激励人心，就得想出一个真正与别人不一样的主意。可以考虑的方向包括以下几个方面。

1．市场上的第一个

排名第一，总是能吸引最多的眼光。对企业的产品和服务来说，考虑到不同领域及细分市场，可以排名第一的机会有很多：价格最低、最高，市场规模最大，产品开发最早，最早进入国际市场，最受消费者欢迎，最受尊敬，信用指数第一等，关键是看从哪一个角度去挖掘、去提炼。

2．创造和拥有新的产品特性

在所有的产品都差不多的时候，任何一个新的产品特性都足以形成独特卖点。以前的洗发水功能没有什么区别，因此海飞丝洗发水最先提出"去头屑洗发水"的概念，至今仍不失为营销经典。

3．历史传统

有些产品具有深厚的历史文化传统，这不是短期内用金钱所能超越的。这种历史传统品牌，应充分利用这一特点，把它塑造成竞争对手永远无法具备的独特卖点。如苹果电脑，一直以来就意味着新潮、时尚，这一概念已经在用户头脑中形成定势。正因如此，苹果无论是推出 iMac、iPod，还是 iPhone，都无一例外地受到追捧。

4．市场领先地位

足够大的市场份额，本身就是个不错的卖点。用户害怕做出错误选择，都有随大流的心理，更乐意选择很多人在使用的产品，这让他们更有安全感。

当然，挖掘产品的独特卖点，还可以有其他很多切入点。从理论上来说，地球上没有两片完全相同的树叶，自然也不可能有完全一样的产品。一个产品的存在，必然有其特别的理由，否则，为什么要生产这样一个毫无特色、没人在乎的产品呢？

二、独特卖点的表达

产品没有个性，服务缺乏特色，是营销之大忌。"物美价廉、老少皆宜"之类老套的广告语，已不能传递任何有效信息。针对目标客户，提炼出隽永独到、口口相传、深入人心、无可替代的独特卖点，是网络营销成败的关键。

确实，在很多时候，你的产品和竞争对手相比，差别实在不大。无论是产品设计、材料来源，还是制作过程或产品功能，可能都完全一样。即使这样，营销人员还是要找出一个独特卖点。在这种情况下，最重要的是如何表达，而不是产品本身。

比如男衬衫，就是一个高度同质化的市场，不像女士衬衣，从款式到面料，千差万别。有人提出了一个"专卖男衬衣，88元体验"的口号，立刻就让自己的产品与众不同起来。

"百度更懂中文"，这是大家都熟悉的一个口号，也是一个非常出色的独特卖点。它明显是针对Google、雅虎等强大的竞争对手，强调了自己是中国工程师研发——这一不影响"产品质量"或"用户体验"的特点，也许并不代表产品的真实情况，其本身也没有什么实际意义，但仅仅是"更懂中文"这样一个观念的呈现，就让百度与其他产品明显地区别开来。

对产品独特卖点进行提炼和表达必须注意以下几个方面。

- 独特卖点必须针对特定消费者提出，不要试图取悦所有人，"男女老少，无所不宜"的产品，不能满足任何消费者内心的渴求。
- 独特卖点必须明确产品能给消费者的"特殊利益"。
- 独特卖点必须明确产品的无可替代性、难以复制性，即产品的"独特性"，让竞争对手无法也不可能提出。
- 独特卖点应具有一定的推销力、号召力、影响力和震撼力。
- 独特卖点应具有广泛的消费适应性，即市场容量值得企业为之提供服务。

总之，网上销售产品门槛很低，网络营销不可避免地会遇到竞争对手。要想从竞争中脱颖而出，就得仔细审视自己的产品或企业：有什么是自己独有的，有什么是用户只能从这里得到的。不断地强化这一独特性，把它变成一句简短有力的口号，并把它应用到所有的网络营销实践中去。即使产品与服务并没有本质上的差别，但也必须找到一个独特的描述，让用户有一个不一样的观感。追求与众不同、制造非同凡响——这也许正是互联网时代"特色化生存"的真谛所在。

技能训练 2-3　产品独特卖点的分析和提炼

请选择一个你最感兴趣的产品市场，如服装、食品、化妆品等，在之前目标市场的定位和选择的基础上，对自己企业产品的独特卖点进行提炼，并将分析结论填入表2-9。

表2-9　产品独特卖点的分析和提炼

调研内容	独特卖点描述	依据或来源	备　注
主要竞争对手1的独特卖点			
主要竞争对手2的独特卖点			
主要竞争对手3的独特卖点			
本企业产品的独特卖点			
调研结论			

阅读材料 2-3　金羚感冒片的独特卖点

一直以来，感冒药市场都是规模庞大、品类繁多。山东润华药业的金羚感冒片的营销推广人员一直在思考怎样才能从竞争激烈、强手如云的市场中脱颖而出。为此，他们开展了深入细致的市场调查。

2010年10月，美国耶鲁大学的一份研究报告指出：PPA被应用在一些抗感冒药和减肥药中，有收缩血管的作用。过量服用，会使患者血压升高、心律失常，严重者可以致死。美国食品药品监督管理局立即建议："在有其他药品的情况下，把PPA列为不安全类药物。"并暂时禁止含有PPA的15种药品的生产、销售、流通和使用。在我国占据很大市场份额的"康泰克"

名列其中。霎时间，感冒药市场风云突变，几乎所有报纸的重要版面都在谴责"康泰克"，众多生产厂家都在撇清与 PPA 的关系，并调整或推出自己的产品卖点。

- 新康泰克：12 小时持续有效。
- 三九感冒灵：不含 PPA。
- 康必得：中西结合。
- 白加黑：早晚分服。
- 泰诺：30 分钟快速起效。

金羚感冒片的营销人员对产品市场进行了深入的调查和分析，对自己产品的独特优势进行清晰定位，并形成了自己独特的销售主张，如图 2-37 所示。

产品独特优势
1. 含有维生素
2. 中药+西药

消费需求洞察
1. 想马上就好，想要疗效特别好的感冒药！
2. 普遍认知：感冒期间抵抗力差，感冒药应能增强人体抵抗力。

竞品短板
1. 单纯西药或者中药或者中西药结合成分；
2. 基本都在强调疗效好。

诉求　机会

含有维生素的感冒药，不但治疗感冒，还能增强抵抗力！

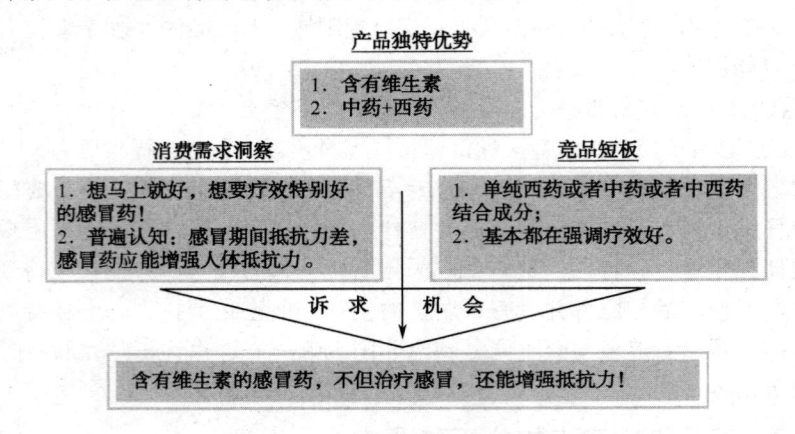

图 2-37　独特卖点提炼的黄金三角模型

金羚感冒片的营销人员分析了自己的产品，其主要成分是中、西结合，并且含有增强患者抵抗力的维生素 C 有效成分。而竞争对手是单纯的中药、西药，或中西药结合成分，基本上都在强调疗效，再结合消费者对感冒类药物的强烈诉求：想马上好，还想提高人体抵抗力。金羚感冒片的营销人员明确提出了自己独特的销售主张：含有维生素的感冒药，不但治疗感冒，还能增强抵抗力！

（资料来源：wenku.baidu.com/view/8076c19e51e79b8968022602.html，2012-09）

思考与练习

一、判断题

1. 网络营销的目标市场，是由买方构成的消费者群体组成。（　　）
2. 跟传统商业相比，今天在线消费者拥有更多的主动权，他们选择平台和商品，给出意见和评价，甚至参与设计和研发；他们希望产品有更多的设计感、娱乐感和意义感；他们通过分享自己的消费体验，来影响商家，并引领时尚。（　　）
3. 随着新商业、新零售的加速演进，中国消费者典型的消费行为路径演变为"发现→研究→购买→付款→配送→售后"，从发现、研究，到购买、付款，再到配送、售后的每一个环节，线上线下、多渠道、多触点全面融合的消费路径已经形成。（　　）
4. 要了解一家企业的核心和本质，不外乎从产品（行业市场）、市场（消费市场）、业务模式（运作模式）三个维度去分析和探究。（　　）

5．几乎所有的企业或商家，都不可能为所有的用户服务，都存在细分市场，即利基市场的选择问题，只是所选择的细分市场的大或小的问题。（　　）

二、选择题

1．目标市场调查，主要是要解决以下哪些问题（　　）。
   A．目标客户在哪里　　　　　　　　B．目标客户现在从哪里购买这些产品
   C．网络市场规模有多大　　　　　　D．网络产品的独特卖点是什么
2．网络营销目标市场调研的方法主要有（　　）。
   A．搜索引擎调研　　　　　　　　　B．电子商务平台调研
   C．论坛、博客等社会化媒体调研　　D．相关竞争对手调研
3．企业发现竞争对手的角度主要有（　　）。
   A．行业市场角度　　　　　　　　　B．消费市场角度
   C．细分市场角度　　　　　　　　　D．区域市场角度
4．了解网络市场主要竞争对手的方式有（　　）。
   A．以产品为主要关键词在搜索引擎上调查发现竞争对手
   B．通过传统的人脉关系了解竞争对手
   C．通过电子商务平台的调研了解竞争对手
   D．通过行业网站调研了解竞争对手
5．竞争对手的调研和分析，是为了解决下列哪些问题（　　）。
   A．发现谁才是真正的竞争对手
   B．了解竞争对手的优势与劣势
   C．发现企业在竞争中面临的机会和挑战
   D．为网络营销的创新与突破提供支持
6．调查竞争对手网站基本情况，主要包括以下内容（　　）。
   A．网站年龄　　　　　　　　　　　B．网站 Alexa 排名
   C．搜索引擎收录　　　　　　　　　D．外部链接
7．网民消费模式分析主要包括的内容有（　　）。
   A．网民上网行为　　　　　　　　　B．网民的购物方式
   C．网民购物路径　　　　　　　　　D．目标用户快照
8．对大多数网络创业者来说，目标市场选择应遵循的原则有（　　）。
   A．目标市场越大越好　　　　　　　B．目标市场越小越好
   C．避免与大公司竞争　　　　　　　D．选择可定位、可营销的利基市场
9．下列关于独特卖点的描述，你认为正确的是（　　）。
   A．某些产品的同质化程度太高，不可能提炼出自己的独特卖点
   B．提炼产品的独特卖点，是为了给消费者选择商品的理由
   C．"物美价廉，客户至上"，是常见并行之有效的独特卖点表述
   D．"市场上的第一个"，是常用的独特卖点提炼和展示的方法
10．网络市场定位，为企业网络营销提供全方位的分析视角，主要包括（　　）。
   A．企业品牌定位　　　　　　　　　B．产品及卖点定位
   C．企业客户定位　　　　　　　　　D．业务模式定位

三、简答题

1. 网络市场调研的一般流程和常用方法有哪些？
2. 网络目标市场选择的原则和依据是什么？
3. 什么是产品独特卖点？如何进行产品独特卖点的提炼和表达？

参考答案

第二篇　推广篇

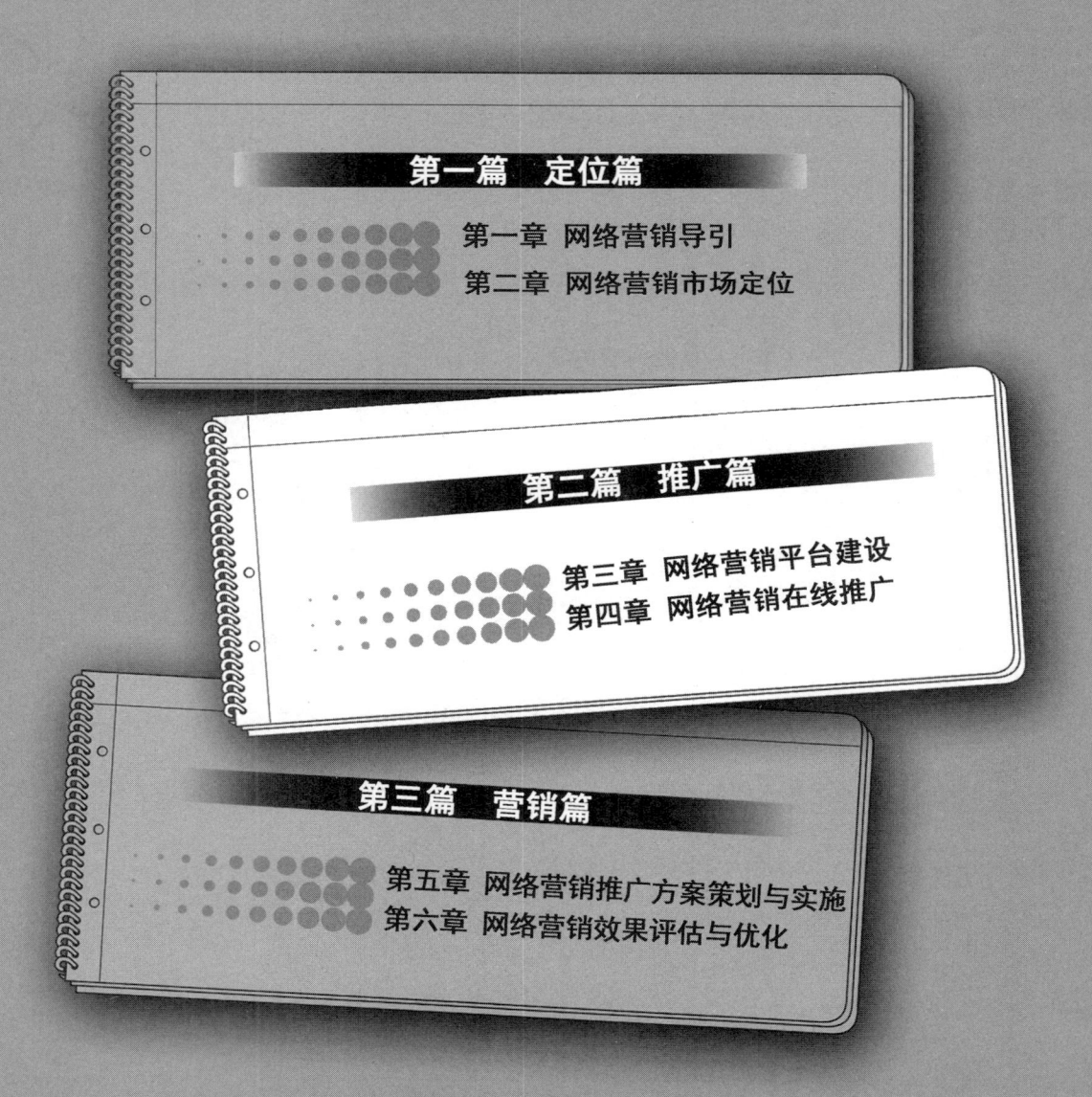

第一篇　定位篇
第一章　网络营销导引
第二章　网络营销市场定位

第二篇　推广篇
第三章　网络营销平台建设
第四章　网络营销在线推广

第三篇　营销篇
第五章　网络营销推广方案策划与实施
第六章　网络营销效果评估与优化

第三章 网络营销平台建设

通过调研，已经了解网络市场竞争格局，也明确了企业品牌及产品定位，接下来就是要搭建企业自身的网络营销平台。

电子商务，是基于信息技术的现代商务；网络营销，是以数据为基础的精准营销。在网络营销平台的规划与建设过程中，这一判断将得到充分体现与印证。

引导案例 广州江湾大酒店电子商务网站建设

广州江湾大酒店坐落在珠江河畔，是一家定位于接待中高档游客的四星级酒店。酒店周边环境优美，室内装潢典雅大方，实现了建筑设计与生态环境交相辉映、田园山水与现代气息完美统一。

为了进一步提升酒店服务品质，现准备对酒店网站进行改版。把江湾大酒店网站建成一个集业务宣传、网上销售及客户服务为一体的综合性网站，从而提升企业网络品牌，强化企业战略定位，实现线上线下宣传推广的无缝连接。

【案例思考】

对于广州江湾大酒店这类传统企业来说，要建立企业在互联网上的"根据地"，要搭建网络营销的"大本营"，为后续营销推广建立一个必要的逻辑起点，就必须认真思考以下问题，并拿出一整套合理的解决方案。

- 什么是企业的网络营销平台？
- 网络营销平台的构成要素及特点是什么？
- 企业网络营销平台有哪些类型？
- 如何规划及建设企业特色的网络营销平台？

教学案例3-0 世界工厂网站介绍

第一节 网络营销平台概述

内容提要：

传统营销做渠道，网络营销建平台。

除了企业网站、第三方平台店铺、企业公众号、小程序等商家主动创建的基础性平台，企业还会在搜索引擎、社交媒体、视频网站、专业频道等网络媒体上创建用来投放广告和宣传推广的营销性平台。

企业网站根据功能定位的不同，主要有信息型、服务型、销售型、综合型等几种类型。

网络客户体验是一个难以量化的指标，主要指不同受众的主观感受，如网站的可用性、易用性、沟通性、可信度、易于传播性等指标。

一、网络营销平台的概念

在传统营销活动中,企业要开拓区域市场,首先要考虑在该地区建设一个"根据地"——企业产品和服务的营销点。这个"根据地"可以是一个办事处,也可以是一个品牌专卖店或者分公司,它们是企业品牌、产品和服务的扩散地,承担着品牌信息传播、产品服务推广、客户沟通洽谈、业务协调处理等职能。

企业的网络营销平台,是依托互联网而建立的产品及服务营销推广平台,主要有企业官方网站、企业第三方平台店铺、企业在网络媒体上经营的博客、论坛等网络社区,当然还包括基于移动端开发的微店、APP 等程序及应用。如果是以产品销售为主要目标的网络营销平台,往往还会配有支持网络销售的应用软件、保证网络安全和电子支付需要的软件等。本章主要探讨前两类网络营销平台的建设。

在如今的全渠道营销时代,用户消费场景不断拓展,从传统的商超店铺,到在线的娱乐消费,构成了丰富多彩、无处不在的企业营销平台,如图 3-1 所示,各类消费场景无处不在,线上线下水乳交融。

图 3-1 全渠道营销视角下的消费场景及营销平台

随着互联网应用的不断深化,社会化网络媒体的内容和形式日渐丰富,其营销推广的功能也日渐强大,如图 3-2 所示,有必要引起网络营销人员的关注和重视。

作为企业在互联网上开展营销推广及产品销售的"根据地",网络营销平台是企业与网络客户接触的主要渠道,它应该方便用户访问、充分展示企业品牌和文化、有效宣传企业产品和服务,还应当提供良好的沟通渠道和交互方式。

随着网络市场的蓬勃发展,企业的网络营销平台范围不断扩展,内容日趋丰富,如化妆品行业的知名淘品牌"御泥坊",构建了以网络营销平台为主的全渠道推广平台,如图 2-15 所示;又如湖南怡清源茶业,其 2011 年的网络营销平台及推广方式就已经非常丰富,如表 3-1 所示。随着移动端应用的普及,微店、微信公众号、企业 APP、视频、直播等系列新元素在网络营销平台中不断涌现。

某品牌企业的网络营销平台

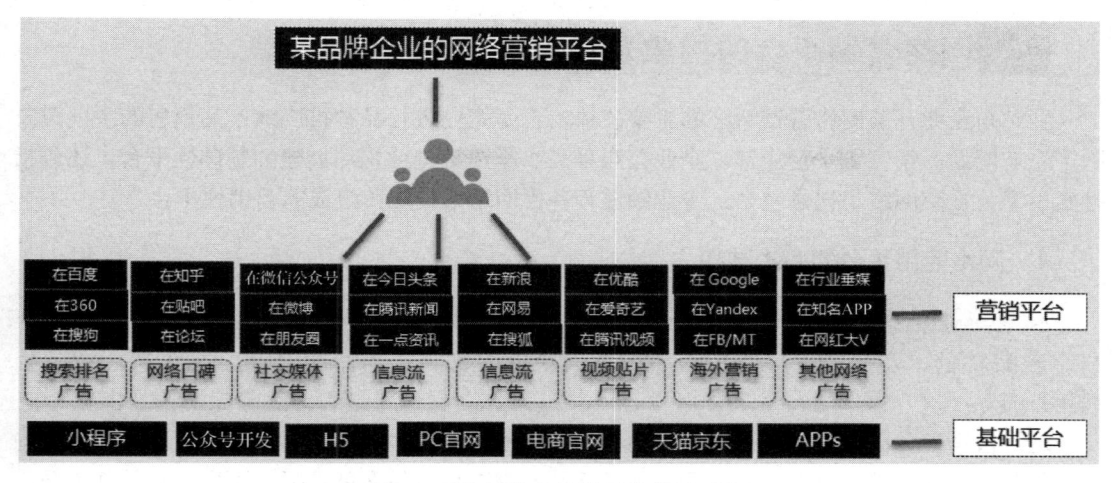

营销平台：
- 在百度、在360、在搜狗
- 在知乎、在贴吧、在论坛
- 在微信公众号、在微博、在朋友圈
- 在今日头条、在腾讯新闻、在一点资讯
- 在新浪、在网易、在搜狐
- 在优酷、在爱奇艺、在腾讯视频
- 在Google、在Yandex、在FB/MT
- 在行业垂媒、在知名APP、在网红大V

广告类型：搜索排名广告、网络口碑广告、社交媒体广告、信息流广告、信息流广告、视频贴片广告、海外营销广告、其他网络广告

基础平台： 小程序、公众号开发、H5、PC官网、电商官网、天猫京东、APPs

图 3-2 某品牌企业的网络营销平台

表 3-1 湖南怡清源茶业的网络营销平台及推广案例

网络营销平台	推广方式	操作手段
淘宝商城 淘宝专卖店 淘宝专营店	淘宝平台 站内付费推广	直通车
		钻石展位
		麦霸
		活动赞助
	淘宝平台 站内免费推广	站内搜索
		专题活动（商城、集市）
		帮派
淘宝商城 淘宝专卖店 淘宝专营店	淘宝平台 站内免费推广	友情链接
		站内论坛
		淘江湖
		打听
		店铺搜索（知名度）
		类目
		信用评价
企业官网 论坛 博客 其他网络社区	全网推广	公司网站
		行业门户
		搜索引擎
		博客
		站外论坛
		QQ、旺旺群发
		邮件群发
		百度知道
其他网络营销平台	其他	收藏
		阿里旺旺（老客户维护）
		直接回访
		软件（淘宝固定营销分析）
		四次大型活动（每次4万元）

二、网络营销平台的构成及特点

网站是企业开展网络营销活动的主要载体，也是企业进行品牌推广或产品销售的主渠道。除了企业网站、第三方平台店铺、企业公众号、小程序等企业主动创建的基础性平台，还包括搜索引擎、社交网络、视频网站、专业频道等各类网络广告媒体组成的营销性平台。

1. 网络营销平台的基本结构

传统企业店铺，从结构上来说，一般分为前台和后台：前台面向客户，承担公司介绍、产品展示、客户咨询等职能；后台面向企业内部员工，承担产品信息更新、业务处理等职能。

网络营销平台，是企业在虚拟世界与客户交流的窗口，也可以分为前台和后台：前台面向客户和其他公众，承担企业形象展示、产品介绍和客户服务等职能；后台面向内部管理人员，承担更新企业产品信息、处理客户业务和咨询等功能。与传统企业店铺不同的是，网络营销平台的前台和后台，其表现形式都是 Web 页面。

2. 网络营销平台的主要功能

网络市场是传统市场在互联网上的延伸，网络营销的实质，就是企业对网络虚拟市场的开拓。作为企业进军网络虚拟市场的"根据地"，网络营销平台是企业在网络世界展示企业形象、推广企业产品、与公众互动沟通的一个窗口，也是企业外部业务链接及内部业务处理的重要场所。网络营销平台，作为企业在互联网世界进行内部联络和外部沟通的主渠道，承担的主要功能有信息发布、业务处理、客户服务等，如图 3-3 所示。

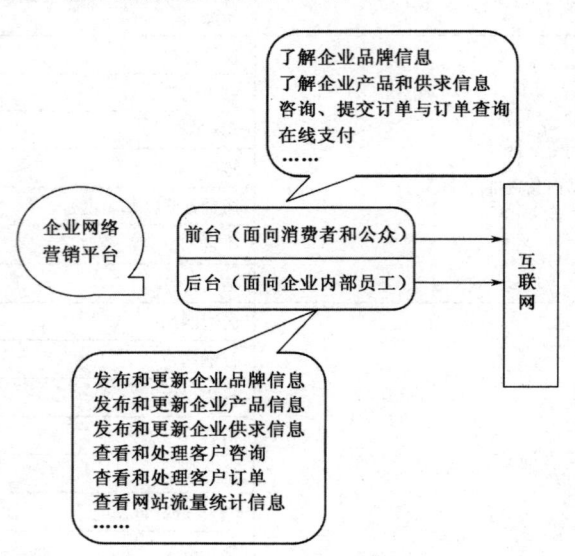

图 3-3 企业网络营销平台的主要功能

3. 网络营销平台的关键要素

网络营销平台是企业与客户沟通的重要窗口，是企业服务客户的重要载体，影响其功能发挥和效益好坏的因素很多，但以下几点至关重要。

（1）是否体现了以客户为中心的理念。网络营销平台应尽可能方便客户阅读、查询相关资料，以及进行业务咨询。

（2）是否凸显了营销导向的建设原则。网络营销平台应有效宣传企业品牌及文化，充分展示企业特色和优势。

（3）是否拥有强大的后台支持系统。拥有良好后台支持系统的网络营销平台，才能避免企业网站成为与世隔绝的"信息孤岛"、缺乏生机活力的"空壳网站"。

4．网络营销平台的构建方式

企业建设网络营销平台的方式主要有三种：一是自建营销型企业网站；二是在第三方电子商务平台中搭建企业门户；三是在虚拟网络社区中开设企业博客、专业论坛及微信公众号，或开发自己的小程序等。

这些方式各有特点，企业要根据自身的实际情况合理选择。一般情况下，中小企业可从利用第三方电子商务平台开始，建立自己的网络营销平台；而大中型企业则应以自建企业网站为主。

目前，我国大型企业大都采取自建网站方式，而且网站信息丰富、功能强大，与企业内部信息管理系统有效对接。大多数中小企业，可能采取自建网站和第三方平台入驻相结合的方式，但自建网站功能相对简单。企业自建网站和第三方平台优劣势对比如表 3-2 所示。

表 3-2　企业自建网站和第三方平台优劣势对比

类　　型	优　　势	劣　　势
企业自建网站	网站样式多样化，有利于企业品牌的展示和企业文化的传播； 网站功能个性化，企业可以灵活选择； 可以和企业内部信息管理系统良好对接	建设费用、视网站功能与规模差异较大； 后期管理与维护存在一定难度，要求企业配备专门的技术人员； 推广费用高，推行难度大
第三方平台	可借助第三方平台良好的人气，有利于企业的宣传； 建设成本相对低廉； 后期维护成本较低	商铺样式单一，难以展示企业个性特色； 商铺功能受到限制，企业选择性少； 大型企业使用时，可能会降低企业在公众心目中的品牌地位

三、企业网站的主要类型及选择

因其行业性质、经营模式和发展目标的差异，不同企业网站功能定位会不尽相同。一般来说，企业建立营销型网站的目的有以下几种。
- 宣传推广企业品牌和产品。
- 与客户、公众交流和沟通。
- 向客户提供在线信息咨询和技术支持。
- 在线交易。
- 提高企业营销管理的信息化水平。

1．企业网站的主要类型

企业网站是为营销目标服务的，只有根据企业发展战略的需要，确定网站的建设目标，才能使网站的结构与功能满足企业网络营销的需要。

网站是企业实施网络营销的重要平台，是企业开展品牌推广、业务拓展、在线销售和客户服务的重要载体。不同类型的企业，基于经营战略、产品特性、市场分布、顾客特点、财务预算等方面的考虑，将制定不同的网络营销战略目标。根据功能的不同，企业网站可以分为以下四个类型。

（1）信息型网站。信息型企业网站是企业网站的初级形态，其将网站作为一种信息载体，定位于企业信息发布，如公司新闻、产品信息、采购信息等用户、销售商和供应商所关心的内容。品牌推广、业务介绍和客户沟通是这类网站的主要功能，不具备完善的网上订单处理功能。

现在一些中小企业采取网上宣传、线下销售的方式。对于一些不适合采用网上直接销售的大企业来说，信息型企业网站也是其主要选择。

信息型企业网站由于建设和维护比较简单，资金投入也很少，又能解决企业上网的需要，是中小企业网站的主流形式。即使对于一些大型网站，在企业信息化进程中也并非一步到位，在真正开展电子商务之前，网站的功能通常也以信息发布为主（见图3-4）。因此，这类网站有广泛的代表性。

图3-4 湖南泰格林纸集团网站首页

（2）服务型网站。服务型企业网站是指为客户提供业务进度查询、产品技术支持等服务的网站。如快递公司可以让客户在网站中查询快递业务的投递情况（见图3-5），通信公司网站可以实现客户业务办理、话费查询等功能。会员管理、业务信息查询、产品技术支持、售后服务等是这类网站的主要功能。服务型企业网站对于传统服务型企业是不错的选择，可以帮助企业拉近与消费者的距离，改善服务品质，提高服务效率。

（3）销售型网站。在发布企业产品信息的基础上，增加网上接受订单和支付的功能后，网站就具备了网上销售的条件。购物车管理、订单处理、在线支付处理是这类网站的主要功能。这类网站不仅具备订单提交的前台设计，还有复杂的后台订单处理模块。

销售型企业网站，让企业直接面对消费者，提供产品销售及服务支持，拓展了传统分销渠道，减少了中间流通环节，降低了渠道成本，增强了企业竞争力。这类网站通常适用于销售消费类产品或办公用品的企业。

图 3-5 申通快递公司网站

（4）综合型电子商务网站。网上直销是企业销售方式的电子化，但还远不是企业电子商务的全部内容。企业网站的高级形态，不仅仅是将企业信息发布到互联网上，也不仅仅是销售公司的产品，而是集成了包括供应链管理在内的整个企业业务一体化的信息处理系统。

综合型电子商务网站，可以实现企业内部信息化和外部信息化的无缝连接，是企业网站的高级形态，可以实现企业网络营销的所有功能。海尔集团网站（www.haier.com）便是这类网站的典型代表。除具备一般信息型企业网站的基本内容外，海尔集团网站在顾客服务、顾客关系方面的功能都比较完善，还建立了完善的网上零售（B2C）体系，可以快速满足用户的个性化需求。与此同时，面向供应商的企业间电子商务平台（B2B）也展示了一个现代企业的风采（见图 3-6）。

图 3-6 海尔集团官网首页

2．企业网站类型的选择

（1）根据企业规模实力和发展阶段选择网站类型。无论是海尔还是戴尔，在电子商务的进程中，无疑都是领路者和成功者。支撑一个庞大的电子商务体系依赖于企业实力的大小，很多企业并不具备这样的实力。一般来说，企业网站功能的实现呈阶梯递进态势，如表 3-3 所示。

表 3-3　企业网站的发展阶段及网站类型与功能

阶　　段	网站类型	网站功能
第一阶段	信息型网站	品牌宣传、产品展示、业务介绍、客户沟通
第二阶段	服务型网站	会员管理、业务查询、技术支持、售后服务
第三阶段	销售型网站	购物车管理、订单管理、支付管理
第四阶段	综合型网站	内部信息化与外部信息化的完整集成

（2）根据企业业务类型选择网站类型。业务类型是企业选择网站类型的一个重要依据。以工业品为主要产品的企业，尤其是中小企业，往往以信息型网站为切入点；以消费品为主要产品的企业，消费者为直接客户，所以品牌宣传型网站、销售型网站是首选；对于服务型企业，则主要考虑服务型网站；对于业务涉及多个行业，客户类型复杂的大型企业，综合型电子商务网站更合适。

技能训练 3-1　不同类型企业网站对比分析

分别访问百宜云商公司、海尔集团、联邦快递、御泥坊等公司官网，调研网站的栏目内容设置、网站功能模块设置和网站风格三个方面的相同点和不同点。结合四家公司的业务特点，分析不同类型的公司如何选择企业网站的类型，将相关信息填入表 3-4。

表 3-4　企业网站类型分析表

序号	公司名称	网站地址	业务分析	网站类型分析	网站主要栏目	网站功能分析
1	百宜云商					
2	海尔集团					
3	联邦快递					
4	御泥坊					
主要结论						

技能训练 3-2　社会化媒体平台的信息发布

今日头条是北京字节跳动科技有限公司开发的一款基于数据挖掘的推荐引擎产品，为用户推荐信息，提供人与信息连接服务的产品。它根据每个用户的社交行为、阅读行为、兴趣、地理位置、职业、年龄等多个方面，向用户推荐新闻及音乐、电影、游戏、购物等资讯。通过社交行为分析，5秒钟计算出用户兴趣；通过用户行为分析，用户每次动作后10秒内更新用户模型。根据用户特征、环境特征、文章特征三者的匹配程度，0.1秒内计算推荐结果，3秒完成文章提取、挖掘、消重、分类，5秒计算出新用户兴趣分配，10秒内更新用户模型。另外，还根据用户所在城市，自动识别本地新闻，精准推荐给当地居民；根据用户年龄、性别、职业等特征计算并推荐其感兴趣的资讯。

请大家注册一个今日头条账号，发表一篇介绍本宿舍、班级或专业成员兴趣爱好或优势特点的头条号文章（也可另选主题），再发布一个30秒内的短视频（务必体现专业水准、传播正能量），在统计文章和视频的点赞及阅读量后，对相关创意及传播效果进行分析说明，最后请将相关信息填入表 3-5。

表 3-5　头条号信息发布及效果统计

类　别	名称/标题	关注/粉丝 阅读/点赞	相关链接	创意及设计说明
头条号基本信息				
文案创意及效果				
视频设计及效果				
主要结论				

四、企业网站建设规划

1. 企业网站建设的可行性分析

网站建设的可行性分析，主要包括技术可行性、经济可行性、组织人员可行性三个方面。企业营销型网站的可行性分析，一般更注重研究网站建设的经济效益分析和组织人员分析。

（1）经济效益分析。
- 企业是否适合做网络营销？
- 网络营销能为企业带来哪些方面的效益？
- 企业通过网站可以在网络中开展哪些业务？
- 企业在网络市场中处于什么样的地位？是否有自己的竞争优势？
- 企业的潜在客户是否习惯通过网络寻求贸易机会或了解市场信息？
- 企业潜在客户希望从企业网站中获取哪些信息和服务？

（2）组织人员分析。
- 企业如何定位网络营销业务和传统营销业务的地位？
- 企业是否有合适的人才来管理网站和网络营销业务？
- 企业的网络营销业务由哪个部门来管理？
- 企业的网络营销业务是否会给原有的企业市场格局带来冲突？
- 企业如何管理网络营销业务？

2. 企业网站建设的基本原则

（1）彰显特色、突出产品卖点。品牌宣传和产品销售是企业网站的重要功能。增强用户对企业品牌的信任、对企业产品的兴趣，是实现网站功能的关键。尤其对于一个新客户来说，当他通过网络获取了一个新的企业品牌信息时，网站给他的第一印象，对他是否会选择这个品牌会产生非常关键的作用。所以，企业在建设网站时，应该把如何彰显企业特色、突出企业产品卖点作为一个重要原则。

（2）沟通便捷、强化客户体验。客户体验是指客户访问一个网站或者使用一个产品时的全部体验及感受。

当一个客户，尤其是一个新客户访问企业网站时，每个细节的体验、每个微妙的感受，都将影响到他对企业品牌的判断。网站视觉效果是否赏心悦目、网页下载速度是否令人满意、信息导航是否便捷、沟通反馈是否方便快捷，都是客户体验的重要内容。

良好的客户体验，会让客户对企业品牌产生好感和信赖感；失败的客户体验，会导致客户对企业的品牌实力和服务水平产生质疑，甚至最终放弃与企业的沟通和联系。所以，客户体验对网站潜在客户转换至关重要。

企业网站是一个直接面对市场用户的窗口。分散在全球的企业客户，在很大程度上依据网站体验来完成对企业的认知、认可、信任及忠诚。

客户体验是一个无法量化的指标，更多的时候是不同受众的感觉。一般可以从以下几方面来分析网站的客户体验。

- 可用性与易用性：包括网站的速度、安全性、兼容性、导航等。
- 沟通性：要有对特殊用户群体的定制，应具备交互与沟通功能。
- 可信度：与传统信息、站内信息的一致性，以及可信赖程度等。
- 易于传播性：分享是网络营销中价值转换率最高的一种模式。

（3）注重优化、符合搜索规则。企业网站的另一个重要功能是网络推广。搜索引擎是目前网民获取信息最重要的渠道，如果企业网站无法通过搜索引擎进行有效推广，那么这个企业网站的营销性会大打折扣。营销型企业网站必然要解决企业网站的搜索引擎问题，也可以理解为搜索引擎优化的工作。

在营销型企业网站解决方案中，搜索引擎优化工作是一项基础性和长期性的工作，从企业网站的策划阶段乃至从企业网络营销的战略规划阶段就已经开始，并贯穿于企业网站运营的全过程。

阅读材料 3-1　如何评价一个企业网站的好坏

教学案例 3-1　长沙旅游网策划

对一个企业网站好坏的评价，因为不同人有不同的喜好与修养，加之所处的位置不同，因而会有很大的区别。有人喜欢鲜艳的红色，有人喜欢稳重的黑色，有人喜欢清凉的蓝色；有人喜欢简单、直接的页面，有人喜欢花花绿绿的、图文并茂的页面。这些并非谁对谁错，只是喜好的不同而已。现在所说的网站好坏，是从打开速度、网页页面、网站定位、用户体验、沟通方式、搜索引擎优化这几个方面大体上来说的，并不包含个性化的东西。

1. 打开速度

根据一些机构的统计，一般浏览者打开一个页面后，会等待 6～10 秒的时间（当然一些特殊原因会有人等更长时间），很少有人会等到 15 秒。网页打开的时间越长，不等网页打开、直接跳出的浏览者就会越多。影响网页打开速度的原因，主要有空间本身的大小、页面 Flash 文件缓存时间过长（有些网站首页只有一个 Flash 文件，也没有提供"直接跳过"按钮，有时候让访问者等几分钟的情况也是有的）、页面上超大的图片数量过多等。

2. 网页页面

页面的布局与颜色搭配，也会因个人的喜好而有很大的区别。有些网站喜欢把产品放在最上面，方便客户选购；而有些网站则喜欢把公司介绍放在最上面，体现公司的品牌度。这些并没有什么不对。但是如果没有合理的布局、清楚简便的导航、清晰的图片、统一协调的颜色搭配、符合眼球运动轨迹的 F 形结构，浏览者可能会迅速离开网站。

3. 网站定位

网站定位取决于公司与产品的定位。首先要明白，这个网站是做给谁看的，他为什么来访问网站，他需要看到什么内容，产品是否适合在线购买等。如做管件网站，做起来不是给同行看的，虽然同行看的还比较多，而是做给管件采购员看的，因此就需要有一目了然的管件产品导航栏、清晰的管件产品图片、详细的管件产品介绍；还要给一些设计技术人员看，以便他们寻找一些管件资料，虽然不采购，但如果其设计采用了该网站产品的技术参数，那么该网站就已经成功了一半。所以，网站上一些产品技术资料也是不可缺少的。

4. 用户体验

这一点其实就是网站定位的延伸。采购员来到网站，仅需要快速找到想要的产品，而技术人员同样也是希望尽快找到所需要的资料。这就需要网站的设计与布局尽可能人性化。

5. 沟通方式

可能很多人都会认为，网站上已经有了一个"联系我们"页面，就不需要更多的联系方式展示。但首先要明白，客户是各种各样的人群，有人喜欢用 QQ，有人喜欢直接电话联系。不管哪一种，浏览者都是喜欢直接看到他所需要的联系方式，而不是去找好久才能找到。所谓的夜长梦多，很可能就在这里出现。

6. 搜索引擎优化

这一点并没有关系到网站的好坏。但是检查一下网站的标题名称、关键词、描述、网站的结构、外链的数量、域名的时间，也可以间接地看出建站与维护者的水平，以及对网站的重视程度。

（资料来源：青岛捷诺贸易有限公司，club.1688.com/threadview/9199222.htm，2013-09）

技能训练3-3 企业网站建设可行性分析

试对湖南省怡清源茶业有限公司（或选择一家自己感兴趣的中小企业）建设企业网站的可行性进行分析，将调研资料和分析结论填入表3-6。

表3-6 企业网站建设可行性分析

一级指标	二级指标	指标评估	可行性分析
企业网站建设经济效益分析	网络营销能带来的效益		
	在网站上可开展的业务		
	企业在网络市场中的地位/优势		
	目标客户对网络的依赖程度		
	目标客户对企业网站的需求		
企业网站建设组织人员分析	如何定位网络营销业务和传统营销业务		
	是否具有合适的人才管理网站和网络营销业务		
	网络营销业务应由哪个部门管理		
	网络营销业务对原有企业市场格局带来的影响		
	企业如何管理网络营销业务		
分析结论			

第二节 营销型企业网站建设

内容提要：

域名是企业在网络虚拟世界中的品牌标志和"门牌号码"。好的域名既能代表企业形象，又便于记忆。从营销角度出发，域名应当更响亮、更好记、更吸引眼球。

首页是打开站点时看到的第一个页面，是企业网络营销功能定位、目标对象定位的具体体现。首页应该优先展示客户最希望获取的内容。

营销着陆页是通过网址链接引导用户所进入的页面，是影响网站转化的重要要素，包括H5、二级页面、单页面等，主要用来宣传某个特定的产品或服务，或者对卖点进行介绍，让用户能更快地留意到。

商业网站大多为营销导向，企业网站更是如此——或强调品牌推广，或重在销售转化。营销型企业网站以现代网络营销理念为核心，有优秀搜索引擎表现和良好用户体验，能够更好地将访客转化为顾客的企业网站。在企业网络营销实施过程中，网站的规划必须由企业内部人员单独设计或参与设计，而网站实现可以通过外包方式完成。营销型企业网站规划一般包括下面几个方面的内容。

- 设计与注册网站域名。
- 规划网站用户和内容。
- 规划网站首页。
- 设计网站着陆页。
- 规划网站风格。
- 设计网站的客户体验。
- 规划网站的后台管理。
- 安装网站流量统计软件。
- 测试网站的效果。

一、网站域名注册

域名，即通常所说的网址，是互联网上计算机的网络地址，是接入互联网的计算机在网络上的名称，是由一串用点分隔的字母数据符号组成，如百度的域名为 www.baidu.com。可以说，域名是企业在网络虚拟世界中的品牌标志和门牌号码，有着巨大的商业价值。

域名的商业价值主要体现在可以让消费者记忆深刻，并能马上联想到这家企业和该企业已树立的企业形象。一个好的企业域名设计应该具备以下几个特点：与企业的名称一致，与企业的产品注册商标一致，有与企业广告语一致的中英文内容，且简短易记等。

域名的设计和注册，包括以下几个步骤。

1. 设计多个可供选择的域名

随着互联网应用的普及和深入，域名作为一种紧缺资源已经越来越少，企业要选择一个好的域名已经变得非常困难。企业在注册域名时要多设计几个不同的域名组合，然后根据域名是否被注册或者是否可以交易，来确定企业最终的域名。

（1）设计域名的原则。

① 使用企业品牌名称的英语拼写。

② 使用企业品牌的汉语拼音或者拼音的首位字母组合。

③ 使用企业主打产品的英文名称或者汉语拼音。

（2）设计域名时要注意的问题。要设计让企业感兴趣、让用户很容易联想到的域名，这样可以节省域名宣传推广的费用。域名最好是既代表企业形象，又便于记忆的。

一般来讲，域名的长度最好不要超过 10 个字母，当然越短越好，不过现在优秀的短域名不容易注册到了。

从营销角度出发，应该让域名更响亮、更好记、更吸引眼球。有时候，域名也可以和企业的名称没有任何关系，但是无论如何，都要避免使用晦涩难懂的域名。

2. 查询所设计的域名被注册的情况

登录阿里云旗下的万网（https://wanwang.aliyun.com），输入要查询的域名，选择要查询的顶级域名类型，如图 3-7 所示。

图 3-7　万网域名查询界面

3. 查看域名注册结果

如果域名没有被注册就可以直接注册；如果域名被注册，可以进一步了解域名注册信息，阅读注册人信息和注册到期时间，如图 3-8 和图 3-9 所示。

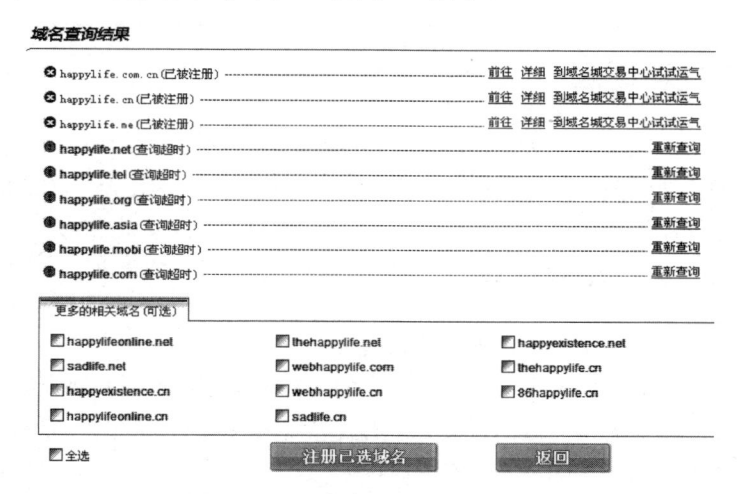

图 3-8　万网查询域名注册结果页面

图 3-9　万网域名注册信息页面

4. 注册或购买域名

根据域名查询情况，选择直接注册或者购买相应的域名。如果条件允许，企业可以将该域名的所有后缀形式全部注册，尤其是对于一些知名的企业品牌，确保自己的域名不被侵犯，这本身就具有很大的商业价值。

技能训练 3-4　企业网站域名设计与查询

王丽在淘宝网上经营一个卖母婴产品的小店好几年了，销售额一直比较稳定，但是由于客流量有限，很难有较大的突破。有人建议她建立一个母婴用品的网上商城，说不定会有好的前景。请帮她设计几个域名，并查询这些域名的注册情况，最后将相关结果填入表3-7。

表3-7　域名设计与分析

序　号	设计域名	注册情况	所有者信息	注册时间	到期时间	注册或者交易价格
1						
2						
3						
4						
5						
最后选定的三个可用域名						
调研结论						

二、网站内容规划

网站的内容和功能模块，是实现网站目标的基础，是网站进行产品宣传、品牌推广、客户服务和实现销售的重要载体，必须根据企业网络营销目标，充分考虑网络用户的访问体验，来确定网站的内容和功能模块。

1. 确定企业网站的主要访问对象

企业网站访问对象的确定，要根据企业网络营销的目标来确定，不仅仅要确定网站的访问对象，还要确定这些对象在网站目标服务群体中的主次地位，以便在网站中突出重点客户关心的信息和服务。以长沙旅游网为例，直接用户有各类游客，而更重要的目标客户应当是宾馆、出租车公司、酒店及著名的小吃店、旅游景点、酒吧、娱乐场所等提供旅游服务的旅游企业。

2. 分析访问对象对企业网站的需求

访问对象对企业网站的需求和期望各不相同，并且他们对企业的重要程度也有不同。

一般来说，一个企业网站主要的访问者有以下几类：直接用户、经销商、设备和原材料供应商、竞争者等，如表3-8所示。前两类访问者是企业的现有用户和潜在用户，也是网站内容应该重点满足的对象。至于供应商，除去那些具备B2B功能的综合型电子商务网站，大多数以信息发布为主的企业网站基本无须顾及，因此，这也不是一般企业网站的重点内容。竞争者来访的目的无非是了解企业的新动向，或者网站设计水平如何，是否有值得借鉴的地方等。因此，在发布有关内容时，应有适当的"防备"，而不让竞争者满载而归。

表 3-8　企业网站访问对象需求分析及内容与功能模块设计

访问对象	重要程度	访问者希望获取的信息	内容策略	功能模块
直接用户	最重要	品牌、产品、价格、促销、特色、服务、联系方式、订货方式、支付手段、送货时间和费用、退换商品政策等	突出用户关心的信息,通过良好的链接结构方便获取	会员管理、网上订单、产品搜索、在线咨询、留言、论坛
经销商	重要	产品、经销政策、实力、经销商管理信息等	突出实力和合作管理信息,涉及企业管理机密的通过非公开渠道沟通	在线咨询与留言
设备和原材料供应商	一般或重要	采购计划、实力等	突出实力和采购招标信息,涉及企业管理机密的通过非公开渠道沟通	在线咨询与留言
竞争者	不重要	动态、新产品等	注意保密	无
社会公众	一般	实力、品牌、社会活动	突出实力和文化,及时更新企业正面的新闻和事件	论坛
企业员工和应聘者	一般或重要	实力、企业文化、员工管理等	突出实力和文化,可以单独建设员工园地栏目	在线招聘

企业现有用户和潜在用户,是网站的重点关注对象,应当认真分析他们需要什么信息。以一个电视机生产企业为例,一个用户或潜在用户访问企业网站的目的大致有以下几种:看看有什么新产品;对比不同规格产品的性能和价格;与其他品牌的同类产品进行对比;查询本地销售商和保修单位的地址等。

另外,如果可以从网上订购,用户自然也希望了解与此相关的信息,如订货方式、支付手段、送货时间和费用、退换商品政策等。因此,这些内容应该作为网站内容规划的重点。

3. 企业网站的内容与功能模块设计

企业网站的内容与功能模块设计主要包括两个方面:网站内容和功能模块的筛选、网站栏目的设计。

(1) 网站内容和功能模块的筛选。网站内容是网站要传递的主要信息,现在很多网站在内容选择方面往往是面目简陋、内容贫乏、千网一面、信息陈旧的。企业网站在内容选择和功能模块设置上应该思考以下问题。

① 企业网站的主要访问者是哪些群体?企业网站最核心的访问对象是谁?

② 网站的访问者希望从网站获取哪些信息?哪些信息对他们来说是最需要的?

③ 如何与企业网站的访问者及时沟通,如何做到随时解答他们的咨询?

④ 企业网站内容中,哪些是最重要的?哪些是必要但不太重要的?

⑤ 企业网站内容中,哪些是辅助的?哪些是可有可无的?哪些是画蛇添足的?

⑥ 企业网站的内容应该放置在什么位置,才更符合主要访问对象的访问习惯?

⑦ 企业网站内容之间如何确定链接?如何链接才能最方便访问者获取信息?

(2) 网站栏目的设计。网站栏目的设计,是对网站所有展示内容的分类。良好的网站栏目设计,对网站用户方便地找到自己想要的信息是至关重要的。所以,企业在进行网站栏目设计时，不仅仅要考虑企业在信息展示方面的侧重，更要思考如何让客户更方便地获取信息。在正式设计网站前，设计人员应该先对网站的所有栏目以文字的形式进行规划。下面以信息发布型网站为例介绍常见的网站栏目设计。

信息发布型网站是中小企业最常见的网站类型，这种类型的网站栏目相对简单，一般应该包括以下几个方面的内容。

① 企业概况。企业概况包括企业背景、发展历史、主要业绩及组织架构等，让访问者对企业的情况有一个大致的了解，这是网络推广的第一步，也是非常重要的一步。

② 产品目录。网站应提供企业产品和服务的目录，并方便用户在网上查看。根据需要决定资料的详略程度，或者配以图片、视频和音频资料。但在公布有关技术资料时，应注意适当保密，避免被竞争对手利用，造成不必要的损失。

③ 产品搜索。如果企业产品种类较多，无法在简单的目录中全部列出，那么，为了让用户能够方便地找到所需要的产品，除设计详细的分级目录外，还应该增加一个搜索功能。

④ 网上订购程序。即使没有像 Dell 那样方便的网上直销功能和配套服务，针对相关产品为用户设计一个简单的网上订购程序仍然是必要的。

⑤ 荣誉证书和专家或用户推荐。作为辅助内容，这些资料可以增强用户对企业产品的信心，特别是第三方做出的产品评价、权威机构的鉴定或专家的意见，对用户来说会更具说服力。

⑥ 企业动态和媒体报道。企业动态可以让用户了解企业的发展动向，加深对企业的印象，从而达到展示企业实力和形象的目的。因此，如果有媒体对企业进行了报道，应及时转载到企业网站上。

⑦ 销售网络。很多用户不习惯直接在网站上订货，但网上看货、线下购买的现象比较普遍，尤其是价格比较贵或销售渠道比较少的商品，用户通常通过网络获取足够信息后在本地的实体商场购买。因此，应尽可能详尽地告诉用户在什么地方可以买到相关产品。

⑧ 质量保证条款、售后服务措施、各地售后服务的联系方式等。这些都是用户比较关心的信息。另外，是否可以在本地获得售后服务，往往是影响用户购买决策的重要因素，应尽可能做到详尽翔实。

⑨ 客户案例。成功的客户案例，能增强其他客户对企业能力的信任和信心。所以，企业应该把以往和客户成功合作的典型案例以图文并茂的方式展示在企业网站上，一方面可以为新客户提供一个参考，另一方面可以体现企业的能力。但这些信息内容展示的深度和广度，应征得合作企业的同意，以免带来不必要的麻烦。

⑩ 联系信息。网站上应该提供足够详尽的联系信息，除了企业的网址、电话、传真、邮政编码、网管 E-mail 地址等基本信息，最好能详细地列出客户或业务伙伴可能需要联系的具体部门的联系方式。对于有分支机构的企业，还应当列出各地分支机构的联系方式。在为用户提供方便的同时，对各地分支机构也能起到一定的支持和推荐作用。

上述信息，仅仅是企业网站应该关注的基本内容，并非每个企业网站都必须全部涉及，也有些企业网站内容可能没有罗列到上述内容中去。在规划设计一个具体网站时，主要应根据企业目标来决定的网站功能模块，让网站真正成为品牌宣传阵地及网络营销工具，或者成为有效的网上销售场所。

技能训练 3-5 网站内容与栏目设计

以湖南胖哥食品有限责任公司（www.hnpangge.com）为例，分析该公司网站的主要访问者及其需求，从满足客户需求和突出企业特色的角度出发，诊断该公司网站在内容设计上存在的问题并提出修改意见，最后将新的内容和栏目规划填入表 3-9。

表 3-9 网站内容与栏目设计规划表

一级目录	二级目录		内容描述（三级目录）	内容说明
	编　号	名　　称		
	1-1			
	1-2			
	1-3			
	⋮			
	2-1			
	2-2			
	2-3			
	⋮			
	3-1			
	3-2			
	3-3			
	⋮			
企业网站问题分析				
栏目规划情况说明				

三、网站首页设计

网站首页，一般指打开一个站点时看到的第一个页面。在网站内容设计中，网站首页设计非常重要，因为首页直接影响客户的第一印象。另外，首页内容和功能设计，也是企业网络营销功能定位、目标对象定位的具体体现。所以，首页应该展示企业网络营销最关键的内容，也就是客户通过网站最希望获取的内容。

一些企业希望通过向客户和其他公众展示企业文化和实力，将很多自身信息（如企业文化、企业历史、企业管理人员、内部活动、相关新闻等）放置在企业网站很重要的位置，而对客户关心的产品和服务信息却没有突出展现。这样的设计，对网络营销非常不利，因为客户不能方便地找到感兴趣的内容，选择跳出网站也就在情理之中了。

还有一种情形就是，企业网站首页内容太多，长达两到三页，客户访问起来非常吃力。这也是进行企业网站首页设计时应尽量避免的。

联邦快递，是全球最具规模的快递运输公司，为全球超过 220 个国家及地区提供快捷、可靠的快递服务。联邦快递设有环球航空及陆运网络，通常只需一至两个工作日，就能迅速运送时限紧迫的货件，而且确保准时送达。该公司的中国站点将网站的核心功能定位在业务介绍和服务上（www.fedex.com.cn，如图 3-10 所示），网站首页非常简单，突出公司最重要的业务信息和查询服务模块。这样的设计可以使客户非常快地获取自己想要的信息，同时也体现了公司简明、快捷的服务特色。

图 3-10 联邦快递公司中国站点网站首页

某园林花卉公司是一家以大型花卉展览、花卉栽培、销售场地租赁为主要业务的公司，公司的网站首页内容繁多，页面长度超过两页，而页面的核心业务信息不突出，如图 3-11 所示。这一设计让客户在访问时十分吃力，对企业品牌形象的建立和业务推广是很不利的。

图 3-11 某园林花卉市场网站首页

四、网站着陆页设计

Landing page 即着陆页，是指通过网址链接引导用户所进入的页面，是影响网站转化的重要要素，体现形式多样，包括 H5、二级页面、单页面等，往往是用来宣传企业某个特定的产品或服务，或者对卖点进行介绍，让用户更快地留意到并且更专注地浏览这些信息。

那么，它和网站首页有什么样的区别呢？着陆页更着重于网站宣传重点的集中介绍，让用户在登录网站时能够立马清楚地了解到网站的核心要素，具有明确的营销指向性；而网站首页，往往包含了更多的信息，可以说囊括了整个网站的全部内容概要。

1．着陆页功能定位

着陆页的功能定位，主要表现在以下三个方面。

（1）着陆页是用户进入整个网站时最先看到的页面，对后续浏览有启发作用。从用户心理角度看，人们总是倾向于相信那些被其他用户推荐的东西，也认为那些信息更有价值、更值得。因此，要在着陆页上提供一些用户评价、社交网络的粉丝规模、获奖情况和资质证书等信息，就可以让访问者对企业产生更好的印象、建立足够的信任，从而更有可能引导用户深入浏览网站，减少跳出率。

（2）着陆页以营销推广为目标，引导用户完成网站期望他们去完成的任务。着陆页被广泛地用在了各个领域，特别是用在以商业推广及产品营销为最终目标的企业网站上。怎样才能实现企业营销推广的目标呢？当然，这需要网站有明确指引，让用户能够快速知道关键信息的同时，还能最大限度地获得最大效益。因此，着陆页的存在可以很好地完成网站的这一使命，通过着陆页指引一个浏览者最终完成网站期望他们去完成的任务。

一个营销者会犯的最大错误，可能就是希望通过在网站首页堆放大量广告和公关活动以提升用户流量，却不在首页提供那些直达活动或推广链接的入口，让浏览网页的用户们摸不着头脑。这时，着陆页也可以充当一个导航的角色，指引用户直击重点，这一点在营销型网站中显得尤为重要。

（3）着陆页助推用户购买决策，提升网站转化率。当用户在外部资源看到特定产品、功能、信息或服务时，然后单击进入到站点，他并不希望自己需要花大量的时间，在首页的一堆链接和信息中去寻找自己想要的产品内容或页面。浏览者想要立马"着陆"到有用的信息页面，还希望能快速看到那些能够帮助他们做出进一步决策的信息内容。所以提供一个考虑周全的着陆页，能够帮助用户进行购买决策，并且提升网站转化率。

总之，一个考虑周全的着陆页，在很大程度上能减少网站的跳出率，并且提升网站转化率。在建设营销型企业网站着陆页的时候，也要遵循页面设计的原则，从用户角度出发，抓住用户的需求和"痛点"。

2．着陆页内容策划

有些人会认为，在着陆页中应当尽可能多包含产品细节，以吸引用户。但实际上，一个着陆页不应当包含过量的信息，而应该让用户注意到产品的核心价值，凸显对用户有利的信息。所以，在设计的时候，通常是采用相对简约明晰的视觉设计，通过几个富有凝聚力的 UI 用户界面元素，如号召性用语（CTA）按钮、表单来呈现。所以，着陆页内容策划的原则是：直奔主题、内容精简。

对着陆页的内容策划，可从以下几个方面入手。

- 页面类型：根据客户需求确定着陆页页面类型，如产品展示类、活动专题类、企业形象类、新闻信息类、电子商务类、在线服务类等。
- 风格定位：通过客户产品、服务特点及目标人群分析（年龄、行业、职业、喜好、消费能力等）来确定页面风格。
- 卖点提炼：提炼客户优势，可以从选择我们的几大理由、选择我们的几大优势、产品或服务同行 PK、健康优势、耐用优势、环保优势、专业优势、经验优势、服务优势、价格优势、时间优势⋯
- 风险把控：政策法律的风险。
- 盈利模式定位：怎么赚钱？
- 目标客户定位：赚谁的钱？
- 核心产品定位：卖什么赚钱？
- 品牌差异化定位：凭什么赚钱？

⋯⋯

3. 着陆页设计原则

着陆页页面设计，要按着陆页策划逻辑原型图布局，如图 3-12 所示，做到营销思路清晰、内容模块布局合理。具体应遵循以下几个原则：

- 页面风格与客户行业及产品相符，设计精美。
- 企业官网首页 Banner 一张和着陆页页面 Banner 一张；Banner 主题突出，目的明确，有吸引力（要做到能引起用户的关注，适当加入咨询按钮）；企业官网首页 Banner 需设置超链接至着陆页（新窗口打开）。
- 必备的元素及工具必须在效果图中体现（电话、咨询工具、分享工具、返回头部按钮、返回企业官网按钮等）。
- 页面高度在 8 屏及以内。
- 充分考虑页面营销性，设置吸引客户对企业发起咨询的对话入口。
- 主内容区宽度在 980～990px 比较合适（太饱满在笔记本上浏览时浮窗和内容会有重叠）。
- 设置备案信息、版权信息、权威网络安全认证标识（可根据客户实际情况进行调整）。

五、网站风格规划

如果把企业网站看成企业在网络中的门面，那么风格设计就是网站的装修。网站风格直接影响用户的第一印象。良好的网站风格，是展示企业品牌、企业文化和实力的重要途径。

所谓网站风格，是指网站页面设计的视觉元素组合而成的整体形象，展现给人的直观感受，如庄重严肃、生动活泼等。这个整体形象包括网站的配色、字体、页面布局、页面内容、交互性、海报、宣传语等因素。业内一般将网站风格分为时尚型、简约型、创意型、科幻型、怀旧型、商务型、文艺型等类型。

网站风格一般与企业的整体形象相一致，如企业的整体色调、企业的行业性质、企业文化、提供的相关产品或服务特点都应该在网站的风格中得到体现。网站风格最能传递企业文化信息。好的网站风格不仅能帮助客户认识和了解网站背后的企业，还能帮助企业树立别具一格的形象。独特的网站风格，直接营造出有别于其他网站的一种清晰的辨识度。

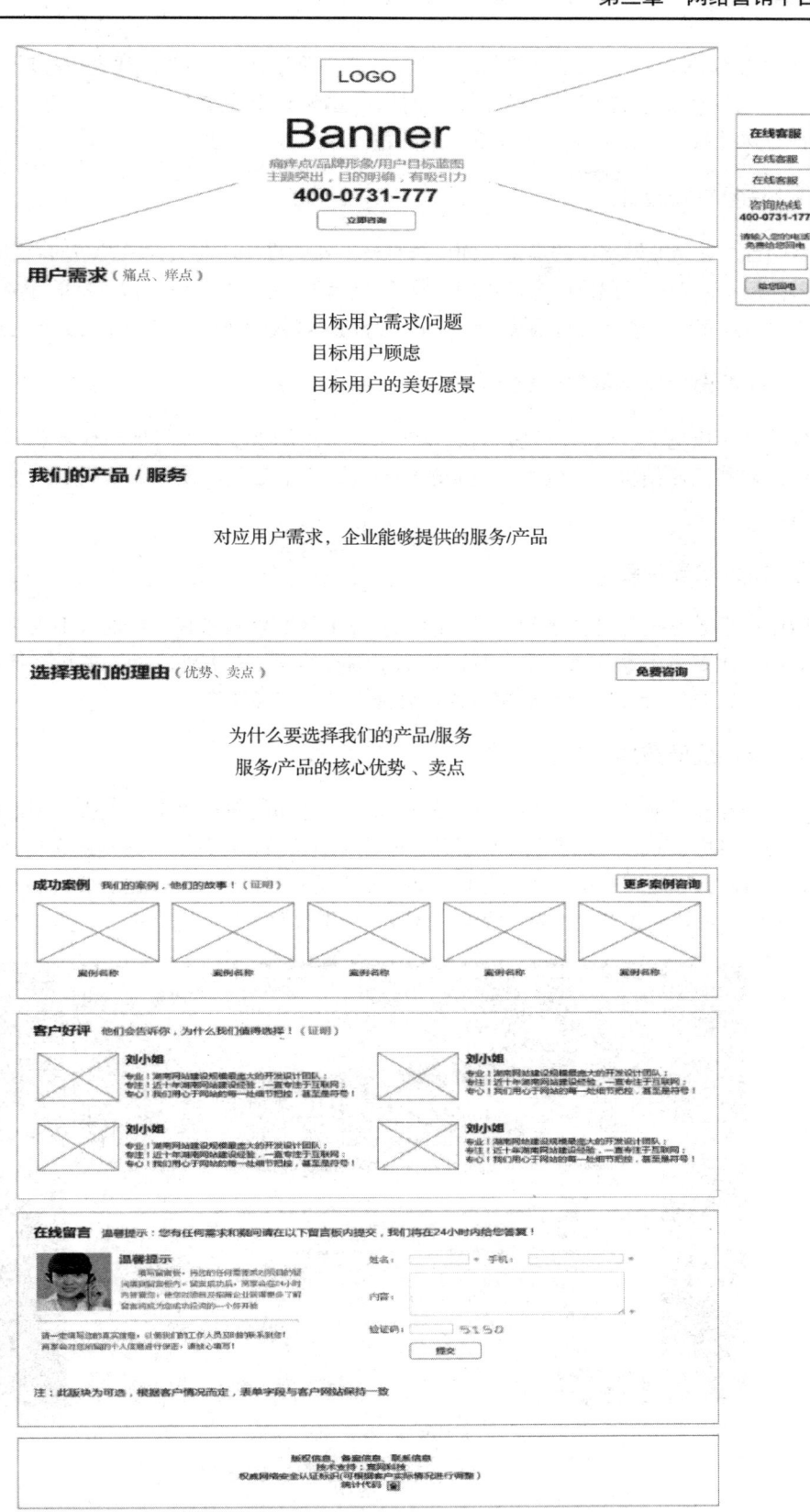

图3-12　着陆页设计示意图

随着互联网影响力的不断提升，网站成了企业让客户了解自身最直接的一个门户，通过自身网站的辨识度在众多网站中脱颖而出，迅速帮助企业树立品牌，提升企业形象。

企业网站风格设计应该注意以下几个问题。

1. 注重首页设计

网站首页是企业网络中的虚拟门面，精良及专业的设计，会大大激发访问者（消费者）的购买欲望；反之，企业所提供的产品或服务将不会给访问者（消费者）留下好的印象。对于企业来说，除非企业有专业的网站规划及设计人员，否则最好找专业公司或专业人员来进行设计制作。

2. 内页设计风格保持一致

保持网站风格的一致，是网站内页设计中要考虑的重要方面。所谓保持页面的一致性，就是要注意保持网站结构的一致性、色彩的一致性，页面导航、图像、背景等网页元素尽可能保持一致。

3. 讲究色彩搭配

网站的色系是浏览者整体的视觉观感，若一个网站色系能有一致性，不仅令网站看起来美观，更能让浏览者不易混淆内容，从而增加了浏览的简洁与方便。网站的色系还能衬托出网站的主题，若色系能与主题合理搭配，也将会增加网站的易读性。

4. 重视版面布局

在版面布局中主要考虑导航、必要信息与正文之间的布局关系。一般在顶部放置必要的信息，如公司名称、标志、广告条及导航条，或将导航条放在左侧等，这样的布局结构清晰、易于使用。也可以尝试这些布局的变化形式，如：左右两栏式布局，一半是正文，另一半是形象的图片、导航等；或两栏式布置，通过背景色区分，分别放置图片和文字等，如图 3-13 所示。

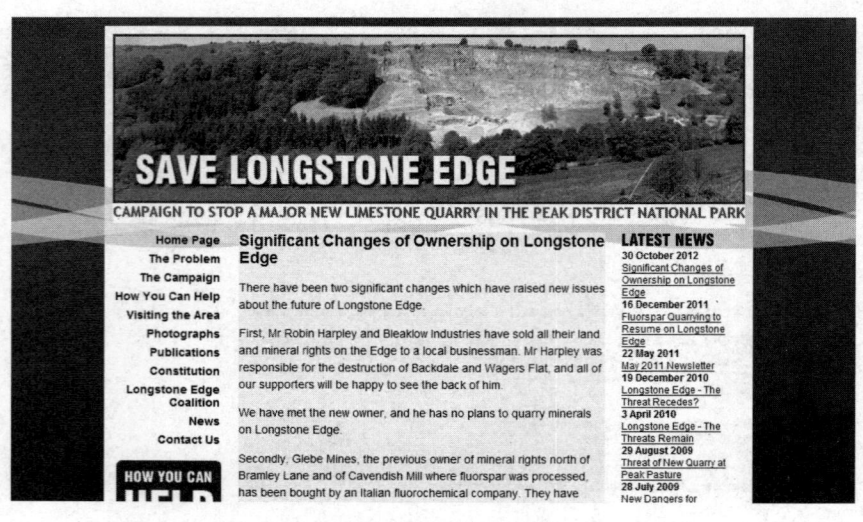

图 3-13　几组经典的网站风格设计

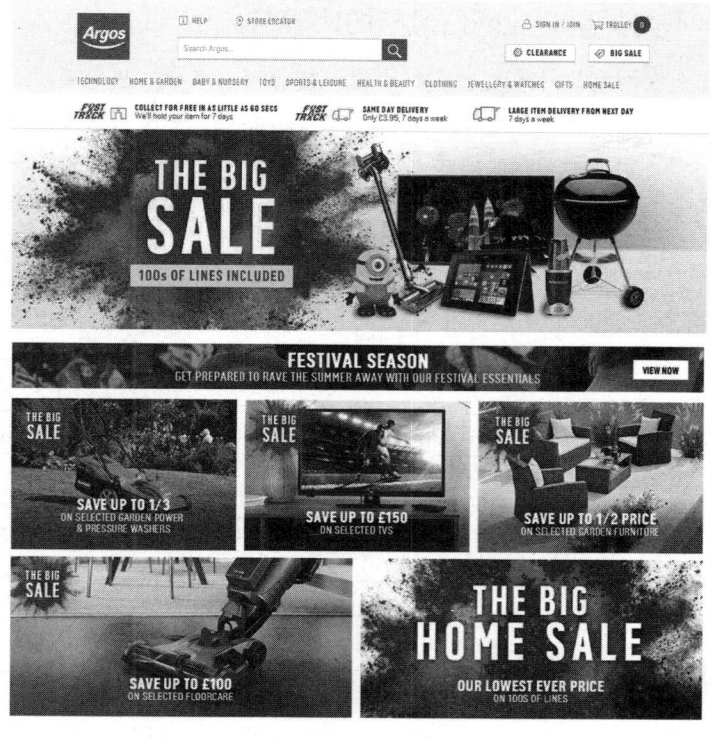

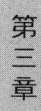

b.www.argos.co.uk

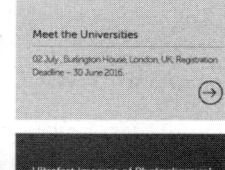

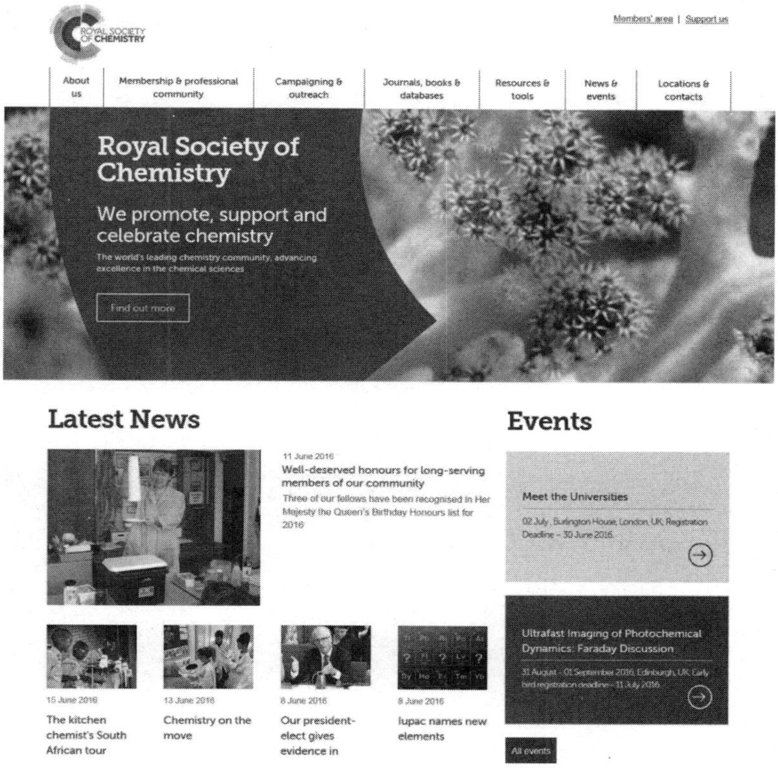

c.www.rsc.org

图 3-13 几组经典的网站风格设计（续）

技能训练 3-6　不同类型企业网站风格的比较与分析

不同类型的企业在网站设计风格上各不相同，如化工、电子、机械类产品的生产型企业，网站风格多采用布局简洁、线条明快的设计；化妆品、服饰类企业的网站则风格亮丽，多采用图片修饰；房地产销售企业的网站则多采用整体的图片设计，内容设计上也讲究艺术性。请上网搜索几家不同类型的企业网站，分析他们在网站风格设计上的差异，并给出自己的评价，将结果填入表 3-10。

表 3-10　网站风格分析表

序　号	企业类型	企业名称	企业网址	网站风格分析
1	五金工具生产企业			
2	网络营销服务企业			
3	童装销售企业			
4	汽车销售企业			
结论与建议				

六、网站客户体验设计

良好的客户体验，是营销型企业网站建设的基本要求，也是提高企业网站转化率的重要途径。客户体验设计是一项系统、复杂而又统领全局的工作，它涵盖到企业网站设计的每一个细节。下面从客户咨询、常见问题答疑和导航三个方面来介绍网站客户体验的设计。

1．设计网站客户咨询

网站客户咨询设计是为网站访问客户提供及时沟通的工具，网站可以借助一些工具来实现这些功能。

（1）QQ 在线服务。将客服人员的 QQ 挂在网上，如果访问客户登录了 QQ，就可以直接单击网页上的 QQ 图标与客服人员联系。

步骤一：访问 freeqqm.qq.com 申请一个 QQ 号码。

步骤二：访问 bizapp.qq.com/webpres.htm，进入腾讯客服在线代码生成页，如图 3-14 所示。

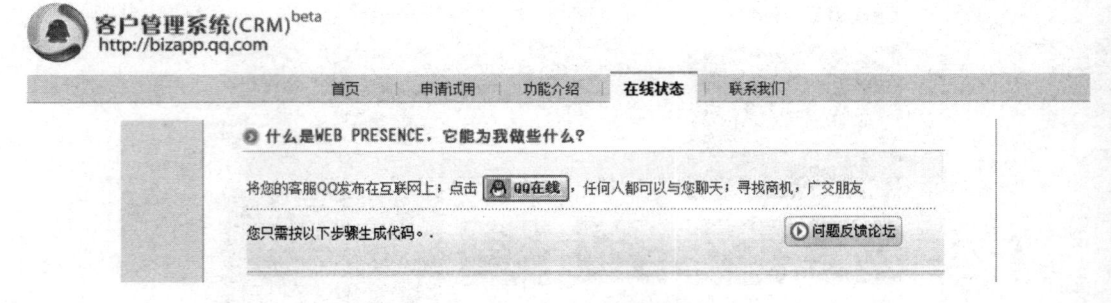

图 3-14　QQ 在线代码生成页面

步骤三：选择"在线状态图片风格"，输入 QQ 号码和网站，最后生成网页代码，如图 3-15 所示。

图 3-15 生成 QQ 网页代码

步骤四：将网页代码插入网站中放置 QQ 咨询窗口的地方，就可以在网页中看到 QQ 咨询的标志了。打开自己的 QQ 时，显示 QQ 在线状态，网站访客就可以通过单击它直接向网站值班人员咨询信息了。

QQ 在线标志举例 1：

QQ 在线标志举例 2：

（2）设置阿里旺旺的"旺遍天下"。如果企业是阿里巴巴的会员，而且潜在客户中阿里巴巴会员比例也很大的话，可以在企业网站中加入阿里旺旺的"旺遍天下"功能，设置在线旺旺业务咨询服务。

步骤一：访问网站 page.1688.com/html/wangwang/download/windows/wbtx.html?asker=ATC_message（以 Windows 版本为例）。

步骤二：选择风格，输入阿里旺旺的号码并生成网页代码。

步骤三：复制代码并插入网页源代码中放置阿里旺旺"旺遍天下"的地方，就可以利用阿里旺旺来进行在线咨询服务了。

2．设计网站常见问题答疑（FQA）

在网站建设过程中，要尽可能站在用户角度，分析用户访问过程中可能产生的操作或对企业业务存在的疑问，为这些疑问设计详细的说明资料，然后通过常见问题解答、知识库、留言、在线咨询等方式来展示，并在每一个可能存在疑问的区域中都设计一个解答问题的链接，让用户可以随时随地地获取帮助、消除疑虑。

3．设计网站导航

网站导航是影响用户体验最直接的一个因素。一个网站能否提供丰富友好的用户体验，网站导航设计至关重要。简单直观的导航，不仅能提高网站易用性，而且方便用户找到想要的信息，从而有助于提高网站转化率。

要想企业网站的导航设计能够让用户产生良好的体验，就要站在用户的角度，分析用户在访问每个信息节点时希望获取的信息，并设计相应的链接，使用户能直接找到下一步想要了解的信息。同时还应设计好页面的回路，以便在新窗口中打开页面后，用户不会在众多信息页面中迷失回路。产品信息页面的客户体验设计如图3-16所示。

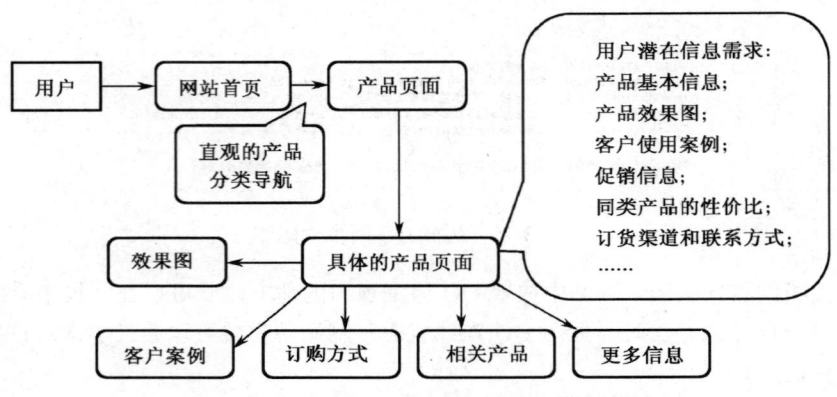

图3-16　产品信息页面的客户体验设计

阅读材料3-2　如何设计网站导航

1．网站导航设计易用性问题

网站的导航，包括顶部、底部和侧面的导航都应该尽可能地令用户易用，保证用户"想"看到的在尽可能显眼的位置，导航里的各要素应该反映出各个目录和子目录，以及各个主题之间的逻辑性、相关性，以便帮助用户找到主要相关内容。

（1）辅助导航。为用户提供一个直观的指示，让用户知道现在所在的网站位置，每一级位置的名称都有链接可返回，每一个网页都必须包括辅助导航及左上角的网站Logo。

（2）网站Logo链接。每一个出现的网站Logo都要加上回到网站首页的链接，用户已经习惯了单击网站Logo作为回到网站首页的方法。

（3）导航条的位置。主导航条的位置应该在接近顶部或网页左侧的位置，如果因为内容过多需要子导航，要让用户能够容易地分辨出哪个是主导航条，哪个是某一主题的子导航条。

（4）联系信息。"联系我们"网页的链接或者直接呈现详细的联系方式，必须在网站的任何一个网页中都可以找到。

（5）导航使用的简单性。导航的使用必须尽可能简单，避免使用下拉或弹出式菜单导航，如果一定得用，那么菜单的层次不要超过两层。

（6）网页指示。应该让用户知道现在所看的网页是什么，以及与现在所看网页的相关网页是什么，例如，通过辅助导航"首页 > 新闻频道 >新闻全名"里对所在网页位置的文字说明，同时配合导航的颜色高亮，可以达到视觉直观指示的效果。

（7）已浏览网页的指示。最简单的方法是将已单击过的链接设置变色，如果链接不在同一网页，可以在其他位置显示用户已浏览过的内容。

（8）登录入口和出口。登录入口和出口要在全网站的每一个网页都可以找到，让用户进入任一网页都可以进行登录和退出操作。

2. 网站导航设计功能性问题

导航的功能设计可以提高或降低整个网站的表现，功能完善的导航可以让用户快速地找到想要查看的信息，否则就会"赶走"用户。

（1）导航内容有明显的区别。导航的目录或主题种类必须清晰，不要让用户困惑，而且如果有需要突出的主要网页的区域，应该与一般网页在视觉上有所区别。

（2）导航的链接必须都是有效链接。无论是一般导航还是有下拉菜单的导航，里面所有的文字都应该是有效的链接。

（3）准确的导航文字描述。用户在单击导航链接前会对所找的东西有一个大概的了解，链接上的文字必须能准确描述所链接网页内容。

（4）搜索导航结果。搜索的结果尽量不要出现"无法找到"的结果，这是让用户很失望的答案，如果无法精确找出结果，应该对错字、类似产品或相关产品给出一个相近的模糊结果。

3. 网站导航设计的优化

一个测试网站导航的方法，就是去竞争对手网站及其他一些网站，针对其网站导航，记录下哪些喜欢，哪些不喜欢，并对异常现象进行简单记录。做完这些工作后再回到自己的网站，走同样的流程对比一下，这样就会找到一些优化网站导航的方法。

当然上述方法不够全面，不能只依赖个人用户经验，可以发动身边不同年龄和不同互联网应用水平的用户、了解和不了解网站的用户，都到网站"独自走一下"，并回访或让他们反馈一些问题或意见。完成以上工作后，相信你可以很好地优化网站导航，从而改善用户体验。

（资料来源：Stony digester，www.mkteasy.com，2007-12）

七、网站的后台规划

任何一个商务网站都必须有一个健全的后台管理系统作为支撑。良好的后台管理是网站后续信息更新、客户关系管理和推广效果分析的重要基础。企业在进行网站后台规划时，要从企业网络营销业务管理的角度出发，规划好不同部门在网站管理中的权利和职责，如信息发布、客户咨询、网站流量统计与分析、客户订单处理等。所以，在后台管理模块中，要将这些要素一一考虑进去，而不是仅仅设计一个简单的后台管理系统，给今后的管理带来麻烦。一般来说，企业营销型网站至少需要配备以下几个后台管理功能模块。

（1）信息发布管理模块。该模块用于发布与企业有关的新闻报道、促销信息、加盟合作信息和供求信息。

（2）产品管理模块。该模块用于发布和更新企业产品信息。

（3）客户咨询管理模块。该模块用于在线客户咨询和客户留言处理。

（4）网站流量统计模块。该模块用于监控网站访问者信息，包括访问时间、访问者地域来源、搜索引擎来源、客户端配置、访问页面等信息。网站流量管理软件可以使用网络中的免费软件，如百度、Google、一统天下等网站都可以提供免费的流量统计功能，也可以购买具有高级功能的付费软件。

八、流量统计软件安装

流量统计软件是评估企业网络营销效果、反馈推广宣传效果、分析客户行为的一个重要工具，是企业网站管理必不可少的工具。对于中小型企业网站，流量统计软件可以使用免费或者付费的软件。下面以 ItSun 网站流量统计工具为例进行介绍。

1．了解网站流量统计软件的主要功能

（1）统计基本信息。可统计的基本信息主要包括最近 50 位访问者、当前在线列表、今日访问者列表、最近 24 小时统计、今日来路统计、今日搜索引擎统计、今日搜索关键字、昨日时段统计、网站统计摘要、小时统计报表、日统计报表、Alexa 工具条统计、周统计报表、月统计报表、年统计报表、客户端情况统计、用户操作系统统计、用户浏览器统计、屏幕分辨率统计、访问者地区统计、访问统计分析、访问者来路统计、搜索引擎统计、搜索关键字统计、访问者访次统计、C 段 IP 地址统计、页面受欢迎度统计等。

（2）提供非常精确的 IP 地理位置统计（精确到城市）。可以查看到访问网站的每个用户来自什么位置，同时将所有访问网站的用户按地区汇总，分析出各个地区的访问比例。

（3）统计网页浏览情况。除统计每位访问者的 IP 地址外，还统计网站的页面浏览（PageView，PV）情况，也就是说，记录网站每位访问者的每次点击。

（4）记录每个时段访问网站的情况。将每天的数据汇总，生成 24 小时访问报表，据此可以知道一天中各个时段的访问情况。

（5）记录访问网站每个 IP 的来路情况。经汇总可以了解访问者主要是通过哪些网站进入网站的。

（6）统计出通过各大搜索引擎（如百度等）搜索进入网站的情况。可以查看到访问者是通过搜索哪些关键字查找到网站的。

（7）对每个访问者的访问次数进行分析排序。这样可以知道哪些用户经常访问网站。

（8）列出当天的全部访问用户。

2．安装流量统计软件

步骤一：访问 www.51.la/index.asp 并注册免费会员，如图 3-17 所示。

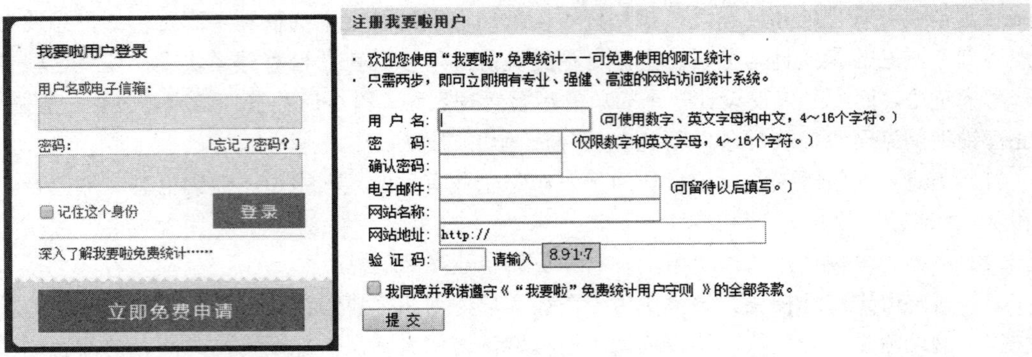

图 3-17 51.la 网站注册页面

步骤二：登录账号，开通流量统计功能，如图 3-18 所示。

步骤三：获取代码。开通网站后，登录后找到左下角的"获取统计代码"链接，可以获取

相应代码，如图 3-19 所示。

步骤四：在网站首页源代码中插入代码（一般放置在首页的底部）。放入代码后，如果在网站底部看到对应的显示图标，就表示流量统计工具安装成功。

步骤五：查看统计效果。企业相关人员需要查看网站流量统计数据的时候，可以直接访问 51.la 网站，也可以单击企业网站首页中的统计标志进入登录界面，登录企业用户账号后就可以查看企业网站流量统计情况，如图 3-20 所示。

图 3-18　在 51.la 网站开通流量统计功能页面

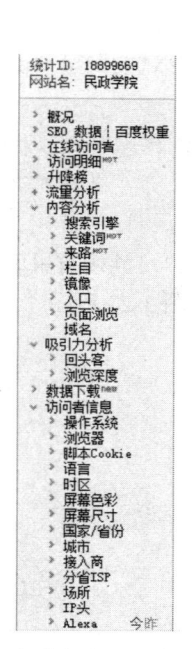

图 3-19　获取统计代码　　　　图 3-20　查看企业网站流量统计页面

九、网站效果测试

企业网站好坏直接影响企业在网络世界中的形象，也影响企业网络营销业务的顺利开展。所以，企业网站建设好后，在正式发布之前，进行网站可行性测试是很有必要的。

1. 网站测试的内容

网站测试的内容主要包括以下四个方面。

（1）基本测试。基本测试包括色彩的搭配、链接的正确性、导航的方便性和正确性、CSS 应用的统一性等内容的测试。

（2）网站优化测试。检测网站是否经过搜索引擎优化，网站的架构、网页的栏目与静态情况等。

（3）安全性测试。要对网站的安全性（服务器安全、脚本安全）、可能有的漏洞进行测试，还包括攻击性测试、错误性测试等；还要对电子商务的客户服务器应用程序、数据、服务器、网络、防火墙等进行测试。

（4）性能测试。进行连接速度测试，用户连接到电子商务网站的速度与上网方式有关；负载测试，在某一负载级别下，检测电子商务系统的实际性能，也就是能允许多少个用户同时在线，可以通过相应的软件在一台客户机上模拟多个用户来测试负载；压力测试，测试系统的限制和故障恢复能力，也就是测试电子商务系统会不会崩溃。

2. 网站测试的方法

尽管企业网站要测试的内容非常广泛，但不同的企业、不同功能定位的网站、在网站的不同发展阶段，所要关注的关键性指标各不相同。下面介绍两种最常见的网站测试方法。

（1）测试网站的访问速度。网站的访问速度如何、网站客户是否能忍受，是任何一个网站都必须考虑的问题。访问站长工具（http://tool.chinaz.com/sitespeed/），在"国内网速测试"文本框输入要测试的网址 www.csmzxy.com，可以了解到该网站在新疆、黑龙江、云南等边远地区网速较慢。

（2）测试网站链接。网站中的失败链接，会极大地影响用户体验，影响用户对网站的评价。所以，在发布企业网站之后，要有专人仔细检查网站的所有链接，确定是否存在无效的链接，并及时更正错误的链接。

有些网站链接数量庞大，可以借助站长工具类网站提供的检测系统，对网站的死链接进行检测，如图 3-21 所示。

图 3-21 测试网站的死链接

技能训练 3-7 营销型企业网站的评测

请分别访问湖南梦想花炮（www.mxyanhua.com.cn）、湖南省怡清源茶业有限公司（www.yiqingyuan.com.cn）两家企业官网，依据表 3-11 对网站的各项指标评分，对网站存在的问题进行诊断，并提出优化策略。

表 3-11　营销型企业网站测评表

一级指标	一级指标说明	二级指标	分值	二级指标说明	湖南梦想花炮网 得分	湖南梦想花炮网 得分率	湖南省怡清源茶业有限公司网 得分	湖南省怡清源茶业有限公司网 得分率
首页Flash 5分	判断首页是否为Flash，泛指各种未直接显示网站内容的情况，包括各种静态/动态图片、基于JS的动画等	首页Flash	0	是				
			2	否，但打开速度较慢				
			5	否，且打开速度快				
视觉效果 15分	整体视觉效果是否舒服，对页面尤其是首页的总体印象判断，是否美观、简洁，着重看颜色搭配和图片、动画应用（文字排版、字体、颜色是否和谐一致，包括字号是否可调、字体选择是否统一、内容排版是否合理）	文字	0	不统一				
			3	统一				
			5	统一且美观				
		图片	0	没有图片				
			3	图片简单粗糙，不美观				
			5	图片精美				
		排版	0	杂乱怪异				
			2	常规排版				
			3	舒适精美				
		颜色	0	不协调				
			1	协调但不适合				
			2	协调且适合				
公司介绍 10分	公司简介：成立时间、生产规模、部门设置、资质证书、公司动态等；业务说明：业务范围、应用领域、常见问题、面向市场区域、货运付款条件等	公司概述	0	无				
			4	有				
		业务说明	0	无				
			2	有				
		公司动态	0	无				
			2	有				
		资质认证	0	无				
			2	有				
实力宣传 10分	客户案例：包括工程示例、客户列表，较适合服务类和工程类业务，包括滚动显示新增会员这一形式；业内资讯：包括业界新闻、专业知识、文章评论、共享资源等	客户案例	0	没有				
			2	简单，数量、质量均较差				
			5	有详尽的客户案例介绍				
			8	介绍详尽真实且方式多样				
		业内资讯	0	没有				
			1	简单				
			2	详细				

续表

一级指标	一级指标说明	二级指标	分值	二级指标说明	湖南梦想花炮网 得分	得分率	湖南省怡清源茶业有限公司网 得分	得分率
产品展示 25分	具体产品配置、用途、设计说明、图示等	文字介绍	0	仅有产品名称				
			4	有简单产品说明				
			7	有详细产品说明及差异化特点				
			10	有丰富全面的产品说明				
		图片图示	0	没有图片				
			4	有图片，但展示慢，不清晰				
			7	图片清晰				
			10	多角度或应用展示				
		附加功能	2	有音/视频				
			2	有说明下载				
			1	其他有利于产品推广的方式				
站内搜索 15分	导航：内容分类是否合理、导航位置是否清晰明显、是否包含多种导航方式、跳转是否便捷； 站内链接：是否有忙、死、错、空链	导航	3	分类合理				
			3	导航清晰				
			3	返回便捷				
			3	有两种以上导航方式				
		链接	0	有忙、死、错、空链				
			3	无忙、死、错、空链				
电话显示 10分	是否位置明显、字体明显、有800免费电话	电话数量	0	没有				
			3	重点/核心页面有				
			5	全网站页面均有				
		显示位置	2	字体、颜色清晰明显				
			3	字体、颜色清晰明显且在首屏				
		免费电话	0	无				
			2	有				
其他联系方式 5分	IM、留言功能、在线订单	IM	0	无				
			2	有				
		留言功能	0	无				
			2	有				
		在线订单	0	无				
			1	有				

续表

一级指标	一级指标说明	二级指标	分值	二级指标说明	湖南梦想花炮网 得分	湖南梦想花炮网 得分率	湖南省怡清源茶业有限公司网 得分	湖南省怡清源茶业有限公司网 得分率
地址 5分	是否清楚明确，有助于体现企业形象	地址	0	无				
			3	有				
		地图	0	无				
			1	有				
		行车路线	0	无				
			1	有				
总体测评得分			100					

第三节　第三方网络营销平台建设

> **内容提要：**
>
> 　　淘宝、京东、亚马逊等第三方网络营销平台，与出租门面、柜台的传统大型商场、超市类似，允许网络卖家登录自己的平台，搭建网上商铺，经营网络生意。
>
> 　　选择第三方网络营销平台的依据：平台的类型、客户分布、主要功能、平台费用等基本指标，包括平台实力、可信度、平台与企业业务的匹配度等综合性指标。
>
> 　　无论是付费还是免费的第三方平台，商家入住的流程大体相似：平台注册，上传企业产品和服务信息，在平台内外推广企业，安排专人管理店铺，评估平台推广效果等。

一、第三方网络营销平台概述

　　传统的小卖家，往往通过租借大型商场、超市的门面、柜台，来开始自己的生意；同样，互联网上的创业者，也往往从入驻第三方电子商务平台，通过网上店铺的搭建，来开始自己的网上生意。

　　第三方网络营销平台，是独立于产品或服务的提供者和需求者的第三方机构，按照特定的交易与服务规范，为买卖双方提供信息发布、商品搜索、交易洽谈、货款支付、商品物流等服务支持的网络服务平台，主要包括 B2B、B2C、C2C 等电子商务平台。这些平台为供应商和采购商（消费者）提供一个网上聚集的虚拟市场，提供产品展示、信息发布、业务推广、销售管理、客户管理、信用管理及支付与物流等多方面服务。大多数中小企业在实施网络营销战略时，会选择建设企业站点，还会在第三方网络营销平台上注册，为企业带来更多的商业机会。所以，对于中小企业来说，第三方网络营销平台是一个不容忽视的网络营销阵地。

　　除了建立自己的网站及注册第三方网络营销平台，企业还可以利用其他网络虚拟社区来发布企业和产品信息，达到宣传和促销的目的。所以，其他网络社区及媒体也是非常重要的网络营销平台。网络社区主要包括论坛（如天涯、猫扑、百度空间等）、问答类社区（如百度知道、搜搜问问等）、讨论组、聊天室、博客、微博及其他社交网络。特定主题的网络社区聚集了大量有共同兴趣爱好的人群，不仅具备交流的功能，实际上也成了一种营销场所。早期的网络社区如 BBS 是网络营销的重要场所，营销人员通过发布产品或企业信息达到宣传的目的，但随着网络社区逐步走向规范，纯粹的商业广告往往不受欢迎。因此，这就要求网络营销人员掌握一定的网络营销技巧，在发布信息时注重给消费者带来一定的价值。

对一家具体的企业而言，构建第三方网络营销平台，要结合自己的产品及行业特点，通过整合目标用户聚集的频道、社区、平台及网站等媒体，打造特色鲜明、风格统一的网络品牌，从而构建企业专属的网络商业生态体系。如某汽车品牌商家，可能会综合视频类网站、门户类网站、汽车行业类网站、搜索引擎类网站及社交类网站等第三方平台，来构建全网覆盖的企业网络营销平台，如图3-22所示。

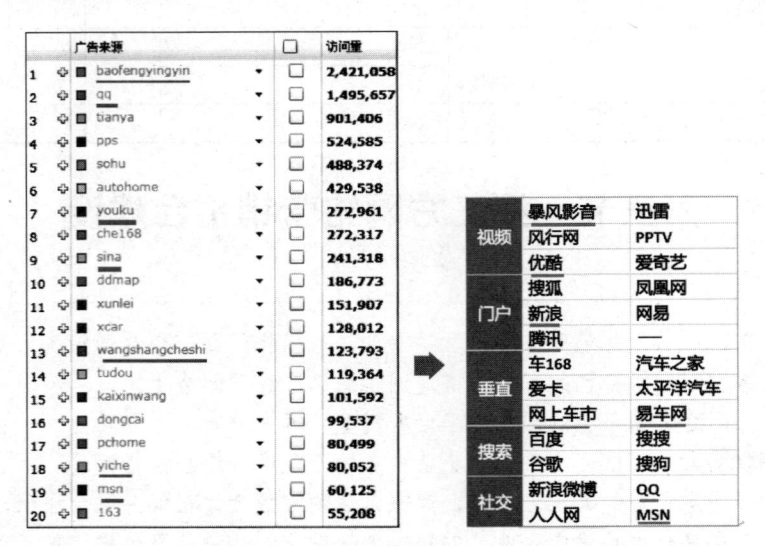

图3-22 某汽车品牌的网络营销平台构成及流量来源

相对于企业自行建站，第三方网络营销平台具有以下几方面优势。

1. 价格优势

加入或参与第三方网络营销平台所需费用较少。如参加一次中国进出口商品交易会（简称广交会），展位价格几万元，甚至十几万元，时间仅为1～2周；而加入阿里巴巴国际站每年费用不到3万元，而且其中文站点免费，每年花费几千元便可享受诚信通服务。

2. 信息优势

第三方网络营销平台采用专业化运作、专业化推广、专业化服务，往往知名度较高，信息量巨大。如钢为网，每天更新几百条专业信息；阿里巴巴批发网每天有几百万条供求信息。

3. 技术优势

第三方网络营销平台较大的交易规模和其必备的管理技术力量，能较好地体现其技术优势。

4. 集聚优势

信誉好的第三方网络营销平台往往能够吸引一大批企业加盟，从而积聚成数量庞大的企业数据库，这种积聚优势往往具有良好的示范效应。如阿里巴巴有几百万名客户，每天的流量数以千万次，是任何传统市场都无法比拟的。

5. 管理优势

良好的第三方网络营销平台有专业人士进行维护，企业无须再提供专门技术人员进行管理。

二、第三方网络营销平台的评价与选择

1. 第三方网络营销平台的评价

对企业来说，有多种第三方网络营销平台可以选择，就像传统营销渠道设计，可以根据潜在客户的分布进入不同地域、不同层次、不同品类的贸易市场。一般来说，选择第三方网络营销平台的方法和指标如下。

（1）平台的基本指标。平台的基本指标主要包括平台的类型、平台的客户分布、平台提供的主要功能、平台使用费用等基本要素。

（2）平台的实力指标。平台的实力指标是反映平台竞争地位的指标，主要包括网站会员数量、网站每日信息发布数量、网站的全球排名、网站的社会影响、相对同类网站的优势等。

（3）平台的可信度指标。这是反映平台中企业和信息的真实性指标，主要包括平台企业可信度、平台发布信息可行度、平台对企业和信息管理的力度。如在阿里巴巴中文站点，企业可以免费注册，所以很多企业信息不可靠，但平台同时提供了良好的企业诚信评价管理体系，并在信息发布的管理上控制得很严格。

（4）平台和企业业务的匹配度。这个指标主要反映平台是否适合企业达到网络营销战略目标，主要包括平台的客户分布和企业目标客户是否一致、企业竞争者在该市场的分布情况、平台的功能是否符合企业的期望等。

2. 第三方网络营销平台的选择

企业要选择具体的第三方网络营销平台开展网络营销推广，可以从以下几个方面着手。

（1）搜索第三方网络营销平台。在虚拟网络世界中考察市场，一方面可以靠平时的积累，另一方面可以通过搜索引擎获取，同时企业也可以请专业的网络营销服务公司推荐适合企业的平台。

（2）收集第三方网络营销平台的评价数据。在网络营销平台评价中，评价指标的数据收集是一项最为重要的工作，下面以五金网为例介绍几个基本数据的具体收集方法。

① 网站企业会员注册数量。在搜索项目中选择"公司"，关键字采用"公司"或"厂"（有的平台也可以采用空白关键字），确定好行业搜索范围为"不限分类"，单击"立即搜索"按钮就可以了解该平台公司库的数量，如图3-23和图3-24所示。

图3-23　五金网搜索界面

图 3-24　五金网企业会员注册数量

② 供求信息数量。在"供应"或"求购"下方，有按行业类别发布的供求信息，如图 3-25 所示。

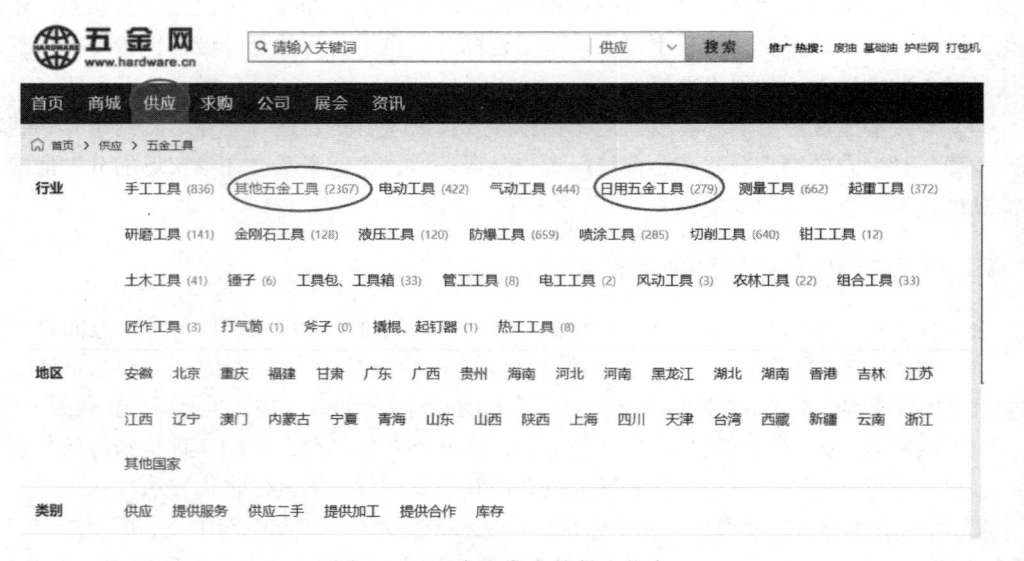

图 3-25　五金网发布的供应信息

③ 网站信息真实性评价。利用前面几项数据的搜索方法，随机地在网络营销平台中搜索不同信息各 5 条。通过信息中的联系方式考察信息的真实性，并根据最终的结果评估该平台信息的真实性情况。需要特别注意的是，在评价网络营销平台时，除直接考察平台各项数据外，还可以从平台论坛和搜索引擎中获取该平台的评价信息。

（3）收集第三方网络营销平台的其他重要数据。Alexa（www.alexa.com）是一家专门发布网站世界排名的网站，它提供的网站排名、网站综合浏览量等数据对企业很有参考价值。

① Alexa 排名。Alexa 排名是 Alexa 公司按照网站的访问量而给全球网站的一个名次，它的数据来源于浏览器上安装了 Alexa 工具条的用户网站。该排名虽然存在很多不足，但从整个互联网来看是最有权威性的，所以该数据是很多评价网站的一个重要数据。

步骤一：打开 Alexa 网站，在 Search 栏目中输入要分析的网站，单击"Search"按钮，如图 3-26 所示。

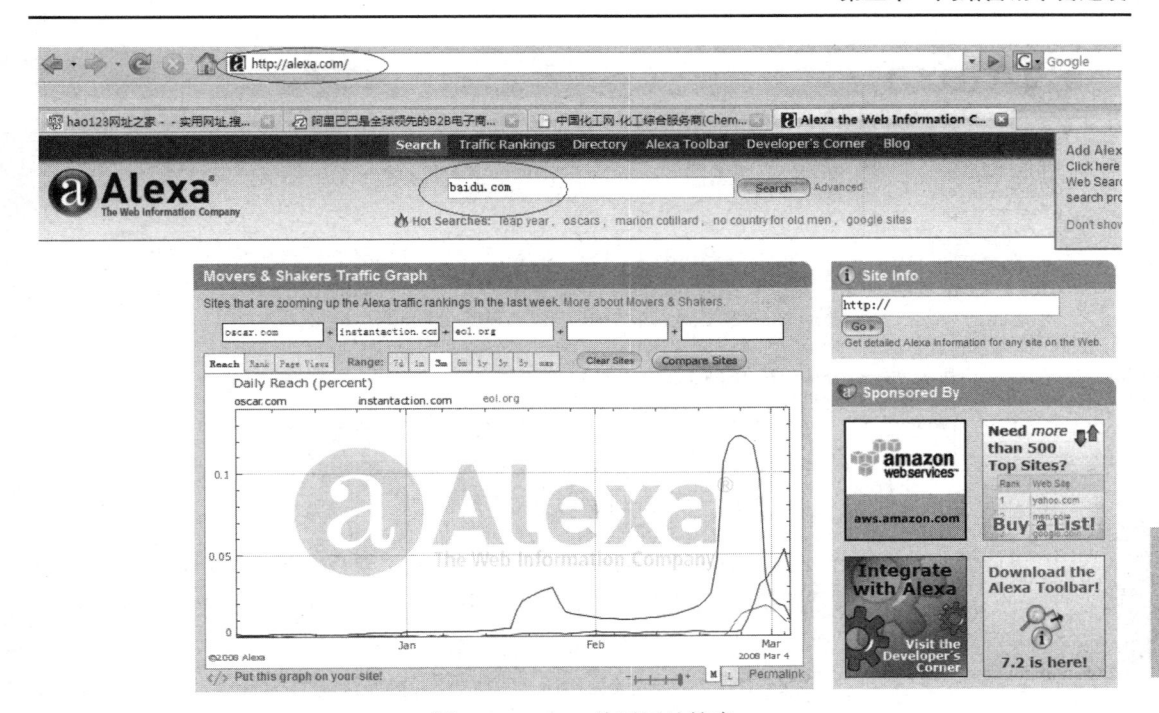

图 3-26　Alexa 首页网站搜索

步骤二：在打开的页面中单击"Overview"链接，就可以看到网站的 Alexa 排名，如图 3-27 所示。

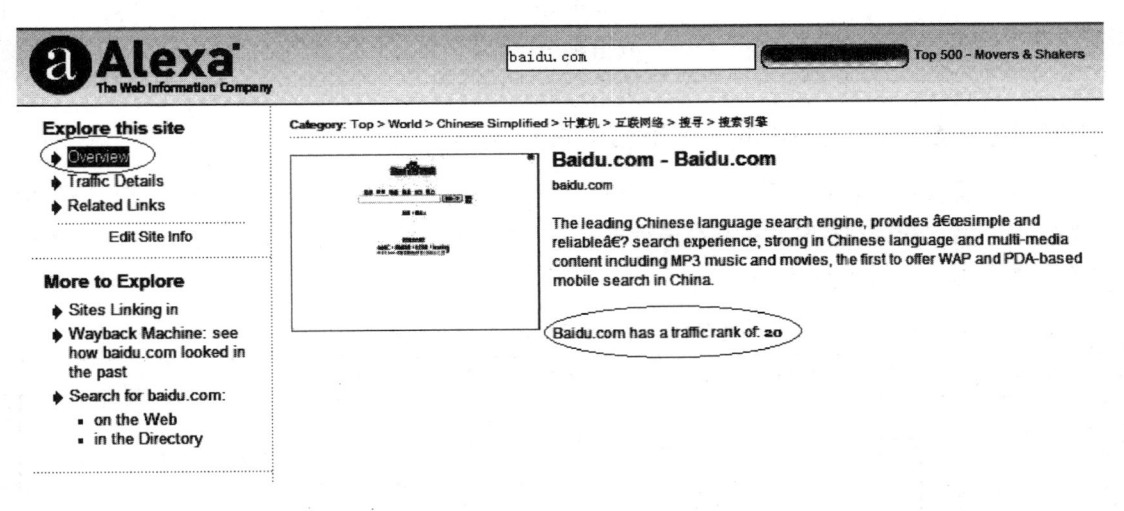

图 3-27　在 Alexa 网站中查看网站排名

② 综合浏览量（Page Views）。综合浏览量是指网站各网页被浏览的总次数。该数据反映了一个网站各页面的吸引力大小，该数值越大说明网站越受欢迎。综合浏览量也是评价一个网站的重要数据。

步骤一：参考获取 Alexa 排名的方法，单击"Traffic Details"链接，如图 3-28 所示。

步骤二：在新页面中向下拖动页面，找到"Page Views per user for……"项目，就可以获取该网站几个不同时间的 Page Views 值，如图 3-29 所示。

图 3-28　在 Alexa 网站中单击"Traffic Details"链接

图 3-29　在 Alexa 网站中查看综合浏览量

③ 访问者来路（users come from these countries）。该数据主要反映了网站访问者不同国家或者地区的分布。该数据是评价国际网络营销平台的一个主要数据，也是评价企业网站在国外知名度的重要数据。按照前述操作方法，"Page Views per user for…"项目的下方就是"…users come from these countries"，如图 3-30 所示。

图 3-30　在 Alexa 网站中查看访问者来路

（4）选择第三方网络营销平台。企业选择第三方网络营销平台受许多因素影响，在做出抉择前，可对影响企业选择的各项指标评分，以便于进行最后的决策。一般情况下，企业应选择同时在几个不同的第三方网络营销平台上进行网络营销和推广。

技能训练 3-8　第三方网络营销平台的评价与选择

以前几次研究的××公司为例，为该公司寻找四家适合该公司建设网上商铺的第三方网络营销平台，其中综合型平台和行业型平台各选两家。现将对主要的第三方网络营销平台调查分析的过程填入表 3-12 和表 3-13 中。

表 3-12　第三方网络营销平台信息

评价项目	选择样本	联系方式	考察结果	指标评价
注册会员信息				
供求信息				

续表

评价项目	选择样本	联系方式	考察结果	指标评价
客户分布信息				
总体评价				

表 3-13　第三方网络营销平台的评价与选择

平台名称：　　　　　　　　　　　平台地址：　　　　　　　　　　　编号：

序号	一级指标	二级指标（分值）	描　述	和企业期望符合程度	打　分
1	基本情况	平台类型（2）			
2		客户分布（5）			
3		平台主要功能（8）			
4		平台收费情况（8）			
5	实力指标	平台会员数量（10）			
6		每天供求信息数量（10）			
7		Alexa 排名（8）			
8		每日访问量（8）			
9		……			
10	可信度指标	企业信息真实性（10）			
11		供求信息真实性（10）			
12		平台诚信管理机制（15）			
合　计					
分析结论（是否选择）					

三、第三方网络营销平台店铺建设

当企业确定了要加入的第三方网络营销平台后，就可以在上面搭建企业商铺了。企业商铺的建设一般采用以下几个步骤：在第三方网络营销平台注册；上传企业产品和服务信息；在平台中和平台外推广企业；安排专人管理平台；评估平台推广效果。

1. 在第三方网络营销平台注册

当选择好合适的平台后，接下来要在该平台注册，获取账号。有的平台是免费的，有的则需要付费。

企业注册后就需要装修企业的商铺。一般来说，第三方网络营销平台可以提供以下几个方面的功能来让企业在网络世界中展示自己。

（1）基本信息：企业的公司介绍、经营活动、公司历史、联系方式等。

（2）品牌展示：上传展示企业品牌的图片，如厂房、公关活动图片等，同时还可以发布企业内部信息和与企业相关的新闻报道。

（3）实力展示：主要提供各种证书的展示，如质量认证、免检证书、获奖证书等。

（4）人才招聘：可以发布企业的人才招聘信息。

如果企业申请了几个不同的第三方网络营销平台，通常会统一企业的宣传信息。需要注意的是，不同平台拥有不同的目标客户群体，他们对企业信息的关注偏好有所不同，所以企业在宣传推广时应各有侧重。例如，企业在面向国外市场进行宣传展示时，各种权威证书、产品描述是被关注的敏感信息，就应该有所突出。

2．上传企业产品和服务信息

在企业产品和服务描述中应该注意两方面信息：产品和服务的分类是否清晰、是否符合平台的要求；产品和服务的介绍是否详细、图片是否清晰、产品描述是否清楚。

3．在平台中和平台外推广企业

第三方网络营销平台中的企业众多，企业如果不主动出击来宣传自己，就可能会被淹没在信息的海洋中了。要在平台中宣传，企业首先就应该了解潜在的合作对象是如何搜索客户的，了解平台中企业宣传和搜索排名的规则。要在第三方网络营销平台中扩大自己的知名度，企业可以采取以下措施。

（1）购买平台为企业提供的网络广告位，购买产品搜索的关键字排名等。

（2）分析平台的搜索排名规律，通过关键字设计、增加发布频率、掌握发布时段、利用产品分类技巧等方式，争取更多的企业及产品展示机会。在这一过程中应该注意，不要违反平台关于产品和供求信息发布的规则。

（3）在平台社区中发布信息，获得他人的关注。平台的社区是平台中众多会员交流和展示的场所，企业可以在社区中通过发帖的形式获取关注，提高企业的曝光次数，但需要注意网络礼仪。社区营销的详细策划可以参考本书第四章推广方面的内容。

（4）主动出击，搜索并主动联系潜在客户。企业可以在平台中搜索潜在客户，并通过交流平台主动向潜在客户发布合作信息。

（5）利用传统的渠道让客户知道。

4．安排专人管理平台

企业注册第三方网络营销平台后就相当于在虚拟世界中建设了一个或者多个店铺，这些店铺将是企业在网络虚拟市场中与潜在客户接触的渠道。因此，企业应该像管理实体店铺一样，做好客户的接待、咨询和日常店铺管理等具体工作，具体内容如下所述。

（1）及时处理客户订单，及时回复客户的业务咨询。

（2）及时将订单的处理情况通过即时通信工具、电话、邮件和留言等方式通知客户。

（3）做好产品及供求信息的更新，管理日常的宣传推广。

（4）及时收集相关信息，监控各第三方网络营销平台的实施效果。

（5）密切关注竞争对手在各网络营销平台中的动向，及时汇总上报，并给出有针对性的对策建议。

5．评估平台推广效果

在第三方网络营销平台实施网络营销推广方案后，要经常对各项活动的效果进行总结，探索不同平台的网络营销运营规律，以提升网络营销实施的效果。

第四节　企业网站诊断

> **内容提要：**
> 　　网站诊断，是对网站的用户体验、营销导向等进行综合评测，为网站优化及营销改进提供方向及策略。
> 　　网站诊断的方法有两种，第一种是工具诊断，借助"站长之家"等软件工具或平台对收录量和反链量等指标进行的基础性诊断；第二种是主观诊断，通过站点的直接访问，对网站访问速度、关键词分布状况等指标进行的主观判断。

　　网站诊断是分析网站是否有利于搜索引擎检索、是否给浏览者良好的交互体验，以及是否利于网络营销开展的一种综合性判断，包括网站自身剖析，定位、模式分析，在行业中的竞争性分析，短期规划与长期战略发展对策等内容。

　　具体而言，网站诊断是根据网站所在行业、竞争对手及目标客户群体的特点，对网站易用性、网站营销推广等内容做深层次的分析，目的在于帮助企业了解网站自身情况，针对网站不足提出改进意见。一份完整的网站诊断报告，可指明企业网站的优化方向，大大降低营销决策上的失误。

一、网站诊断基础

1．网站栏目诊断

　　网站栏目是一个网站的纲领，必须做到结构清晰、逻辑合理。网站栏目诊断的内容主要有以下几方面：原有网站的栏目设置是怎样的；用户最喜欢访问哪些栏目，哪些栏目乏人问津；栏目的名称看上去是否清晰；栏目层次是否过多，栏目之间是否相互补充，而不会互相重叠等。

2．网站内容诊断

　　网站内容是一个网站的核心，只有内容完整的网站，才算是"活"网站。网站内容诊断主要包括以下几个方面：网站上公司介绍是否阐述完整；产品介绍是否突出核心卖点；服务内容和服务流程是否表述清晰；新闻是否保持定期更新等。

3．网站界面诊断

　　网站界面设计决定了客户的停留时间与访问次数，也决定了客户对企业的印象。网站界面诊断主要包括以下几个方面：网站的设计是否与企业 VI（视觉识别）相统一；网站界面是否能够体现出行业属性和企业特色；网站界面的色彩是否适于阅读；网站界面布局是否重点突出、主次分明等。

4．网站功能分析

　　只有提供易用且便利的功能模块，才能吸引客户深入使用，并愿意再次访问。网站的功能分析主要包括以下几个方面：网站功能使用是否方便、易用、快捷；网站功能是否有错误链接；

网站功能流程是否合理等。

5. 搜索引擎排名分析

网站的搜索引擎排名,对网络营销意义重大,在分析时应考虑以下几方面内容:在搜索引擎上搜索企业相关关键词时,企业是否能够排列在搜索页面前列;企业网站优化程度如何;网站排名如何等。

二、网站诊断方法

网站诊断的方法有两种,一种是工具诊断,借助"站长之家"等软件工具或平台,对网站的搜索引擎收录量和反链量等指标进行基础性诊断;另一种是主观诊断,通过站点的直接访问,对网站访问速度、关键词分布状况等指标进行主观判断。

网站诊断并不需要太高深的技术,也不需要太多的人力、物力。拿到一个网站,第一步就是要查看收录,可以借助搜索引擎优化(SEO)工具,如"站长之家""爱站 SEO"等进行初步诊断,查看网站在百度、搜狗、360 好搜的收录量和反链量;同时也可以看到网站的 title(标题)、keywords(关键词)及 description(描述);还可以看到域名时间、关键词在百度的排名及关键词的百度流量(权重)等。

1. 网站的工具诊断

(1)网站 title(标题)检测。网站标题在网站中的权重最高,把一个关键词放在标题里,效果可以顶在内容里放 100 个。当然标题不能乱写,也不能堆叠关键词。既然要 SEO,就要做好白帽 SEO,SEO 作弊是不可取的。所以一旦发现标题存在问题,必须第一时间调整。网站 title(标题)设置技巧如图 3-31 所示。

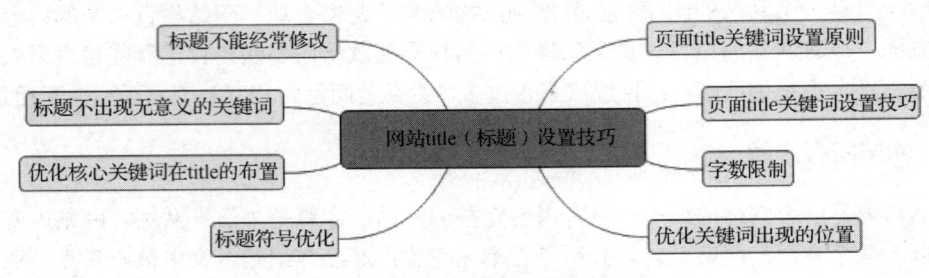

图 3-31 网站 title(标题)设置技巧

(2)网站 keywords(关键词)检测。网站 keywords 标签曾对网站排名有非常大的影响,然而由于 SEO 作弊,关键词堆积使 keywords 滥用,导致搜索引擎将 keywords 的网站权重调低。但 keywords 标签依然是 SEO 参考因素。一个网站可以没有 keywords,但是不能在这里面堆积关键词,也不要把与网站无关的关键词写在里面。网站 keywords(关键词)设置技巧如图 3-32 所示。

(3)网站 description(描述)检测。网站描述是 meta 中的三大标签之一,如今 keywords 落败,description 已经成为 SEO 第二大标签,同时 description 是默认会显示在搜索结果页面的,所以搜索引擎对 description 的内容也是相当重视的。和 keywords 一样,不能乱写、不能堆积关键词,但是要把关键词巧妙整合在描述中,不然这一高权重关键词位置就会浪费了。

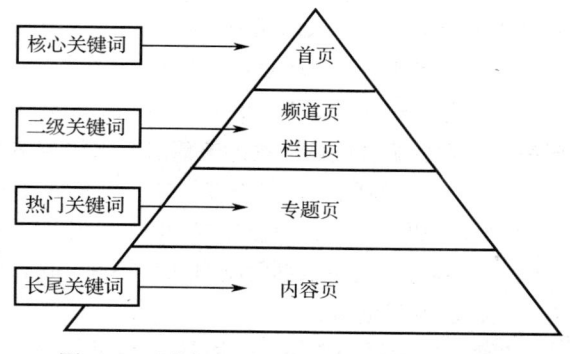

```
        核心关键词 ──→    首页
                      ┌─────────┐
        二级关键词 ──→ │ 频道页   │
                      │ 栏目页   │
                      ├─────────┤
        热门关键词 ──→ │  专题页  │
                      ├─────────┤
        长尾关键词 ──→ │  内容页  │
                      └─────────┘
```

图 3-32　网站 keywords（关键词）设置技巧

（4）网站域名时间检测。通过网站域名时间可以看出网站使用的域名是新域名还是老域名，从而推断网站是新站还是老站，还是被降权的老站。

（5）网站收录量检测。查看网站收录量，对比一下几个搜索引擎的收录量，可以看出网站被哪个搜索引擎收录得多，如图 3-33 所示。之后进入网站后台，查看网站一共有多少文章、多少页面，进而粗略计算一下网站在搜索引擎的收录率如何。如果收录率较低，就应该从网站地图、内链和文章质量等方面做优化。

图 3-33　网站收录量检测

2．网站的访问诊断

上面是使用站长工具进行网站诊断，除此之外，还可以直接访问网站，对网站的访问速度等指标进行检测。

（1）网站有没有 404 错误页。这个无论对于搜索引擎还是访客都是很必要的。对搜索引擎来说可以节约"蜘蛛"在错误链接上的时间，增加"蜘蛛"抓取有用页面的机会，对访客来说一个友好的 404 错误页面，可以让访客得到合理的解释，还可以帮助访客找到本网站上其他感兴趣的信息。

（2）网站速度如何，有没有显示不完整或错位。网站加载图片的时间，网站的布局及网站在各浏览器里呈现的情况等，都会影响用户体验，都应该进行检测诊断。因为网络营销推广人员，需要的是将网站的内容和形象都推广出去，而不仅仅是搜索引擎的排名。网站速度是影响搜索引擎"蜘蛛"和人们是否下次再访问的关键因素。如果网站 10 秒都打不开，"蜘蛛"会减少来访次数，同时访客也会因为等不及而离开网站，很有可能是永远的离开。

（3）网站链接是否通畅。说到网站链接主要是内链，内链通畅与否直接影响着搜索引擎"蜘蛛"是否能顺利进行一次流畅完整的爬行，如果网站出现死链，或者搜索引擎一条路走下去是死胡同，那也会影响搜索引擎再次来访。所以网站要"网"起来，也就是从任何一个页面都可以通过一个或几个链接，通往网站其他任何一个页面。

（4）网站是否有地图，是否有"蜘蛛"文件。网站地图 sitemap 其实是一个网站内链的辅助文件，通过网站地图可以让搜索引擎"蜘蛛"更方便抓取网站的全站内容。网站地图有固定的格式，而且地图应该及时更新，确保网站所有希望被收录的页面链接都包含在内。"蜘蛛"文件 robots.txt 约束搜索引擎"蜘蛛"哪些目录希望被抓取和收录，哪些不希望被收录。把不希望被收录的目录写到 robots.txt 中，同时将网站地图的绝对路径写到 robots.txt "蜘蛛"文件中，会让搜索引擎少走许多弯路，让抓取效率更高。

（5）关键词的分布是否合理。关键词的选择和使用是 SEO 的精髓。在选择关键词的时候一定要注意避开其他网站的优势，加入自己网站的特色，将极难优化的核心关键词转换成品牌优势、地域优势甚至是口碑优势的长尾关键词，再将其合理加到网站的标题、摘要、页面题目 h1 及 strong、alt 标签中。堆积关键词不可取，但可以将长尾关键词加上一些简单词汇放在摘要中，把关键词（长尾关键词）平衡分布在页面的各个位置、网站的各个位置。关键词太稀和太密都不可取。

值得注意的是，搜索引擎喜欢原创的内容，所以要尽量写原创的内容，尽量让标题原创，同时要保证网站不要出现相同的标题、相同的摘要及相同的正文。

技能训练 3-9　营销型企业网站分析与诊断

湖南胖哥食品有限责任公司（www.hnpangge.com）位于湖南省湘潭市易俗河经济开发区，经过多年的发展，成为拥有国内先进槟榔食品生产和检测设备，集研发、生产、检测、销售于一体的现代化槟榔食品企业。公司产品涵盖青果、黑果两大类，拥有细纹路、纯香坊、糊涂味、A 感觉、清香 K 口为代表的数十种香型系列产品。在保持传统手工技法的同时，融入现代生产加工工艺，并不断研制和开发新产品，从而满足市场不同层面消费者的多样化需求，提高市场占有率。"胖哥"槟榔先后被认定为"中国驰名商标""湖南著名商标""湖南名牌产品"和湖南省槟榔行业的"先进企业"等。

利用学过的网站诊断知识，为该网站撰写一份网站诊断报告。诊断报告内容应包括网站概况、搜索引擎收录及反链接情况、网站栏目分析、网站内容分析、网站界面分析、网站功能分析、部分关键词搜索引擎排名分析、网站诊断结论及改进建议等，将结果填入表 3-14。

表 3-14　网站诊断报告简表

序　号	项　目	内　容
1	网站概况	
2	搜索引擎收录及反链接情况	
3	网站栏目分析	
4	网站内容分析	
5	网站界面分析	
6	网站功能分析	
7	部分关键词搜索引擎排名分析	
8	网站诊断结论及改进建议	

思考与练习

一、判断题

1. 企业开展在线商务活动，需要搭建属于自己的网络营销平台；而在传统商务活动中，企业不需要搭建自己的营销平台。（　　）
2. 企业网络营销平台主要包括企业网站、第三方网络营销平台、企业公众号、企业小程序等基础性平台，还包括企业在搜索引擎、社交网络等媒体投放的各类广告组成的营销性平台。（　　）
3. 网站首页内容及功能设计，是企业网络营销功能定位、目标对象定位的具体体现。（　　）
4. 现在企业除了建立自己的企业网站、注册第三方网络营销平台，还必须利用其他网络虚拟社区及媒体来发布企业和产品信息，进行网络品牌推广和在线促销活动。（　　）
5. 网站诊断是分析网站是否有利于搜索引擎检索、是否给浏览者良好的交互体验，以及是否利于网络营销开展的一种综合性判断。（　　）

二、选择题

1. 以下属于网络营销平台关键要素的是（　　）。
   A. 体现以客户为中心的理念　　　　B. 凸显营销导向的建设原则
   C. 拥有复杂的技术支持系统　　　　D. 拥有强大的后台支持系统
2. 企业网络营销平台主要包括（　　）。
   A. 自建营销型企业网站
   B. 企业经营的博客、论坛等网络社区
   C. 第三方网络营销平台
   D. 企业基于移动端开发的微店、APP等程序及应用
3. 企业网络营销平台的功能主要有（　　）。
   A. 展示企业形象
   B. 推广企业产品和服务
   C. 与社会公众互动沟通的窗口
   D. 是外部业务链接及内部业务处理的重要场所
4. 以消费品为主要产品的企业，企业网站类型主要选择（　　）。
   A. 信息型企业网站　　　　　　　　B. 服务型企业网站
   C. 销售型企业网站　　　　　　　　D. 综合型电子商务网站
5. 客户体验是一个无法量化的指标，更多的时候是不同受众的主观感觉。一般可从以下哪些方面来规划网站的客户体验（　　）。
   A. 可用性与易用性：包括网站的速度、安全性、兼容性、导航等
   B. 沟通性：要有对特殊用户群体的定制，应具备交互与沟通功能
   C. 可信度：与传统信息、站内信息的一致性，以及可信赖程度等
   D. 易于传播性：分享是网络营销中价值转换率最高的一种模式
6. 网站客户体验设计的主要内容有（　　）。
   A. 网站客户咨询设计　　　　　　　B. 网站常见问题答疑（FQA）设计

C．网站风格设计　　　　　　　　　　　D．网站导航设计
7．营销着陆页的功能定位主要包括下列哪些（　　　）。
　　A．对后续浏览有启发作用
　　B．引导用户完成网站期望他们去做的任务
　　C．助推用户做出购买决策，提升网站转化率
　　D．扩大企业品牌影响
8．企业营销型网站至少需要配备以下哪几个后台管理功能模块（　　　）。
　　A．信息发布管理模块　　　　　　　　　B．产品管理模块
　　C．客户咨询管理模块　　　　　　　　　D．网站流量统计模块
9．一个好的企业域名设计，应该具备以下几个特点（　　　）。
　　A．与企业的名称一致　　　　　　　　　B．与企业的产品注册商标一致
　　C．与企业广告语一致的中英文内容　　　D．尽量简单易记
10．第三方网络营销平台的评价和选择的依据有（　　　）。
　　A．平台的类型、客户分布、主要功能、使用费用等基本指标
　　B．平台的实力指标
　　C．平台的可信度指标
　　D．平台和企业业务的匹配度指标

二、简答题

1．企业网站的类型有哪些？它们各有何特点？
2．对企业网站的内容及功能模块规划的依据有哪些？
3．什么是营销着陆页？它与网站首页有何不同？

参考答案

第四章　网络营销在线推广

确定了企业的网络营销定位，搭建了企业专属的网络营销大本营，接下来的事情，就是要对企业及其产品进行全网营销和推广。当然，这些活动的开展，必须以合理的投入产出比（Return On Investment，ROI）为目标。

网络营销，是利用互联网进行的宣传推广活动，推广对象可以是产品或服务，也可以是企业、组织及个人等。本书主要探讨以企业产品或服务的在线销售为主要目标的营销推广活动。

从广义上讲，企业从申请域名、租用空间、网站备案，到建立网站、网站上线，就算是拉开了网络推广的序幕。在企业市场营销实践中，线上与线下推广一样，都是企业营销战略的组成部分，核心目标都是要给企业带来销量及利润的增长。

网络推广重在推广。推广活动给企业带来网站流量、访问量、注册量的增长和行业排名的提升。核心目标是企业知名度和影响力的提升。网络营销重在营销，不仅包含网络推广，更注重点击率、转化率、客单价、销售额等经济指标的提升。如果说"推广"的目标是"流量"，"营销"的目标是"销量"，而"运营"的指标更多的是指向企业的"利润"。

信息技术日新月异，营销方式层出不穷。目前人们常用的推广方式数以百计，如搜索引擎推广、网络广告推广、电子邮件推广、论坛推广、博客推广、微博推广、微信推广、短视频推广、直播推广等，究竟孰优孰劣不可一概而论。具体到一个特定的企业或产品，不在于推广方式的多寡及新旧，而在于方式方法的针对性及适应性。实际上，每一种推广方式用到极致，都可能发挥其最大功效，都可能带来可观的流量及销量。

引导案例　澳优公司在线推广

澳优乳品（湖南）有限公司（以下简称澳优）成立于2003年9月，是一家中澳合资企业，是澳优奶粉系列与能力多婴儿食品系列产品的中国市场总经销商。澳优旗下现有两大品牌获得广大消费者认可，即澳优和能力多奶粉系列，其中澳优奶粉系列是100%澳洲原产，在国内分装销售；能力多奶粉系列则是100%原装进口。澳优乳品由澳大利亚最大的乳品制造商——澳大利亚MG公司生产，MG公司生产的乳品占到澳大利亚市场的80%以上，在世界乳品市场上的占有率为7%。

通过前期市场调研发现，澳优婴幼儿奶粉的主要购买者以一、二线城市的人群为主，大多是正在哺乳的母亲或怀孕的女性。她们大多认为一生只有一两次育婴，都希望给宝贝最好的照顾。因此，她们在选择奶粉的时候会精挑细选，对每个品牌的产品进行认真比较，且容易受朋友、专家的影响。她们在购买时大多富于理性，注重品牌口碑，价格反而不是她们考虑的首要因素，产品质量才是影响她们选择的关键，她们对产品质量的负面信息极其敏感。

调查发现，澳优目标客户上网的主要目的如下：
- 浏览婴幼儿成长的相关信息；
- 分享和讨论哺乳的相关经验；
- 浏览对孩子健康成长有利的产品；
- 炫耀自己的孩子。

一般情形下，她们登录奶粉品牌网站的主要目的如下：

- 了解产品或品牌的相关信息；
- 寻找利益点或者服务；
- 再次购买产品；
- 抱怨或者问答（Q&A）等。

根据以上调研结论，企业确定了网络推广的主要目标定位：瞄准处于生育阶段的女性。她们从准备，到怀孕、分娩，经历了相当长的一个过程，新生儿就是妈妈的全世界，她们很累，压力大，时间被限制而且信息缺乏，她们渴望能够为孩子提供最好的营养，保证孩子健康快乐地成长。她们对奶粉的关注也是在这一过程中逐步聚焦的。在这个过程中，每一个准妈妈、新妈妈都会有忙乱甚至手足无措的时候。此时此刻，每一个阶段她们都在不停地摄取相关的知识，很需要一个对她们的情况了如指掌、能陪伴她们左右、并能给她们恰当建议及解决方案的好朋友。

【案例思考】

通过对以上案例的解读不难发现，作为企业的网络营销推广人员，要充分满足这些（准或新）妈妈的需求，让澳优像专家和朋友一样，无微不至地关爱宝宝与妈妈，让他们健康快乐每一天。为此，公司将启动自己的网络推广计划，确定网络推广的主要目标：通过搜索引擎、网络广告、论坛、博客等多种网络推广方式，加强澳优品牌的美誉度、亲和度，搭建全新的互动社群及电子商务平台，有力促进产品销量及利润指标的增长。

教学案例 4-0　中小企业网络营销必备手册

第一节　搜索引擎推广

- 内容提要：

如果说"网络推广"的目标是"流量"，"网络营销"的目标是"销量"，那"网络运营"则更多的是指向"利润"及企业的可持续发展。

在网络信息的海洋中，搜索引擎是人们查找信息的利器，更是商家推广产品和服务的平台。

搜索引擎推广，是利用搜索引擎让用户最快发现企业信息——让信息被搜索引擎收录，并在搜索结果中排名靠前，如关键词广告、竞价排名、搜索引擎优化等付费或免费推广方式。

搜索引擎营销（Search Engine Marketing，SEM），是让用户发现商家信息，并通过搜索点击进入企业网站/网页，了解他所需要的信息，完成从流量到销量的转化。

搜索引擎优化（Search Engine Optimization，SEO），是根据搜索引擎的运作规则来调整网站，以提高网站排名，是一种重要的免费推广方式。任何一个网站想要在网站推广中获得成功，SEO是最为关键的一步，其最终目标是做好用户体验。

一、搜索引擎推广基础

搜索引擎（Search Engine）是指根据一定的策略并运用特定的计算机程序搜集互联网上的信息，在对信息进行组织和处理后，再将处理后的信息显示给用户，它是一种为用户提供检索服务的系统。百度和谷歌等是搜索引擎的代表。

搜索引擎推广，是通过搜索引擎优化、搜索引擎注册、搜索引擎竞价排名，以及研究关键词的流行程度和相关性等方式，使企业相关信息在搜索引擎的结果页面取得较高排名的一种推广方式。

搜索引擎优化对网站排名至关重要，因为搜索引擎在通过"爬虫"（Crawler）或者"蜘蛛"（Spider）程序来收集网页资料后，会根据复杂的算法（各个搜索引擎的算法和排名方法不尽相同）来决定网页针对某一个搜索词的相关度并决定其排名。当客户在搜索引擎中查找相关产品或服务时，经过搜索引擎优化的页面，通常可以取得较好的排名。

1. 搜索引擎分类

搜索引擎按其工作方式主要可分为三种，分别是全文搜索引擎（Full Text Search Engine）、目录索引（Search Index/Directory）和元搜索引擎（Meta Search Engine）。

（1）全文搜索引擎。全文搜索引擎是名副其实的搜索引擎，国外具代表性的有谷歌（Google）等，国内具代表性的有百度、搜狗等。它们都是通过从互联网上提取各个网站的信息（以网页文字为主）来建立数据库，再从数据库中检索与用户查询条件匹配的相关记录，并按一定的排列顺序将结果返回给用户，因而被称为真正的搜索引擎。

从搜索结果来源的角度来看，全文搜索引擎又可细分为两种：一种是拥有自己的检索程序（Indexer），俗称"蜘蛛"（Spider）或"机器人"（Robot）程序，并自建网页数据库，搜索结果直接从自身数据库调用，如上面提到的百度等搜索引擎；另一种则是租用其他引擎的数据库，并按自定的规则排列搜索结果，如 Lycos 搜索引擎等。

（2）目录索引。目录索引虽然有搜索功能，但在严格意义上算不上真正的搜索引擎，因为它仅仅是按目录分类的网站链接列表而已。用户完全可以不进行关键词（Keywords）查询，仅靠分类目录也可找到需要的信息。

目录索引中最具代表性的莫过于大名鼎鼎的雅虎，国内代表性的有新浪等。目前纯粹意义上的目录索引已经非常罕见，即使是雅虎这些早期著名的目录索引，都已与全文搜索引擎相融合，为用户提供更好的搜索体验。

（3）元搜索引擎。元搜索引擎在接受用户查询请求时，同时对多个独立搜索引擎进行调用，并将搜索结果进行整合、控制、优化及利用，再将整理后的结果返回给用户。元搜索引擎如 dogpile（www.dogpile.com）等，如图 4-1 所示，目前已大多不能使用。

图 4-1 元搜索引擎 dogpile 的搜索页面

2. 搜索引擎的基本工作原理

了解搜索引擎的工作原理，对日常搜索应用和搜索引擎推广会有很大帮助。

（1）全文搜索引擎的工作原理。全文搜索引擎从网站提取信息，建立网页数据库。搜索引擎的自动信息搜集功能分两种：一种是定期搜索，即每隔一段时间，搜索引擎主动派出"蜘蛛"程序，对一定 IP 地址范围内的互联网站进行检索，一旦发现新网站，它会自动提取网站信息和网址加入自己的数据库；另一种是提交网站搜索，即网站拥有者主动向搜索引擎提交网址，它在一定时间内（两天到数月不等）定期向网站派出"蜘蛛"程序，扫描网站并将有关信息存入数据库，以备用户查询。近年来搜索引擎索引规则变化较大，主动提交网址并不能保证网站进入搜索引擎数据库，因此目前较好的办法是多获得一些外部链接，让搜索引擎有更多机会找到并自动收录网站。

当用户以关键词查找信息时，搜索引擎会在数据库中进行搜寻，如果找到与用户要求内容相符的网站，便采用特殊的算法（通常根据网页中关键词的匹配程度、出现的位置和频次、链接质量等）计算出各网页的相关度及排名等级，然后根据关联度高低，按顺序将这些网页链接返回给用户。

（2）目录索引的工作原理。目录索引，顾名思义就是将网站分门别类地存放在相应的目录中，因此用户在查询信息时，可选关键词搜索，也可按分类目录逐层查找。如果以关键词搜索，返回的结果跟搜索引擎一样，也是根据信息关联程度排列网站，只不过其中人工介入的因素较多。如果按分层目录查找，目录中网站的排名则按标题字母的先后顺序来确定（也有例外）。与全文搜索引擎相比，目录索引有如下不同之处。

① 全文搜索引擎属于自动网站检索，而目录索引则依赖人工操作。用户提交网站后，目录编辑人员会亲自浏览网站，然后根据一套既定的评判标准或编辑人员的主观判断，决定是否收录网站。

② 全文搜索引擎收录网站时，只要网站本身没有违反有关的规则，一般都能被收录成功；而目录索引对网站的要求更高，有时甚至登录多次也不一定成功，尤其像 dmoz 这样的超级索引，登录更为困难。

③ 在登录全文搜索引擎时，一般不用考虑网站的分类问题；而登录目录索引时，必须将网站放在一个最合适的目录里。

④ 全文搜索引擎中各网站的有关信息，都是"蜘蛛"程序自动从用户网页中提取的，所以用户拥有更多的自主权；而目录索引则要求用户手工填写网站相关信息，而且有各种各样的限制。更有甚者，如果目录索引的工作人员认为所提交网站的目录、网站信息不合适，他可以随时对其进行调整。

目前，全文搜索引擎与目录索引有相互融合渗透的趋势。原来一些纯粹的全文搜索引擎现在也提供目录搜索功能，如谷歌就借用 Open Directory 目录提供分类查询。在默认搜索模式下，一些目录索引首先返回的是自己目录中匹配的网站，如国内搜狐、新浪、网易等；而另外一些则默认的是网页搜索。

元搜索引擎，是一种建立在独立搜索引擎基础上，调用其他独立搜索引擎的引擎，亦称"搜索引擎之母"。在这里，"元"有"总的""超越"之意，元搜索引擎就是对多个独立搜索引擎的整合、调用、控制和优化利用。相对于元搜索引擎，可被利用的独立搜索引擎称为源搜索引擎或成员搜索引擎。从功能上来讲，元搜索引擎像一个过滤通道：以多个独立搜索引擎的输出结果作为输入，经过一番提取、剔除、萃取等操作，形成最终结果，然后将最终结果输出给用户。

3. 搜索引擎的营销价值

互联网是信息的海洋，更是资源的宝库，搜索引擎作为在信息海洋中搜寻"宝藏"的利器，是大多数企业开展网络推广的首选，其营销推广的商业价值被不断挖掘与深化。根据艾瑞咨询报告，2018 年我国搜索引擎企业营收规模高达 1 315.8 亿元，可见搜索引擎已经成为一个引人注目的互联网新兴产业。

（1）搜索引擎是网民最主要的网络应用。2019 年 6 月我国搜索引擎近 7 亿用户，是仅次于即时通信的第二大网络应用。

一方面，搜索引擎用户规模和渗透率持续增长；另一方面，人们使用搜索引擎的频率增加，生活中各种信息的获取更多地依赖于互联网和搜索引擎。在用户规模快速增长、搜索服务能力不断提升的基础上，搜索引擎在网络营销精准性和营销效果优化方面的挖掘，大大提升了网络媒体的营销价值。

（2）搜索引擎推广具有强大的商业价值。在网络推广方式中，搜索引擎推广是较重要也是用得较多的推广方式。利用搜索引擎推广，企业可达成多层次的网络营销目标，如图 4-2 所示。

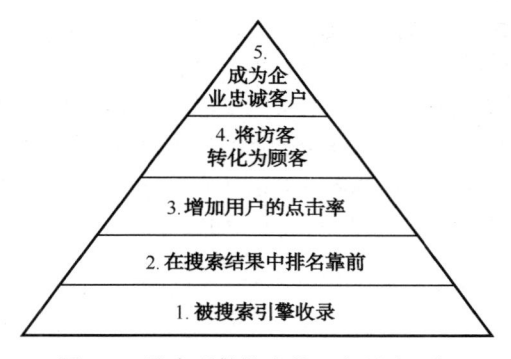

图 4-2　搜索引擎推广的五个层次目标

① 第一层是搜索引擎营销的存在层，其目标是在主要的搜索引擎/分类目录中被收录。搜索引擎的登录有免费登录、付费登录等形式。新网站要被各大搜索引擎收录，应当主动去提交，然后耐心等待审核通过就会展示在搜索结果中。

② 第二层的目标是在被搜索引擎收录的基础上，尽可能获得好的排名，即让企业的信息在搜索结果中有良好的表现。很少有用户浏览搜索结果页面中第 3 页以后的内容，大多数用户只查看第 1 页信息。一般情况下，如果主要关键词检索排名靠后，那么还可利用关键词广告、竞价广告等付费推广方式，来获得排名靠前的机会。

③ 第三层的目标直接表现在访问量方面，通过搜索结果点击率的提升来提高访问量。从搜索引擎营销实践来看，仅仅做到被搜索引擎收录并且在搜索结果中排名靠前是不够的，因为这并不一定能增加用户的点击率，也不能保证将访问者转化为顾客。要通过搜索引擎推广实现访问量的增加，还需要从整体上进行网站优化设计，并充分利用关键词广告等搜索引擎营销专业服务。

④ 第四层的目标是提高访客到顾客的转化率，最终实现企业收益的提高。这是前三个营销目标的进一步提升。访问量转化为收益，是网站的功能、服务及产品竞争力等多因素综合作用的结果。

⑤ 第五层是网络营销的最高境界,属于企业营销的战略层。通过有效的营销策略,维持良好的客户关系,让用户成为企业的忠诚客户。

综上所述,无论从网络营销的战术还是战略层面,搜索引擎推广都具有强大的商业价值。

二、搜索引擎推广应用

对澳优来说,建设好企业网站后,为了方便消费者找到公司的网站,首先应该主动把网站提交到主要的全文搜索引擎和目录索引中去。

1. 登录全文搜索引擎

全文搜索引擎(如百度、谷歌等),通常不需要自己注册,只要网站与其他已经登录的网站建立了链接,搜索引擎就可以发现并收录网站。但是,如果网站没有被链接,或者希望自己的网站尽快被搜索引擎收录,那就需要主动向搜索引擎提交自己的网站。

全文搜索引擎通常只需要提交网站的上层目录,而不需要提交各个栏目和网页的网址,这些工作由搜索引擎的"蜘蛛"自动完成。同时,只要网站内部链接比较准确,一般来说,适合搜索引擎收录规则的网页就可以自动被收录。另外,网站被搜索引擎收录以后,当网站内容更新时,搜索引擎也会自行更新有关内容,这与目录索引是完全不同的。

要注册到这类搜索引擎,需要到搜索引擎提供的"提交网站"页面,输入自己的网址并提交,一般不需要提交关于网站介绍、关键词之类的相关信息。如百度是通过搜索百度资源,再注册登录提交站点;谷歌的话就搜索 Google Search Console,再注册登录提交;必应、360 等都是如此。在全文搜索引擎的提交一般是免费的。如在 360 搜索引擎中提交公司网址如图 4-3 所示。

图 4-3 在 360 搜索引擎中提交公司网址

2. 登录目录索引

(1)准备好澳优相关资料信息,登录 dmoz 网站,如图 4-4 所示。

图 4-4 dmoz 网站页面

（2）单击目录索引中的 Health→Nutrition→Kids and Teen→suggest URL（右上角），在打开的网页中，填写登录网站信息并进行提交，然后等待网站工作人员审核，如图 4-5 所示。

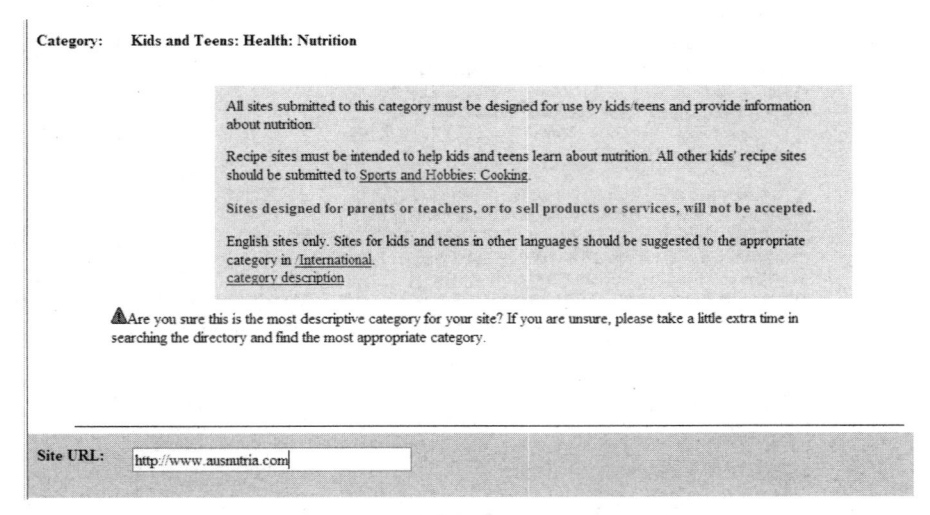

图 4-5 填写登录信息页面

3．使用 Google 网站管理员工具

Google 网站管理员工具（www.google.cn/intl/zh-CN/webmasters）是 Google 提供的一个在线服务平台，帮助用户从 Google 的角度，诊断企业网站存在的问题，获取 Google 对网站的意见，同时还提供免费的简易方法，让网站更容易被 Google 抓取。

（1）抓取信息分析。了解 Google 是否已经访问过企业的网站，并查看 Googlebot 上次访问的时间。还可以查看 Google 在抓取时遇到问题的网址，并了解无法抓取的原因。这样便可以修正所存在的问题，让 Google 能够为企业所有的网页编制索引。

（2）热门查询。查看网站的热门内容，以及其他网站用来链接到自己网站的字词。找出提高网站点击量的热门查询，以及网站出现在热门搜索结果中的位置。

（3）索引统计信息。了解对网站编制索引的方式，以及哪些网页目前已编入索引中。如果企业网站上有违规行为，Google 会给修正问题的机会，并可申请对企业网站进行重新审核。

（4）查看链接数据。查看 Google 已在网络上找到的指向网站上网页的所有链接，包括外部链接和内部链接，以帮助企业更好地了解网站的访问者。

（5）抓取速度控制。可以向 Google 提供希望 Googlebot 抓取自己网站信息的方式，如减慢或加快抓取网站的速度。

4．参与关键词竞价排名

全文搜索引擎曾经是互联网上最常用的免费服务工具之一，随着网络公司对利润的追求，国内外许多重要的全文搜索引擎都改变了原来仅仅为吸引注意力、完全提供免费登记的方式。许多搜索引擎都开发出了新的收费服务，比如关键词竞价排名、关键词广告等，这也为企业搜索引擎营销提供了新的工具。

下面来分析一下澳优在搜索引擎中的表现，看有没有必要参与关键词竞价排名。

（1）分析企业在搜索引擎中的表现。在百度中输入"能力多"和"澳优"两个关键词，搜索结果中澳优都排名第一，表现不错，如图4-6和图4-7所示。

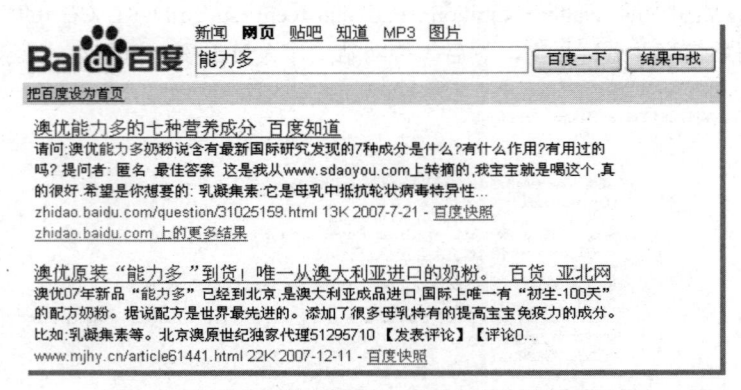

图 4-6　在百度中输入关键词"能力多"的搜索结果

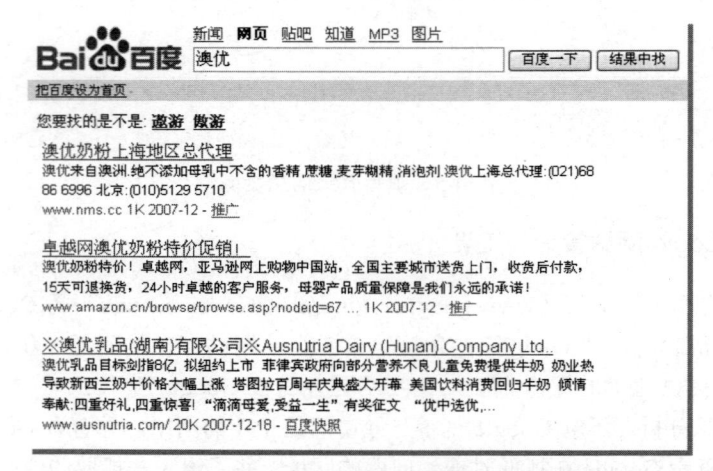

图 4-7　在百度中输入关键词"澳优"的搜索结果

但输入"奶粉""优质乳品"等，澳优不在自然搜索结果的前列，这影响了消费者对澳优奶制品品牌的认知，如图4-8和图4-9所示。

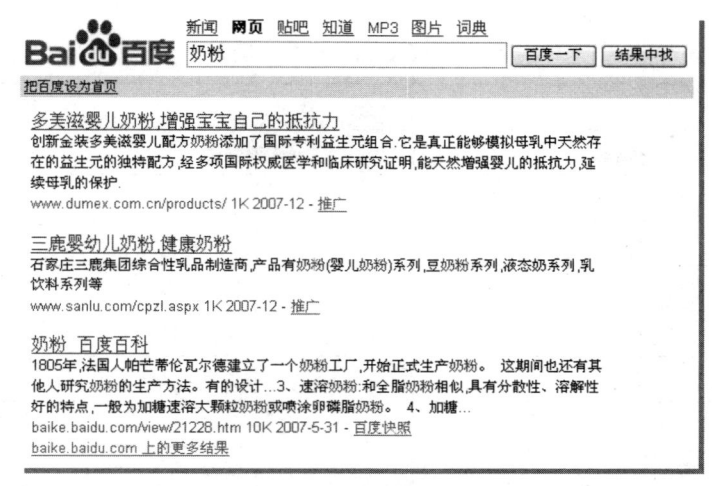

图 4-8 在百度中输入关键词"奶粉"的搜索结果

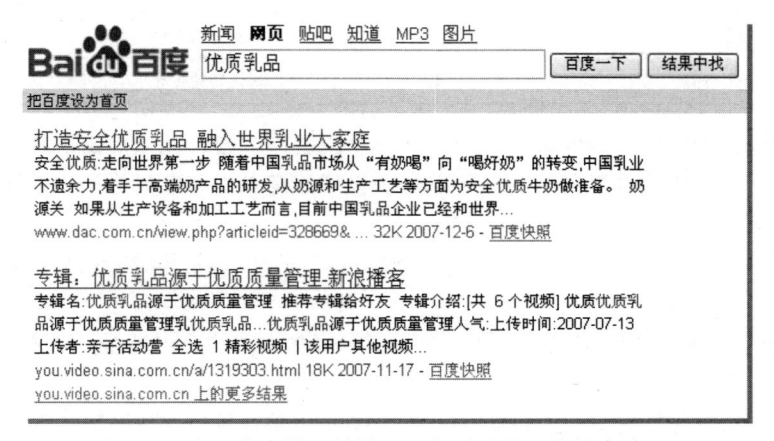

图 4-9 在百度中输入关键词"优质乳品"的搜索结果

由此可见，澳优可通过关键词竞价或搜索引擎优化的方式来推广企业网站，方便用户快捷地找到企业网站及相关产品信息。

（2）关键词竞价基本流程。关键词竞价也叫点击付费广告（Pay Per Click，PPC），是由客户为自己的网页购买关键词排名，按实际发生的广告点击数向搜索引擎支付广告费用，客户的广告排名主要由竞标价格决定，按付费高者排名靠前的原则，对购买了同一关键词的网站进行排名的一种方式。下面以百度为例说明关键词竞价的基本流程。

① 登录百度营销，注册百度营销账户。
② 登录后，提交相关资质证明，签订服务合同，交纳推广费用。
③ 添加关键词。在百度营销中添加关键词，撰写网页标题及描述等信息。
④ 百度在收到合同、资质证明和相关款项，并确认账户内已添加关键词后，将在两个工作日内审核通过信息。审核通过后即可开通账户，并提供推广服务。

目前国内大部分搜索引擎，如搜狗、搜搜等，都提供了竞价排名服务。澳优可采用的关键词如表 4-1 所示。

表 4-1 澳优可采用的关键词

分 类	关 键 词	分 类	关 键 词
产品词	奶粉	口碑词	澳优
	婴儿奶粉		澳优公司
	婴幼儿奶粉		澳优乳业
	盒装奶粉		澳优集团
	听装奶粉		澳优官方网站
育儿	育儿知识	促销	促销
	育儿经验		促销活动
	育儿常识		活动
	育婴知识		奶粉促销
	育婴		奶粉促销活动
	育儿心得		澳优奶粉促销

（3）评估搜索引擎推广的效果。对于搜索引擎关键词广告，无效点击现象是付费搜索引擎营销不得不面对的问题。这里所指的无效点击，包括恶意点击和非目标用户的无意点击。关键词广告中的恶意点击，主要有如下几种情况。

① 竞争者所为，目的是消耗竞争对手的预算费用，让广告不再显示，从而获得自己广告排名的上升。

② 来自搜索引擎广告联盟网站，他们为了获得每次点击的广告佣金，而故意实施的无效广告点击行为。

③ 可能来自竞价排名代理服务商。由于部分搜索引擎竞价排名服务商给代理商的佣金来自用户所投入的费用，用户的竞价排名广告被点击次数越多，服务商可以获得的收益越多。

总之，恶意点击增大了企业的无效投入，使企业蒙受经济损失，甚至失去对按点击付费模式搜索引擎广告的信任。

除恶意点击之外，广告客户还不得不面对无效点击所带来的困扰。用户的无意点击造成的无效点击，主要是由关键词广告信息与用户期望的信息不一致造成的。比如，用户希望获取关于数码相机的知识，而非打算购买产品，但在检索结果页前列的是数码相机厂商的推广信息，用户点击之后并没有获得自己期望的信息，但厂家也要为这样的点击付费。在这种情况下，关键词的精准优化是唯一的解决策略。例如，售卖郁金香的花店，使用"郁金香"而非"鲜花"作为产品关键词，目标客户就要精准得多。

搜索引擎推广效果的评估，对于提高推广效率非常有必要。目前还没有统一的评价模式。比较方便的办法是，安装网站流量统计分析软件，对搜索引擎营销的点击率和访问量进行监测。另外，在条件允许的情况下，还有必要对访问转化情况进行投资回报分析。

三、搜索引擎优化

搜索引擎优化是指根据搜索引擎对网页的检索特点，让网站建设的各项基本要素适合搜索引擎的检索原则，从而使搜索引擎尽可能多地收录网页，并使网站在搜索引擎自然检索结果中排名靠前。搜索引擎优化的过程是逆向推理，从搜索引擎的搜索排名开始，去探究搜索引擎为什么会将一些网站排列在搜索结果的前列。

一般情况下，搜索引擎偏好与关键词匹配程度高的内容，原创、有特色的内容，或者经常更新的网页，以及受到其他有价值的网页推荐的网站。

搜索引擎优化内容广泛，下面将从网站内容与主题、关键词、网页设计、网站链接四个方面来探讨搜索引擎的优化策略。

1．网站内容与主题的优化

必须明确，网站的实际内容是搜索引擎优化策略的关键。网站有明确的主题；主题内容丰富多彩；与主题相关的页面较多，并时常更新，且专注于该领域的动态——这才是搜索引擎优化的坚实基础和良好开端。

搜索引擎的"蜘蛛"程序，一般只能根据网页文本内容判断网站的质量，而不能对图片、Flash 动画进行阅读和判断。因此，让所有的页面有充足的内容供搜索引擎检索，这一点非常重要。否则，内容匮乏的网站即使排名上去了，也毫无意义，因为这是对广大网络用户的欺骗，甚至可能产生负面的影响。反之，如果网站内容丰富，自然会吸引很多用户，随着用户不断积累，流量越来越大，搜索引擎排名自然会靠前，从而形成良性循环。

2．关键词的优化

网站搜索排名与关键词息息相关。搜索就得用关键词，关键词分析和选择是搜索引擎优化最重要的工作。关键词的选择要注意以下几点。

（1）尊重用户习惯。选取那些人们在搜索时喜欢使用，并且与该网站所要重点推广的产品、服务、信息密切相关的关键词。

（2）网站主关键词不要太多。要符合搜索工具的要求，一般在五个左右，然后针对这些关键词进行优化。

（3）充分利用关键词分析工具。例如，借助百度工具中的推荐关键词功能（百度注册用户登录后才能使用），输入某关键词后，会列出高频率的、与该关键词相关的短语或词组供参考。也可以用 Google 关键词工具（adwords.google.com/select/KeywordToolExternal）进行查询，如图 4-10 所示。

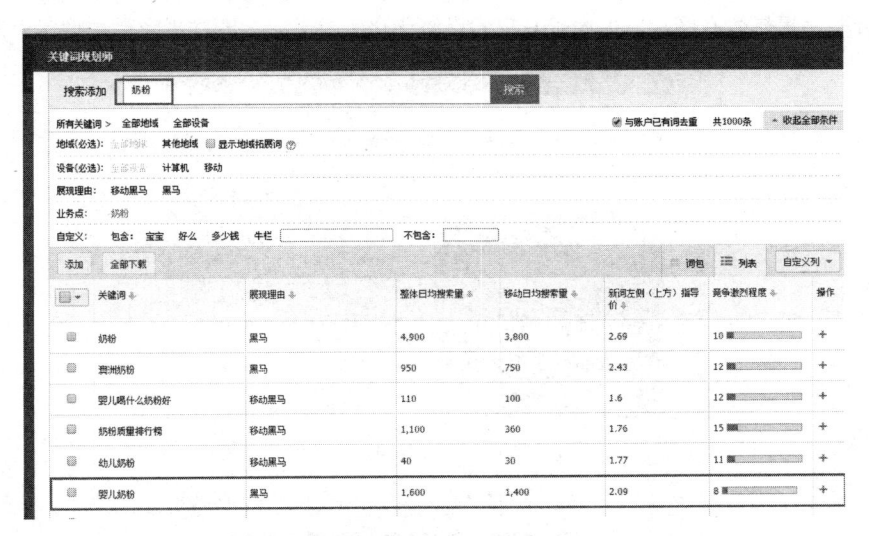

图 4-10　Google 关键词工具页面

（4）确定关键词密度。关键词在网页上出现的次数与该页面其他文字的比例，称为关键词密度，这也是搜索引擎优化策略中的一个重要指标。一个网页上通常会有众多的词语，搜索引擎会统计该页面的字数，再利用自身的算法来统计页面中每个词的重要程度，当然那些重复出现的词或短语被认为更重要。一般情况下，关键词的密度最好是文本数的2%～8%。

（5）重视关键词位置。关键词要放在有价值的地方，以吸引搜索引擎的注意。搜索引擎会更关注网页中的某些特定部位，处于这些位置的词语显得比其他部位的词语重要得多，这样的部位主要有以下几处。

① 标题标签和元数据标签。标题标签是网页中最重要的标签，是网页中最先被看到的部分，所以在标题标签中放置关键词显得非常重要。标题设计不要超过 20 个汉字。元标签包含着网页的一些隐藏信息，其中描述（description）属性内容可以是一小段句子，用来准确地反映网站主题，要尽量在描述中加入主要的关键词。在关键词（keyword）属性中，多个关键词用逗号分开，一般只需关注 1～5 个关键词。

② URL 文本。URL 是统一资源定位符，如在该网页 URL 中直接出现关键词，对于搜索引擎排名会产生很大的影响。这样的关键词被称为 URL 文本。对于搜索引擎优化来说，域名的易记性不是最主要的，最主要的是域名里是否包含了所优化的关键词。

③ 页首、页尾和段首。网页顶部、底部的文本，以及每段开头的内容，都是关键句或导航条，要尽量把关键词包含进来。

仅通过一个首页来命中所有希望推广的关键词是不现实的，还要让其他网页尽可能多地进入搜索引擎的索引。另外，把握好整个网站的主题风格也是非常重要的，最好让网站的主题关键词能够比较均匀地分布到网站各页面中。

3．网页设计的优化

HTML 代码要精简，网页内容要充实。尽量远离对搜索引擎不友好的内容，如 Flash、JavaScript、图片等。即使是图片，也要对图片的替换（Alt）属性等内容进行优化，以便于搜索引擎抓取。如图 4-11 所示的网页中，图片周围有丰富的描述信息，且描述内容围绕关键词展开；图片所在的页面标题和 URL 都包含了图片信息中提炼的关键词；图片添加了外部链接，而且链接锚文本包含了关键词。这种网页虽然含有图片，但由于其搜索引擎优化做得不错，同样也容易被搜索引擎抓取。

图 4-11 网页图片的搜索引擎优化

网页设计中，可以用加粗、加大字体等方式突出关键词，特别是导航系统要清晰，栏目尽量使用纯文本而非图片的导航条对搜索引擎更友好。另外，最好提供网站地图或网站导航，如图 4-12 所示，方便网页爬虫快速遍历网站全部页面。

图 4-12　阿里巴巴中国站首页底部的网站导航

4．网站链接的优化

增加链接数量被认为是搜索引擎优化的一个重要方面。根据 PR（PageRank）算法，搜索引擎会认为外部链接较多的网站重要性也较高。除链接数量之外，链接质量也非常重要。不同链接的权重也不一样。从 PR 值高的网站引用的链接，会增加网站的 PR 值。但外部链接不容易控制，如竞争对手就不太可能为你做链接。以下是外部链接优化的常用方法。

（1）在网站的外部链接上，不仅要有数量，还要有质量。尽量与一个高质量的有价值的网站友情链接，不要随便与那些质量低且存在作弊行为的网站交换链接，至少要与级别相当的网页交换链接。交换外部链接时，尽量要求对方以你所优化的关键词作为链接的关键词。

交换链接完成后，还应保持相对的稳定性，要不定期回访友情链接的网站，看对方的网站是否正常运行，自己的网站是否被取消或出现错误链接。另外，还可以考虑在重要的网站中做广告，或者向多个搜索引擎、收费目录提交所推广的网站。

（2）在网站内部链接上，要使网站的结构合理化。在星形结构与树形结构的网站中，网页与网页之间是容易相通的。要保持网页内容链接的稳定性和持久性，当网页中有链接更新时，最好能保留旧的页面并做好链接转向，以保持内容的连续性。

网站的设计对搜索引擎要友好，千万不要使用一些被搜索引擎拒绝的优化技术，如 Google 明令禁止的有垃圾邮件（Spam）性质的优化技术，像隐藏文本或链接、误导性或重复性关键词、欺骗性重定向（Deceptive Redirects）、作弊链接技术或恶意链接等，以免被搜索引擎惩罚。尽量遵从搜索引擎官方的站点设计指南。

总之，网站或内容在搜索引擎中的排名，关键是"长期培养"，而不能"拔苗助长"。

阅读材料 4-1　长尾的力量：打破推广瓶颈，提升 50%转化

- 今天又没有咨询⋯⋯
- 成本又涨了⋯⋯
- 咨询不错，但想要提升更多的询盘量⋯⋯
- 我们的 BOSS 小主们，是不是很惆怅，很无奈⋯⋯

SEMer君最近在服务一个"线上问卷调查"行业大客户过程中，就遇到了上述问题。这位客户的推广效果不错，公司实力和品牌属行业龙头，享有一定的品牌影响力和老客户资源。但最近却遇到了瓶颈，新客户转化一直不温不火，无法进一步提升。随着公司的发展，必须要突破瓶颈，获取更多的转化量。

推广概况如下：

- 推广目的：提升转化量
- 推广渠道：百度搜索/360搜索/搜狗搜索
- 推广预算：不限
- 投放区域：全国
- 推广时段：全时段
- 推广日期：周一到周日

SEMer君接到这个任务后，晚上一宿没睡，内心不免有点小小的"鸡动"。对于一个互联网公司，网络营销的重要性不言而喻，每一个细微的调整都至关重要。结合客户提升转化量的目标，经过对整体推广的数据分析，SEMer君对客户的整体营销有了一定的思路，具体分以下几个阶段来实现。

第一阶段：打根基。

完善推广计划，开辟移动流量；

运用长尾理论，有效提升转化。

第二阶段：精细化管理。

运用二八法则和四维象限法，结合大数据分析。

第三阶段：整合营销。

优化策略一：长尾策略，大量拓展长尾词，并精细化人群分类，提升人群覆盖面。

推广前：关键词词量少，核心业务不足100个关键词，且消费集中，人群覆盖面很窄。

而一个大流量账户，需要覆盖多维度人群，少量的词显而易见是不够的，基于此，必须要大量拓展词量，实现长尾词的转化。

SEMer君脑洞大开，将人群从单纯的通用/微信/大学生等5个类别，77个关键词，拓展到了大学生/医疗健康/教育/农业等27个词类，27 000个关键词，如图4-13所示。长尾词拓展小方法主要有：关键词规划师、搜索词报告（未添加词）、搜索下拉和相关搜索、百度指数需求图谱等。

通过第一阶段新增长尾词后，发现长尾词带动了30%以上的转化。长尾词作为一个账户中的必要词类，并不是时时在转化，而是在等待一个机会转化。

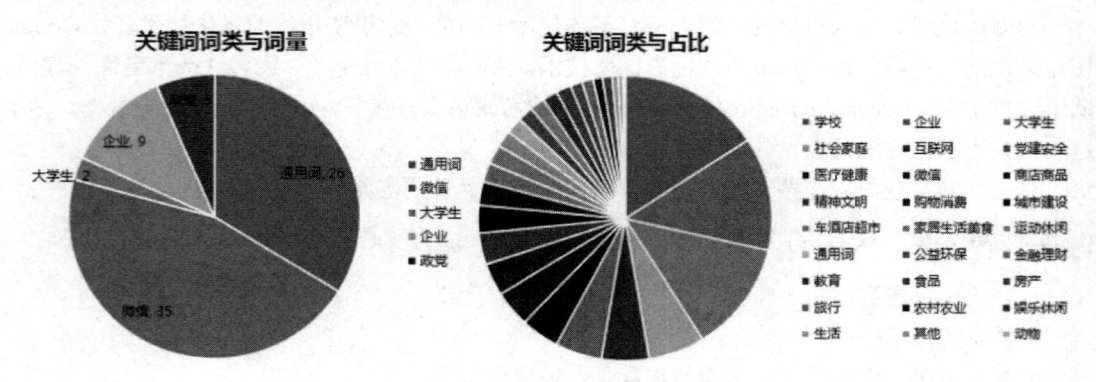

图4-13 大量拓展长尾词优化前后对比

长尾词，往往意图更为清晰，且价格较低，通过不断优化，发现在优化前及优化后的三周内，注册量一直处于上涨状态，平均点击价格（ACP）下降29%。由此可见，低价长尾词，带动整体 ACP 下降，见图4-14。

ACP与转化

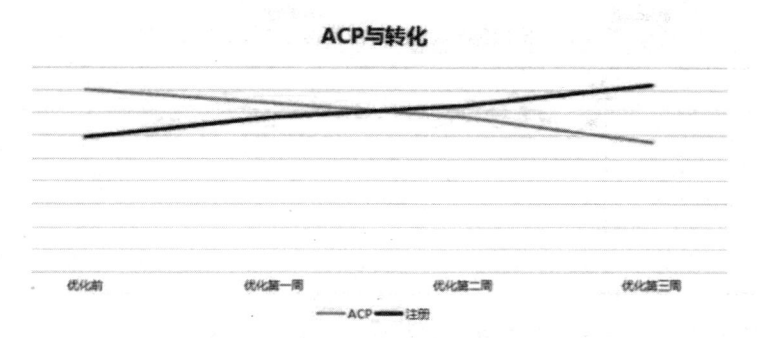

图4-14　优化前后 ACP 与转化对比

优化策略二：针对移动端进行提流量测试。

从2016年以来，随着移动互联网的发展，移动市场是每个 SEMer 君都在力争开垦的一块土壤，谁也不想丢失这块日益增大的"肥肉"。

但客户考虑移动端转化后进一步成交难度大，于是放弃了这块市场！难道真的要放弃吗？

SEMer 君实在不忍：叼在嘴边的肥肉要被狼给抢走？Oh，No！

我们不妨以点带面，先进行移动试点，针对核心流量词逐步提升移动端流量。

移动端优化前一周和优化后最近一周，转化率提升91%，移动端的优化，对整体量的提升有明显作用。但转化后成交率不高，那 BOSS 君是不是该考虑一下咨询到成单的漏斗转化？

推广前后整体数据对比。

通过1个月对百度渠道的优化，转化率提升了50%以上，移动端提升特别明显，利用长尾理论，在整体体量提升的同时，降低了获客成本。

数据证明，第一阶段的策略方向是正确的，一个优质的账户，必须要打好根基，做最符合当下实际情况的推广策略。客户目前最迫切的问题就是词量少，消费集中，人群覆盖面不足，以及移动端投放力度低。但该客户的人群覆盖面非常广，可多维度拓展关键词，以及覆盖移动端。当然并非所有客户都如此，需要根据实际情况来考评长尾词的数量和质量。在之后的第二阶段，将会进行精细化的推广管理。

（资料来源：领度 Lindu 公众号，https://mp.weixin.qq.com/s/zOLLXrgq2GABLgzIhz0lHw，2019-09）

技能训练4-1　企业网站的搜索引擎推广与优化

山西杏花村汾酒集团有限责任公司（www.fenjiu.com.cn）（简称汾酒集团）是一家国有独资公司，以生产经营中国名酒——汾酒、竹叶青酒为主营业务，是全国著名的名优白酒生产基地之一。核心企业汾酒厂股份有限公司为公司最大的子公司，1993年在上海证券交易所挂牌上市，为中国白酒第一股、山西第一股。公司拥有"杏花村""竹叶青"两个中国驰名商标，公司主导产品有汾酒、竹叶青酒、玫瑰汾酒、白玉汾酒、葡萄酒、啤酒六大系列。汾酒文化源远流长，是晋商文化的重要一支，与黄河文化一脉相承。

近年来，公司倾力打造知名白酒基地、保健酒基地和酒文化旅游基地，为了扩大公司和公司网站的知名度，公司打算采用搜索引擎推广来推广公司网站。

请帮助其完成搜索引擎推广过程中相关的任务。

（1）将公司网址提交到搜索引擎。为了利用搜索引擎进行推广，必须先将公司网址 www.fenjiu.com.cn 提交给各大搜索引擎。请写出百度提交网站的入口地址，将公司网址提交到百度中，并将提交成功的返回结果截图填写到表 4-2 中。

表 4-2　将目标地址提交到百度的成功结果截图

百度提交入口网址	
提交到百度成功界面截图	

（2）检查收录情况。检查百度是否成功收录了公司的网站地址，并将检查结果通过截图的方式填写到表 4-3 中。

表 4-3　百度收录公司网址的检查结果表

检查方式	
检查结果	
检查结果截图	

（3）公司网站目前被搜索引擎收录的基本情况调查。为了了解公司网站目前在各大搜索引擎中的收录情况，便于今后进行的网站优化推广，请完成表 4-4，并将操作的步骤进行截图，填写到表 4-5 中。

表 4-4　网站的收录情况、反向链接数、PR 值、Alexa 排名结果

网站名称	百度（收录情况）	百度（反向链接数）	PR 值	Alexa 排名
www.fenjiu.com.cn				

表 4-5　查询过程记录表

公司网站被百度的收录情况截图	
PR 值截图	
Alexa 排名截图	

（4）搜索引擎优化。请了解该网站首页的搜索引擎优化情况，并对不妥的地方加以改进，填写表4-6。

表4-6 汾酒集团网站首页搜索引擎优化情况评价

序 号	项目名称	公司网页情况	是否需改进	改进后
1	标题（title）			
2	关键词（keyword）			
3	描述（description）			
4	关键词密度基本情况			
5	网页用户体验整体评价（网页打开速度、导航栏是否清晰、是否有网站地图、内容更新是否及时等）			

（5）关键词的设计。为了打开湖南市场，请根据湖南地区方言特点、产品特点、用户搜索习惯，设计四个关键词，并说明理由，完成表4-7。

表4-7 汾酒集团针对湖南市场的关键词设计

序 号	设计的关键词	设计的理由
1		
2		
3		
4		

（6）撰写百度创意。百度创意是指网民搜索触发百度竞价排名推广结果时，展现在网民面前的推广内容，包括标题、描述，以及访问URL和显示URL等。请为公司撰写一则百度创意，填入表4-8。创意标题最长不能超过50个字符，每行描述最长不能超过80个字符，且总字数控制在300字以内。

表4-8 公司百度创意

标题：
描述：
URL：

第二节　网络广告推广

> **内容提要：**
>
> 　　网络广告不同于传统媒体广告（报纸、杂志、电视、广播、户外广告），它的优势在于：制作简便、受众面广、便于交互、精准统计。
>
> 　　信息流广告，是在社交媒体、资讯媒体和视听媒体"内容流"中的广告，具有高原生性及精准触达的特点，能让商业行为和用户体验取得相对平衡，是当下网络媒体平台流量变现的主要模式。
>
> 　　网络广告通常根据展现或点击的效果付费，它既是企业品牌推广（流量）的重要形式，也是营销效果达成（转化）的有效途径，是网络营销"品效合一"的集中体现。

一、网络广告概述

　　网络广告主要是指在互联网上发布的广告，是利用网站上的广告横幅、文本链接或其他多媒体方式，在互联网刊登或发布广告，并通过网络传递给互联网用户的一种广告运作方式。与传统四大传播媒体（报纸、杂志、电视、广播）广告及户外广告相比，网络广告具有得天独厚的优势，是实施现代营销媒体战略的重要部分。互联网是一个全新的广告媒体，发展速度惊人，传播效果良好，是广大中小企业发展壮大的必由之路，也是拓展国际业务的重要手段。

　　网络广告与传统广告有很多类似的地方，只不过载体不同而已，可分为旗帜（Banner）广告、分类广告、赞助式广告等不同形式。一般以广告发布的时间或效果来计算网络广告的费用。

1. 网络广告的特点

　　（1）覆盖面广，观众数量庞大。网络广告传播范围广，不受时空限制，可以全天候不间断地将广告信息传播到世界各地。我国网民数量巨大且增长迅速，他们具有较高的消费能力，可以在世界上任何地方的互联网上随时随意浏览广告信息，这种宣传效果是传统媒体难以达到的。

　　（2）方式灵活，非强迫性传送资讯。众所周知，传统的报纸广告、杂志广告、电视广告、广播广告、户外广告等，都具有强迫性，需要千方百计吸引受众的视觉和听觉，将信息强行灌输给受众。网络广告属于按需广告，具有报纸分类广告的性质，不需要所有受众彻底浏览，而是可以自由点击查询的，甚至可根据潜在客户的需要选择展示与否，这样就节省了整个社会的注意力资源，提高了广告的针对性和有效性。

　　（3）可以准确统计受众数量及广告效果。利用传统媒体做广告，很难准确地知道有多少人接触了广告信息。以报纸为例，虽然报纸的读者是可以统计的，但是刊登在报纸上的广告有多少人阅读，却只能估计推测，而不能精确统计。至于电视、广播和路牌等广告，受众人数就更难估计了。而在互联网上，可通过权威公正的访客流量统计系统，精确统计出每个广告的浏览人数，以及这些用户查阅的时间和地域分布，从而有助于正确评估广告效果，优化广告投放策略。

　　（4）制作简捷方便，费用相对低廉。在传统媒体上做广告，出版后很难更改，即使可以改动，往往也需付出很大的代价。在互联网上做广告，能按照需要及时变更广告内容、修正错误，几乎不需要多少成本，这让企业经营决策的变化能够及时得到推广和实施。

　　（5）有强烈的交互性与感官性。网络广告的载体是多媒体、超文本格式文件，只要受众对产品感兴趣，仅需轻点鼠标就能进一步了解更多、更详细、更生动的信息，甚至让消费者能亲身"体验"产品、服务与品牌。如果使用虚拟现实等新技术，可让顾客身临其境般感受商品或服务，并能在网上完成预订、交易与结算，大大提升网络广告的实效。

2．网络广告主要形式

（1）弹出广告。弹出广告也称为间隙广告、插入式广告、弹跳广告，即在用户进入某些网页时会跳出一个小窗口，这个窗口往往会吸引人们去点击。

（2）旗帜（Banner）广告。旗帜广告也称为横幅广告，是互联网上最常见、最有效的广告形式。常用的广告尺寸是 486 像素×60 像素、400 像素×40 像素。以 gif、jpg 等格式建立的图像文件，定位在网页中，大多用来表现广告内容，同时还可使用 Java 等语言使其产生交互性，用 Flash 等工具增强表现力，如图 4-15 所示。随着网络技术的发展，旗帜广告经历了静态、动态及富媒体（Rich Media）的演变过程。

图 4-15　旗帜广告

（3）按钮（Button）广告。按钮广告有时也被称为图标广告，显示的是公司或产品、品牌的标志。最常用的按钮广告尺寸有 5 种，分别是 125 像素×125 像素、120 像素×90 像素、120 像素×60 像素、100 像素×30 像素、88 像素×31 像素。按钮广告由于尺寸偏小，所以表现手法较简单，如图 4-16 所示。

（4）浮动广告。浮动广告是网上较为流行的一种广告形式。当拖动浏览器的滚动条时，这种在页面上浮动的广告，可以跟随屏幕一起移动或者自行移动，如图 4-16 所示。这种形式对于广告内容的展示有一定的实用价值，但妨碍了浏览者阅读，影响了浏览者的阅读兴趣，因此，不能滥用浮动广告。

（5）文字链接广告。通过一般性的简短文字链接，直接链接到客户的广告内容页面上，促使浏览者转化为顾客。广告简单明了，直接涵盖主题，对访问者而言具有较强的针对性和引导性，如图 4-16 所示。

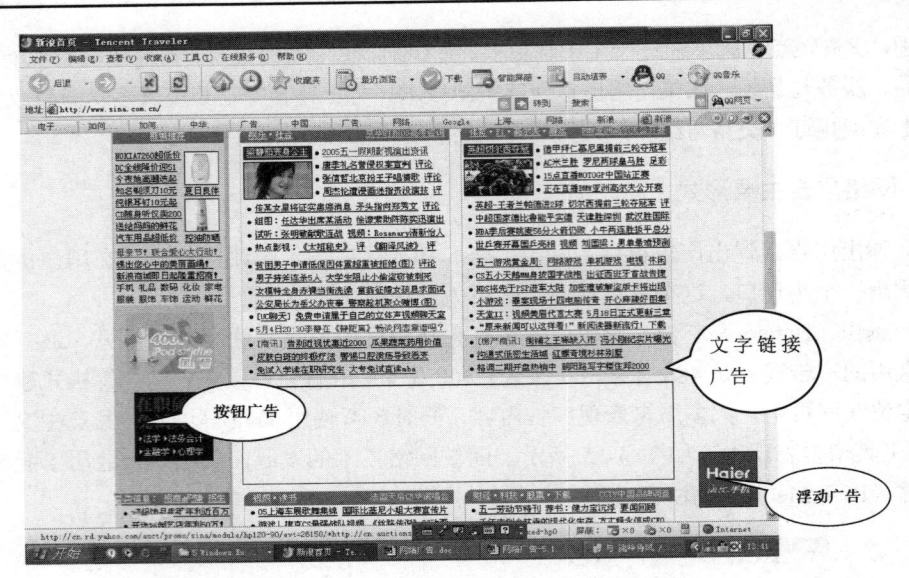

图 4-16 按钮广告、浮动广告、文字链接广告

（6）全屏广告。这类广告覆盖全屏，具有强烈的感召力，如图 4-17 所示。

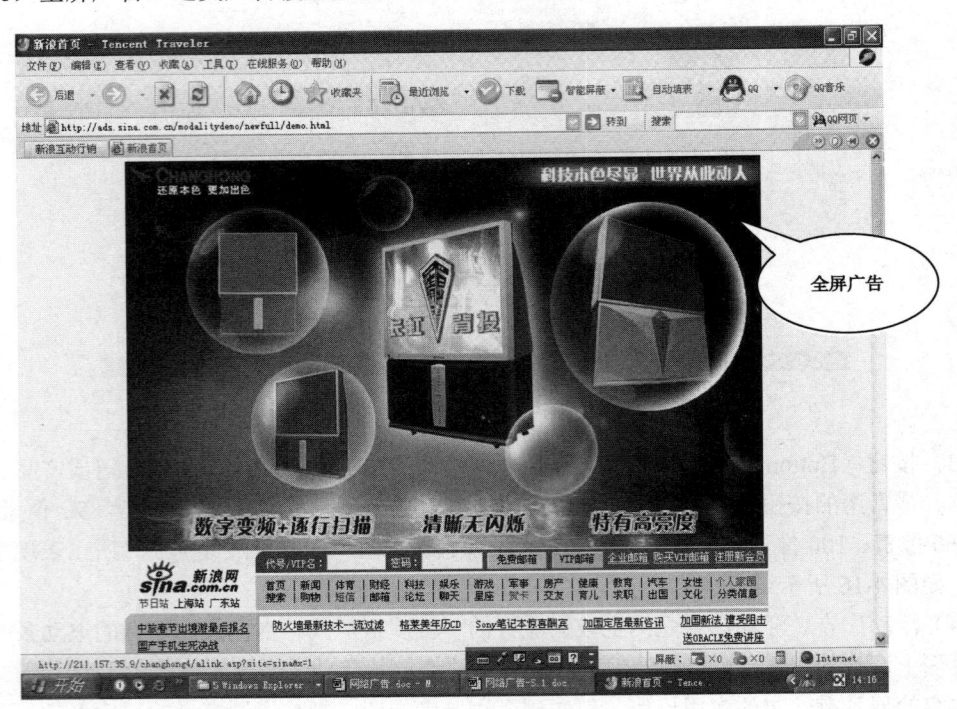

图 4-17 全屏广告

（7）画中画广告。画中画广告一般在新闻、娱乐、数据、研究等各频道文本窗口中出现，篇幅较大，信息丰富，视觉冲击范围较大，在页面中有较大的吸引力，加上使用 Flash 的动态与声音效果，点击率一般比旗帜广告高，如图 4-18 所示。

（8）视频广告。融视频、音频、文字及互动于一体的新型视频网络广告，正逐渐成为网络广告商的新宠，它具有多媒体广告的交互功能，可以在网络广告播放过程中控制播放内容、角色和环境。

图 4-18 画中画广告

随着多媒体技术的不断发展，未来网络广告形式趋于丰富化，视频及富媒体广告将会有更大的发展空间。网络视频广告的千人成本相对于电视广告来说是很低的，并且，相对于粗糙的电视广告，视频广告的趣味性更能强化人们对于产品的记忆。

近年来短视频广告发展迅猛，2018 年其市场规模近 200 亿元，同比增长 7 倍以上。一些视频网站流量巨大，拥有价值巨大的视频广告资源。2017 年至 2019 年两年内，短视频用户月度总有效使用时间增长了 10 倍，排名由第 13 位上升为第 6 位，如图 4-19 所示。

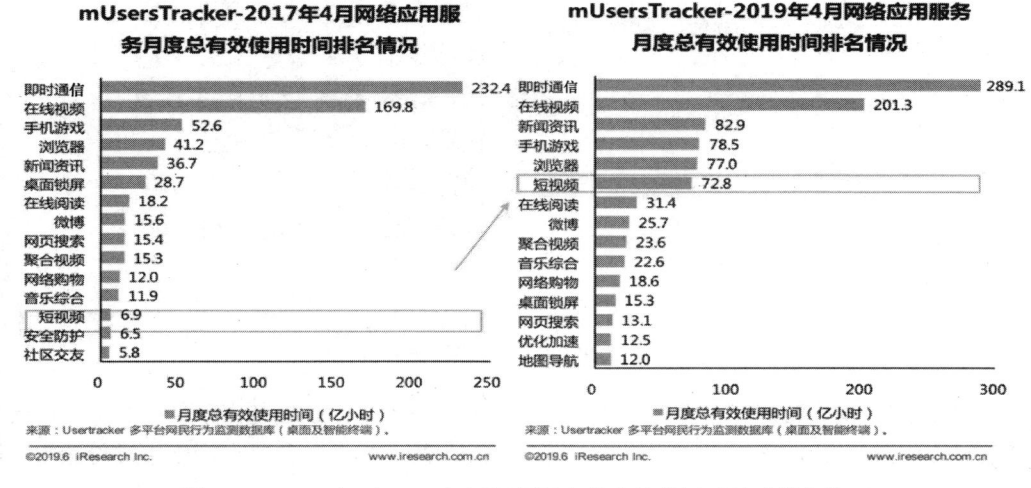

图 4-19　2017 年至 2019 年短视频月度总有效使用时长及排名情况

（9）网络游戏广告。网络游戏广告是一种以游戏为传播载体的网络广告新形式。网络游戏广告的出现，正是利用了人们天生爱好游戏的心理，以游戏为载体来进行广告宣传，并借此来吸引消费者。游戏广告特有的互动性，又使它成为名副其实的个性化媒体，很容易迎合新型消费者的需求。在传播过程中，消费者不会对广告产生抵触和反感情绪，可以达到一种理想的广告传播效果。随着全球游戏市场的繁荣发展，再加上广告主对游戏广告优越性的接受和认可，游戏广告作为互动广告的新方向，将在互动营销中扮演越来越重要的角色。

3．网络广告发展趋势

伴随着互联网产业由2C向2B的转型，网络广告产业也开始进入由技术驱动网络广告产业发展的新阶段。今天的网络广告产业，正处于技术、创意、环境等要素融合交汇的转折点中。

（1）移动广告成为主流。目前，基于移动互联网的广告产业传播链条已经非常清晰，围绕移动小屏进行内容承载的形式不断迭代，短视频、信息流广告逐渐成为移动广告增长的新动力。2018年中国移动广告市场规模高达3 663亿元，在网络广告市场占比超75%，且增速强劲，预计2021年将超过85%。

（2）信息流广告异军突起。信息流广告是在社交媒体用户好友动态或者资讯媒体和视听媒体内容流中的广告。表现形式有图片、图文、视频等，特点是算法推荐、原生体验，可以通过标签进行定向投放，信息流广告的优势是流量庞大、算法领先、形式丰富、定向精准、用户体验好。

信息流广告2006年由Facebook首先推出。这种穿插在内容流中的广告，对用户来说体验相对较好，对广告主来说可以利用用户的标签进行精准投放，因此在移动互联网时代到来后迎来了爆炸式的增长，几乎所有的互联网媒体都推出了信息流广告平台。

2018年中国网络广告规模达4 844亿元，其中信息流广告规模达1 090亿元，占比高达22.5%。目前，信息流广告已成为各大媒体平台流量变现的主要模式，主要是因为信息流广告具有高原生性及精准触达用户的特点，使商业行为和用户体验能取得一个相对平衡。因此，有人预测，未来几年，众多广告都将信息流化，如图4-20所示。

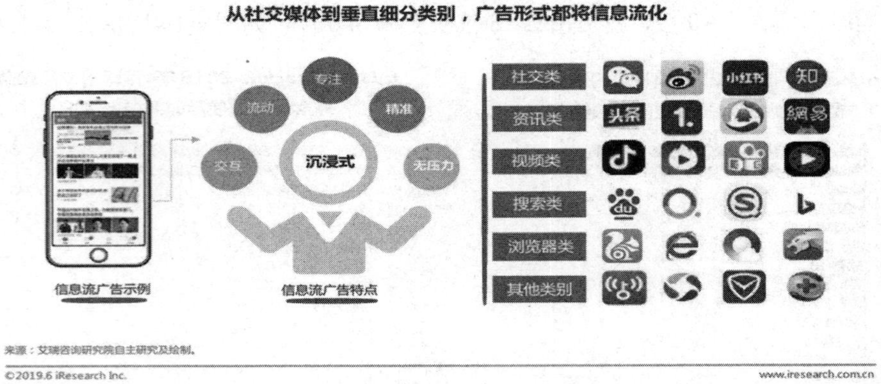

图4-20　未来众多广告都将信息流化

（3）电商广告发展稳健。十万亿级的中国电商零售市场，其底层是由千亿级的电商广告市场在支撑与巩固着。2018年电商广告市场份额已达1 628.5亿元，在所有广告市场份额中占比达33.7%。

电商平台天然具备购买转化的基因，再加上近年来电商平台对内容的持续精细化运营，为实现"品效合一"打下基础。"品"是指优质内容带来品牌认知度、好感度，"效"是指商品转化、销售转化的效度。

未来几年，随着电商平台内容和电商战略的成熟，以及短视频、直播等其他媒介形态对电商平台的深度融合，电商广告仍将保持较高份额。

（4）网络广告生态日趋成熟。中国网络广告在迈向万亿级产业的进程中，网络广告产业生态也日渐成熟。由广告主、代理商、投放平台、创意及内容专业供应商，以及第三方数据监测公司等主体组成的系列细分市场，构成了完整的中国网络广告生态版图，并在不断进化、不断完善之中，如图 4-21 所示。

图 4-21 中国网络广告产业的生态版图

4．网络广告效果评估

（1）广告曝光次数（Advertising Impression）。广告曝光次数是指网络广告所在的网页被访问的次数，这一数字通常用计数器（Counter）来统计。假如广告刊登在网页的固定位置，那么在刊登期间获得的曝光次数越高，表示该广告被看到的次数越多，获得的注意力就越多。在运用广告曝光次数这一指标时，应该注意以下问题。

首先，广告曝光次数并不等于实际浏览广告的人数。在刊登广告期间，同一个网民可能光顾几次刊登同一则网络广告的同一网站，这样他就可能不止一次看到了这则广告，此时广告曝光次数应该大于实际浏览的人数；还有一种情况就是，当网民偶尔打开某个刊登网络广告的网页后，也许根本没有看上面的内容就将网页关闭了，此时的广告曝光次数与实际阅读次数也不相等。

其次，广告刊登位置不同，每个广告曝光次数的实际价值也不相同。通常情况下，首页比内页得到的曝光次数多，但不一定是针对目标群体的曝光，相反，内页的曝光次数虽然较少，但目标受众的针对性更强，实际意义更大。

最后，通常情况下，一个网页中很少刊登一则广告，更多情况下会刊登几则广告。在这种情形下，当网民浏览该网页时，会将自己的注意力分散到几则广告中，这样对于广告主的广告曝光实际价值到底有多大无从知道。

总体来说，得到一个广告曝光次数，并不等于得到一个广告受众的注意，只可以从大体上来反映。

（2）点击次数与点击率（Click & Click Through Rate）。网民点击网络广告的次数就称为点击次数。点击次数可以客观、准确地反映广告效果。

点击次数除以广告曝光次数，就可得到点击率（CTR），这项指标也可以用来评估网络广告效果，是评价广告吸引力的一个指标。如果刊登这则广告的网页的曝光次数是 5 000，而网页上广告的点击次数为 500，那么点击率是 10%。点击率是网络广告最基本的评价指标，也是反映网络广告最直接、最有说服力的量化指标，因为一旦浏览者点击了某个网络广告，说明他已经对广告中的产品产生了兴趣，与曝光次数相比，这个指标对广告主的意义更大。

随着人们对网络广告的深入了解，网络广告的点击率越来越低。在某种程度上，单纯的点击率，不能充分反映网络广告的真正效果。

（3）网页阅读次数（Page View）。浏览者在对广告中的产品产生了一定的兴趣之后进入广告主的网站，在了解了产品的详细信息后，可能就产生了购买的欲望。

当浏览者点击网络广告之后即进入了介绍产品信息的主页或者广告主的网站，浏览者对该页面的一次浏览阅读称为一次网页阅读。所有浏览者对这一页面的总阅读次数，就称为网页阅读次数。这个指标也可以用来衡量网络广告效果，它从侧面反映了网络广告的吸引力。

广告主得到的网页阅读次数与网络广告的点击次数事实上是存在差异的，这种差异是由于浏览者点击了网络广告而没有浏览阅读造成的。

目前由于技术的限制，很难精确地对网页阅读次数进行统计，在很多情况下，就假定浏览者打开广告主的网站后都进行了浏览阅读，这样的话，网页阅读次数就可以用点击次数来估算。

（4）转化次数与转化率（Conversion & Conversion Rate）。网络广告的最终目的是促进产品的销售，而点击次数与点击率指标并不能真正反映网络广告对产品销售情况的影响，于是，引入了转化次数与转化率的指标。

"转化"被定义为受网络广告影响而形成的购买、注册或者信息需求行为。那么，可以推断转化次数就是受网络广告影响所产生的购买、注册或者信息需求行为的次数，而转化次数除以广告曝光次数，即得到转化率。

网络广告的转化次数包括两部分，一部分是浏览并且点击了网络广告所产生的转化行为的次数，另一部分是仅仅浏览而没有点击网络广告所产生的转化行为的次数。由此可见，转化次数与转化率可以反映那些浏览而没有点击广告所产生的效果，同时，点击率与转化率不存在明显的线性关系，所以出现转化率高于点击率的情况是不足为奇的。通常情况下，将受网络广告的影响所产生的购买行为的次数视为转化次数。

二、网络广告推广应用

网络广告的作用，是通过广告信息的传播，使消费者对企业品牌产生认识、情感及态度和行为的变化，从而实现企业的营销目标。

不同发展时期，企业广告目标的侧重点会有所不同。另外，在产品不同的生命周期，也应采用不同的广告策略。一般情况下，导入期重在介绍产品功能特点，让消费者了解产品，引起兴趣；成长期重在刺激消费者的购买欲望，从而产生购买行为；成熟期则应强化品牌的宣传，培育消费者对品牌的忠诚度，从而令其产生重复购买行为；衰退期则应注意与消费者情感的沟通，以扩大销售范围，延长产品的生命周期。

网络广告的运作，主要包括网络广告媒体选择、网络广告投放策略及网络广告效果评价等几个方面。引导案例中的澳优，根据自身的实力及定位，可考虑在综合门户网站、地方门户网站、专业频道及相关的网络社区中投放广告。

1. 综合门户网站推广

（1）综合门户网站的选择。国内网站独立访问量排名位居前列的主要有百度、腾讯、淘宝、新浪和新浪微博等。以澳优为例，腾讯受众年龄偏小，与目标受众不符。在女性网民经常浏览的网站中，新浪排第一，其次是搜狐和网易，如图4-22所示。综合考虑这些因素，可选择新浪、搜狐、网易作为网络推广门户网站的媒介。

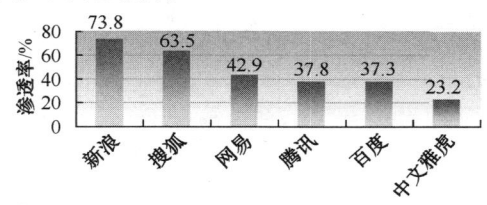

图4-22　女性网民经常浏览的网站

（2）网络广告形式的确定。考虑到澳优产品的特点及企业实际情况，澳优可以在新浪首页发布通栏广告（旗帜广告）、文字链接广告及浮动广告，在新闻正文中可以发布底部通栏及画中画广告，也可在新浪育儿频道发布相应广告，其相应的广告价格如图4-23和图4-24所示。

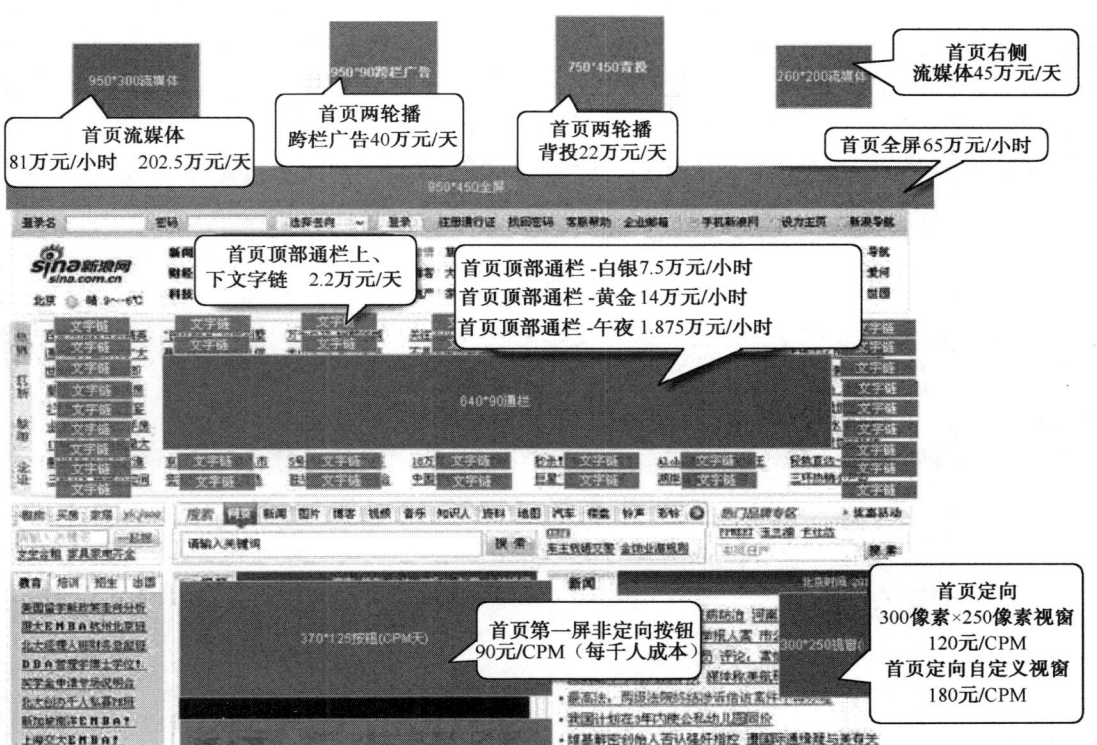

图4-23　新浪门户网站首页广告价格（2013年）

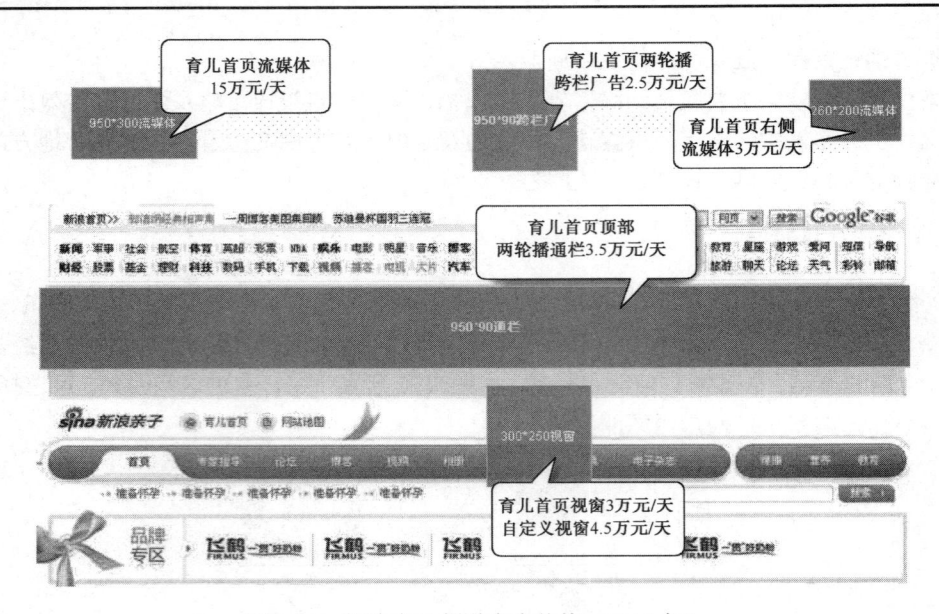

图 4-24　新浪育儿频道广告价格（2013 年）

2．地方门户网站推广

澳优作为一家湖南的合资企业，为了加强对湖南市场的渗透，可以考虑在湖南省的门户网站投入网络广告。

（1）地方门户网站的选择。红网是湖南第一新闻门户网站，在中国地方门户网站中排名前三，日均到访网民近 650 万名，网络新闻和信息日更新量逾 3 万条。红网网民层次高于游戏网站、娱乐网站，并高于其他传统媒体。另外，红网网民集中在较高收入、接受过高等教育、年龄在 22～55 岁的人群，其中，78%为湖南地区人群，57%为长株潭地区人群，可见覆盖群体与目标顾客基本一致。

（2）网络广告形式的确定。可选择在红网的健康频道投放旗帜广告，如图 4-25 所示。

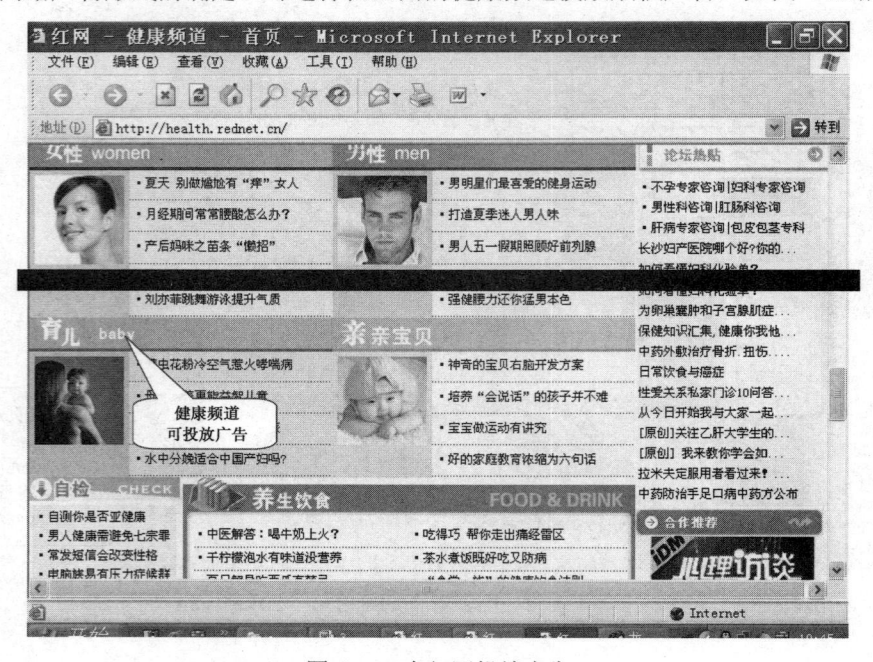

图 4-25　在红网投放广告

3. 亲子类网站或社区广告的投放

依据艾瑞的研究报告,亲子类网站月覆盖人数排名靠前的有育儿网、早教网、摇篮网等,如图 4-26 所示。因此,可选择这几个网站作为澳优的网络广告投放平台。

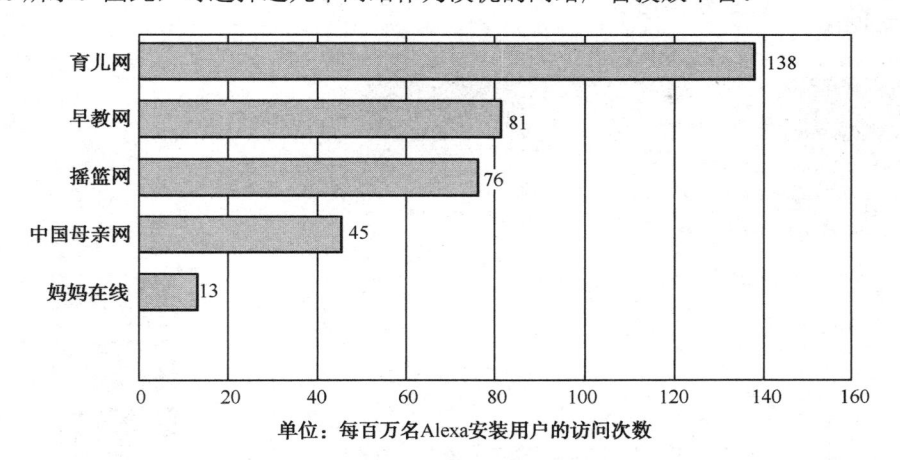

网站	每百万名Alexa安装用户的访问次数
育儿网	138
早教网	81
摇篮网	76
中国母亲网	45
妈妈在线	13

单位:每百万名Alexa安装用户的访问次数

图 4-26　亲子类网站月覆盖人数排名

以摇篮网为例,可在摇篮网的首页通栏、首页按钮、首页文字链接、专家答疑入口处发布相应的广告,如图 4-27 所示。

图 4-27　在摇篮网投放广告

另外,作为一家湖南企业,可以在地方亲子类网站或社区,如长沙妈妈网等投放广告或参与活动。

4. 百度精准广告的投放

百度拥有大量的用户数据库,通过对网络用户的行为分析,可实现定向人群的精准广告投放，如图 4-28 所示。对于同一页面，不同属性的受众会看到不同的广告。

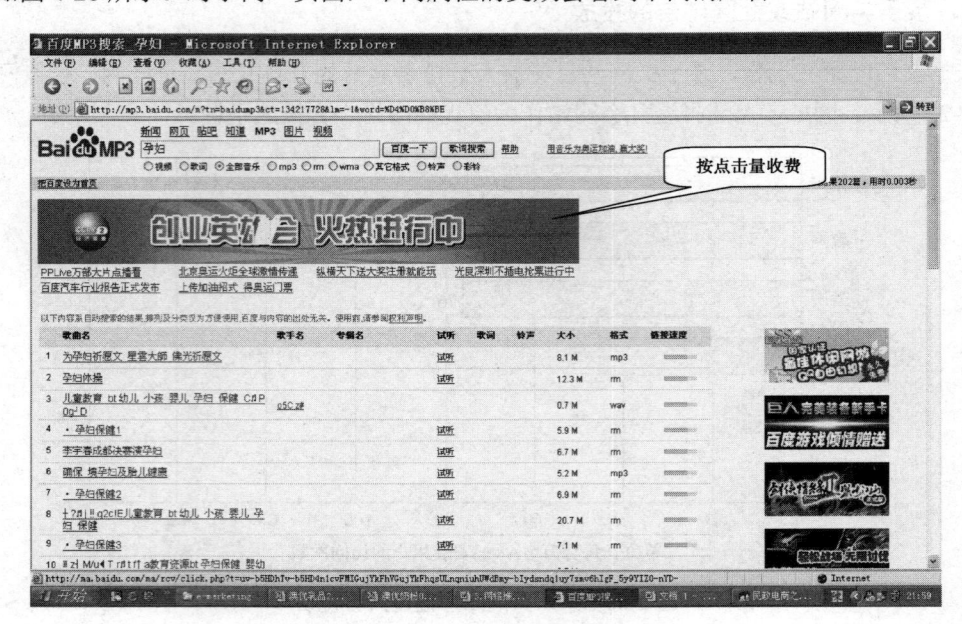

图 4-28　百度中的精准广告

5．网络视频广告的投放

利用互联网视频领域的联盟优势，可将软性视频广告作为节目，在各大视频网站上进行播放。以高流量为基础，表现形式创新为吸引点的视频类媒体，能够达到良好的推广效果。常见视频广告发布网站有哔哩哔哩（B 站）、爱奇艺、腾讯视频、搜狐视频、优酷、PPTV 聚力、土豆等。

三、网络广告费用计算

目前主要有以下几种网络广告的成本计算方法。

（1）按时间或播放数量计费。按时间或播放数量计费即按天（全流量）购买或按每千人成本（CPM）购买某广告位，也有包月的计价方式。按天购买，又称为全流量广告，即在一天的 24 小时中，不论该广告播放多少次，投放的都是同一则广告。

（2）按千次广告播映率所付出的成本。按千次广告播映率所付出的成本即每千人成本，通常以广告所在页面的曝光次数为收费依据。

计算公式：CPM=（总成本/广告曝光次数）×1 000。

注意这里的关键是"显示"，不管用户看不看广告、点不点击广告，只要它显示在用户的浏览器上就会产生费用。但是高显示率并不等于高回报率，所以从单位成本角度看，这种方式比较适合有实力的企业进行网上形象宣传。

（3）按每次广告点击付出相应的成本。按每次广告点击付出相应的成本即每点击成本（Cost Per Click，CPC），这里的点击以广告图形被点击并链接到相关网址或详细内容页面 1 000 次作为计费单位。如广告主购买了 10 个 CPC，意味着投放的广告可被点击 10 000 次。从性价比上看，CPC 比 CPM 要好一些，广告主也往往更倾向于选择这种付费方式，但其单位费用标准却比 CPM 要高得多。

计算公式：CPC=总成本/广告点击次数。

（4）按每行动计费。每行动成本（Cost Per Action，CPA）就是广告主为每个行动所付出的成本。

计算公式：CPA=总成本/转化次数。

例如：一定时期内一个广告主投入某产品的网络广告的费用是 6 000 元，这则网络广告的曝光次数为 600 000，点击次数为 60 000，转化次数为 1 200。那么这个网络广告采用不同方式的成本：

CPM=（6 000÷600 000）×1 000=10 元

CPC=6 000÷60 000=0.1 元

CPA=6 000÷1 200=5 元

如何判断花费多少才算适当呢？如果支出太少，达不到宣传的目的，效果不明显，是一种浪费；如果支出太多，更是明显的浪费。因此，公司应该根据广告目标，为每个产品做出合理的广告预算。

营销学家已经研究出多种广告预算模式，常用的有量力而行法、销售百分比法、竞争对等法、目标任务法等。其中，目标任务法要求营销人员通过确立特定的目标、为实现目标所要采取的步骤和完成的任务，以及估计完成任务花费的多少等，来确定营销预算，由于这种方法促使公司明确广告活动的具体目标，因此得到了广泛的认同。

技能训练 4-2　企业网站的网络广告推广及效果评估

（1）请访问湖南怡清源茶业有限公司的官方网站，并针对公司的产品特点，确定发布网络广告的主要网络媒介及相应的网络广告形式，将结果填入表 4-9 中。

表 4-9　发布网络广告的媒介及广告形式

媒介类型	网络广告媒介选择	广告形式选择	选择理由
综合门户网站			
地方门户网站			
社区类网站			
其他媒介			
结论与建议			

（2）公司经过一段时间的网络广告推广后，需要对推广效果进行分析。相关数据统计报表如表 4-10 所示。请根据报表统计的数据，按表中的要求进行回答。

表 4-10　数据分析和优化改进措施表

请解释转化率的含义：
请计算 CPM、CPC、CPA、转化率：
该行业的平均转化率大约是 4%。请分析该网站是偏高还是偏低，并提出改进建议：

　　一个月内该企业在某网站上投放广告，总费用是 6 000 元。经过统计，这则广告的曝光次数是 600 000，点击次数是 60 000，广告转化购买次数是 1 200。

第三节　论坛推广

> **内容提要：**
> 　　物以类聚，人以群分。论坛推广是利用人的社会群类属性，在论坛、社区、贴吧等社群中发帖来进行推广，也叫发帖推广。
> 　　活跃的论坛，具有超高的人气、强大的聚众能力、高度聚焦的用户群体，再加上接连不断的热门话题、广泛的用户参与及传播，使其具有强大的营销价值。
> 　　论坛根据其用户属性，可分为综合性论坛、行业性论坛、区域性论坛等。

一、论坛推广基础

　　论坛推广，是利用论坛、社区、贴吧等网络交流平台，以文字、图片、视频为主要表现形式，以提升品牌知名度、口碑、美誉度等为目的，通过发布帖子进行推广，让目标客户更加深刻地认知产品和服务，进而促进销售达成的营销活动。论坛推广具有以下特点。

　　（1）利用论坛的超高人气，为企业提供有效的营销传播服务。由于论坛话题的开放性，几乎企业所有的营销诉求都可以通过论坛得到有效传播。

　　（2）专业的论坛帖子策划、撰写、发放、监测、汇报流程，能在论坛空间提供高效传播，如各种置顶帖、连环帖、论战帖、多图帖、视频帖等。

　　（3）论坛活动具有强大的聚众能力，利用论坛举办的各类踩楼、灌水、视频等活动，能调动网友与品牌之间的互动。

　　（4）论坛中的事件炒作，通过炮制网民感兴趣的活动，将客户的品牌、产品、活动内容植入传播内容，从而引发新闻事件，产生传播的连锁反应。

　　（5）运用搜索引擎内容编辑技术，不仅能使内容在论坛上有好的表现，而且能在主流搜索引擎上快速寻找到发布的帖子。

二、论坛推广目标人群定位

企业在策划论坛推广方案前,必须对企业目标客户进行恰当定位,明确目标客户的群体特征及上网行为,从而确定帖子发布的论坛范围。以长沙的搜门面网(www.somenmian.com)为例,作为一家提供商业门面出租信息的服务型公司,其论坛推广的目标人群定位,可以从以下两类目标群体入手。

(1)打算找门面创业的群体。年龄以20~30岁为主体,他们正值事业打拼期,充满激情,有清晰的目标感。他们有创业的想法,需要一个好的平台给他们提供创业信息,需要一个专业的平台给他们做创业分析。

(2)投资门面的业主。希望寻找一个信息发布平台,把自己的门面出租信息传递给创业者。

三、寻找合适的论坛并注册

注册论坛时,应明确目标客户的特征及上网行为,目标客户经常浏览的论坛及版块,就是企业推广发帖的重点。

第一,论坛推广人员要在目标客户经常浏览的论坛注册账号(马甲)。第二,论坛推广人员在每个论坛要多注册几个账号,这是保证前期推广的条件。不同产品、不同营销事件,需求的马甲数量不定:知名品牌进行论坛推广不需过多马甲,即可产生效应;而普通企业,则需要多一些马甲配合。第三,企业要在各大型论坛有专门的人员负责管理账号、发帖、回帖等。很多企业都有专人负责论坛推广,经常发帖、回帖,是为了融入论坛核心,从而积累更多的威望。

寻找合适论坛的基本原则:目标客户经常去的论坛就是企业要找的论坛。以搜门面网的推广为例,该网站的主要目标客户经常访问的论坛主要分为以下几类。

(1)综合性论坛:如天涯、猫扑、百度贴吧等。

(2)区域类论坛:如天涯类的湖南(长沙)版块、百度贴吧类的区域性吧、红网论坛、华声论坛等。

(3)行业性网站论坛:如搜房网、搜狐焦点网、创业网、中国大学生创业网等。

(4)各种中小网站论坛版块:如阿Q校园网、香樟树下等小论坛。

搜门面网在天涯社区"创业家园"版块的推广,如图4-29所示。

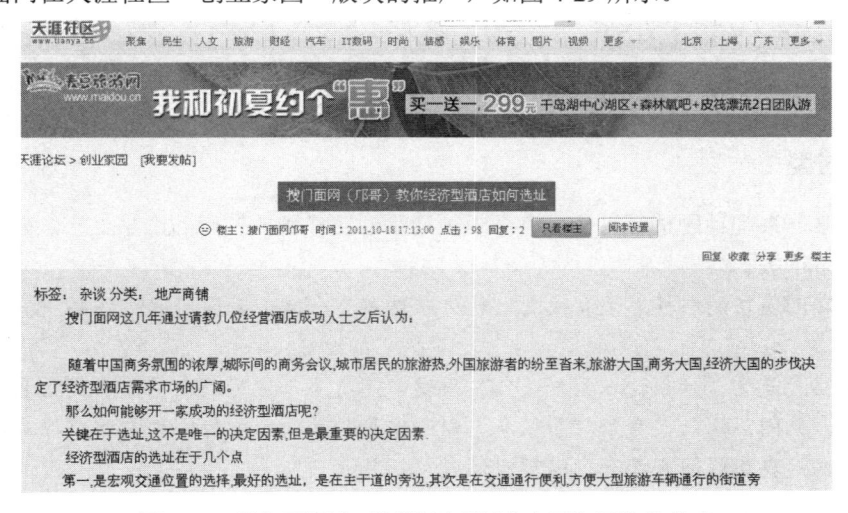

图4-29 搜门面网在天涯社区"创业家园"版块的推广

四、设计帖子话题

在论坛推广和传播时，要成功设计帖子话题，可以从以下几个方面着手。

首先，需要一个可信的信息源。信息源必须可以持续提供新颖有价值的信息，并且容易被其他人接受，没有广告嫌疑，这也是论坛推广最重要的一部分。

其次，论坛推广策划的帖子题目要新颖，也就是有创意，这样才会吸引读者。另外，论坛推广策划的帖子题目要能吸引眼球，即标题要有一定的号召性以吸引读者。标题是敲门砖，要有一定的含义或创意，让读者产生疑惑进而想得到答案。

最后，论坛推广的内容一定要具有一定的水准，网友看了之后觉得有话要说才行。如某公司要推广其新开发的一款软件，打算在相关论坛上进行推广，帖子话题的设计可以有以下几种类型。

1. 故事型

通过讲述自身体验、情感遭遇，从侧面来谈某产品，从而引导用户产生想了解这一款产品的欲望。

历时一个月，新家装修终于完成了，看着新房里的布局，每一件都是自己精挑细选的，内心充满了感动。还记得当初选床上用品时，我的那个他说要实用、舒服，我说要温馨、浪漫、时尚，毕竟是未来两人劳累一天休息的地方，不可能一回来就面对一堆硬邦邦的棉花吧！来来回回在家纺商场逛了好久都没有买到合适的床上用品，但又不愿意将就，就一直拖着。后来在网上和死党聊天，她说"多喜爱"有我所需要的家纺，抱着试试看的态度，我进入了"多喜爱"的官方网站，网站上确实有很多时尚温馨的床上用品，有最热门的潮流元素六件套，也有普通的高支高密线纯棉用品。看网站介绍后，才知道"多喜爱"还是国内家纺著名品牌，产品质量应该有保证，因此第二天便在"多喜爱"网上商城订了喜玫瑰婚庆六件套。

2. 发问型

通过有目的的发问方式，吸引用户进来交流和讨论。

你们有谁知道有什么收集"竞争对手信息"的软件吗？我想高价买一个。

现代企业与同行之间的竞争，不是打压对手、消灭对手，而是不同于对手、走出另外一条路。要做到不同于对手，首先要了解对手，所谓知己知彼，方能百战百胜。所以我希望能够寻找到一款能随时帮我留意竞争对手信息的软件，本人愿意高价买入。

3. 探讨型

通过对某一兴趣话题进行讨论，有意识地把话题转移到要推广的产品上来，并且围绕这一话题继续探讨下去。

讨论内容：现在的科技发展真快啊，什么软件都有，我们来聊聊有哪些高科技软件？

回复：

一楼回帖：是啊，什么论坛群发、QQ 群发，还有一个最近新出的更牛的信息监控软件可以帮看博客、新闻、论坛、竞争对手信息、财经信息。总之你要什么，它就帮你看什么。

二楼回帖：我想问问有没有可以帮我看股票信息的啊？

三楼回帖：不知道哦，要是有这样的软件大家也告诉我一下。

四楼回帖：我在淘宝开了个服装店，有可以帮我看店的软件吗？

五楼回帖：如果要看店或者帮看股票信息的软件，我推荐大家用信息监控软件吧，确实不错，而且直接到×××下载就可以，它能轻松帮看博客、新闻、论坛、竞争对手信息、财经信息，及时追踪名人、明星、股票、热点事件最新动态，而且会在第一时间通过电子邮件等方式通知您。

4．娱乐八卦类

通过对当前比较热门的娱乐话题等进行发帖，并在后面继续发表一些吸引用户的话题，再通过在中间或后面插入链接的方式把用户引导到要推广的产品上来。

5．求助型

设计好求助话题，以发问的方法寻找帮助，再把话题转到将要推广的产品上来，后面围绕该话题进行探讨和宣传。

6．知识型

用最传统的推广方式，从产品的本身特性出发，对产品进行进一步的解说，让更多的用户更加清楚产品的用途，吸引一部分用户到公司网站浏览或购买产品。

五、发布帖子及设计回复

论坛推广人员要积极参加回复并鼓励其他网友回复，也可以用自己的小号回复。网友的参与是论坛推广的关键，如果策划成功，网友的参与度会大大提升。通常企业在论坛做活动营销目的居多，可利用一些公司产品或礼品鼓励网友参与。

另外，论坛推广人员要正确地引导网友回帖，不要让事件朝相反方向发展。当然，具体情况要具体分析，有时在论坛产生争论也未必是坏事，特别是不知名企业，通过论坛途径演变成大范围病毒式营销，知名度会有很大提升。

六、论坛推广效果评估

论坛推广的效果，要仔细监测并及时改进。这需要进行细致的数据分析和用户群体分析。对一次营销活动的复盘，会总结出很多问题，下次策划时可以借鉴。另外，不同领域的用户群体习惯不同，方式、方法并不通用。

论坛推广人员要及时和论坛管理员沟通交流。熟悉各大论坛的管理员和版主有助于论坛营销的开展。经常发帖、回帖，会拉近与这个圈子的距离，增加与管理员、版主沟通的机会，再加上其他资源辅助，论坛营销会开展得更顺利。

技能训练 4-3　家纺品类的论坛推广

1．背景资料

多喜爱是一家专业设计、生产和销售床上用品的公司，产品涉及被套、床笠、床单、床裙、枕套、被芯、枕芯、婚庆产品、垫类产品、床具等。为了扩大公司产品的市场占有率，促进产品的销售，公司积极进军电子商务领域，通过入驻各大时尚电子商务生态圈，开展网络营销。现公司已经入驻天猫商城，为提升商城人气、带动店铺销量，公司拟基于淘宝平台实施系列推广计划。

2. 社区软文推广

社区推广中，软文写作技巧非常关键。广告性太强，不但容易被版主删帖，还可能遭到网民的抵制。请你为多喜爱时尚系列床上用品撰写一篇推广软文，并将相关信息填入表 4-11。

表 4-11　多喜爱时尚系列的床上用品推广软文

软文标题	
软文内容	
软文拟发布的平台与版块	
选择此版块发布的理由	

要求：字数在 300 左右，软文能够让潜在客户了解产品的特点和卖点，能很好地把推广信息传递给潜在消费者，形式不限，但不能直接以广告形式发布。文章主题紧扣推广目标；文章内容要吸引网民，结构严谨、语句通顺；选择合适的平台与版块，注意与产品特点相吻合。

第四节　博客、微博营销

> **内容提要**
>
> 博客是日记格式的网站，内容需要经常更新才能留住老读者，吸引新读者。
>
> 与通常的商业博客相比，企业博客的目标并不是马上赚钱，它是一个客户沟通和市场营销的渠道。
>
> 微博营销是指通过微博平台发现并满足用户的各类需求的商业行为。
>
> 微博注重时效性，博客注重内容的系统性、严谨性；微博内容大多短小精练、生动有趣，博客文章表现为一个独立的网页，对内容的数量和质量有一定要求。

一、博客营销

1. 博客营销的概念

博客，英文为 Blog，意为网络日记，其内容通常是公开的，人们可以发表自己的网络日记，也可以阅读别人的网络日记，是一种个人思想在互联网上的共享，是网络媒体进入 Web 2.0 时代最风光的先行军。

真正的博客营销靠原创的、专业化的内容吸引读者，培养一批忠实的潜在用户，在博客圈中建设信任度、权威度，进而形成个人品牌，最终影响读者的思维观念和购买决定。

对等的交流、广泛的传播，是 Web 时代的基本精神，也是网络时代的营销人需要拓展的商业潜质。随着索尼、亚马逊、耐克、通用电气、奥迪等大公司利用博客做广告渐成常态，博客营销也已经被众多企业广泛接受。

很多知名企业都建立了企业博客，以塑造和宣传企业形象和品牌，如 IBM、Google、万科等。企业博客在企业与客户之间建立了直接沟通的桥梁,构建了一个客户了解企业动态、产品、促销活动,乃至企业内部的信息平台,从而拉近了企业与客户之间的距离,并通过互联网巨大的覆盖面影响到了更为广泛的人群。

2. 博客营销的特点

(1) 博客内容增加了搜索引擎可见性,能为网站带来更多的访问量。Google、Yahoo 等搜索引擎都有强大的博客内容检索功能。因此,企业可以利用博客来增加被搜索引擎收录的网页数量,提高网页内容搜索引擎可见性。甚至,企业无须建立博客网站,只要在提供博客托管的网站上开设账号即可发布文章。

(2) 以更低的成本宣传企业信息。博客营销的传播是一种成本低、传播广的形式,从而被许多企业所接受。另外,博客可以部分替代广告投入,减少直接广告费用。企业可能并不需要在博客文章中大肆做广告,博客文章被搜索引擎收录所带来的免费流量,至少有部分可以替代在搜索引擎广告中的投入。

(3) 博客的互动性便于开展市场分析和研究。企业可以在博客文章中设置在线调查表的链接,让有兴趣的读者参与调查。这不仅扩大了在线调查表的投放范围,还可以直接就调查中的问题与读者进行互动交流。

(4) 博客是企业的信息库。如果企业坚持不懈地更新下去,企业相关产品及服务的信息资源不断积聚,其所沉淀的信息资源将为企业带来可观的访问量。这些信息资源中,不仅有企业的原创内容,也包括企业收集的各种有价值的文章、网站链接、实用工具等。

(5) 节省保持客户的费用。在市场营销学中有一个著名的规律:获得一个新顾客的成本要远高于维持一个老顾客的成本。在网络客户的保持方面,也遵循同样的道理。只有不断更新信息,才能获得客户的长期关注,不至于失去已经获得的客户。运营良好的企业博客,应当在保持现有客户、间接降低获取客户的成本方面做出自己的贡献。

3. 企业博客的分类

企业博客是指以企业名义开设的、作为企业网上对外宣传窗口的博客。商业博客是一个更宽泛的概念,它包括了企业博客,也包括了那些借助广告盈利的博客服务提供商,以及那些以营利为目标的个人博客。

与通常的商业博客相比,企业博客的目标并不是马上赚钱,它是一个客户沟通和市场营销的渠道。一般情况下,人们很难精确预见企业博客的效果,但通过这个渠道,可以把企业及其产品,放到全球的话题讨论区——博客世界。

以公关和营销传播为核心的企业博客,已经成为博客商业应用的主流,其表现形式主要有 CEO 博客、产品博客等。

(1) CEO 博客。以 CEO 为代表的企业高层管理者,他们写博客,许多直接表现为写产品文化,是一种在高层次上推介产品的办法,如潘石屹、王石等企业家的个人博客,就积聚了大量的粉丝和超强的人气。这类博客,能够呈现公司元老的最初见解,他们是真实的人,具有人性化的一面,经营得当,能够成功营造出和谐与信赖感,传达公司的重要信息,对产业话题做出回应,让大家了解公司的状况。

从本质上来说,通常的企业博客,还是没有彻底打消个人对于庞大组织机构天生的戒备心和疏离感,而这一盲点,被 CEO 的个人博客扫除了。CEO 的博客看似个人行为,因为 CEO 自己建,自己写,说的大多是自己的生活或想法,甚至有些 CEO 在博客上只字不提自己的企业,实际上，CEO博客把企业因素揉碎，再个人化地呈现出来，隐去了组织机构投射在个人身后压迫的阴影，以鲜活的、有形的"人"的形象来与客户沟通，使企业信息的传递以潜移默化的方式进行。因此，对于企业来说，CEO博客是一种直接且隐蔽的高效营销和公关手段，能让企业获得原来仅掌握在传统媒体手中的话语权，让企业在信息发布和危机处理中，进可攻、退可守。

一般情况下，站在CEO博客背后的应该是训练有素的营销及公关团队，他们与CEO共同决定博客的形式、内容和信息传递的分寸，在最大限度内保证企业的信息安全。

（2）产品博客。产品博客指专门为了某个品牌的产品进行公关宣传，或者以服务客户为目的而推出的博客。产品博客和其他类型的博客具有明显的不同，它首先要瞄准的是行业圈最核心的目标受众群。一般情况下，产品博客的营销策划要具备四个特点：精准的目标群体分析；对博客平台的精确选择；推广步骤的循序渐进；针对不同人群传播不同主题。产品博客营销策划流程一般分为以下五个步骤。

第一，产品发布会，邀请领袖级博主现场同步直播。

第二，邀请企业所在行业领袖博主进行测评及讨论。

第三，针对目标客户群体，开展一个形式新颖的博客活动。

第四，设立独立主题博客辅助宣传，邀请若干名博客写手对活动大赛进行辅助推广。

第五，邀请专业的营销评论博客对整个活动做营销角度的评论。

4. 博客平台的选择

搭建企业博客，有两个选择：一是架设独立的企业博客；二是依托于第三方平台。

（1）独立的企业博客。独立的企业博客是指具有自己独立的域名、独立的空间及独立的管理权和控制权的博客，如英特尔的企业博客——博客@英特尔中国，戴尔的企业博客——戴尔直通车等。独立企业博客的最大好处在于具有高度的独立性，一旦获得搜索引擎认可，在搜索引擎上的权重会很有优势。但同时，建设独立博客也有一些弊端：首先，建设独立的企业博客，需要投入大量的人力资源，如需要负责技术的员工、负责内容的员工，甚至需要专门的搜索引擎优化及搜索引擎营销队伍；其次，独立博客因为一切都是从头开始，从平台的搭建，到内容的建设，再到推广营销，需要一个较长的时间。

（2）第三方平台。对于绝大部分企业而言，使用第三方托管平台搭建企业博客是相对合适的选择。因为它具有大量的、明确的目标用户，可以在较短的时间内，以较少的投入，获得较好的效果。同时，第三方博客平台选择恰当的话，直接利用其现有的搜索引擎权重优势，以及平台本身的人气，在平台内获得认可的前提下，可能获得较大的关注。目前国内比较有名的博客平台有QQ空间、新浪博客、阿里巴巴商人博客、网易博客、搜狐博客、中国博客网等。

5. 博客的设置及优化

（1）永久链接。使用第三方博客平台，博客帖子的网址通常都是自动生成的，且无法改变。好在大部分平台已经生成了静态的永久链接。使用博客时需要自行在博客后台进行设置。以新浪博客为例，可以在"个人中心"单击"账户设置"，然后选择"博客地址"进行修改，将博客地址设置为简单易记的个性化名称，如徐静蕾的博客地址为blog.sina.com.cn/xujinglei。

（2）博客名称的选择。博客名称不同于企业官方网站的名称。企业网站通常不得不使用公司的正式名称，但无论是企业博客还是个人博客，博客名称都不适合太八股、太正式，而应该选择一个轻松独特的名称。比如"我爱水煮鱼""总统博客""谷歌黑板报""不许联想"等都是非常好的名字，让人没办法不注意到，也让人很难忘记这些名字。

（3）博客的优化。在撰写博文的时候，要注重关键词的选择，可利用百度营销中的关键词推荐工具进行选择。博文写出来以后，可以去类似中国站长工具（tool.chinaz.com）之类的网站查看博客文章中关键词的密度情况。建立好博客或更新文章后，可以主动到百度等搜索引擎提交自己的博客地址和博文地址，还可以搜索"博客目录""博客登录"等相关词，把自己的博客提交到目录搜索引擎及 RSS 目录等。

6．博客的推广

（1）有稳定的更新周期。博客是日记格式的网站，需要经常更新内容才能留住老读者，吸引新读者。博客的更新应有一个大致稳定的周期。博客文章篇幅不一定很长，有话则长，无话则短。博客的更新不要走向另一个极端，每天更新太多。

（2）阅读和评论其他博客。要想在本行业的博客圈中建立威望，阅读其他博客也是必不可少的功课之一。在其他博客发表自己的想法，也是推广自己博客的重要手段之一，看似简单，其实效果很好。要有效利用留言推广，首先要做些调查研究，找出本行业中有权威性的博客。留言时切忌诸如"非常感谢""顶""好文章""有同感"之类的话，应有针对性，有自己鲜明的观点，才能引起其他读者、博客作者的关注。

有些帖子会引起共鸣，如感想不多，就留言；感想较多，就可以写一篇新文章，并在自己的博客中发表。有时不妨提出不同意见，但在自己的帖子中，一定要链接到对方博文。评论要言之有物，才能真正引起对方的关注，并最终把你加入 Blogroll，或者在他以后的帖子中推荐或评论你的博客。

（3）争取 Blogroll。Blogroll（作者推荐、友情链接）也是推广自己的重要手段之一。如果能进入行业权威博客 Blogroll，效果当然更好。并不是每个加入 Blogroll 的博客都希望对方也链接回来。Blogroll 中有真正的行业权威，才能体现权威性和公正性。不提倡直接交换链接，这样会适得其反，一些专家不会交换链接。他们喜欢的内容自然会链接，而不是以交换作为条件。

（4）尝试专家访谈和客座博客。博客访谈包括主动访谈行业专家及接受其他人的访谈。主动访谈行业专家可以通过 QQ、E-mail 或 Skype 等方式，与对方交流，然后整理成文发表到博客，以借助对方的知名度提升自己博客的影响力。接受访谈也有异曲同工之妙，其他人和你做访谈，把内容发在他的博客上，也可以让你的个人品牌或企业品牌扩展到对方的读者群中。

客座博客就是请其他人在你博客里写文章，或你在其他博客上写客座文章，这种方式国内非常少见，在英文中运用得不少，这也是一种双赢的博客推广方式。

（5）撰写教程。教程式的帖子最容易被大量转载和传播。教程与书籍不同，比如：怎样为网店拍摄最好的产品图片；0～3 岁婴幼儿的膳食安排；长沙最物有所值的 20 家饭馆等。虽然现在的互联网看起来是一个信息爆炸的场所，但真正深入、全面研究和解决某个特定问题的信息却并不常见，这也是教程式文章受欢迎的原因。

（6）注重线下社交。博客是社会化网络的典型方式之一，而社会化网络的特点就在于人与人之间的交往。不管圈子中的人在现实生活中是否见过面，但在网络上看对方博客、留言评论、在 QQ 等平台及时交流，甚至很多博客圈会组织线下活动，都是很好的推广机会。这种社交活动看似与博客推广没有直接关系，但参加一个线下活动，认识一批行业博客作者，就意味着增加了自己博客推广到对方读者群的机会。

（7）回复留言要及时。大部分写手会看自己博客里的留言，但只有少部分博客作者有及时回复留言的好习惯。读者留言，只要做出回应，他们就会很高兴，觉得受到重视。在博客中积极互动往往会带来更多的推广机会。

阅读材料 4-2　用博客卖葡萄酒

Stormhoek 曾是一个名不见经传的小葡萄酒品牌，该厂家通过博客，进行了一次成功的营销，使其产品迅速扩大了销量，提高了品牌知名度。该厂家的葡萄酒在英国的 Asda、Threshers、Waitrose、Majestic、Sainsbury 和 Oddbins 等大小商场均有销售。"新西兰有最好的酿造白葡萄酒的技术，但南非的葡萄比较好"，Stormhoek 的葡萄酒据称就是这两者的结合。2004 年，创始人马尔在南非买了 80 公顷葡萄园开始了他的新事业，创建了 Stormhoek 葡萄酒公司。马尔深信这片肥沃的土壤一定能生产出好葡萄，酿出好酒，但不久他就陷入了困境，酒厂的位置偏僻，他的品牌如何才能越过南非的崇山峻岭赢得英国消费者的关注并与超市签订大宗销售合同呢？Stormhoek 是一家小企业，没多少钱，因而也没有在英国投放任何广告。马尔产生了一个看似不可能的想法，即利用博客。2005 年 5 月，也就是 Stormhoek 公司诞生后的六个月，马尔给英国最热门的 150 名博客主每人寄了一瓶中等价位的葡萄酒。他的选择标准是只要满足以下两个条件的博客主就可以收到一瓶免费的葡萄酒。

（1）住在英国、爱尔兰或法国，此前至少三个月内一直写博文。读者多少不限，可以少到 3 个，只要是真正的博客。

（2）已达法定饮酒年龄。收到葡萄酒并不意味着你有写博文义务——你可以写，也可以不写；可以说好话，也可以说坏话。马尔给他的一份公告起了一个吓人的题目"Stormhoek：微软真正的竞争对手"，他在里面写道，如果你口袋里装着 400 美元无所事事，你可以有多种选择，你既可以买一台微软的 Xbox360 主机，也可以买一箱葡萄酒。发放免费葡萄酒的公司都希望网上赞誉如潮，但 Stormhoek 品牌的不凡之处在于通过虚拟世界的闲聊引发了现实世界的销量攀升。

马尔的到来并未引来众博客读者们的攻击，因为他说："我们很诚实，我们没有声称自己是南非最好的葡萄酒，我们只是告诉人们这里的酒品质不错，价格合理，然后请人们说出自己的看法。"博客主们开始工作了，他们敲出了葡萄酒的优点。估计全世界范围内有 1 500 万～3 000 万名博客主，每天诞生 8 万页博客日记。2005 年 6 月在 Google 搜索引擎里搜索 Stormhoek 这个词，弹出 500 条结果，但到 8 月，这个数字变成了 85 000 条，而在这两个月中，他们自己估计有 30 万人通过博客开始知道这家公司。

马尔通过博客发动的营销，对其产品产生的滞后效应还很难具体估量，但马尔发现，在过去不到一年的时间里，他们的葡萄酒销量翻倍了，达到了"成千上万箱"的规模；Stormhoek 的月销售量翻了一番，这个品牌已经得到了 Sainsbury 超市和 Majestic 葡萄酒公司的订单。互联网上的对话也引爆了零售市场的巨大需求，零售商 Asda 和 Threshers 都和马尔进行过网络对话，现在他们也在销售 Stormhoek 的产品。在英国 5 英镑以上的瓶装酒市场中，Stormhoek 葡萄酒占了南非葡萄酒销售量的五分之一。马尔说，我们这些年取得的辉煌成绩，博客功不可没，一些消费者告诉葡萄酒商店和超市的售货员，他们是通过博客知道 Stormhoek 品牌的。博客不仅使我们销量飙升，而且彻底改变了我们的行为方式。

Stormhoek 公司的网站本身就是一个博客。马尔在自己公司的博客上，发布一些关于 Stormhoek 葡萄酒的产品信息和最新的市场活动信息。举例说来，当决定改变瓶子上的商标时，公司把这个消息发到了博客上，还通过博客举行了评酒会。Stormhoek 登陆美国市场的时候也会举行一系列针对美国博客作者的活动，希望能通过这种形式激起美国人的消费热情。

当然，博客日记上也有一些尖酸的评价。马尔说："博客的伟大之处在于我们能看到别人的评价，能够回复评价，公司能和顾客进行双向交流。"Stormhoek 并不是唯一一家通过博客与顾客交流的公司，饮料界的巨人吉百利史威士公司也鼓励自己的雇员为公司写博客。大公司之所以不敢贸然进入博客世界是因为博客读者们比较刻薄，倾向于把现有权威或大公司作为首选攻击目标。马尔说，博客世界能迅速传递讯息，但如果以傲慢的态度行走江湖就会遭到众人攻击，立刻损失惨重。现在马尔所面临的挑战是让博客读者们对葡萄酒保持兴趣。他说："我不知道下一步的对话是怎么样的，因为无法控制信息，无法控制事态的发展。"

Stormhoek 发言人尼克·迪牟克·马尔（Nick Dymoke marr）说，他们的葡萄酒在南非 5 英镑以上葡萄酒市场的份额在 2005 年已经占到 19%，销售量从 2004 年的 5 万箱升至 2005 年的 10 万箱之多。有一篇新闻报道说微软公司在伦敦举办的一次"怪才聚餐"中点名要求提供这个品牌的酒。Stormhoek 已经成为所谓"伦敦数码人"的首选葡萄酒。

（资料来源：钟伟山，陈格雷. wenku.baidu.com/view/bf260f41b307e87101f69609.html，2011-12）

二、微博营销

1. 微博营销的概念

微博营销是指利用微博平台为企业、组织及个人创造价值而执行的一种营销方式，也是指通过微博平台发现并满足用户的各类需求的商业行为方式。

微博营销以微博作为营销平台，每一个听众（粉丝）都是潜在的营销对象，企业通过持续更新自己的微博向网友传播企业信息、产品信息，树立良好的企业形象和产品形象。

每天更新内容就可以跟用户交流互动，或者发布大家感兴趣的话题，这样来达到营销的目的，这样的方式就是微博营销。该营销方式注重价值的传递、内容的互动、系统的布局、准确的定位。微博营销涉及的范围包括认证、有效粉丝、朋友、话题、名博、开放平台、整体运营等。目前主要的微博平台有新浪、腾讯、网易、搜狐等。

2. 微博营销和博客营销的区别

微博营销与博客营销的本质区别，可以从下列三个方面进行简单的比较。

（1）信息源表现形式的差异。博客营销以博客文章（信息源）的价值为基础，并且以个人观点表述为主要模式，每篇博客文章表现为独立的一个网页，因此对内容的数量和质量有一定要求，这也是博客营销的瓶颈之一。微博内容则短小精练，重点在于表达现在发生了什么有趣（有价值）的事情，而不是系统的、严谨的企业新闻或产品介绍。

（2）信息传播模式的差异。微博注重时效性，3 天前发布的信息可能很少会有人再去问津。同时，微博的传播渠道除相互关注的好友（粉丝）直接浏览之外，还可以通过好友的转发向更多的人群传播，因此是一个快速传播简短信息的方式。博客营销除用户直接进入网站或者 RSS 订阅浏览之外，往往还可以通过搜索引擎搜索获得持续的浏览。博客对时效性要求不高的特点，决定了博客可以获得多个渠道用户的长期关注，因此建立多渠道的传播对博客营销是非常有价值的，而对于未知群体进行没有目的的微博营销通常是没有任何意义的。

（3）用户获取信息及行为的差异。用户可以利用电脑、手机等多种终端方便地获取微博信息，发挥了"碎片时间资源集合"的价值，也正因为是信息碎片化及时间碎片化，使得用户通常不会立即做出某种购买决策或者其他转化行为，因此微博不宜作为硬性推广手段。

总之，博客营销以信息源的价值为核心，微博营销以信息源的发布者为核心。博客营销可以依靠个人的力量，而微博营销则要依赖社会网络资源。

当然，微博营销与传统的博客营销也有很多相似之处，某些规律是可以参照的，例如：都是以文字或者图文信息为主；信息对用户要有价值；都需要持之以恒的毅力，在潜移默化中达到营销目的，而不是生硬推销。

3．企业微博的分类

企业微博大致有以下几种常见类型。

（1）企业官方微博：正式的、以企业官方信息发布为目的的企业微博。

（2）公司所属或关联机构微博：包括关联公司、下属部门的官方微博等。

（3）特定功能的专题微博：如客服微博、人才招聘微博。

（4）品牌或产品微博：多品牌或多产品系列的公司，每个品牌或者每个产品都可能开设独立的微博账号。

（5）由公司运营但不直接包含公司信息的微博：如专门发布某行业动态的微博，在一定程度上具有行业社会化媒体的属性。

（6）公司/品牌+个人名字的微博：通常是公司的主要负责人，靠个人影响力进行传播。

（7）以传播企业及产品信息为主要目的的员工个人微博：全员网络营销时代，每个员工都有网络传播的力量，在微博上尤其如此。

（8）以公司品牌/产品名称+代理商命名的微博：对企业品牌和产品具有传播效果，可以延伸和扩大企业信息的可见度。

4．微博的营销价值

（1）微博的商业价值体现于客户服务。微博可以为企业提供用户追踪服务，在追踪模式中，可以利用"品牌频道"开展对产品、品牌的信息传播，并与顾客进行对话，缩短了企业对客户需求的响应时间，网络整合营销4I原则中提到的利益原则强调，对目标用户群开展营销时，要时刻注意营销活动是为客户提供实在的利益，这显然是微博营销取得成功的关键。

（2）微博的商业价值体现于互动交流（跨地域，实时性）。与传统的互动营销相比，微博的互动形式可以打破地域及人数限制，全国甚至全球受众都可能成为互动营销的参与者，更重要的是来自不同地区志趣相投者可以实时沟通、深度交流。品牌的烙印会在体验与互动中会更加深刻。

（3）微博的商业价值体现于硬广形式。激发用户热情，以许可式、自主式的形式开展广告宣传。可根据用户的兴趣爱好进行人群定位，让营销更精准，效果更突显。

（4）微博的商业价值体现于公关服务。营销团队可通过微博平台进行舆情监测，实时监测受众对于品牌或产品的评论及疑点。如遇到危机事件，可通过微博客对负面口碑进行及时的正面引导，使搜索引擎中有关的负面消息尽快淹没，让企业的损失降至最低。

5．微博营销的基本步骤

企业微博营销流程及操作要点如图4-30所示。

（1）选择微博平台。应该选择一个有影响力、集中了目标用户群体的微博平台，在此平台上开设企业微博账号，获得发布信息的基本资格。一般情况下，不建议企业自行开设独立微博。

（2）勾画企业形象。通过微博的"个人设置"，让他人通过微博首页可以了解企业的基本信息并产生信任感，如品牌名称、核心产品、独特优势等，此后应发布若干有关企业介绍的微博，再开始寻求他人的关注。

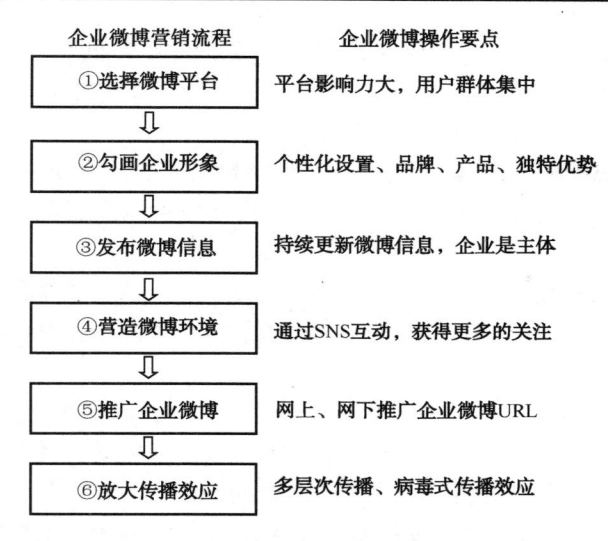

```
企业微博营销流程              企业微博操作要点
┌─────────────────┐
│ ①选择微博平台    │    平台影响力大，用户群体集中
└─────────────────┘
         ⇩
┌─────────────────┐
│ ②勾画企业形象    │    个性化设置、品牌、产品、独特优势
└─────────────────┘
         ⇩
┌─────────────────┐
│ ③发布微博信息    │    持续更新微博信息，企业是主体
└─────────────────┘
         ⇩
┌─────────────────┐
│ ④营造微博环境    │    通过SNS互动，获得更多的关注
└─────────────────┘
         ⇩
┌─────────────────┐
│ ⑤推广企业微博    │    网上、网下推广企业微博URL
└─────────────────┘
         ⇩
┌─────────────────┐
│ ⑥放大传播效应    │    多层次传播、病毒式传播效应
└─────────────────┘
```

图 4-30　企业微博营销流程及操作要点

（3）发布微博信息。这是一项持久的、连续的工作，微博应持续更新。同时要注意，微博内容的写作和选择至关重要。企业微博虽然以个人操作为主，但在表现方式上应以企业为主体，尽可能避免个人情绪化的表达方式。

（4）营造微博环境。尽可能参与微博平台的互动活动。微博是社会性网络服务（SNS）的一种形式，独自发布信息而没有别人关注是没有意义的。参与互动的方式包括：关注业内重要机构和人物、关注与企业相关的行业动态、关注那些关注自己的人，通过转发、评论他人微博等方式，获得他人关注，获得尽可能多的被关注。

（5）推广企业微博。与企业网站推广类似，可以通过电子邮件、QQ、名片、印刷品、产品外包装等方式，把企业微博网址告诉更多的用户，同时也可以邀请更多用户加入微博阵营，让大家通过微博实现更好的沟通。

（6）放大传播效应。微博最大的特点，是可以通过好友圈子快速实现信息在更大范围的传播，当拥有一定量的好友资源之后，通过信息的有效设计（如一定的激励手段），实现在好友之间，以及好友的好友之间信息的全方位放大传播。

6．企业微博推广策略

（1）平台的选择。首先需要选择一个用于营销推广的微博平台，国外企业一般会选择 Twitter 或 Facebook，对于国内企业来说，新浪微博是非常流行的 SNS 沟通平台。

（2）定位和目标。

① 企业微博的定位是快速宣传企业新闻、产品、文化等的互动交流平台，同时对外提供一定的客户服务和技术支持反馈，打造企业对外信息发布的一个重要窗口。

② 企业微博的目标是获得足够多的跟随者（俗称粉丝），形成良好的互动交流，逐步打造具有一定知名度的网络品牌。

（3）内容建设。微博的内容维护相对简单，主要包含发布和交流两部分内容。和企业博客不同，企业微博具有非常鲜明的特色，如发布门槛低（只有 140 个字）、实时性强、个性色彩浓厚、交互便捷等。企业的微博营销必须注意这些特色，才能形成良好的营销传播模式。比如，控制发布频率，让企业微博每天能有十条左右的更新，不要使用自动更新的方式，而是人为选择一些较为活泼的话题进行更新。为了增加个性特色，还可以选择一个好的头像。

① 发布信息，指的是单向地把企业自己的内容（如企业博客的文章、新品发布、企业新闻等）告知给自己的跟随者，以达到扩大宣传范围、提高知名度的效果。目前大部分企业都采取这种方式进行更新。

发布这类内容的时候需要注意，要保证跟随者阅读这些更新，一定要保证其有阅读价值，不要发布一些无聊的更新。多发一些有趣、有特色的更新，会得到更多的转发率，并提高企业博客的关注度。

② 互动交流，指的是通过和自己的跟随者进行交流，达到人际传播和推广的效果，这是很多企业所忽视的。为了形成良好的互动交流，企业微博应该关注更多的用户，并积极参与回复讨论。

（4）常用的微博推广方式。

① 开展有奖活动。提供免费奖品是一种常见的营销模式，也是一种有效的推广手段，很多人喜欢免费奖品，这种方式可以在短期内获得一定的用户。

② 特价或打折信息。提供限时内的商品打折活动，也是一种有效的推广方法，如销售主机或域名的企业微博，可以定时发布一些限时的优惠码，能以低廉的折扣购买，可以带来不错的传播效果。

③ 广告宣传。在一些门户类网站、百度营销等平台发布企业微博广告，以增加普通网民的关注度。

④ 企业内部宣传。一些大型企业本身就有不少员工，可以引导企业员工开通微博并在上面交流信息，对于大企业来说，可以在短时间内让企业增加大量粉丝。当订阅用户增多之后，就能在微博平台的首页曝光，吸引更多的用户订阅跟随。

⑤ 合作宣传。联系微博平台的业务员，将企业微博的账号添加到"公司机构"等栏目，并通过实名身份认证。

⑥ 广发邀请。通过邮件或其他渠道，邀请企业客户、潜在用户前来注册，注册使用指定的链接，注册之后就能自动关注企业微博。

（5）微博日常运营方案。

① 企业微博的运营是一项长期工作。可以考虑让多人共同维护一个主账号，内容的更新采用人工+自动方式进行。在推广初期，尽量采用人工更新方式，保证每一条信息的更新质量，后期可以采用自动将企业博客 RSS 同步更新的方式，以方便维护。

② 对于重点推广的文章，一定要填写详细的摘要，然后添加文章的短链接地址。

③ 邀请企业的客服人员进行微博维护，对外回复一些产品技术问题，可以起到快速反应、及时解决问题的效果，从而提高顾客满意度。

④ 邀请企业的咨询和售前顾问进行微博维护，可以解决一些潜在客户的疑问，努力把潜在客户发展成为付费用户。

⑤ 另外，还可以开辟专门的社区供用户交流，安排专人进行维护和解答；制作专门页面介绍用户感兴趣的重点信息等，这都是比较受消费者欢迎的交流方式。

⑥ 多人维护企业微博账号，需要制定更新微博的规范。要避免一些不符合规范的信息发布到微博上，要确保对外发布的内容能良好体现企业的文化及品位。

技能训练 4-4　服饰品类的微博营销

杭州南瓜坊服饰有限公司成立于 1999 年，开发、生产、销售"南瓜娃娃"童装。"南瓜娃娃"品牌童装以优异的品质、精细的做工、完善的售后服务展现最独特的童装品牌风格。该公司设计来源于日本、韩国、中国香港三大设计中心，其以敏锐的时尚触觉，捕捉国际、国内最新潮流。公司针对1~6岁这一年龄层穿着及审美隆重推出时尚个性的童装系列，其中，"南瓜娃娃"童装正迅速占领国内高档品质和中低档价位市场，受到很多朋友的喜爱。公司凭借过硬的设计、生产、销售实力，每年推出450余款不同风格的童装系列，来满足新老客户的需求。

如果你是杭州南瓜坊服饰有限公司的网络营销专员，公司电子商务经理希望你依托新浪微博平台创建一个员工个人型微博为公司进行微博营销推广，请认真思考和实践，并将过程填入表4-12。

表4-12　杭州南瓜坊服饰有限公司员工个人型微博营销创意设计

时间：_____　　　　　　　　　　　　　　　　　设计人：_____

微博用户信息设置（微博名、签名档、头像）	
个性化域名设计	
自定义微博模板（截图）	
关注5个行业内活跃用户	
关注10个明星妈妈	
发起一次网络投票（截图）	
提供一次有奖活动	
发起一次病毒式营销	

第五节　微信营销

内容提要：

微信营销，是企业利用微信和用户建立连接，通过持续的信息互动和服务支持，来推广企业品牌和促进产品销售。

微信营销的目的主要有品牌塑造及产品销售，微信营销手段既可以是企业通过公众号向用户推送信息，也可以是借助大V（知名公众人物）的影响力在朋友圈转发扩散。

微信公众平台主要提供订阅号、服务号、企业微信等服务。订阅号主要用来为用户传达资讯，服务号主要用于服务交互，而企业微信是一个面向企业的基础办公沟通工具。

微店是指通过微信规则和机制而开设的微型店铺，由非腾讯（微信）的第三方公司提供，而微信小店才是微信官方自有的电商平台。

微信（WeChat）是腾讯公司于2011年1月21日推出的一款即时通信服务应用程序，一经推出就受到广泛欢迎。微信打造的"全民社交圈"不仅满足了用户的好奇心，也增强了用户的群体归属感。微信用户通过朋友圈把自己的强关系扩展到陌生人的弱关系，从而不断扩大自己的社交圈。今天，微信已经脱离了单一的"即时通信工具"的定义，它融合了电商、社交、媒体、游戏和通信功能，逐渐成长为集诸多功能于一体的综合型APP。

微信的出现，为自媒体时代的到来隆重加冕，并且开创了一种人人在线的生活新方式。

一、微信营销简介

微信作为一款同时支持 PC 端、iOS 和 Android 客户端的即时通信软件,它让使用者不受通信营运商和操作平台的限制,可以利用网络发送免费的图片、文字、视频和语音消息。微信推出的公共平台服务,让用户可以关注公众号,通过二维码扫描等方式,免费把信息发布到朋友圈。它不仅支持信息的交流沟通,还提供了在线购物、听歌、看电影、游戏等服务。随着微信功能的拓展,其连接一切的目标日趋完善,如图 4-31 所示。

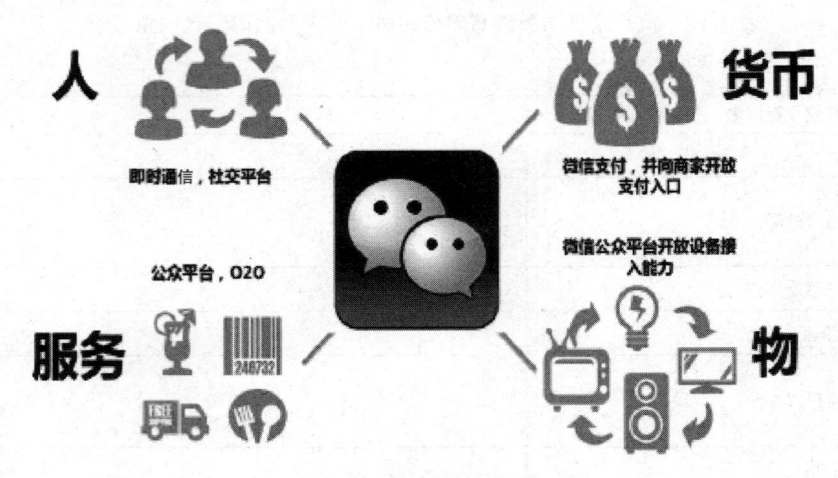

图 4-31 微信平台功能使用情况

微信营销是企业利用微信和用户建立连接,通过持续的信息互动和服务支持来推广品牌和促进销售,包括品牌塑造、公共关系、客户服务、产品销售等内容。基于微信公众号的微信营销,不仅是企业的客户关系管理(CRM)系统,更是一个全天候在线的移动服务平台。

个人和企业都可以注册微信账号,通过微信的搜索功能添加其他人为好友,从而形成朋友关系。用户可以通过订阅号的方式关注自己感兴趣的信息,企业也会为用户提供一些有趣或有价值的信息,这样企业与用户之间便形成了点对点的强关系,通过这种关系企业便可推广自己的产品或服务。

传统营销基于不同的平台对客户进行营销,成本高昂,并且需要不断重复才有效果。微信营销摆脱了传统营销的时空局限,具有垂直化、O2O 化、精准化的特点,能够全面涵盖用户各种各样的生活场景,逐渐成为商家乃至个人最受欢迎的营销方式之一。

二、微信营销方式

微信营销的概念在不断丰富和发展。从营销目的来看,它不仅仅是通过宣传产品吸引消费者购买,也包括了企业形象宣传和品牌塑造,或者是对危机事件的处理。从营销主体来看,既包括企业,也涵盖了个人的营销行为。从营销手段来看,微信营销包含各种各样的方式。企业可以通过公众号向用户推送信息,也可以借助大 V 的影响力在朋友圈转发扩散,或者借助微博、QQ 等平台进行宣传推广。以下是几种常见的微信营销方式。

1. 草根广告式的位置签名

微信植入了基于位置服务(Location Based Service,LBS)功能,借助"直播和附近",用户可以查找自己所在地理位置附近的微信用户。系统除显示附近用户的姓名等基本信息外，还会显示用户签名档的内容。商家可以利用这个免费的广告位为自己做宣传，甚至打广告。

2．O2O 折扣式的二维码扫描

安装有微信客户端的消费者用手机扫描商家二维码，其手机号或 QQ 号立刻被记录到商家后台；用户可以通过扫描识别二维码来添加朋友、关注企业账号；企业可以设定自己品牌的二维码，用折扣和优惠来吸引用户关注，开拓 O2O 的营销模式。

3．社交分享式的开放平台+朋友圈

利用微信开放平台，应用开发者可通过微信开放接口接入第三方应用，还可以将应用的标志（Logo）放入微信附件栏中，让微信用户方便地在会话中调用第三方应用进行内容选择与分享。

朋友圈可以将手机应用、电脑客户端、网站中的精彩内容快速分享到朋友圈中，并支持以网页链接方式打开。朋友圈的交流比较封闭，口碑营销会有一定的效果。但朋友圈并非万能的营销圈，只适合口碑类产品、私密性小产品的推广，否则可能引起朋友的反感。

4．互动营销式的公众平台

微信公众平台是一个门槛较低的微信营销模式。每个用户都可以打造一个自己的微信公众号，并在微信平台上实现和特定群体进行文字、图片、语音的全方位沟通互动。

微信公众号可以通过后台的用户分组和地域控制，实现精准的消息推送。普通公众号可以群发文字、图片、语音三个类别的内容。认证号则有更高的权限，不仅能推送单条图文信息，还能推送专题信息等。

技能训练 4-5　个人微信账号的设置与优化

请注册你个人的微信账号，再按顺序完成以下操作，并将每次操作的结果截图保存，附上简要的文字说明。

（1）设置微信头像、名称、个人签名、二维码名片、微信号。

（2）完善朋友圈，选取一张照片设置朋友圈的封面，将"网络营销实务"任课教师加为好友。

（3）通过通信录和 QQ 联系人，或通过微信扫一扫等方式，增加微信好友至 50 人以上。

（4）关注五个以上自己正在关注和研究的行业的相关微信公众号（点击"添加朋友"→"公众号"，输入关键词搜索公众号，关注公众号）。

（5）查看你所关注的微信公众号，有什么有价值的信息（点击"通信录"→"公众号"，点开一个微信公众号，点右上角人头标志，进入公众号），把你认为有价值的信息分享到朋友圈。

三、微信公众平台

微信基础平台上新增的微信公众平台，让用户可以打造一个自己的微信公众号。基于微信公众平台的自媒体活动，是进行一对多的媒体行为，如商家申请公众平台的服务号，通过二次开发接入微信会员云营销系统，可以展示商家微官网、微社区、微会员、微推送、微支付、微活动、微报名、微分享、微名片等，还可以实现部分轻应用功能。

微信公众平台提供订阅号、服务号、企业微信三类服务。

订阅号：主要功能是在微信端给用户传达资讯（功能类似报纸杂志，提供新闻信息或娱乐趣事），为媒体和个人提供一种新的信息传播方式。适用对象主要有个人、媒体、企业、政府或其他组织。订阅号1天内可群发1条消息。如果想用公众平台简单地发送消息，达到宣传效果，建议选择订阅号。

服务号：为企业和组织提供强大的业务服务与用户管理能力，主要偏向服务类交互（功能类似12315、114、银行）；适用对象主要有媒体、企业、政府或其他组织。服务号1个月可发送4条群发消息。如果想用公众号获得更多的功能，如开通微信支付、进行商品销售等，建议选择服务号。

企业微信：主要用于公司内部通信，提供丰富的办公应用，并与微信消息、小程序、微信支付等互通，助力企业高效办公和管理。如果想用来管理内部企业员工、团队，对内使用，可申请企业微信。

服务号、订阅号、企业微信应用示例如图4-32所示。

图4-32 服务号、订阅号、企业微信应用示例

总之，订阅号主要用来为用户传达资讯（类似报纸杂志），每天只可以群发一条消息；服务号主要用于服务交互（类似银行），每个月可群发4条消息；而企业微信是一个面向企业级市场的产品，是一个独立的APP、一个基础办公沟通工具，是专门提供给企业使用的即时通信（Instant Messaging，IM）产品，适用于企业、政府、事业单位或其他组织。

1. 微信公众平台注册

注册微信公众号前需要准备以下资料。

（1）准备一个没有注册过公众号的邮箱，如果是QQ邮箱，那么对应的QQ号也要没有注册过公众号。

（2）身份证扫描件，每个身份证可以注册五个公众号。

（3）一个能通信的手机，用来接收注册验证码。

(4)设计好公众号名称（非常重要，一旦申请成功，名称不能修改）。

准备工作做好后开始进行注册，在浏览器地址栏输入 mp.weixin.qq.com，进入微信公众平台，单击"注册"按钮后，按流程操作即可完成。

2. 微信公众号主要功能介绍

（1）群发功能。群发功能比较强大，可以选择群发的对象：全部好友或是有目的性的分组，如男性或女性好友等。发送的内容包括文字、音频、图片、视频等，基本包含了所有格式的信息。

为了避免商家无休止地群发广告骚扰用户，微信公众平台限制了一个公众账号每天只能群发一条消息，所以在发送时，要认真编辑发送的内容。发送过的消息可以在"已发送"中查看到。

（2）自动回复。自动回复分为被添加自动回复、用户消息回复及关键词自动回复。

① 被添加自动回复。用户一旦添加公众号，则设置好的信息将自动发送给用户。可以选择发送的内容为文字、语音、图片或视频。

② 用户消息回复。可以实现系统与用户间的自动对话。在"自定义回复"中，可以定义好规则，如果用户发送过来的文字中包含某些关键词，则自动回复相应的内容。如果设置了"用户消息回复"，当用户发送过来的文字中不包含"自定义回复"定义好的关键词，则回复"用户消息回复"中设置好的内容。

③ 关键词自动回复。只要用户发过来的一句话中包含了关键词，则触发规则，系统自动回复事先设置好的内容，如图4-33所示。

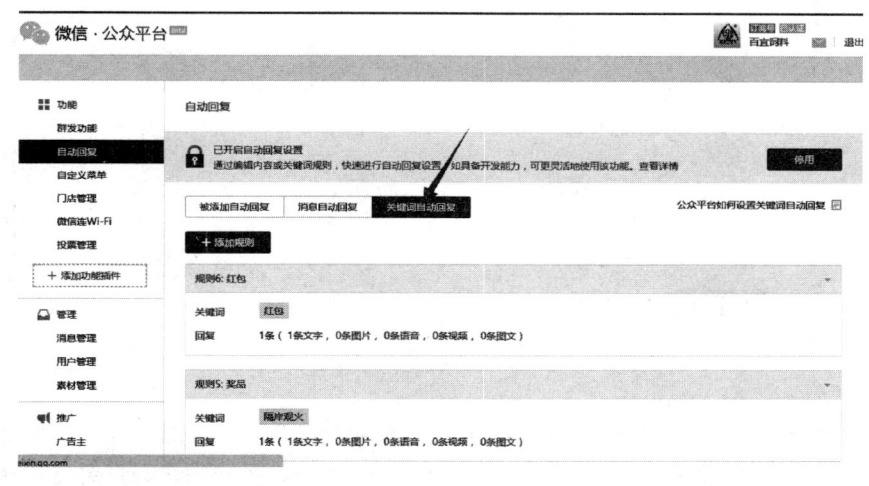

图4-33 微信公众号后台"关键词自动回复"设置

（3）自定义菜单。微信的功能越来越强大，申请认证后的开发者能自定义菜单。用户通过微信界面下方的菜单，就能直接查看指定的页面，如图4-34所示。在微信公众号后台，点击"自定义菜单"，可设置相应的一级菜单和二级菜单，并可设置菜单的跳转链接。

（4）消息管理。进入微信公众平台界面后，每天都会用到的就是"管理"菜单下的"消息管理""用户管理""素材管理"。

消息管理后台只保存最近五天内的消息，但是，只要把消息标记为"星标消息"（在用户消息条右侧点击星星图形），就可永久保存。

如需与用户进行简单交流，可直接使用快捷回复，但快捷回复最多为 140 字，且只能发送文字与表情，输入完成后可直接按"Enter"键发送。如果要与用户进行深入交流，可点用户头像，进入聊天界面——聊天界面可显示用户最近的 20 条消息，回复内容可包括文字、图片、图文、语音、视频等，如图 4-35 所示。

图 4-34 "百宜饲料"微信公众号后台的自定义菜单

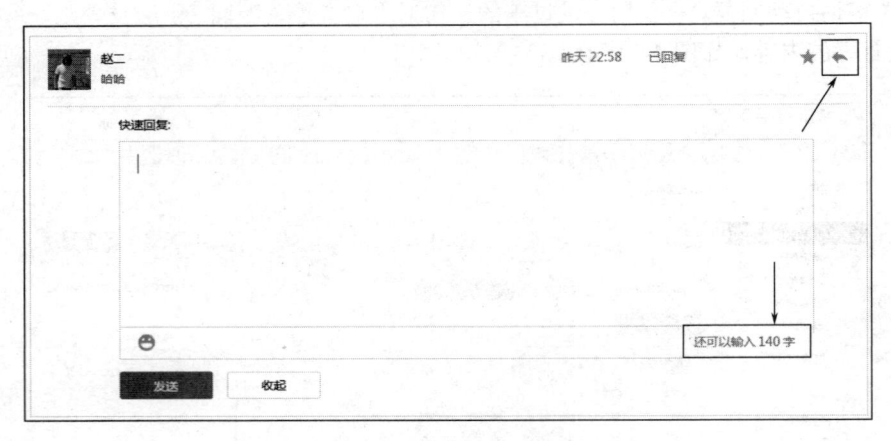

图 4-35 微信公众号后台消息管理

（5）用户管理。微信用户管理后台是可以进行分组管理的，尤其对企业类的公众号而言，对用户进行分组管理是极有必要的。比如企业有很多业务时，用户的喜好肯定也是分类的，这个时候对用户进行分组管理很有必要。而且很多平台并不是一个人在运营，清晰的分组，可以让每个运营者都对用户的喜好有所掌握。

为用户分组的方式有以下三种：

① 在用户管理界面，每个用户所在行的最右边，会出现默认组的选项，点击可为用户分组，如图 4-36 所示；

② 在用户管理界面，把鼠标移动到用户头像处时，会出现用户的详细信息，借助最下面的"分组"选项可以为用户分组；

③ 在消息管理界面，也可以用同样的方法为用户分组。

图 4-36 微信公众号后台用户管理

（6）素材管理。素材管理是每天与用户互动时最常用到的，一般用于发送图文消息。素材类型分为图文消息、图片、语音、视频。

图文消息分为单图文与多图文两种。单图文消息尤其要注意摘要，一定要填写，如果没有填写，会默认从正文中直接提取 120 字为摘要；多图文最多可以有八篇文章，一般三篇左右为宜（一般手机的整屏显示刚好为三篇左右，有很多条消息时容易变成电子杂志的感觉，且主题不明确，容易招致用户反感）。

图片需要先上传到后台，群发消息时才可以使用。上传图片时要注意图片大小不超过 2MB，格式为 bmp、png、jpeg、jpg 或 gif，一次最多可上传五张，如图 4-37 所示。

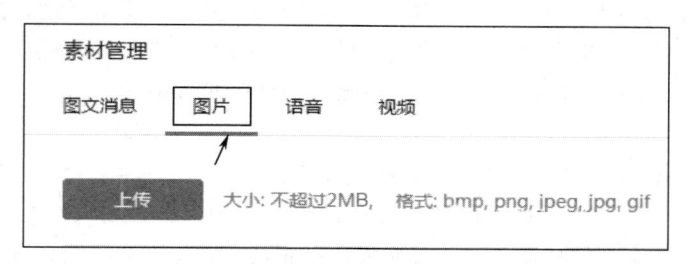

图 4-37 微信公众号后台图片素材

语音消息的大小不超过 5MB，长度不超过 60 秒，格式为 mp3、wma、wav 或 amr，可通过电脑剪辑后上传，亦可像聊天一样对着后台发送（可以直接保存）。

视频消息支持微视与本地上传。本地上传的视频大小要求不超过 20MB，格式为 rm、rmvb、wmv、avi、mpg、mpeg 或 mp4，也需要上传到后台才可以群发。

技能训练 4-6 微信公众号创设体验

请以小组为单位，注册微信公众号中的订阅号，并完成以下操作，最后将操作的结果填入表 4-13。

表 4-13　微信公众号建设体验分析

实训内容		操作结果	备注
微信公众号名称			
微信公众号二维码			
微信公众号定位			
微信公众号自动回复			
相关公众号特点分析			
实训结论			

（1）根据公众号的用途，给自己的公众号起一个恰当的名称。

（2）策划公众号的定位，规划好自动回复（被添加自动回复、用户消息回复、关键词自动回复）和基本功能模块。

（3）了解同类行业的三个公众号，对其功能特点进行调研，并与自己的公众号进行对比分析。

特别注意：

① 一个组可注册多个公众号，但一个身份证号码只能注册一个，公众号一旦确定不能更改，头像可以一个月更改一次，名称在认证时可以更改一次。所以请谨慎选择公众号名称。

② 上传身份认证照片时，请确保身份证信息清晰可见。如第一次审核不通过，第二次将影响微信平台的使用。请勿使用 QQ 传图，容易造成图片不清晰，可使用邮箱或微云等平台传图。

四、微店营销

微店是微信兴起后的产物，是通过微信规则和机制而开设的微型店铺。微店作为移动端的新应用，让任何人通过手机号码即可开通自己的店铺，并可一键分享到社交网络服务平台来宣传自己的店铺并促成成交，这在一定程度上降低了开店门槛和手续。

2013 年，微店开始崛起。

2014 年 1 月，电商导购 APP 口袋购物推出微店。

2014 年 5 月，腾讯微信公众平台推出微信小店。

2014 年 10 月，京东拍拍微店也宣布完成升级测试，并与京东商城系统实现全面打通，开始大规模招商。与此同时，淘宝微店也大举进入。淘宝可以让卖家的淘宝店架设到微信公众平台上。

微店的两大模式：一类为 B2C 模式，如京东微店，直接通过商家对接消费者；另一类类似于 C2C 模式，多面向个体。其中 C2C 类模式的店家居多。

微店的三大阵营：第一阵营为平台类型，如微信小店、京东拍拍微店、淘宝微店、有赞购物微店等；第二阵营主打为服务，如微盟、京拍档、各大电商平台自己推出的微店；第三阵营主要是个人推出的，提供一种建微商城的工具，属于小打小闹。

微店的主要优势：微店就像路边小店，胜在方便、有风格。而且，多一个平台，多一个流量入口，多一个销售渠道，多一份收入，何乐而不为。况且进驻微店的资金、人力等门槛较低，大大降低了开店的成本，风险得以有效控制。此外，有大量与微信接口的微店工具可以选择，使用简单，人人都能学会。

目前网上提供开设微店的平台较多，下面以"微店"（www.weidian.com）为例，介绍开设微店的流程。

1．开启微店

（1）通过手机下载"微店"APP 并成功安装后，按照提示注册微店，添加自己店铺的基本信息，即可完成微店创建，如图 4-38 所示。

图 4-38　微店登录、注册页面

注册时要填写真实信息，若注册姓名与身份证号码和银行卡号不一致，会导致提现失败。根据国家《网络交易管理办法》，应监管部门要求，微店对卖家进行实名制核实，注册完成之后需将注册手机号，以及身份证正反面、银行卡正反面拍照或扫描件发送至 shrz@weidian.com，邮件主题为"实名认证审核"。

（2）进入微店，同步导入淘宝店铺的产品。

快速搬家操作流程：登录微店，进入"我的微店"，选择右下角齿轮形的"设置"，点击"淘宝搬家助手"→"快速搬家"，如图 4-39 所示，输入淘宝店铺账号和用户密码即可。微店预计 24 小时内完成搬家。

普通搬家操作流程：登录微店，进入"我的微店"，选择右下角齿轮形的"设置"，点击"淘宝搬家助手"→"普通搬家"，记录以 wd 开头的序列号，将序列号加入淘宝店铺的某个商品标题里，进行保存。然后再将保存后的商品重新打开，记录商品 ID（浏览器网址的最后一串数字），将商品 ID 填写在微店淘宝搬家第二步中，点击"开始搬家"。设置后 24 小时内不要修改淘宝商品标题，微店预计 24 小时内完成搬家。

2．微店设置及管理

（1）店铺设置。

① 店铺头像：选择 220 像素×330 像素图片，修改店铺头像。

② 店铺名称：输入所开店铺的名称。

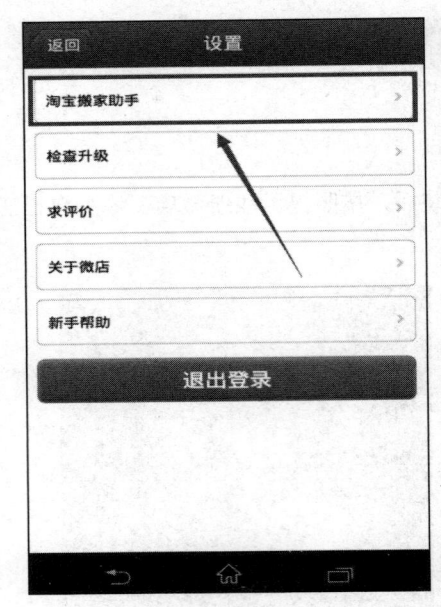

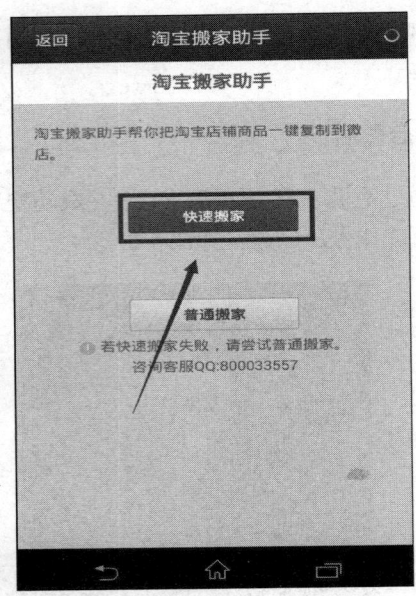

图 4-39 微店"淘宝搬家助手"页面

③ 微信号：添加微信号后，可以将微信号作为联系方式展示在微店中，可使与买家沟通更加便捷。

④ 店铺等级：点击"查看评分规则"，可查看微店卖家等级计算方式与积分规则。

⑤ 店铺公告：可以编辑店铺须知、重要通告等展现给进店浏览的买家。

⑥ 店铺招牌：选择 640 像素×330 像素图片，修改店铺招牌。

⑦ 店铺封面：以导航形式设置店铺分类展示，把更具吸引力的商品类型优先展示给买家。

⑧ 微店地址：如果有实体店铺，可以添加实体店铺地址，便于买家光顾。

（2）店铺管理。点击"微店"→"微店管理"，进入店铺管理设置界面。

① 店铺二维码：点击"查看"，自动生成微店二维码，可分享给微信好友或分享到朋友圈，也可下载保存。

② 店长笔记：可以添加文字及图片说明展示在店铺中，可以分享给好友，以便好友对店铺和商品进行宣传。

③ 微信收款：点击"微信收款"，输入收款金额后点击"下一步"。如需升级为正式商品，需添加商品信息生成商品链接。如无须升级为正式商品，可直接通过微信和短信将收款链接发送至买家。微信收款指买卖双方协议价格以后，卖家直接通过微信收款快速向买家发起收款，促成交易。微信收款和微店店铺交易是两种交易方式，微信收款的订单不计入店铺销量。

④ 运费设置：可根据商品件数设置相关邮费，并可指定地区运费，不同地区设置不同邮费。

⑤ 商品展示方式：可以对店铺商品展示方式进行设置，有按上架时间展示及商品分类展示两种方式。

⑥ 货到付款：可点击"货到付款"查看细则，并且可自行开通与关闭此服务。

⑦ 七天无理由退货：可点击"七天无理由退货"查看细则，并且可自行开通与关闭此服务。

⑧ 担保交易：可点击"担保交易"查看细则，服务可自行开通，如需关闭则拨打客服电话 4008933557。

⑨ 微信支付：开通担保交易后，默认开通微信支付功能，此支付渠道仅支持通过微信进入店铺下单时使用。

3. 微店推广

(1) 分成推广。开通分成推广，如图 4-40 所示，让推广者可以通过转发得到佣金，店主只需为成功售出的商品付出佣金。分成推广的商品成交后，佣金自动从成交金额中扣除，转到推广者的账户中。

图 4-40 微店"分成推广"页面

(2) 进入微店第二屏，点击"我要推广"→"分成推广"，按提示设置佣金，如图 4-41 所示。

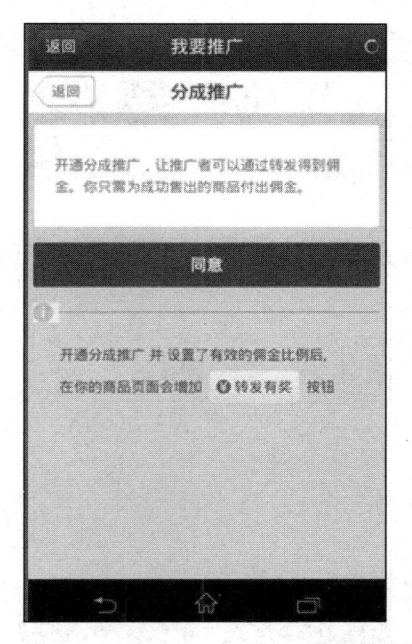

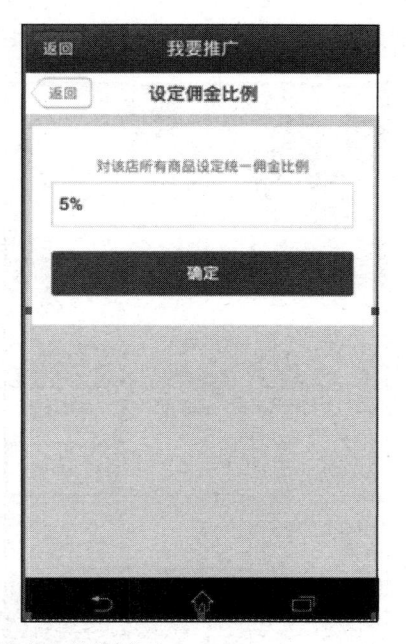

图 4-41 微店"我要推广"设置页面

(3) 在朋友圈分享宝贝，可让朋友和粉丝看到物美价廉的宝贝。

（4）发展分销（微店最有效的推广方式）。介绍、教会微信里的朋友和粉丝转发自己分享的宝贝，让他们成为自己的分销商，分销商越多，商业影响力越大。打理微店是不需要分散精力的，业余的时候通过 QQ、朋友圈、微博、论坛分享等发布出去，就有佣金收入了。这也相当于帮助身边的人找到了一份清闲的兼职，为他们创造额外收入。

首先，进入"我的微店"，选择要推广的宝贝，如图 4-42 所示，把宝贝分享到微信朋友圈、微博、QQ 空间等。

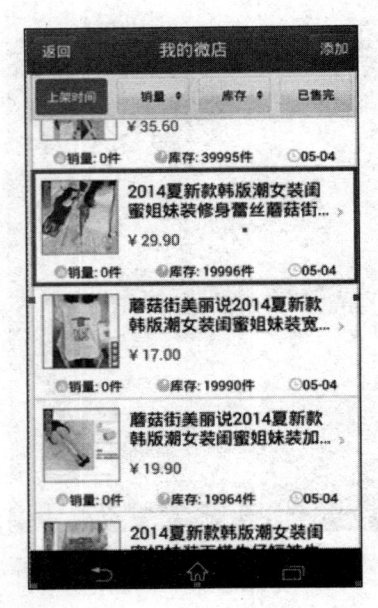

图 4-42　微店商品页面

朋友和粉丝在朋友圈、微博等处看到宝贝后，点击"点我有奖"，生成推广链接，如图 4-43 所示，转发并促成交易后就能拿到佣金了。

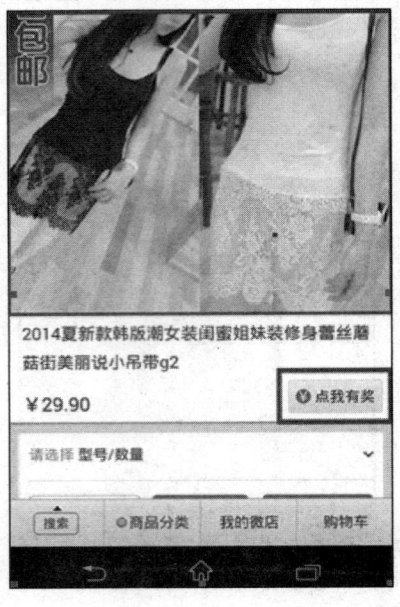

图 4-43　微店商品分享页面

4. 微店商品的选择

什么样的产品适合做微商？面膜？保健品？食品？古玩？……貌似什么看起来都行！但是如果把微商看作一种正常的商业模式的话，还是可以从众多消费品当中筛选一下的。

首先来理解一下微商的"微"。微就是小的意思，而不是微信的微，或者微博的微。这个微可以有很多含义，比如小规模，利用微工具，在一个微圈子范围内，建立起微信任等，平台可以是微博、微信、陌陌、QQ、微视、论坛、YY 频道、QT 平台等。

比如很火爆的在 YY 的游戏公会里面卖零食，市场非常大，也可以称此为微商，另外还有拍拍微店、淘宝的淘小铺、有赞等，不必太拘泥于微信朋友圈，那样就太狭隘了。

那么，微商建立的前提是什么呢？不管是微信也好，微博也罢，从本质上来看，都是社交沟通的工具，是用于交流的，之所以能够通过微信、微博等实现成交，是因为分享了之后，好友基于信任才去购买的。所以，适合利用微商销售的商品，应该从两个核心关键词上去考虑：分享、信任。以下几类商品可能比较适合微商模式。

（1）有特色的商品。用微博、微信等进行分享，肯定要分享一些不普通的、真正有价值的、有特色的商品，如果发微信"我今天用了一种卫生纸，特别好，五层的！"这样好像不是特别好吧。

但如果分享"我今天吃了一个特别好吃的比萨，是我吃过的最好的比萨！"结果会怎么样？肯定很多人就会问在哪里吃到的。因为吃的东西更容易形成特色，更适合分享。是不是朋友圈比较多的内容就是吃喝玩乐？这也许是微商的本质属性。

（2）客单价 300 元以内的商品。在朋友圈里面分享，好友买一般是出于信任，信任度越高，愿意成交的客单价就越高。如果是亲人，分享的哪怕是几万元的东西，他认为有用就有可能成交。

可是在做微商的时候，这种高度的信任毕竟是少数，只有亲人、挚友、闺蜜才可以。很多时候只能是微信任，也就是说：我相信你，但是有一个度！这个度大约就是 300 元之内。300 元之内，即使被骗了，大部分人还能够承受。

（3）重复性购买的商品。对于微商来讲，可能最头疼的就是客源问题。微商成交，首先一定要有信任。不管是谁，建立信任肯定是需要一个过程的。建立信任是微商成交的第一步，这一步得来不易，耗时也比较长！所以，最好是跟客户建立信任后，再充分挖掘客户的价值，让客户重复消费，而不是需要不断寻找新客户，那样的话微商的优势就荡然无存了。

（4）非标准化的商品。非标准化的商品可以塑造特色，可以提炼能够深入人心的东西。

当然，除以上这些外并不是说别的就肯定不适合。事在人为，哪怕是工业品，只要选择的人群是精准的，也可以做微商。

阅读材料 4-3 微店、微信小店及其他

微店由非腾讯（微信）的第三方公司提供，只是名字里有"微店"两个字的第三方开店服务。微信小店是微信官方基于微信支付的腾讯自有电商平台。微信小店开店门槛高，需要在开通微信服务号的基础上再开通微信支付，这都需要公司资质（非个人）。而微店则简单得多，个人身份证开通订阅号借助第三方免费平台即可开店。

1. 经营模式不同

微店：无须资金成本、无须寻找货源、不用自己处理物流和售后，是最适合大学生、白领、上班族的兼职创业平台。

微信小店：需要有自己的实物货物进行售卖。

2. 平台不同

微店：非腾讯（微信）的第三方平台。

微信小店：微信平台。

3. 适合人群不同

微店：比较适合大学生、白领、上班族。

微信小店：微信小店只适合刚刚入门的小微商户使用，随着小店销量和规模的上涨，微信小店提供的功能还是略显单薄，所以大部分商户可能还需要采用第三方的微商店系统来满足自己的一些基本的营销和会员管理功能。

4. 门槛条件不同

微店：可以说是真正零门槛。

微信小店：必须是企业认证的服务号，必须开通微信支付接口，必须交纳微信支付接口的两万元押金。

微店刚刚推出的时候确实风头无两，但是最近来看，其他微商城平台早已将它超越，而且现在微平台很多。抖音小店、快手小店、微博小店、百度小店都开始兴起了。现在的微店铺基本上都是依附于大平台，只不过是需要自己进行流量经营。

（资料来源：知乎 https://www.zhihu.com/question/31440067/answer/57705271，2021-01）

技能训练 4-7　微店的创建体验

请按以下步骤，建立自己的微店，将相关操作结果截图并配以文字说明，最后将相关图片及文字内容提交到指定的网络空间。

（1）打开 www.weidian.com，或在手机上下载并安装"微店"APP。

（2）设置微店名称、店铺招牌、店铺公告等。

（3）通过"淘宝搬家助手"，把淘宝店铺的商品同步到微信上。

（4）店铺管理：查看店铺二维码并分享；设置微信收款方式；设置运费等。

（5）对微店开设的过程进行总结。

第六节　短视频营销

内容提要：

短视频，是一种视频时长以秒计算，主要依赖于手机等移动智能终端完成拍摄与编辑，可在社交媒体上即时分享的一种视频类型，一般时长都在 20 分钟以内。

短视频的主要特点：视频时长短，技术门槛低，社交属性强，传播速度快。

短视频将娱乐和信息深度融合，以极富创造力和艺术表现力的内容来打动用户，从而触发用户来自心底的认同。

网红或意见领袖的短视频的营销，其本质是为消费者提前构建消费场景，让消费预知自己的消费感受——对产品使用价值及情感价值的感受。

一、短视频发展概述

随着互联网的兴起，在 21 世纪前 20 年里，野蛮生长数

教学案例 4-1　短视频营销案例-钉钉之歌

百年的传统媒体,迅速走向式微。从以门户网站为代表的web1.0,到基于大数据的web3.0;从文字、图片的在线传播,到视频、直播的风起云涌;互联网技术和媒介形式更新迭代,内容创作推陈出新,短视频行业迎来了属于自己的风口。

1．短视频兴起的时代背景

短视频应用发源于美国,2011年可以拍摄15秒视频的应用软件Viddy面世。Viddy具有快速拍摄、智能编辑的功能,而且它与Facebook、Twitter、YouTube等社交平台关联,让用户可以体验即时分享的乐趣,用户规模迅速逾亿。

几乎在同一时间,国内也出现了短视频应用。2013年8月底,新浪微博和秒拍合作推广10秒的秒拍短视频应用,9月底腾讯推出了8秒的微视短视频应用。2014年3月,陌陌发布了30秒短视频功能,4月,美图公司发布美拍短视频APP。目前,各类短视频应用发展迅猛。截至2021年元月,中国市场上常见的短视频APP主要有抖音、快手、西瓜视频、火山小视频、好看视频、Faceu激萌、波波视频及微视等。

得益于信息传播技术及传播方式的突飞猛进,从信息传播技术,到用户消费心理;从工作生活状态,到休闲娱乐方式,都正在经历着深刻的变化。

（1）时间的碎片化。移动互联网时代,用户的时间、终端设备、使用场景,都呈非固定、碎片化状态。传统以文字为主的信息表现方式,已无法满足用户碎片化阅读需要。短视频迎合这种碎片化的需求,用精简的时间,传递更多的信息。

（2）生活的娱乐化。现在90后、00后已是互联网主流用户,"娱乐化"正在成为越来越多互联网产品运营的重点。人们不喜欢严肃、刻板,更青睐轻松有趣的生活、学习和工作方式。短视频可将娱乐和信息深度融合,以极富创造力和艺术表现力的内容来打动用户,从而触发用户来自心底的认同。

（3）知识的轻量化。信息的碎片化,让人们获取知识所需成本大大降低,人们获取知识的方式正倾向于"轻量级",比如百度知道、知乎、豆瓣等。短视频可以轻松实现寓教于乐,在提供娱乐的同时,输出用户想要学习的知识点。

（4）社交的去中心化。互联网时代,受众的角色,开始从纯粹的信息消费者,演变为主动的信息生产者。操作简便的短视频,让用户可以发挥主观能动性,制作大量原创力作品,在社交媒体广为分享和传播。社交媒体为短视频供给流量,短视频则为社交网络供给内容,两者相辅相成。

2．短视频的主要特点

关于短视频,目前尚没有一个明确的定义。一般认为,短视频是一种视频时长以秒计算,很大程度上依赖于移动智能终端完成拍摄与编辑,可在社交媒体上即时分享的一种视频类型,具有视频时长短、技术门槛低、社交属性强、传播速度快等特点。

（1）视频时长短。2013年短视频刚刚兴起的时候,大部分的短视频时长是以秒为单位,大多时长在1分钟以内,比如8秒微视、10秒秒拍、10秒美拍。后来,随着短视频被越来越多受众接受和使用,视频长度也随之增加。美拍在2014年11发布的"60秒"功能,界定了短视频"10秒~60秒"的黄金拍摄时长。目前国内的短视频长度基本在20分钟以内。短视频的兴起,标志着视频进入"读秒"时代。

（2）技术门槛低。无须依赖专业设备,不受时间、场地限制,依托智能终端设备既可拍摄、编辑、上传。此外,抖音、美拍等短视频应用软件,还为用户配备了各种操作简单、艺术效果多样的特效技能，如插入音乐、表情、转场、特技、变声等视频编辑功能，使用户上手快、发现乐趣，并且能够拍出"大片"般的效果。

（3）社交属性强。短视频主要以社交媒体为传播渠道。例如，秒拍短视频在制作完成后可直接上传至个人微博，美拍、抖音等可以分享到朋友圈、微信、微博、QQ空间等社交平台。微信、微博内嵌的短视频，因为平台本身就具有社交属性，所以更方便视频制作者发布、分享和传播视频。短视频一经发布后，因为内容的创意性和趣味性，很容易在社交平台形成裂变式传播，其社交属性进一步增强。

（4）传播速度快。随着移动互联网和智能通信技术的发展，移动客户端已成为视频传播的重要渠道。短视频以其时长短、消耗流量少、即时观看的优点，使用户接受度非常高。摄录时间短，消耗流量少，是短视频火速传播的主要原因。此外短视频的播放，无须依赖专门的视频网站，在任何社交平台、资讯平台都能够随时浏览，这使得短视频播放愈发简单，也为其火速传播创造了条件。如2014年在微博引起广泛关注的周杰伦"冰桶挑战"的短视频，一天之内突破千万次点击量。

相较于传统媒体的线性传播，短视频的传播方式是多级裂变式的。报纸、广播、电视这类传统媒体多基本上是单向传播机制（One To One），也就是把信息附着于特定的载体，强制性传递。而短视频，因为它能够做到即时发布、即时分享，所以能够形成裂变式传播（One To N To N）。例如，某商家在短视频应用平台发布了30秒的视频广告，该商家的粉丝甲乙丙观看了广告，之后乙和丙认为此条广告有趣又有价值，而分享到了个人社交平台，让关注他们的人都收到了这条视频，这样就会有更多的人收看到这条视频，裂变下去。每个转发者，既是上一个传播过程中的受众，又是下个传播过程中的传播者，如此便形成了良性循环的商业信息扩散，如图4-44所示。

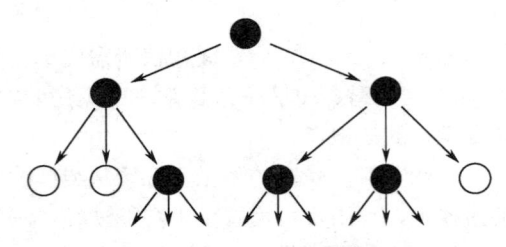

图4-44 短视频传播裂变图

二、短视频营销策略

由于契合了网络用户多元化与个性化需求，因其自媒体及社交化媒体属性，短视频的场景化营销，已逐渐成为企业营销创新的突破口。随着移动应用的普及，碎片化营销既是机遇，更是挑战。短视频营销策略可从以下方式切入。

1. 基于场景识别目标用户

按照传统的营销理论，定位目标消费者必须通过年龄、性别、职业、教育等指标来做市场的细分，进而确定目标人群，再根据目标人群的消费习惯及媒体使用习惯，输出针对性的广告内容，以实现精准营销。这种方式，环节烦琐，成本高昂。

在移动互联网时代，GPS技术和智能设备的互动功能逐渐增强，越来越多的场景细分参数，为辨认目标消费者创造了快捷有效的方式：只需要确认某个消费产品的场景即可，这个场景下的人群就是目标消费者。其实，任何一个场景都可以成为寻找目标消费者的地点，因为任何场景都包含了对于不同产品的需求，都具有明显或潜在的消费需求。

短视频营销的"场景"二字，决定了 GPS 技术在其中担当着重要角色。不同定位技术的精度和应用范围有所不同：如果营销针对的区域较大，那么使用 GPS 技术即可；如果营销范围是一个购物商场，那么需要使用 WiFi 技术。如果营销活动想附着在消费者的行为过程中，就需应用 iBeacon 技术。iBeacon 是苹果公司在 2013 年 9 月应用在移动设备上的新功能。iBeacon 技术通过在购物商场等室内场所铺设的 iBeacon 蓝牙硬件基站设备，使人们像"水滴"一样形成许多小型网络。每当使用者携带支持 iBeacon 的移动设备靠近某个基站时，该设备就会接收到 iBeacon 信号，当即能够获取与携带者所处地区相关的推送消息。

例如，北京的一家商场设置了 WiFi 及 iBeacon 技术。当有消费者在商场消费时，在连接该商场的 WiFi 之后，登录页面会显示"登录成功"和附近的商家信息及促销信息，这些信息多为图片和文字，能够让消费者一目了然地知道哪些品牌有新品上新，哪些品牌在做折扣。但是图片和文字的表达形式有限。而消费者在购物的时候，特别是在购物休息的时候，一般喜欢浏览社交网站，分享自己的购物体验，或是查找想要购买的产品的用户反馈，这个时候商家可以根据定位技术和 WiFi 技术，有针对性地为消费者推送有关产品的短视频，这些视频可以是品牌广告，可以是买家秀，也可以是代言人的试穿短片。

通过短视频这种具有媒介融合性质的媒体形式发送广告，会比图片和文字更加生动，并且短视频的内容更偏向于轻松化、娱乐化，是消费者在购物疲惫时有效的娱乐方式。

2．洞察需求推送品牌信息

通过消费者的日常生活场景来确定目标人群，只是场景营销的起始步骤，它为整个购买环节引入原始流量，而营销的重点是消费者需求的全面了解，以及品牌信息的准确推送。

了解消费者需求，目的是发掘消费者行为的根本原因，这些原因大多与消费心理有关。例如 2017 年 11 月在微信朋友圈"霸屏"疯转的短视频——《世界再大，大不过一盘番茄炒蛋》。该视频主打温情牌，讲述了孤身留学海外的男生不会做西红柿炒蛋，发微信求助父母，父母不顾中美 12 小时的时差，凌晨起床给孩子直播视频教学西红柿炒蛋。暖心的故事催人泪下，完美讲述了"望你留在身边，更望你拥有全世界""你的世界，大于全世界"的价值主张，如图 4-45 所示。

图 4-45 "世界再大，大不过一盘番茄炒蛋"视频

在感人的故事背后，其实是招商银行对"招商银行留学生信用卡"的推广营销。招商银行留学生信用卡最大的特点在于，学生拿的是附卡，父母拿的是主卡，这张信用卡成了父母和子女间物质和情感的纽带。也正因如此，走温情的亲情故事短视频营销路线，让这次营销看起来特别的"去营销化"，"儿行千里母担忧"在这里得到了圆满诠释。招商银行的这则短视频在发布之后迅速上了微博热搜，并被众多网友自动转发，其中不乏主流媒体和高校官微。而高校本身就是招商银行留学生信用卡目标用户的聚集区，所以这一次短视频营销不仅到达了目标用户，还为招商银行树立品牌形象做了一次成功的公关。从11月2日午夜开始，招商银行的微信指数当天暴增68倍，达到2 445万，远超王者荣耀和房价等关键词。

与以往营销方式不同，短视频场景营销既要把握对媒介形式的利用，又要关注不同场景下的消费行为。这种"就地取材"的随意性，反而对品牌创意提出更高的要求。

在进行品牌信息推送时既要精准适度，又要创新沟通方法，重视与消费者展开心灵对话，向消费者传达一个信息：我们了解你遇到的问题，我们和你感同身受。

3．合理引导促成消费闭环

将潜在的消费者刺激为实际的购买者，促使交易闭环的形成，是短视频营销最为关键的一步。按照罗伯特·劳朋特教授提出4C营销模式，商家要考虑到顾客（Customer）的成本（Cost），为顾客提供购买的便利（Convenience）和良好的沟通（Communication），这在短视频营销中同样有效。

在合理引导消费阶段，意味着要为消费者创造多的便利（Convenience）。比如，商家可以通过装配多样的支付手段，为不同的消费群体提供适合他们的支付条件；通过升级购买页面，提升操作的便利度；通过强化服务，提供选购便利。例如，你刚入职场，想要学习一款适合上班的职业妆容，你去到某化妆品官网，发现该品牌在官网推出了职业妆短视频教程，通过观看教程，你可以知道职业妆的每一步应该怎么化？视频中的模特用的产品是哪一种？不同肤质、肤色的人适合哪类化妆品？化妆品品牌通过短视频，在为消费者提供化妆教程的时候，也在潜移默化地引导消费者进行消费。

移动互联和终端技术日新月异，手机等移动客户端成为构建各种关联的连接点。建立关联比售卖产品更加重要。短视频营销的实质，是通过场景形成各种关联，然后用短小精悍的表达方式，将这种关联涉及的信息传达出去。比如，建立商家和消费者的关联，消费者和售后服务的关联，消费者之间的关联。怎样发现一种链接消费者的方法，既适用于品牌本身，又能创造财富效益，是所有企业必须思考的问题。

4．创意策划制作简短视频

一个成功短视频的核心，或者是一段引人入胜的故事，或者是一个众所周知的明星，通过巧妙的创意设计，制造一个足够吸引眼球的视觉场景，以引起粉丝共鸣，促成消费转化。

以明星为代表的意见领袖，在短视频的整体发展过程中，始终起着至关重要的作用。第一，意见领袖创作的视频内容往往是大众模仿、改编和调侃的素材。第二，意见领袖对短视频社交软件的使用，会带动更多用户跟风使用，所产生的"晕轮效应"会驱动越来越多的用户通过视频软件生产制作自己的内容。

通过团队化的运作和专业化的包装，各类网红如雨后春笋般崛起。2016年Papi酱和艾克里里等人的蹿红，反映了草根阶层的崛起，也显示着网红经济的巨大潜力。短视频为网络红人开辟了表现内容和创意的平台。基于意见领袖的传播影响力，具有商业营销性质的短视频内容，逐渐进入普通用户的视野。

网红或意见领袖的短视频的营销，其本质是为消费者提前构建消费场景，让消费预知自己的消费感受——对产品使用价值及情感价值的感受。

5. 整合渠道创新视频传播

企业利用短视频进行营销，除了从内容入手，还可以从传播渠道入手，以拓展短视频的传播渠道，扩大视频影响力。

（1）社交媒体传播。短视频营销推广渠道主要为社交媒体平台，其中，微博、微信是短视频场景化营销的重点。不难发现，微博、微信这两大社交平台，每天都充斥着各种类型的短视频，短视频已经渐渐成为人与人之间传送信息的重要载体，其功能近似于图片，更具有影像感，真实性强。如今，短视频成为信息传递的一种方式，用户无须教导，就会自觉地使用短视频记录、关注、分享周围正在发生的事情。2015年两会期间，光明网发起秒拍"两会话题"，共发送短视频104个，总播放次数达1 245万次。光明网通过发起话题，让网友主动参与到两会之中，传播两会信息，分享个人对于两会的见解。光明网的这一次话题策划，既做到了引导舆论又使其具有互动性。还有2015年1月，微视短视频纪录电影"微视此刻"发布，该电影向网络用户征募视频素材，让每个用户都有成为电影主角的机会，最终7 000万个视频参与了影片的制作。

（2）信息平台传播。随着各大新闻、信息类平台对短视频重视程度的提高，短视频的营销渠道也可以向流量型平台拓展。例如，Papi酱在微博走红之后，接着在头条号、优酷、爱奇艺、A站、B站等平台开设自己的专栏，以此来达到内容的多渠道分发，形成统一有力的传播生态链。

（3）IP传播。在过去，信息发布渠道单一，媒介选择权利少，信息审查把关严格，用户可读的内容主要依靠行业精英的筛选和推荐。在"人人都是自媒体"的时代，再小的个体，也是品牌。网络内容制造者本身即握有一定的"流量分配权"，作者可以挑选不同的平台对作品进行发布，以吸引不同的受众群，最大规模地实现传播效果。在多平台同时发布的过程中，形成了统一的品牌效应，可以一步一步将自身"IP"化，以增强曝光量和辨识度。

（4）节目植入传播。短视频营销除了可以在社交平台和流量平台进行，还可以通过植入到热门综艺节目进行宣传。例如，优酷有一档明星搭配服饰的综艺节目，明星会现场示范各种主题穿搭，是一档既有娱乐性又有时尚性的综艺节目。明星衣橱APP就可以和这类综艺合作，如将明星在综艺上做的主题穿搭制作成短视频，发布在自己的APP当中，以引导消费者购买并且指导他们应该如何搭配；或是在综艺上发布素人的主题穿搭短视频，和明星PK，以制造热门话题。品牌商通过短视频和综艺节目合作，既有场景化的效果，又有宣传热度，对于品牌商来说，不仅可以达到推广产品、宣传品牌的目的，又能带动消费者与品牌互动，商家可以轻松地收集消费者的各种反馈信息，为之后的产品拓展、忠诚客户的培养创造了有利条件。

阅读材料4-4　企业抖音账号的营销传播策略

抖音APP于2016年9月上线，2017年逐渐演化成新的传播平台。相对于传统两微（微博、微信），抖音短视频更具有可视化和传播性特点，一个优质短视频可以在短时间内达到快速传播的效果。抖音传播信息的及时性和高效的双向互动性，时刻需要企业对抖音传播策略进行相应调整，才能让企业更好地适应时代发展潮流。随着时代的发展和进步，富有创新活力的传播新策略十分重要。

一、企业抖音号发展概况

（一）企业抖音号的定义

企业抖音号作为新的概念，抖音官方给出了解释：企业抖音号可以传递企业品牌和业务信息，抖音作为平台，为企业和用户提供互动条件。企业开通抖音号后，可以获得抖音官方的认证标识，然后企业可以发布短视频进行品牌宣传。

（二）企业抖音号发展现状

自 2018 年 4 月下半月到 6 月初，在一个半月左右的时间里，抖音企业号数上涨高达 436%。到 2018 年 6 月 6 日，企业抖音号产生了超过 75 000 条短视频内容，和个人账号比起来，企业在和用户的互动上更加深入。抖音作为传播的新阵地，不仅有知名大品牌，同样给中小企业同等的营销传播的机会。据抖音平台显示，到 2019 年 2 月，超过 15 万家企业在抖音平台开设企业账号，涉及了教育、美食、旅游等 27 个行业领域。许多大企业也开始纷纷选择抖音作为品牌宣传新渠道，如我们熟知的腾讯、支付宝、京东等。截至 2019 年 2 月，企业抖音号发布的视频量约 140 万，播放次数高达 69 亿。

二、企业抖音号营销策略

（一）品牌自身定位清晰

企业在选择入驻抖音之前，应该对已有企业的账号情况进行分析和对比，了解用户偏好，分析受众需求。在充分掌握情况后，根据品牌特色制定自身清晰的品牌定位。只有清晰准确地表达企业的个性特色，而不是盲目地跟随热点，才能创造出有新意、有创意、有特色的视频和内容，才能抓住受众的心，拉近企业与用户之间的距离。

（二）设置符合受众的消费场景

在企业账号中，很多企业会利用抖音小助手或者品牌广告主，主动创建一个挑战内容，定制相关主题的挑战赛，以吸引用户参与其中。例如，海底捞的花式吃法，一夜之间在抖音上火了起来，海底捞的产品消费场景与优质的服务成功吸引了用户。新奇的吃法吸引着用户自发地制作小视频进行二次传播。

（三）强化创意创新

在抖音平台中，无论是开屏广告，还是信息流广告，都非常具有创意。只有优质视频内容，才可以让企业和产品的形象更加生动，才能吸引受众，才会让人喜欢。值得一提的还有抖音贴纸，企业可以自己进行创意定制，粉丝们在拍摄自己创作的视频时，可以随时添加使用，这样可以让品牌方更深一步与用户互动。

三、企业抖音号的传播渠道

（一）建立自己品牌的账号

企业要建立自身品牌的抖音号，逐步积累粉丝，逐步开通长视频、直播、购物车等功能，从而分享流量，带动品牌提升和产品销售。另外，还可以利用原有的传播体系或者渠道推广自己的抖音账号。例如，同步在微信、微博官方平台，形成联动传播，达到二次传播效果，借助大家对新平台的好奇心，达到企业的宣传效果。

（二）通过议程设置制造话题

企业可通过议程设置制造话题，鼓励员工拍摄有创意的企业小视频，往往这一类小视频的拍摄成本不高，主要的成本会集中在脚本创意和拍摄制作上面。

（三）积极与用户互动达到传播效果

线上线下达人互动的形式是现在很多企业采用的传播方式。线上线下客户互动传播形式，与微信拉赞活动十分相似，只是内容和平台不同。这种传播形式的效果，取决于活动的吸引力和现场对客户的引导把控。由于线下受地域性限制比较强，所以一般区域品牌选择这种传播方式的较多。例如，一些地方特色餐饮行业，经常采用这样的传播方式与消费者互动，从而实现更广泛的传播。

通过对企业抖音号营销传播策略的分析可以发现，企业宣传应走在时代的前沿，企业只有紧跟时代潮流，创新利用新的传播方式，贴近新一代受众需求，企业才能发展地越来越好。

[资料来源：黄然然，企业抖音账号的营销传播策略探究.《传播力研究》，2019（13）]

技能训练 4-8　短视频的制作及发布

大学期间有一种感情叫"室友情"。大家同住一个屋檐下，朝夕相处好几年，有着家人式的陪伴，非常难得。大学室友真是一个神奇的存在：大家对外团结一心，而回到宿舍，都会原形毕露。

请以宿舍为单位，在"技能训练 3-2　社会化媒体平台的信息发布"经验教训的基础上，再次以室友的个人特长及兴趣爱好为题材，每人拍摄一个介绍室友的短视频，时长不超过 2 分钟，要求内容新颖独特，主题积极向上。

请将全部制作好的短视频发布到一家主流短视频平台，在统计视频的点赞及阅读量后，再次对每个视频的创意及传播效果进行分析总结。统计分析如表 4-14 所示。

表 4-14　_____平台短视频创意及传播效果统计分析

视频制作人	名称/标题	关注/粉丝 阅读/点赞	相关链接	创意及设计说明
室友 1_____				
室友 2_____				
室友 3_____				
室友 4_____				
主要结论				

第七节　其他方式推广

内容提要：

成功的病毒营销，是利用公众的积极性，让营销信息像病毒一样快速传播扩散，"让大家告诉大家""让别人为你宣传"，从而实现"营销杠杆"的作用。

事件营销，是指企业通过策划和组织，利用具有新闻价值、社会影响及名人效应的人物或事件，吸引媒体、社会团体和消费者的兴趣与关注，以提高企业或产品的知名度、美誉度。

关键意见领袖（KOL）是在特定群体中具有较大影响力和话语权的人。从体量上看，有头部、腰部、长尾 KOL；从属性上看，有明星类、垂直类、泛娱乐类 KOL。

来自网络的企业危机，随时都可能一触即发。网络，已成为危机公关的触发器与放大器。网络危机公关，必须被企业高度重视。

一、病毒营销

1. 病毒营销概述

病毒营销（Viral Marketing，也可称为病毒式营销），是利用公众的积极性和人际网络，让营销信息像病毒一样快速传播和扩散，迅速覆盖数以万计、数以百万计的观众，将信息在短时间内传向更多的受众。

病毒式营销是口碑营销的一种，利用群体之间的传播，让人们建立起对服务和产品的了解，达到宣传的目的，常用于网站推广、品牌推广等。它的特点是，通过提供有价值的产品或服务，"让大家告诉大家""让别人为你宣传"，实现"营销杠杆"的作用。

2. 病毒营销主要形式

病毒营销的概念在网络上已经很普遍，人们都在研究如何做好一个吸引人的内容，并希望别人去扩散传播，但在实际运作中，这一点是很难实现的。目前病毒营销主要有以下几种形式。

（1）免费服务。一些大型的网站或公司会提供免费二级域名、免费空间、免费程序接口、免费计数器等资源，这些资源中可以直接或间接地加入公司的链接或者其产品的介绍，也可以是广告。特别是推出的窄告（"窄而告之""专而告之"，是一种新型的网络广告模式，指将广告直接投放到与之内容相关的网络媒体上的文章周围，并根据浏览者的偏好、使用习性、地理位置、访问历史等信息，有针对性地将广告投放到真正感兴趣的浏览者面前），很适合放在这些免费资源中。这些服务都是免费的，对用户有着很大的吸引力。另外，当用户自己在使用并对外宣传的时候，同时为提供该服务的公司做了免费宣传。

（2）便民服务。便民服务不像免费服务一样需要一定的财力、物力，比较适合小公司或个人网站。在网站上提供日常生活中常会用到的一些查询，如公交查询、电话查询、手机归属地查询、天气查询等，把这些实用的查询集中到一起，能给用户提供极大的便利，会有很好的口碑，有可能很快地在网民中推广开来，但要分清主次内容。

（3）节日祝福。每当到节日时，可以通过 QQ、E-mail 等工具向朋友发送一些祝福，并附上网页地址或精美图片。由于节日里，大家都很高兴收到来自朋友的祝福和喜欢发祝福给朋友，一个病毒链就这样形成了。

（4）精美网页。娱乐是人们生活中最本质的追求之一，不管定下什么目标，最终都是为了生活、娱乐。做一个精美的网页或精彩的笑话发给朋友，朋友可能会很高兴，并很快发送给他的好朋友。

（5）口头传递。网络上使用最普遍的"口头传递"方式是"告诉一个朋友"或"推荐给你的朋友"等。很多网站在网络广告、新闻信息、电子邮件后面使用类似的语句。对这种方法，各种网站的使用率是不一样的。对于一些娱乐网站，"告诉一个朋友"的使用率可能会高些。但对于大型网站，这类语言的使用率主要取决于所推荐内容的类型和用户群的特点。这种病毒营销启动成本低并能快速执行，其效果还可以通过引入竞赛和幸运抽签等形式得以增强。

（6）人际关系网络。社会学家指出：人际关系网络是由家庭成员、朋友或同事构成的，每个人都生活在人际关系网络中，几乎没有人是生活在人际关系网络之外的。根据社会地位的不同，一个人的人际关系网络中可能有几十、几百甚至数千人。

互联网的网民同样也在发展虚拟社会中的人际关系网络，他们收集电子邮件地址，建立邮件列表与众人沟通，通过洽谈室结交新的朋友。网络营销人员需要充分认识实体社会和虚拟社会中这些人际关系网络的重要作用，通过病毒营销把自己的信息置于人们的各种关系网络之中，从而迅速地把促销信息扩散出去。

3. 支付宝中国锦鲤微博转发案例分析

（1）事件回顾。2018年9月29日，支付宝官方微博发布了一条抽奖微博，从转发的用户中抽取一名中国锦鲤，只要"十一"期间在境外使用支付宝支付指定产品，就能免单。微博发出后，网友们纷纷转发参与，到10月7日抽奖当天，已经有三百多万转发量。而后，在"双十一"即将到来之际，支付宝故技重施，从转发中抽取一名用户帮还一年花呗，该条微博的转发量也相当惊人。

（2）效果分析。从以上案例我们可以看到，病毒营销具有以下几个特点：

① 性价比高。支付宝的病毒营销，仅仅是转发一条微博的代价，回报则是出境费用及购物几乎全免的利益引诱，简单粗暴。从指定商品清单上来看，这或许是一笔惊人的费用，但从实际的消费时间与消费行为上来看，支付宝实际支付的其实完全不可能是清单上的全部商品。而从它引起的转发量来看，它获得的曝光度和流量是非常巨大的。一般来说，一次成功的病毒营销，往往可以取得"空手套白狼"的效果。

② 速度快，传播范围广。通过网络传播信息，速度是非常快的，有时候只需要一个随手的点赞和转发，就能增加信息的出现频率。如果每个人主动在自己的交际网络中进行传播一则消息，那么这条消息马上就能上热搜，全网皆知。

③ 信息来源具有吸引力。并不是任何一个事件都能引发热度的，病毒营销的"病原体"必须是能够引发大众起反应的事物，要符合大众普遍的情感共鸣、心理需求、个性诉求等，简而言之就是，成功的病毒营销，必定有一个吸引人的噱头。

④ 时效短，更新快。可以看到，支付宝的转发抽奖是为了特定节日而设置的，过期失效。因为网络产品的周期很短，网上每天的信息量巨大，人们也通常抱着看热闹和三分钟热度的心理去跟风参与。所以说，病毒营销只要引起一时的轰动，那就是成功案例了。

（3）案例分析。成功的病毒营销历时短，见效快，利润高，但并不容易做到。病毒营销最重要的是要找到引爆点，那么，要找到引爆点，可以从哪些方面来考虑呢？

① 提供有价值的产品和服务。点明利益是最直接的方式，就像支付宝一样，只要转发就有可能免单，大多数人面对这种利益诱惑都很难抗拒。而且，众多人的踊跃参与引发了一场狂欢，即使知道自己很难成为那个幸运儿，依然有很多人为了凑热闹而参与。有价值的产品和服务，不仅仅是实用性，还要满足人们猎奇、看热闹、追求个性等心理，才能获得更多的关注。

② 关注人们的内心情感需求。现代社会生活节奏快，人们的精神压力大，需要一定的途径来宣泄和释放。有一些资深游戏玩家对于"跳一跳"这类游戏不以为然，认为它们的游戏性实在不高，难以理解为什么会火。其实道理很简单，喜欢这种游戏的人并不是看重它好不好玩，反而是因为它操作简单、占用时间少，能够很好地在碎片时间里放松自己。

③ 使用简单、利于传递的表达形式。互联网已经提供了很多这样的传播工具和平台，而这些平台主要是以文字和视频为载体。要取得好的营销效果，文字要新颖、简单、走心、容易记住和复制，而视频要有足够的特色、容易模仿，这样更能引发跟风效应。

④ 利用公共的积极性和行为。最能激发公众积极性的除了利益，还有公益。曾经风靡一时的ALS冰桶挑战，正是利用了这一点：通过发布用冰水浇遍全身的视频，并邀请三个好友接受挑战，被邀请的人可以在24小时内接受挑战，或者选择为"渐冻症"（肌肉萎缩性侧索硬化症）患者捐款100美元。这个挑战的主要目的正是呼吁社会爱心人士向"渐冻症"患者奉献爱心，

而如此有趣的活动,吸引了很多人的关注。

想让人自发地为你的产品摇旗呐喊,必定要让他们从内心深处觉得这样做值得、有意思,所以,病毒营销其实就是商家与大众之间的一场心理战和情绪战,把握对了他们的心理和情绪,营销才能做好。

二、事件营销

1. 事件营销概述

所谓事件营销,是指企业通过策划、组织和利用具有新闻价值、社会影响及名人效应的人物或事件,吸引媒体、社会团体和消费者的兴趣与关注,以提高企业或产品的知名度、美誉度,树立良好品牌形象,并最终促成产品或服务销售的手段和方式。由于这种营销方式具有受众面广、突发性强,在短时间内能使信息达到最大、最优传播的效果,为企业节约大量的宣传成本等特点,近年来成为国内外流行的一种公关传播与市场推广手段。

2. 事件营销的类型

(1)新闻事件营销。2008年5月12日下午14时28分,四川省汶川县发生7.8级地震,牵动亿万名中国人的心。新浪新闻及时开设"地震"相关专题栏目,第一时间关注灾情状况,在网民中树立了良好的网站权威性。

(2)造势事件营销。"番茄花园事件"是微软一次强有力的反盗版造势事件。微软通过向国家版权局和公安部投诉番茄花园版Windows XP作者洪磊等人,违反知识产权,影响正版软件销售与市场占有率。微软通过此次事件,表明反盗版的决心与立场。此次造势事件,成功促使一些公司、团体、个人纷纷停止盗版Windows XP的开发制作与传播。

(3)人物事件营销。人物事件营销可以说在娱乐圈影响极大,"明星打人事件""艳照门事件"等影响了很多明星人物的发展。还有一些明星通过事件营销快速提高知名度,短时间成为影响力惊人的"网络红人"。

(4)活动事件营销。四川地震灾难来临,无数中国人向地震灾区捐款捐物,此时企业的责任心与社会责任感在灾难面前得以显露。在CCTV赈灾捐款晚会上,作为中国民营企业代表的王老吉集团异常慷慨,一下就捐款1亿元。绝大部分网友都在赞扬这个企业,表示"今后只喝王老吉,全面封杀王老吉",其含义是"不能让王老吉的凉茶出现在超市的货架上,见一罐买一罐,坚决买空王老吉"。还有"今年爸妈不收礼,收礼就收王老吉!""支持国货,以后我就喝王老吉了,让王老吉的凉茶不够卖!让他们着急去吧!"等。此次事件不亚于王老吉在CCTV投放广告,使其被更多的中国人了解,形成了良好的口碑,获得了大众的认可。

(5)广告事件营销。"今年过节不收礼,收礼只收脑白金。"脑白金广告虽然粗俗直白、饱受争议,却长盛不衰、直入人心。礼品消费市场,是一个让太多人眼红的市场。中国自古是礼仪之邦,讲究礼尚往来,其中送礼不可或缺。脑白金通过幽默搞笑的三维动画,加上风趣幽默的广告词,在三、四线城市,特别是广大农村市场,大有信众,所以能快速席卷中国,成为家喻户晓的保健品牌。

3. "封杀王老吉"事件营销案例分析

(1)事件回顾。2008年5月12日,汶川大地震震动了全中国人民的心。在这场特大灾难中,企业的赈灾善举成为备受关注的焦点,捐赠额度和速度成为人们评判企业是否乐于履行社会责任的重要标准。

5月18日，在中央电视台"爱的奉献"大型募捐活动中，王老吉集团为四川灾区捐款1亿元，一夜之间，这个民族饮料品牌迅速成为公众聚焦的中心。

5月19日晚，天涯论坛上出现了名为《让王老吉从中国的货架上消失，封杀它!》的帖子："王老吉，你够狠！捐1亿元，胆敢是王石的200倍！为了整治这个嚣张的企业，买光超市的王老吉！上一罐买一罐！不买的就不要顶这个帖子啦！"这个热帖迅速被搜狐、网易、奇虎等国内人气最旺的论坛转载，受到网友的热捧。几天之后，类似的帖子已经充斥大大小小各类网络社区，相关言论如病毒般迅速在网络里扩散，成为民众热议的话题。

（2）效果分析。

① 主题帖子：3 430条。5月19日晚，名为《让王老吉从中国的货架上消失，封杀它!》的帖子首现天涯论坛后，受到了网民的追捧，"封杀"事件在回复、转帖中迅速走热，一时间成为各大社区论坛的热点话题。通过奇虎网论坛搜索引擎提供的数据来看，标题中出现"封杀王老吉"主题的帖子数为3430条。

② 新闻报道：111篇（百度新闻）。紧随论坛贴吧之后，网络新闻媒体对"封杀王老吉"事件的报道也顺势跟进。从5月21日至7月10日，百度新闻标题搜索关于"封杀王老吉"的新闻报道达到111篇（不包括转载）。5月27日前后，从百度指数提供的数据来看，媒体对"封杀王老吉"的"用户关注度"达到峰值。

③ 相关网页：54 800篇（百度）、70 400篇（谷歌）。百度上与"封杀王老吉"相关的网页搜索结果达到54 800篇，而此数据在谷歌上为70 400篇，王老吉一下子成了网民关注的焦点。

④ 网民态度：我的英雄，我支持。在中央电视台"爱的奉献"大型募捐活动现场，当王老吉亮出1亿元时，在灾难之后，在那特殊的场合，无数的掌声与感动给了王老吉。"王老吉，你够狠！"可能是当时大多数人的第一反应。借助央视的影响力，再在网络中"振臂一呼"，万千网友变感动为支持，"王老吉"在"封杀"声中堂皇加冕。

（3）案例分析。

① 敢为天下先的胆略。企业进行事件营销，一方面可以通过一些策略来亲自制造，另一方面也可以借助"热点事件"开展营销活动。比如，香港回归、澳门回归、申奥成功、非典流行等，都是世人关注的热点，尤其是汶川大地震更是亿万人关注的焦点。万众瞩目之下，也正是营销人员可资利用的事件营销资源。

为达到预期的效果，事件营销必须策略先行。对于企业而言，公益赞助可视为一项企业营销行为，所以在执行公益赞助时，必须视为同企业其他营销行为一样，策略先行，预先将整个过程的每个步骤考虑周到，具体包括何时赞助、赞助多少、何时举行新闻发布会、是否邀请政府官员见证、媒体宣传计划如何执行等。只有考虑充分，把握得当，才能使企业避免成为"无名英雄"，使结果朝着企业所希望的方向发展。虽然不可能完全预测事件的发生，但企业也应有整体的预案，以做到有备而来。

② 准确把握时机。公益性事件营销要把握时机，在恰当的时机进行恰当的赞助。当社会出现重大事件或重大事故时，社会、媒体、民众对事件的关注度最高，如果企业能够在第一时间主动表态，必然可以引来更多注意力，也最能吸引媒体的报道。与市场营销一样，最重要的并不在于投入的数量，而是能够预先抓住最适合的时机，达到四两拨千斤的效果。

③ 贯彻长期坚持的原则。公益赞助不是权宜之计，而是一项长期性的营销策略。持续投入与持续回报，才能使企业积累起深厚的品牌美誉度，获得媒体持续的报道与关注。王老吉持续八年的"学子情"活动，将自助和助人的信念贯彻始终，为企业、贫困学生、热心公益的个体

建立了互助学习平台，让关爱和帮助始终延续和传递下去。王老吉的种种善举，同时也展现了"中国饮料第一罐"企业所应有的大家风范。所以，在实力允许的情况下，企业应将公益赞助纳入企业战略的一部分，通过对某一公益项目持续性的赞助，最终获得政府、媒体的高度认可与持续关注。

在事件营销的具体运作中，企业在展现爱心、责任、业绩过程中，都应该尽量淡化商业痕迹，引导第三方进行评价，增加大众对企业价值的认可。任何企业的成功都与社会良性生存和发展紧密相连。只有远离经济效益的短视行为，倡导和谐发展，才能与社会、政府产生良好的互动，为企业的长远发展提供必要的支持。

三、KOL 营销

1. KOL 营销定义

KOL，即关键意见领袖（Key Opinion Leader），指在特定群体中具有较大影响力和话语权的人，该群体范畴没有绝对限定，可以大到一个行业，一个亚文化圈，也可以小到一个兴趣小组。KOL 概念产生语境在于其群体影响力和话语权，而辨别网红、主播、自媒体等是否属于 KOL 的关键标准，也在于其是否在特定群体中拥有影响力和话语权。

KOL 营销，即有 KOL 参与的社会化媒体营销传播行为，该营销概念的核心在 KOL 本身，原则上对具体的营销形式没有限制。KOL、网红、主播、自媒体等概念有相互重叠的部分，但其本质上是基于不同语境下产生的概念，一般不对此类相似概念进行严格区分，只要符合 KOL 的身份界定，其参与的营销活动都算在 KOL 营销的范畴内。

群体意见领袖，在人类社会中一直存在。通过 KOL 展开营销活动触及特定群体的方式，也不是互联网时代的产物。但随着媒介技术和媒介环境的发展，KOL 概念逐渐从线下群体过渡到线上群体，并且不断衍生出更加丰富的内涵、形式和特征。

2. KOL 营销发展历程

在传统媒体时代，KOL 更多以社会名人的形式存在，基于大众媒介有着较广的影响范围；在 PC 媒体时代，KOL 更多以达人的形式存在，基于社区/社交网络的小众文化圈层发挥着更加专业化的影响力；在移动媒体时代，各类新兴媒体形式层出不穷，KOL 的存在形式也愈加多元，职业化和娱乐化成为当前 KOL 的重要特征。

KOL 营销发展的历程本质上仍然是媒介的发展历程，正是由于互联网和移动互联网的出现与普及，催生了各类新兴的社会化媒体，给了 KOL 越来越多的生产内容和传播内容的媒介环境，进而不断衍生出新的 KOL 营销方式及营销价值。

KOL 营销的萌芽期，是从传统线下广告时代开始的，主要以名人代言的形式活跃在电视、报纸等大众媒介中；在探索期，互联网时代社区/社交网站的出现，给 KOL 带来了更多内容分发的营销价值；到时 KOL 营销的成长期，随着移动互联网崛起，KOL 内容形态和互动方式更加丰富后，营销玩法不断创新，自媒体交易平台应运而生。中国 KOL 营销发展历程如图 4-46 所示。

3. KOL 营销价值探讨

无论在哪个时代，KOL 都是营销传播活动的重要角色，并且受到广告主青睐，关键在于其兼具群体传播的影响力和大众传播的覆盖力。一方面，每个 KOL 的背后都有一个特定群体，因此通过 KOL 可以深度触达该群体内的成员，成员对于营销信息有着更高的信赖度。另一方面，互联网时代下，KOL 可通过社会化媒体打破传播渠道的群体边界，同时所有群体成员对营销信息的二次传播，也会进一步扩大营销活动的覆盖范围。因此，可以说是互联网时代下群体传播与大众传播的融合，成就了 KOL 营销的诞生与崛起。

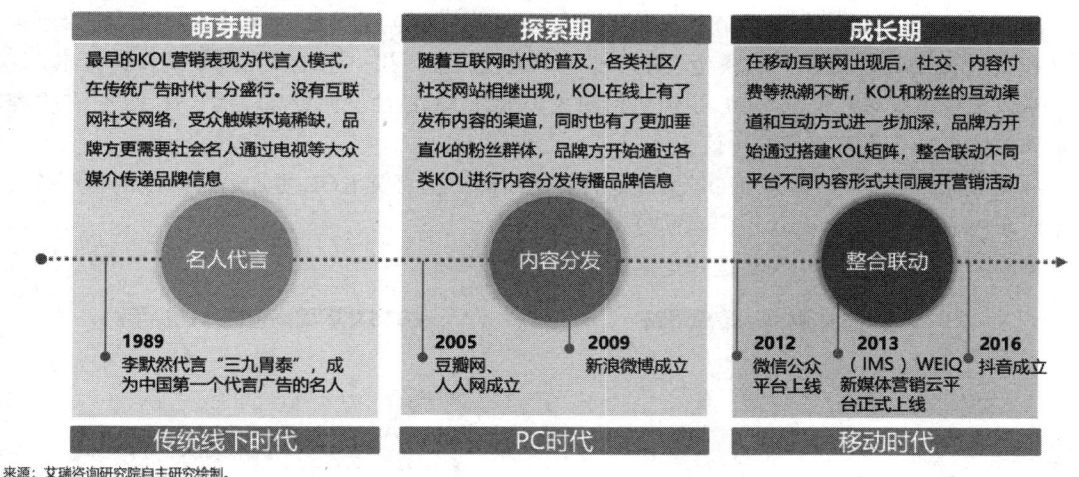

萌芽期
最早的KOL营销表现为代言人模式，在传统广告时代十分盛行。没有互联网社交网络，受众触媒环境稀缺，品牌方更需要社会名人通过电视等大众媒介传递品牌信息

名人代言

1989 李默然代言"三九胃泰"，成为中国第一个代言广告的名人

传统线下时代

探索期
随着互联网时代的普及，各类社区/社交网站相继出现，KOL在线上有了发布内容的渠道，同时也有了更加垂直化的粉丝群体，品牌方开始通过各类KOL进行内容分发传播品牌信息

内容分发

2005 豆瓣网、人人网成立

2009 新浪微博成立

PC时代

成长期
在移动互联网出现后，社交、内容付费等热潮不断，KOL和粉丝的互动渠道和互动方式进一步加深，品牌方开始通过搭建KOL矩阵，整合联动不同平台不同内容形式共同展开营销活动

整合联动

2012 微信公众平台上线

2013（IMS）WEIQ 新媒体营销云平台正式上线

2016 抖音成立

移动时代

来源：艾瑞咨询研究院自主研究绘制。

图 4-46　中国 KOL 营销发展历程

目前，移动互联网头部流量平台均有 KOL 栖身。据艾瑞数据显示，2019 年 2 月中国移动端月独立设备数排在前十位的 APP 小类别平台中，有五个类别为 KOL 的常见栖身地，包括即时通信、在线音乐、短视频、新闻资讯和网络购物等，可见 KOL 在用户日常触媒环境中有着众多的接触场景和接触机会，并且通过不同的方式对用户产生影响。

经过多年的发展，KOL 的活跃范围不断扩大，除传统的社交平台之外，移动视频、垂直类平台、电商平台都成为其内容生产和传播的阵地。目前，有 KOL 入驻的平台明显更受广告主的青睐，其中 KOL 原生地社交类平台的广告投放意向占比高达 69%，而在社会化营销方式选择意向调查中，KOL 推广以 60% 的占比位列第一，如图 4-47 所示。可以看出，当前 KOL 营销在所有社会化媒体营销中，已经成为最受认可的方式之一，KOL 营销策略和玩法也成为业界普遍关注的重心。

2019年中国广告主移动端广告投放媒体意向

- 社交类平台　69%
- 移动视频　50%
- 垂直类平台　37%
- 电商平台　37%
- 移动搜索　28%
- 移动新闻　24%
- O2O平台　15%

2019年中国广告主社会化营销方式选择意向

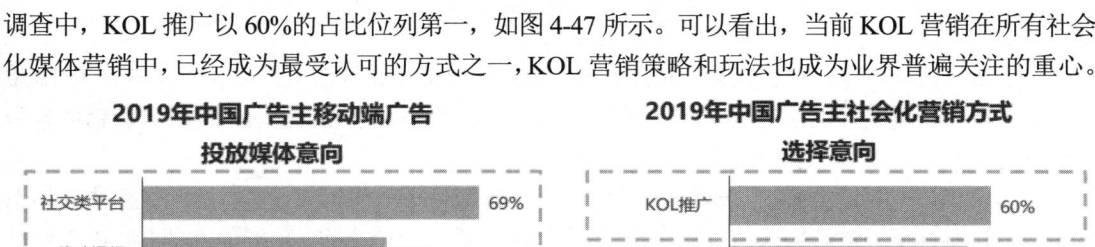

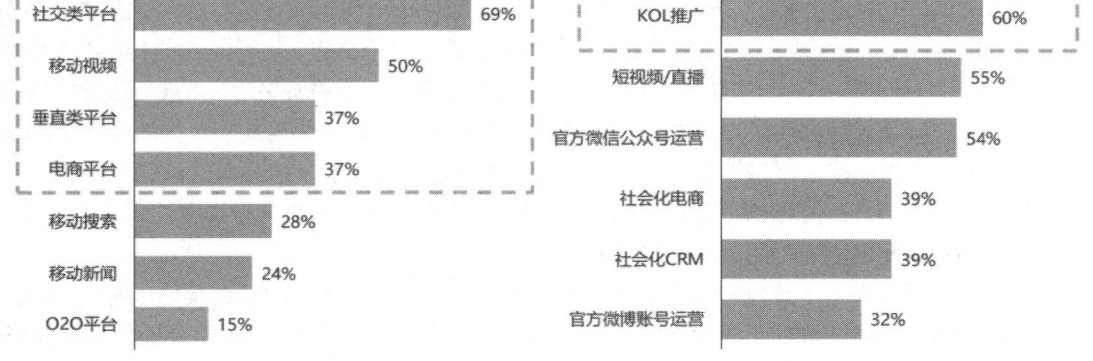

- KOL推广　60%
- 短视频/直播　55%
- 官方微信公众号运营　54%
- 社会化电商　39%
- 社会化CRM　39%
- 官方微博账号运营　32%

来源：AdMaster对数字营销从业者的线上调研，N=240。

图 4-47　KOL 营销：2019 年最受中国广告主认可的营销方式

4. KOL 营销策略分析

（1）KOL 选择策略：选择合适体量和类型，搭建有机 KOL 营销矩阵。选择合适的 KOL，是 KOL 营销中最关键的一个环节，除了要抓准 KOL 背后黏附的目标粉丝群体，如何整合不同体量和类型的 KOL，搭建有机联动矩阵，实现最大化传播效果，也是非常重要的营销策略。

从体量视角来看，头部 KOL 引流价值更大，腰部 KOL 性价比更高，而长尾 KOL 在内容分发和扩散上具有不可忽视的价值。

从类型视角来看，明星类 KOL 更加适合话题引爆，垂直类 KOL 更加适合深度内容解读，而泛娱乐类 KOL 则更适合营销信息的分发传播。

不同体量、不同类型 KOL 选择策略如图 4-48 所示。

2019年不同体量KOL选择策略

- 吸引关注：头部KOL有着较大的粉丝规模和号召力，同时成本也贵，适用于活动早期吸引关注
- 信息传播：腰部KOL性价比高，可作为主力军，覆盖多领域传播营销信息
- 分发扩散：长尾KOL影响力和内容创作力有限，可当作辅助分发渠道，进一步扩散营销信息

（金字塔：头部KOL / 腰部KOL / 长尾KOL）

2019年不同类型KOL选择策略

- 明星类KOL：有忠实的粉丝基础和流量号召力，在预算充足的大型营销活动中，可担任话题引爆的角色
- 垂直类KOL：适合传播深度内容，针对所属垂直领域进行理性诉求的营销传播
- 泛娱乐KOL：受众范围广但黏性较差，可用作信息扩散和引领互动话题参与

来源：艾瑞咨询研究院自主研究绘制。
©2019.3 iResearch Inc.　　www.iresearch.com.cn

图 4-48　不同体量、不同类型 KOL 选择策略

（2）明星选择策略：结合人设、粉丝、热点匹配，选择最佳合作明星类 KOL。在所有 KOL 类别中，负责话题引爆的明星类 KOL，其影响力表现和营销价值最为显著，同时其营销成本和风险性也更高，因此，选择合适的明星类 KOL 显得尤为重要。

通常来说，在明星类 KOL 选择过程中，需要将营销目标与明星人设、粉丝画像和热点动态三个方面进行匹配，进而筛选出更加合适的明星 KOL 进行营销合作。值得注意的是，由于明星类 KOL 在整个营销传播活动中起到关键性作用，因此选择到合适的明星后，后续的媒介选择和策略选择也需要充分考虑明星自身的特征和意愿，进而实现更好的营销效果，如图 4-49 所示。

（3）媒体选择策略：厘清营销目标和诉求，选择合适媒体平台。选择好合适的 KOL 之后，再确定一个或多个合适的媒体平台也同样重要。KOL 选择策略更多基于粉丝属性和个人人设，而媒体选择的标准则更加关注品牌方自身的营销目标。

一方面，不同媒体平台内容形态和互动形式等特征不同，其擅长的营销策略也有所差异；另一方面，同一媒体平台的不同功能模块和场景，适合的营销目标也不一样。因此，要找到合适的媒体平台，厘清自身的营销目标和诉求是关键。

KOL 营销目标，主要可以分为信息传播、粉丝沟通和销售转化三大类别，不管是总目标还是阶段性目标，都可分别找到对应的媒体平台和场景，如图 4-50 所示。

第四章 网络营销在线推广

```
                                                                    营销目标
   人设匹配            粉丝匹配            热点匹配              ▶

人设通常指明星主动搭建或被动   选择明星KOL的一大重要价值在   明星类KOL除了固有的粉丝群体
形成的核心公众感知形象标签，   于选择其背后的核心粉丝群体，   受众，其往往会影响到更为广
如阳光少女、事业女强人等，     因为该群体既是营销活动中的首   泛的网民群体，因此捕捉到明星
当广告主品牌形象和明星KOL人   要受众，也是话题二次传播的主   KOL未来营销活动执行期间的
设形象匹配时，往往会产生事半   力军，因此品牌方营销活动的目   其他动态（如参加节目、恋爱
功倍的效果，反之则会产生违和   标受众群体和明星KOL粉丝群体   等），往往可以收获意外的流量
感阻碍营销诉求的传达           的匹配也是重要标准之一         关注和营销效果
```

图 4-49　明星类 KOL 选择策略

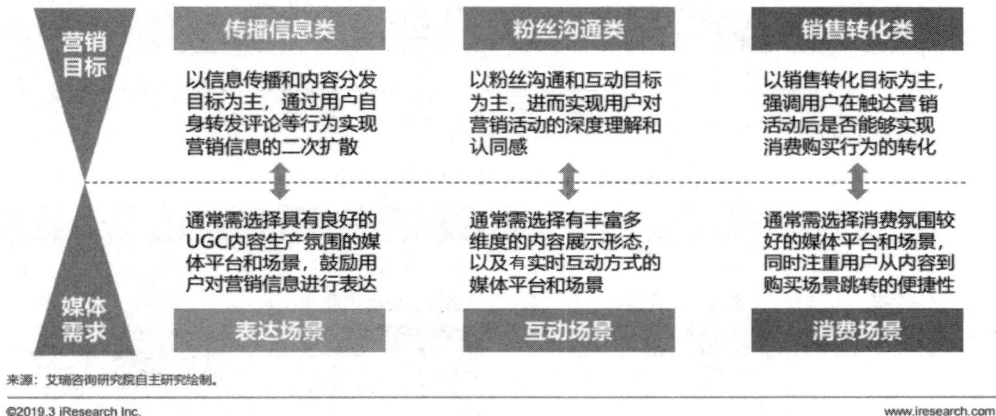

```
营销      传播信息类            粉丝沟通类            销售转化类
目标    以信息传播和内容分发    以粉丝沟通和互动目标   以销售转化目标为主，
        目标为主，通过用户自    为主，进而实现用户对   强调用户在触达营销
        身转发评论等行为实现    营销活动的深度理解和   活动后是否能够实现
        营销信息的二次扩散      认同感                 消费购买行为的转化

        通常需选择具有良好的    通常需选择有丰富多    通常需选择消费氛围较
媒体    UGC内容生产氛围的媒    维度的内容展示形态，   好的媒体平台和场景，
需求    体平台和场景，鼓励用    以及有实时互动方式的   同时注重用户从内容到
        户对营销信息进行表达    媒体平台和场景         购买场景跳转的便捷性

         表达场景              互动场景               消费场景
```
来源：艾瑞咨询研究院自主研究绘制。

图 4-50　KOL 营销媒体选择策略

只有了解不同媒体平台特征，才能为企业制定合适 KOL 营销的策略。如新浪微博，拥有丰富的明星 KOL 资源，可利用名人引爆话题，通过粉丝分享形成二次扩散；而抖音实质上是一个专注年轻人的音乐短视频社区，通过拥有特定粉丝群体的泛娱乐 KOL 选择歌曲，配以富于创意、趣味性强的短视频，从而实现营销目标。典型 KOL 营销平台特征解析如图 4-51 所示。

平台名称	平台类别	平台特征	KOL类别特征	代表玩法
新浪微博	微博	表达场景特征，用户二次扩散氛围浓厚	综合类，其中明星KOL资源较多	话题讨论
微信	即时通信	表达场景特征，适合深度信息传播	综合类	内容植入
抖音	短视频	表达场景特征，视频承载内容丰富，趣味性强	以泛娱乐KOL为主	创意视频
映客	网络直播	互动场景特征，可实现KOL与用户的实时沟通	以泛娱乐KOL为主	内容植入、定制活动直播
小红书	内容电商	消费场景特征，用户购物目标明确	以购物、美妆达人为主	商品推荐和种草
喜马拉雅	音频	消费场景特征，社区用户付费习惯较好	以垂直领域专业KOL为主	内容植入

来源：公开资料，艾瑞咨询研究院自主研究绘制。

图 4-51　典型 KOL 营销平台特征解析

5. "淘宝&IMS（天下秀）"KOL 营销案例分析

事件回顾："2018 年淘宝造物节"于 2018 年 9 月 13 日在杭州西湖边正式开启，为期 3 天大狂欢。造物节开幕当天，马云发了一条微博，亲自为造物节代言，为淘宝造物节强力打 call（见图 4-52）。淘宝开展"2018 年淘宝造物节"大型线下活动，旨在通过整合营销传播为其造势和导流，提高活动影响力，如通过"淘宝&IMS（天下秀）"，利用 KOL 全面助力多阶段营销传播（见图 5-53）。

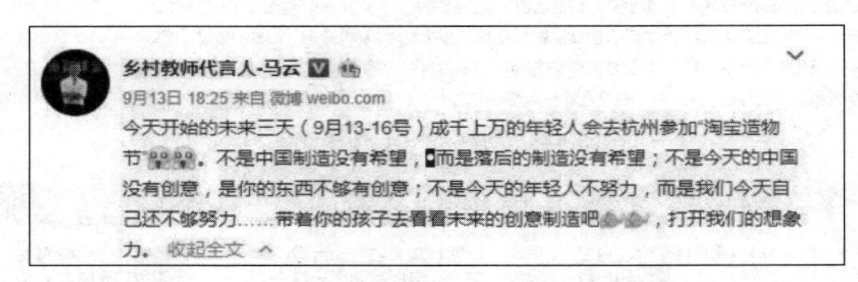

图 4-52 马云为 2018 年淘宝造物节代言

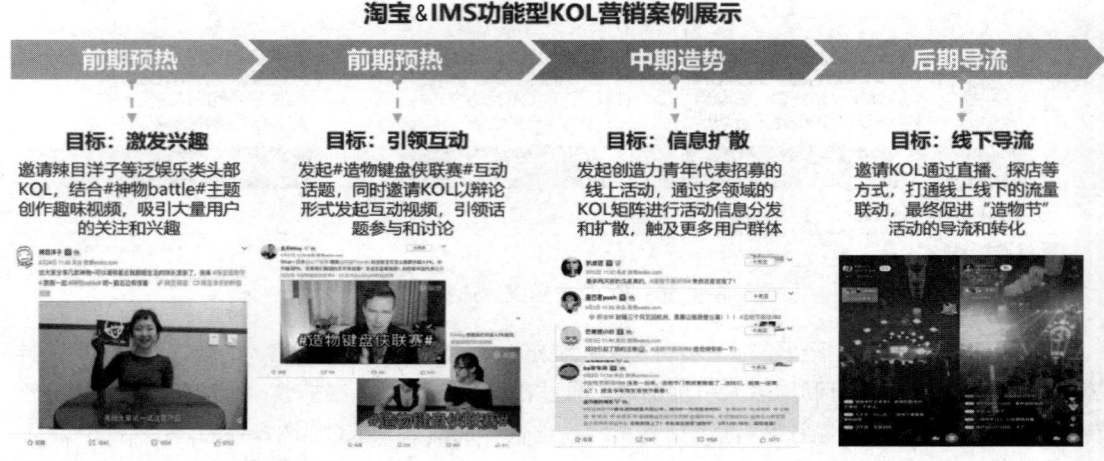

图 4-53 "淘宝&IMS（天下秀）"KOL 营销案例

营销策略：a. 前期联合各领域 KOL，通过创意视频和互动话题辩论等形式，为活动预热；b. 中期通过多领域的 KOL 矩阵进行信息分发，触及更多用户群体；c. 后期邀请 KOL 通过直播、探店等方式，打通线上线下流量联动，促进活动的导流及转化。

营销效果：KOL 矩阵传播总阅读量超过 7 000 万，总互动量超过 3 万。

四、网络公关

1. 网络公关的定义

网络公关（Electronic Public Relation，EPR），是指利用网络媒体的高科技表达手段营造企业形象，实现公关目标的行为。互联网的兴起，为现代公共关系提供了新的思维方式、策划思路和传播媒介。

网络公关的兴起，是信息时代公关行业网络化发展的必然趋势。现今企业大都注重完善自身的公关网络，建立健全自己的门户网站和宣传平台，进而维持与公众的良好关系与互动。处理好网络公共关系，大到国家，小到企业及个人，都具有极其重要的作用。

2．网络公关的特点

（1）突破时间和空间的局限。互联网把企业的公关活动带到了一个虚拟的平台上，在这个平台上，企业的公关行为不再受时间或地域的局限。

（2）实现多方即时互动。通过互联网技术，让企业与客户、媒体与受众之间的即时互动成为可能。企业可通过网上公关活动的开展，与受众进行实时互动交流，向受众传递企业信息，收集用户对企业的评价与反馈等。这一切不再需要繁杂的市场程序和众多的人力资源。

（3）拓展企业公关的渠道和形式。互联网为企业公关提供了多种多样的公关渠道与形式，企业可根据自身特点及需要，合理选择、恰当使用。同时，互联网具有即时性、娱乐性、个性化、互动性等特点，将大大增强企业公关的效果。

（4）更加人性化。网络公关更加人性化，受众的目的性更强。传统传播媒介的单向性、强迫性，总是让受众处于被动接收信息的地位，而网络平台给受众提供了主动选择和接收信息的机会，从某种意义上来说，网络是真正的"大众"的媒体，而不是"媒体机构"的媒体，在这里，受众与信息传播者有着同等的地位。因此，受众对于企业公关信息的选择与公关活动的参与，将具有更强的主动性和目的性。

3．网络危机公关及应对方法

（1）网络危机公关的定义。网络危机公关，是指利用互联网对企业的相关品牌形象进行公关，尽可能避免在搜索企业的相关人物与产品服务时，出现负面信息，影响企业形象。在互联网时代，网络已经成为企业危机公关的触发器与放大器。在网络的作用下，精英媒体时代转向草根时代，来自网络的企业危机随时都可能一触即发。尤其是随着论坛、微博、SNS 等传播渠道的增加，以往看似微不足道的过失，很可能在网络上被扩大成一场危机。因此，网络危机公关，有可能影响到企业能否在市场上立足，必须被企业高度重视。

（2）网络危机的来源。

① 竞争者。在当今纷繁复杂的市场竞争中，难免会有一些不法之徒，出于个人或集团的利益，采取非正常手段给竞争者制造"危机"，如通过互联网发布恶意攻击、混淆视听的虚假信息，以制造事端，打击竞争对手。

② 媒体。还有一些不良媒体，可谓"好事不出门，坏事传千里"，抓住大众往往对负面报道更感兴趣的心理，或受广告利益的驱使，更愿意为负面事件推波助澜，以获得更高的点击量。甚至一些不负责任的媒体人员，干脆非法捏造事实，造成企业的信任危机。

③ 公众。互联网的开放性，使得发布信息的成本大大降低，作为草根阶层的消费者在受到不满意的服务或者是对所使用的产品有疑义时，在网络上发布对企业不利的信息，并以此手段为自己维权，加上情绪化的夸张言辞，很容易被其他消费者关注。网络使得公众对事件的参与程度日渐提高，为危机的蔓延提供了土壤；公众的自觉传播，反复回帖热议，极易酿成企业的巨大危机。

（3）网络危机的表现形式。

① 网络谣言。网络谣言是网络上十分常见，且对企业具有很强杀伤力的网络危机。造谣者出于娱乐、发泄或者商业竞争的需要散布网络谣言。

例如，腾讯与 360 之间的纷争，出现的谣言有：a．根据"国家权威中心"出具的报告，

QQ保镖可以轻易造成大面积用户掉线；b. 声称QQ保镖令用户备份自己的好友列表、信息，其后可以通过服务器全部转到360的云端服务器；c. QQ保镖可以下载补丁，实现用360浏览器接管QQ链接，或者是从后台下达指令，就让QQ无法运行QQ音乐；d. 腾讯公司称，通过"后门"直接破坏QQ的自我升级能力，对QQ造成根本性破坏；e. 腾讯公司称，用户上QQ必须经过QQ保镖的"搜身"，泄露了用户信息用户也不会知情……事后证明，这些都是谣言。

② 病毒及黑客攻击。这是企业网站及相关经营职能陷入停滞的常见原因。随着对互联网依赖程度的加强，黑客进攻事件引发了全球范围内对重要网站脆弱性的关注。

③ 一般性事件的升级。一般性事件，主要是指企业生产和经营中发生的个别的产品质量问题或者服务纠纷。一般性事件经由网络放大升级，是一种常常被企业忽视或反应缓慢的网络危机。有人将腾讯和360的纷争分为三个阶段，即"技术暗战"阶段、"弹窗口水战"阶段、"公然激战"阶段。在前两个阶段，纷争还处于公共事件阶段，并没有引起公众的过度反馈，此时大多数人处于"观众"的状态。真正由事件演变成企业危机的诱因是在第三阶段，腾讯在采取法律措施的同时，以一纸声明的形式发出通知："我们决定将在装有360软件的电脑上停止运行QQ软件。"至此，双方的纷争进入白热化阶段，整个事件也上升到威胁企业自身的状态。此举立即遭到了公众的强烈指责和质疑，对腾讯的舆论压力由此形成，政策的不合理导致企业美誉度的丧失，企业形象在公众心目中饱受贬损。

（4）应对网络危机。企业在面对危机时，如何应对才能转危为安、战胜危机呢？可以从以下几方面入手。

① 事前预防：通盘考虑。进行网络危机公关和名誉管理，应该以防范为主，从根本上解决问题，加强自身产品和品牌的建设，治标又治本。事前充分的准备包括对所有产品及企业信息有通盘的了解，并且洞悉危机发生的潜在原因，具体内容如下。

a. 列出一张危机评估表。详细列出可能发生的危机，并且评估它们的等级，依发生的可能性从最可能到不太可能依序排列；

b. 成立危机处理小组。成员包括公司内部以及顾问公司的人员，分配好职责和任务，每个人都适时扮演适当的角色；

c. 设立企业的新闻发言人。这一点非常重要。他可能是公司的负责人、总裁、执行长，或是对某危机最了解的人，要具有强大的沟通能力，能够在短时间内建立可信度及权威感，能在第一时间传递出最适当的讯息；

d. 建立企业的及时预警机制，将危机扑灭于萌芽期。每天以品牌名称作为关键词，利用搜索引擎进行搜索。负面新闻通常始于论坛、博客等社会化网络。注重品牌和公关的企业，可以派专人负责在主要的社会化媒体、新闻门户及搜索引擎上进行监测，以便将危机及时消除。

② 危机控制：快、狠、准。危机降临时，要在第一时间查出原因，找准危机的根源，并尽快将真相公之于众。同时要严肃处理相关责任人，及时转变战略，展示企业拯救危机的决心与信心。如果出现了被恶意中伤的情况，最好的方法莫过于借用第三方权威机构对产品进行检测，向大众出示有利的证据，借助媒体在网络上传播，切忌不理不睬。另外，也可利用SEO等技术遏制负面信息，通过优化正面信息的网页排名来挤掉负面信息的有关网页，可达到稀释负面信息的作用。

③ 善后处理：坦诚示人。企业出现危机，特别是出现重大责任事故，导致社会公众利益受损时，必须承担起应有的社会责任，给予公众一定的精神补偿和物质补偿。在善后处理过程中，必须做到一个"诚"字。以社会公众和消费者利益为重，迅速做出适当反应，及时采取补救措施，主动、有意识地以该事件为契机，变坏事为好事。因势利导，借题发挥，不仅可以恢复企

业的信誉，还有可能提高企业的知名度和美誉度。一个优秀的企业，越是在有危机的时刻，越能显示出它的综合实力和整体素质。一个成熟的、健康的企业与其他企业的区别，往往就在于此。

④ 注重线上、线下相结合。危机一旦发生，采取线上、线下同步进行的方式，力争将危机造成的损失降到最低。媒体的反应往往最为敏感，要积极与媒体密切沟通，组织可以借助的媒体，做好信息主动控制工作。如果真的犯了错，就要增加企业的透明度，放低姿态，向公众承认错误，将真相告知大众；如果产品存在质量缺陷，要及时召回，并和受到损失的消费者商谈补偿措施或赔偿事宜。一般而言，大型危机来临时，企业可以组织新闻发布会，收集与危机有关的图片、表格、模型等资料，由训练有素的新闻发言人回答记者提问，真诚直接地给予回答，尽可能让公众满意，切勿避重就轻、言不由衷，导致再次惹怒公众。公众可能会允许企业犯错，可不会允许被欺骗，给出的承诺及有关解决方案，必须完全兑现。企业可将有关视频通过网络媒体在网络上传播，让大家及早看到企业有效的解决方案，同时要对企业员工说明情况，争取理解，共渡难关，统一口径，以免再出差错。

4．"大白兔"危机公关案例分析

大白兔奶糖是上海冠生园公司出品的奶类糖果，是中国名牌产品、国家免检产品和国家原产地标记注册产品，畅销四十多个国家和地区。但"大白兔"的成长并不是一帆风顺的，在其辉煌的背后经历了两次生死危机。

（1）"大白兔"的第一次危机公关。2007 年 7 月 16 日，菲律宾宣布，中国上海冠生园公司生产的大白兔奶糖含有致癌物质——甲醛。此消息由菲律宾 GMA 电视新闻网公布后，大白兔奶糖的食品安全在全球广受质疑，产品出口和销售严重受损。

危机事件出现以后，冠生园公司十分重视，马上成立了事件应急领导小组，统一口径，分析原因，制定合理有效的危机公关方案，连夜对大白兔奶糖实施标准检测，并将产品送上海市权威检测机构进行测试。

7 月 18 日上午，冠生园公司向社会公众发出郑重声明，否认产品含有甲醛，并且使用的原材料均符合国家标准。冠生园公司在向菲律宾食品药品检测机构索取检测报告和产品实样未果的情况下声明：菲律宾食品药品检测机构在既未公布检测报告，又未得到生产企业确认的情况下，贸然通过媒体发布此消息是极不负责任的。冠生园公司保留法律诉讼的权力。

7 月 19 日上午，国际公认的权威检测机构通标标准技术服务有限公司（SGS）上海分公司公布检测结果：大白兔奶糖未检出甲醛。20 日，时任国家质量监督检验检疫总局局长的李长江在国务院新闻办举行的新闻发布会上，对中外记者作下述表示："第一，我们没有接到菲律宾政府有关方面的情况沟通；第二，我们同菲律宾驻中国使馆进行联系，想取得这方面的资料，他们表示无法提供；第三，我们经过了认真的检查测试，大白兔奶糖在生产过程中没有添加甲醛。"中国香港食物安全中心在当地超市抽取大白兔奶糖样本，经化验证实无甲醛成分。新加坡农粮与兽医局对中国出品的大白兔奶糖进行检验后，发布文告声明其所含的防腐剂甲醛分量很少，不超过世界卫生组织规定的安全水平。7 月 20 日文莱卫生部发布声明，经过该部检测，中国产的大白兔奶糖不含甲醛，完全可以放心食用。这些"完全一致"的检测结果，让中国产的大白兔奶糖含甲醛这一不实说法不攻自破。

（2）"大白兔"的第二次危机公关。2008 年 9 月 22 日，新加坡农粮与兽医局发布文告声明，产于中国的大白兔奶糖受到三聚氰胺污染，劝公众不要食用。

消息传出，光明食品集团十分重视，马上听取冠生园公司的相关报告，同时成立了事件应急领导小组。9 月 26 日，又采取了一系列应对措施：

> 一是全面停止大白兔奶糖的出口；
> 二是对海外检出的问题奶糖，抓紧实施下架、召回；
> 三是国内的相关检测正在进行中，但结果尚未出来，企业本着对消费者负责的态度，26日起暂停国内销售；
> 最后，检测结果又一次证明，大白兔奶糖是安全的。

9月26日，大白兔奶糖开始全面恢复生产。仅五天时间，"大白兔"再次摆脱危机。

（3）案例分析。

① 勇于承担责任。菲律宾相关媒体和新加坡相关机构贸然发布消息是极不负责任的。尽管最后真相大白，但对"大白兔"的出口和品牌形象却造成了很大损害。冠生园公司没有在事件发生后四处推脱，也没有在事后追究相关方责任，而是在整个事件中默默承担全部责任，顶着舆论压力和销售出口压力，全力配合检测，给广大公众呈现的是一个敢于承担责任的企业形象。

② 积极真诚沟通。对于"甲醛门"事件和"三聚氰胺"事件，尽管海外媒体炒得热火朝天，但国内传媒在报道时冷静又客观。这是冠生园公司及时与媒体沟通、协调关系的表现。同时又及时向社会大众发表声明，说明事实，促使双方理解和信任。

③ 速度第一。仅三四天的时间，公司就完成了检测、沟通，将危机影响降到最小。

④ 系统运行。在面对危机时，冠生园公司沉着冷静，成立领导小组，统一口径，决策果断，实施迅速，借助外力，解决高效。

⑤ 权威证实。发布权威机构的检测结果，巧用"第三方"力量，从正面出击到侧面突围，最快地遏制了事态，化解了危机。

阅读材料4-5　阿里公关案例：钉钉碰上小学生跪地求饶

2020年上半年，因新冠疫情的突然爆发，众多行业停工抗疫。钉钉被教育部选中作为给小学生上网课的平台，一时间钉钉成了被网课支配的孩子们的出气筒。当得知APP的评分低于一星就会被下架时，小学生们更是集体出征，疯狂打一星，试图将其喷下架。在小学生们"让我上课者，再麻烦也要一星之""五星好评，分期付清"的不懈努力下，钉钉积攒了很多年才维持的4.9分一度降至1.3分。钉钉很是忧伤，既搞笑又无奈。

面对新增长的年轻用户，钉钉采用了跪地求饶的危机公关，表示"给我在阿里粑粑家留点面子吧""相识是一场缘分，不爱请别伤害""我只是一个五岁的孩子，求求手下留情"，如图4-54所示，用卖萌、可怜的方式赢得好感。不少吃瓜群众表示心疼钉钉，还有人为了打五星特意去下载。

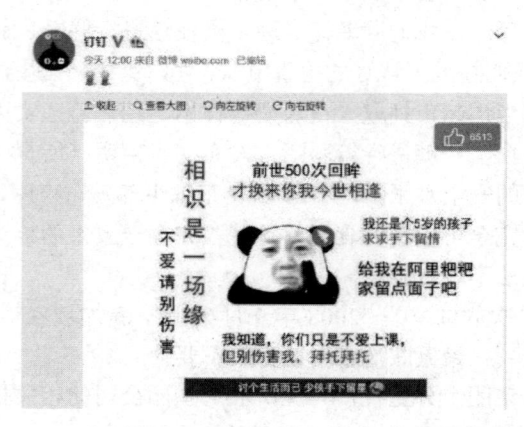

图4-54　钉钉碰上小学生跪地求饶

随后钉钉更是乘胜追击，推出了《甩钉歌》《你钉起来真好听》等一系列 B 站风格的视频，在视频里，钉钉用最软的态度唱出了最硬的事实，建构起品牌与 B 站的强关联度，成为 B 站网红，成功拉升了品牌在年轻人中的好感度，众多网友纷纷出手捞一把被虐得寸草不生的钉钉，钉钉的评分也就回暖了。

技能训练 4-9　病毒营销的创意与设计

如果你是湖南英氏营养食品有限公司的网络营销专员，公司电子商务经理希望你为公司做一份病毒营销创意的设计，请借助网络调研、访谈等形式来完成创意的设计，并将调研结果填入表 4-15。

表 4-15　英氏食品网络调研与病毒式营销创意设计

调研时间：		调研人：
产品是什么？	产品的特点	
	与网络的联系	
易感人群有哪些？		
易感人群有哪些兴趣点？		
兴趣的集中地有哪些？		
可以制造哪些热点？		
可以选择哪些平台？		
英氏食品病毒式营销的创意设计		

思考与练习

一、判断题

1．网络推广、网络营销、网店运营三者之间没有根本差别，其目的都是为了让企业的产品或服务获得更多的销量。（　　）

2．传统四大媒体是指报纸、杂志、电视、户外广告。（　　）

3．活跃的论坛具有强大的营销价值，主要是因为它具有超高的人气、强大的聚众能力、高度聚焦的用户群体。（　　）

4．如果说博客是日记格式的网站，而微博更像人们在网上发出的闲言碎语，其内容大多短小精练、生动有趣。（　　）

5．微店是指通过微信规则和机制而开设的微型店铺，是由腾讯（微信）官方提供的电商平台。（　　）

二、选择题

1．搜索引擎推广的基本方法有（　　）。
　　A．搜索引擎优化　　　　　　　B．关键词竞价
　　C．新闻发布及网络广告　　　　D．登录搜索引擎

2．搜索引擎优化包括下列哪些内容（　　）。
　　A．网站内容及主题的优化　　　B．关键词的优化
　　C．网页设计的优化　　　　　　D．网站链接的优化

3. 广告的五个要素：广告主、广告媒体、广告受众、广告费用和（　　）。
   A. 广告信息　　　　　　　　　B. 广告策划人员
   C. 广告发布人员　　　　　　　D. 广告载体

4. 与传统广告相比，网络广告的优势主要有（　　）。
   A. 覆盖面广，观众数量庞大
   B. 广告受众数量及效果可准确统计
   C. 表现形式灵活，非强迫性传送资讯，界面具有交互性
   D. 制作简捷方便，费用相对低廉

5. 传统四大广告传播媒体一般是指（　　）。
   A. 报纸　　　　　　B. 杂志　　　　　　C. 电视
   D. 广播　　　　　　E. 户外广告

6. 以下对信息流广告的描述，正确的有（　　）。
   A. 信息流广告是在社交媒体用户好友动态或者资讯媒体和视听媒体"内容流"中的广告
   B. 信息流广告的优势是流量庞大、算法领先、形式丰富、定向精准、用户体验好
   C. 信息流广告具有"高原生性""精准触达"用户的特点，使商业行为和用户体验能取得一个相对平衡
   D. 信息流广告是各大媒体平台流量变现的主要模式

7. 论坛推广中选择合适的论坛至关重要，根据论坛用户属性及区域特点，论坛的主要种类有（　　）。
   A. 综合性论坛　　　　　　　　B. 行业性论坛
   C. 区域性论坛　　　　　　　　D. 各类网站的论坛版块

8. 以下关于企业博客的论述，正确的是（　　）。
   A. 与通常的商业博客相比，企业博客的目标并不是马上赚钱，它是一个客户沟通和市场营销的渠道
   B. 以公关和营销传播为核心的企业博客，已经成为博客商业应用的主流，其表现形式主要有 CEO 博客、产品博客等
   C. 如果企业坚持不懈地更博，企业相关产品及服务的信息资源不断积聚，博客将成为企业的信息库
   D. 搭建企业博客有两个选择：一是架设独立的企业博客；二是依托于第三方平台，前者是大多数企业搭建企业博客的方要方式

9. 博客推广的主要方式有（　　）。
   A. 定期更新博客内容　　　　　B. 阅读和评论其他博客
   C. 争取其他博主的友情链接和推荐　　D. 尝试专家访谈及撰写教程等

10. 企业开展微信营销的方式主要有（　　）。
    A. 开设企业微店进行产品销售
    B. 企业通过公众号向用户推送信息
    C. 开设企业微信进行信息传播
    D. 借助大 V 的影响力在朋友圈转发扩散信息

11. 微信公众平台订阅号的主要功能是（　　）。
    A. 用来为用户传达资讯　　　　B. 用来为企业提供办公沟通平台
    C. 用于服务交互　　　　　　　D. 用来发布产品和服务信息

12. 短视频的主要特点有（　　）。
    A. 视频时长短　　　　　　　　B. 技术门槛低
    C. 社交属性强　　　　　　　　D. 传播速度快
13. 下列关于短视频的描述正确的是（　　）。
    A. 短视频营销的实质，是通过场景形成各种关联，然后用短小精悍的表达方式，将这种关联涉及的信息传达出去
    B. 通过短视频这种具有媒介融合性质的媒体发送广告，会比图片和文字更加生动，并且短视频的内容更偏向于轻松化、娱乐化
    C. 与以往营销方式不同，短视频场景营销既要把握对媒介形式的利用，又要关注不同场景下的消费行为，这种"就地取材"的随意性，对品牌创意提出更高的要求
    D. 用意见领袖来进行短视频营销，其本质是为消费者提前构建消费场景，让消费者预知自己的消费感受，包括对于产品使用价值的感受和情感价值的感受
14. 事件营销成功的三个关键要素包括（　　）。
    A. 寻找品牌与事件的关联性　　B. 做别人没做过的
    C. 提高事件的公众参与度　　　D. 多找水军
15. 企业网络危机主要的表现形式有（　　）。
    A. 网络谣言　　　　　　　　　C. 一般事件在网络上升级
    B. 病毒及黑客的攻击　　　　　D. 其他有损企业形象危及企业经营的事件

三、简述题

1. 搜索引擎对企业的营销价值主要表现在哪些方面？
2. 什么是网络广告运作？针对不同生命周期的产品，所采取的网络广告策略有何不同？
3. 微信公众号有哪些种类？它们具有怎样的功能特点？
4. 什么是短视频？短视频营销崛起具有怎样的时代背景？
5. 病毒营销创意设计的步骤有哪些？
6. 什么是KOL，它有哪些类型？如何选择合适的KOL进行营销？

参考答案

第三篇 营销篇

第一篇 定位篇
第一章 网络营销导引
第二章 网络营销市场定位

第二篇 推广篇
第三章 网络营销平台建设
第四章 网络营销在线推广

第三篇 营销篇
第五章 网络营销推广方案策划与实施
第六章 网络营销效果评估与优化

第五章　网络营销推广方案策划与实施

网络营销推广方案策划，是以互联网为媒介，在对内外环境进行准确分析的基础上，围绕企业发展目标，全面构思、精心设计企业未来一定时期内网络营销战略定位、阶段目标及实施方案的过程。网络营销推广方案策划，要围绕网络营销推广目标，对将要发生的网络营销行为，进行前瞻性的规划和设计，制定具体的行动及措施，并提供整套的网络营销推广执行方案。

企业网络营销推广方案的制定，必须遵循四大原则：系统原则——策划人员必须对企业网络营销活动的各种要素（信息流、商流、制造流、物流、资金流和服务流）进行整合和优化，使"六流"皆备，相得益彰；创新原则——努力营造旨在增加顾客价值和效用、为顾客所欢迎的产品特色和服务特色；可操作原则——方案要是一系列具体的、明确的、直接的、相互联系的行动计划的指令；经济原则——取得最大效益，或者花费最小成本。

引导案例　长沙巴顿公司如何规划网络营销推广方案

美国巴顿机电国际集团有限公司（简称美国巴顿集团）成立于 1918 年，是世界领先的冰淇淋机、烧烤机零售商，旗下产品包括 30 多款全球顶级的冰淇淋机、烧烤机。长期以来，公司致力于向顾客提供最优质的冰淇淋设备服务，营造独特的"巴顿体验"，让全球各地巴顿店成为人们除工作场所和生活居所之外温馨舒适的"第三生活空间"。该司看好中国市场的巨大潜力，准备在中国长期发展，与中国经济共同成长。

巴顿（长沙）机电设备贸易有限公司（以下简称长沙巴顿公司），作为美国巴顿机电国际集团有限公司的在华企业迅速崛起，已成为全国最大的冰淇淋和烧烤设备销售代理商之一。长沙巴顿公司主营的设备有两种：巴顿冰淇淋设备和巴顿烧烤设备，主推巴顿冰淇淋设备，以冰淇淋品牌加盟形式和单卖设备形式经营。创立初期，为了进一步提升品牌形象，提高产品销量，长沙巴顿公司启动网上营销推广活动，着手制定公司网络营销推广方案。

【案例思考】

进行企业网络营销推广方案的策划前，应充分了解市场竞争信息，深入分析互联网环境，综合考虑外部环境的机会与威胁、自身资源条件及优劣势、竞争对手的谋略和市场变化趋势等因素，通过构思、分析、归纳、判断，再到策略拟订、方案实施、跟踪、调整与评估等一系列环节，才能编制出规范化、程序化、操作性强的行动方案。

长沙巴顿公司要完成网络营销推广任务，可以从市场环境及竞争对手的分析入手。通过以下几个步骤，来合理规划企业网络营销推广方案。

- 公司网络市场 SWOT 分析。
- 分析竞争对手的网站及推广方式。
- 确定网络营销推广的目标市场。
- 规划网络营销推广的主要目标。

教学案例 5-0　柯尚品牌推广方案

- 选择恰当的网络营销推广方式。

第一节　网络营销推广方案策划

> **内容提要：**
> 　　网络营销推广方案策划，是对将要发生的网络营销行为，进行前瞻性的规划和设计，并制定具体的行动及措施，提供整套的营销推广执行方案。
> 　　根据营销目标的不同，网络营销推广方案分为销售型网络营销方案、服务型网络营销方案、品牌型网络营销方案、提升型网络营销方案、混合型网络营销方案。
> 　　营销推广方案策划操作步骤：分析市场环境及竞争对手、选择目标市场及消费者群体、规划网络营销推广的主要目标、选择网络营销推广方式。

一、网络市场 SWOT 分析

SWOT 分析是对企业在网络市场的优势（Strengths）、劣势（Weaknesses）、机会（Opportunities）和威胁（Threats）进行综合分析，实际上是对企业开展网络营销内外部条件进行综合和概括，进而明确企业优势与劣势、机会和威胁的一种方法。通过 SWOT 分析，可以帮助企业把资源和行动聚焦在自己的强项和有最多发展机会的地方，并让企业发展战略变得更为清晰。下面是对长沙巴顿公司的 SWOT 分析。

1. 优势分析

（1）价格优势。长沙巴顿公司生产、销售冰淇淋设备，由于省掉了中间渠道费用，因此，公司销售的冰淇淋机的价格，相对其他品牌，优势明显。

（2）技术优势。长沙巴顿公司销售的巴顿设备，均采用美国巴顿集团先进的生产制造技术，都是电脑数控或智能型机器设备，具有品种丰富、技术先进的优势。

（3）团队优势。长沙巴顿公司拥有先进的管理理念和健全的管理制度，有专业的网络、业务、技术、物流等团队，团队间合作紧密、凝聚力强，大家相互协作、共同奋斗，打算齐心协力共同做好公司品牌的网络推广。

2. 劣势分析

（1）公司成立较晚。长沙巴顿公司于 2011 年成立，网站于 2012 年上线，公司品牌和网站的推广起步较晚，主要竞争品牌在网络上已占据一定市场。

（2）网络推广经验不足。网络市场瞬息万变，而长沙巴顿公司刚刚着手网络营销推广，经验明显不足。

3. 机会分析

（1）冰淇淋市场发展前景广阔。随着我国国民经济的发展，人们生活水平的提高，冰淇淋将成为老百姓的日常消费品，市场发展前景广阔。

（2）经营模式新颖。长沙巴顿公司以销售设备、免费加盟模式经营，客户只要在巴顿设备商城购买设备就可以加盟公司品牌，而其他品牌都需要较高的加盟费，这种新型经营模式可以吸引更多想投资创业的人群。

4．威胁分析

（1）网络营销推广效果需要较长时间才能显现。网络营销推广效果的体现需要较长的时间，特别是一些免费的网络推广手段，在短时间之内效果很难凸显出来。而公司一旦启动网络推广战略，就要增加人力、资金的投入，这将给公司管理层决策带来一定影响。

（2）同行业竞争较激烈。在冰淇淋行业中已有众多知名品牌，如哈乐雪、多喜爱、星班客、冰雪皇后等。这些品牌知名度较高，在消费者中已经形成一定影响力。

（3）潜在进入的竞争者多。由于冰淇淋市场前景广阔、产品利润较高，有很多企业也看到了商机，纷纷加入冰淇淋行业中，因而市场中不断有新品牌加入，这让冰淇淋市场的竞争压力较大，给公司发展带来了一定挑战。

教学案例 5-1　中小企业网络营销必备手册之：打破困境，合理定位

二、分析竞争对手网站及推广方式

"知己知彼，百战不殆"。企业要制定正确的竞争战略和策略，就必须明确谁是主要的竞争对手，他们的战略和目标是什么，他们的优势与劣势、反应模式是什么，因此，企业必须仔细认清并且密切关注当前竞争对手，深入分析其网络推广的手段和策略。

经网络调研发现，湖南长沙地区主营冰淇淋加盟、冰淇淋设备的主要公司及品牌有哈乐雪、多喜爱、星班客、冰雪童话、锐奇设备商城等。这些竞争对手大致可分为两类：一类是主营冰淇淋加盟，客户加盟需要一定的加盟费用；另一类是冰淇淋设备商城，客户无须加盟费，竞争对手主要单卖设备。加盟形式的竞争者主要以哈乐雪为代表，单卖设备形式的竞争者以锐奇设备商城为代表。

1．哈乐雪

（1）哈乐雪概况。哈乐雪是广州好食佬食品设备有限公司旗下的一个品牌，该公司是一家全球著名的综合型饮食企业；在产品生产过程中严格采用纯天然原料，这是哈乐雪优秀品质的保证。并且哈乐雪紧跟时代步伐，不断推陈出新，在现代先进工艺的帮助下，成功开发出百余款国际冰淇淋时尚先锋产品。渗透着 300 年的醇厚香浓，再加上 DIY 自助经营的新潮理念，更让哈乐雪走在行业的前沿。

（2）哈乐雪网站 SEO 诊断。

① 搜狗权重和 Google PR 值。哈乐雪网站的搜狗权重是 1，Google PR 值是 3，如图 5-1 所示。

搜狗 S 1　　Google 3

图 5-1　哈乐雪网站搜狗权重和 Google PR 值

② 哈乐雪网站被收录和反链情况如图 5-2 所示。

有www.hl579.com的网页	百度流量预计	百度快照	今日收录	最近一周	最近一月
6390	365	2012-5-11	6	9	319

网站 www.hl579.com 的收录/反链结果					
搜索引擎	百度	谷歌	SOSO	搜狗	Bing	有道
收录	291	查询失败	192	317	0	
反链	7610	7	839			113

图 5-2　哈乐雪网站被收录及反链情况

③ 哈乐雪网站关键词排名情况如图 5-3 所示。

关键词	出现频率	2%≦密度≦8%	百度指数	百度排名	Google排名
哈乐雪冰淇淋冰激凌招商	0	0.0%	查询	1,26,28,29,48	查看
冰淇淋加盟	0	0.0%	825	3	查看
冰激凌品牌连锁	0	0.0%	查询	1	查看
冰淇淋加盟店	0	0.0%	133	8	查看
哈乐雪冰淇淋加盟总部	0	0.0%	查询	1,50,51	查看
哈乐雪健康营养冰淇淋	0	0.0%	查询	1,39,44	查看
最佳冰淇淋加盟品牌	0	0.0%	查询	1,46,48	查看
冰淇淋加盟连锁机构	0	0.0%	查询	1	查看
冰淇淋首页	1	1.1%	查询	11	查看

图 5-3　哈乐雪网站关键词排名情况

（3）哈乐雪主要推广方式。哈乐雪主要采用电视广告和网络广告两种方式进行推广，如图 5-4 所示，推广的力度比较大。哈乐雪参与了百度的竞价排名，购买了 CPC 价格较高的关键词，如"冰淇淋"和"冰淇淋加盟"等，还在各大创业平台投放了广告，如 28 商机网、3158 招商加盟网等。电视广告主要是在四川卫视、江苏卫视、河南卫视等地方电视台投放冰淇淋品牌的报道。

图 5-4　哈乐雪广告新闻

通过以上分析发现，哈乐雪公司网站 Google PR 值较低，被百度收录网页数量不高，网站部分关键词在百度收录中排名较好，公司主要的网络营销推广方式有网络软文及网络广告。

2．锐奇设备商城

（1）锐奇设备商城简介。锐奇（上海）国际集团有限公司是一家专业生产、销售食品机械的公司，该公司主要经营燃气电烤箱、烤饼炉、电饼铛、冰淇淋机、炸鸭炉、烤鸭炉、炒货机、保温柜、烤禽箱等设备服务。公司的质量方针是"互利发展、持续改进、优化产品、真诚服务"。公司对产品质量严格把关，先后获得了中国质量认证中心认证、ISO9001 国际质量体系认证。

（2）锐奇设备商城 SEO 情况。

① 百度权重和 Google PR 值。锐奇设备商城百度权重是 3，Google PR 值是 2，如图 5-5 所示。

百度权重 🐾 3　Google 🐾 2

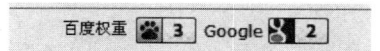

图 5-5　锐奇设备商城百度权重和 Google PR 值

② 锐奇设备商城被收录和反链情况如图 5-6 所示。

网站 www.ruiqi888.com 的收录/反链结果

搜索引擎	百度	谷歌	SOSO	搜狗	Bing	有道
收录	1360↑	4530↓	2万3100↓	734↑	1↓	
反链	1万7600↑	9	6万7200↑			303

图 5-6　锐奇设备商城被收录和反链情况

③ 锐奇设备商城部分网站关键词排名情况如图 5-7 所示。

关键词	出现频率	2%≤密度≤8%	百度指数	百度排名	Google排名
食品机械	4	0.6%	1161	25	查看
炒货机	4	0.4%	119	3	查看
电烤箱	1	0.1%	362	10	查看
烤地瓜机	4	0.6%	67	15	查看
多功能小吃车	4	0.8%	321	3	查看

图 5-7　锐奇设备商城网站关键词排名情况

（3）锐奇设备商城主要推广方式。锐奇设备商城网络营销推广的主要平台是各大搜索引擎、创业加盟平台、网络商铺等，推广手段以视频、网络新闻等方式为主，推广的力度较大。锐奇设备商城在 3158 批发网、各大新闻网上发布食品机器行业新闻，如图 5-8 所示。

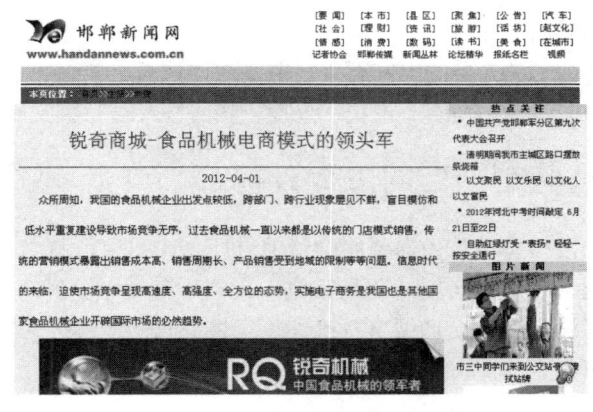

图 5-8　锐奇设备商城相关新闻

上述分析表明，锐奇设备商城的 Google PR 值仅为 2，低于哈乐雪公司网站。该公司网站被百度收录网页数量为 1 360，高于哈乐雪公司。企业网站关键词在百度收录排名较前的有"炒货机""多功能小吃车""电烤箱"等，而"冰淇淋机""冰淇淋加盟""冰淇淋设备"等重要关键词的排名则靠后。

通过以上分析发现，长沙巴顿公司的几家主要竞争对手，尽管已经开始了网上的营销推广，也产生了一定的网络影响力，但他们并没有占据网络市场竞争的制高点，并没有形成难以超越的特色和优势,这给长沙巴顿公司的网络竞争留下了足够的市场空间。

三、确定网络营销推广的目标市场

目标市场是企业打算进入并实施营销的细分市场,也就是企业打算满足的、具有特定需求的顾客群体。与企业在进行传统营销时要确定目标客户并选择与目标客户一致的广告媒体一样,在开展网络营销推广时,也要明确目标客户是哪些人,他们经常会浏览哪些网络媒体,然后,再选择合适的网络媒介进行网络推广。

企业进行网络营销推广时,还必须深刻了解客户习惯,以采取不同的策略进行推广。有些目标顾客喜欢去聊天论坛,企业推广人员就应当去聊天论坛宣传企业和产品信息,也可以在聊天论坛里投放网络广告;还有些目标顾客喜欢去淘宝等第三方电子商务平台,企业推广人员就应当选择淘宝等平台发布相关信息。经分析发现,长沙巴顿公司的目标客户主要有如下几类。

1. 计划创业的年轻人群

现在大学毕业生越来越多,就业压力越来越大。很多刚毕业的大学生或者已经毕业几年的大学生不想为他人打工,想自己开店创业、自己当老板,而长沙巴顿公司的冰淇淋加盟需要的资金较少、门槛低,比较适合这些具有创业梦想的年轻群体。

2. 无业失业人群

由于各种原因,在家待业的人群如家庭主妇、下岗人员等,可能一直在寻找机会重新创业。加盟冰淇淋项目,既方便照看家庭,又可以增加家庭收入。

3. 已有店铺想增加创业项目的人群

这类人群已有店铺或门面,想在已有生意的基础上增加冰淇淋项目,或者因为目前店铺生意不好,想改做冰淇淋项目,以获得收益。

经调查分析发现,这三类人群的上网行为,主要通过搜索引擎获得创业、加盟方面的信息。除此之外,还会访问一些专业的博客、论坛,查看一些问答及百科类文献,浏览邮件和广告等。

四、规划网络营销推广的主要目标

与传统营销一样,网络营销首先需要明确营销目标。比如说是追求IP、追求流量、追求注册量、追求销售量、追求品牌知名度,还是其他什么?只有确定了营销目标,网络营销推广才有行动的方向,才能对网络营销活动做出正确评价。根据长沙巴顿公司具体情况,对公司网络营销推广目标规划如下。

1. 初期目标

前期网络推广以提升品牌知名度和关键词排名为主要目标,主打产品为冰淇淋设备;由一个产品品牌带动其他产品。初期主要通过论坛、贴吧、博客、信息平台和网络广告等方式来推广网站,以提高冰淇淋设备、冰淇淋机等关键词排名,并获得相应的客户资源。

2. 中期目标

网络营销推广的中期目标是提高商城在各大搜索引擎上的收录,保持收录量的平稳增加,提高商城的反链链接及网站的整体权重，提升网站 PR 值。同时将冰淇淋相关的关键词（如冰淇淋机、冰淇淋加盟、冰激凌机、冰激凌加盟等）的排名提升至百度首页位置，然后逐渐推广公司第二品牌——巴顿烧烤设备。

3．终极目标

长沙巴顿公司网络推广的终极目标是使公司网站在同行业网站中具有一定的品牌影响力，能够让人们一提冰淇淋设备和烧烤设备就能被想到。如果有人想加盟烧烤或者做冰淇淋加盟，就可能会直接搜索长沙巴顿公司网站，从而打造出一个具有一定品牌影响力、可信度及美誉度的品牌网站。

五、选择恰当的网络营销推广方式

网络营销推广方案的制定，是对各种网络营销推广工具和资源的具体应用。在网络信息技术日新月异的今天，网络营销推广方式层出不穷，企业网络营销推广方案有繁有简，表现形式也各不相同。

通过调研，长沙巴顿公司营销人员已经发现公司目标人群主要是计划创业的年轻人群、无业失业人群、已有店铺想增加创业项目的人群这三类。研究其上网行为特点，结合公司自身特点（中外合资的长沙分公司、产品品牌在市场上出现较晚、资金实力一般）等实际情况，最后决定，主要采用搜索引擎推广、博客推广、第三方网络营销平台推广、问答及百科类推广、论坛推广、电子邮件推广、网络广告推广等方式来进行网络营销推广，具体的推广计划如表5-1所示。

表 5-1　长沙巴顿公司网络营销推广方案策划简表

网络营销推广方式	网络营销推广具体计划	备　　注
搜索引擎推广	（1）增加网站内链； （2）在公司网站添加网站流量统计工具； （3）在首页添加即时交流模块，提升用户体验； （4）及时更新网站内容； （5）添加友情链接，提高网站的权重； （6）参与百度关键词竞价排名	百度关键词竞价根据广告总预算设置每天消费额
博客推广	（1）推广平台：新浪博客、天涯博客、网易博客、企业博客等； （2）主要关键词：巴顿冰淇淋、巴顿冰淇淋机、巴顿冰淇淋加盟、巴顿冰激凌、巴顿冰激凌机、巴顿冰激凌加盟	
第三方网络营销平台推广	（1）信息发布平台包括：58同城、赶集网、中国分类信息网、今题网、易登网、百姓网、站台网、列表网、天涯分类信息网、去114网、解忧网、时不时信息网、帮帮网、百业网、我易网、生活123、U88创业加盟网等； （2）每天发布信息的目的：增加公司网站反链，提高公司网站权重，提升公司知名度； （3）在编辑信息时要注意：关键词密度，信息的图文并茂，以及留下公司网站网址和联系方式； （4）编辑信息的关键词：冰淇淋机、巴顿冰淇淋、巴顿冰淇淋机、冰淇淋加盟、冰激凌机、冰激凌加盟等	

续表

网络营销推广方式	网络营销推广具体计划	备注
问答及百科类推广	（1）问答类推广：主要是在百度及搜搜问问等发布关键词为品牌冰淇淋加盟、巴顿冰淇淋加盟的相关问题，然后组织团队成员自问自答； （2）百科类推广：主要是在百度百科、互动百科等建立巴顿冰淇淋等词条，并在扩展阅读中加上公司官网的链接	
论坛推广	可在天涯论坛、猫扑论坛、网易论坛、百度贴吧、站长论坛等权重比较高的网站发布创业故事和巴顿加盟优惠政策等帖子	
电子邮件推广	公司可以从各种广告平台、公司网站的客户服务系统及其他方式获得一部分潜在客户的邮件地址，并通过邮件向这些客户发送公司招商政策和优惠活动的邮件	
网络广告推广	根据公司产品的特点，可以在78创业商机网和28商机网发布相应的创业广告	可外包给专业的广告公司
微博推广	通过在建立公司官方微博账号，定期发布公司新闻动态、公司促销活动，并与微博粉丝形成互动等	
微信推广	建立公司官方微信服务号，定期发布公司新闻动态、公司促销活动，并通过微信服务员提供相应的技术交流、在线解答等会员服务，以形成良好的会员互动	

1. 搜索引擎推广

（1）增加网站内链。公司网站展示的产品只有图片有超链接，而图片下方文字没有超链接。通过修改后台设置，添加产品图片的文字链接，同时在网站 Logo 添加首页链接，增加公司网站内链，以方便搜索引擎抓取更多页面。

（2）添加网站流量统计工具。在公司网站底部加上51网站流量统计工具，便于网站管理人员每天查看网站流量和客户搜索的关键词等，分析不同地区的客户，及时调整每天的推广关键词。

（3）提升用户体验度。在网站上增加"在线客服""分享"等即时交流互动模块，如图5-9所示，以方便客户在浏览公司网站时，可随时与公司客服联系，从而更好地留住客户。

图5-9　增加"在线客服"等模块

（4）更新网站内容。网站新闻版块每天更新2~3篇文章，更新的文章至少都是修改40%~50%的伪原创文章。文章标题要具有吸引力和原创性，文章内容主要是公司最新招商政策、优惠活动等，同时在文章内容中增加内链，通过锚文本的方式来添加内链和增加网站收录。

（5）添加友情链接。

① 寻找并筛选相关行业网站。主要寻找并筛选食品行业和设备类网站，要求对方 Google PR 值为 2 以上，网页快照至少是每隔一天更新一次。这类网站作为友情链接，能对公司网站权重的提升和关键词排名的改善带来较大帮助。

② 增加公司网站的友情链接。根据遴选的结果，增加美国巴顿集团官网、食品批发、管线机、家用净水器、阳澄湖大闸蟹、万家乐热水器维修、格力空调、武夷岩茶、粮食网等友情链接，如图 5-10 所示。

| 友情链接 | 美国巴顿集团官网 | 食品批发 | 管线机 | 家用净水器 | 阳澄湖大闸蟹 | 万家乐热水器维修 | 格力空调 | 武夷岩茶 | 粮食网 |

图 5-10　网站友情链接

（6）参与百度关键词竞价排名。考虑公司实力有限，目前只投放"巴顿冰淇淋""巴顿冰淇淋机"等几个主要关键词推广，百度竞价广告由 78 创业商机网平台和 28 商机网平台来负责投放。

2．博客推广

选择新浪、天涯、网易等知名博客进行推广，详细的推广计划如表 5-2 所示。

表 5-2　博客推广计划表

名称	个数	更新频率	主要关键词
新浪博客	共 6 个 2 个主博客 4 个小博客	主博客每周更新 6 篇； 小博客每天更新 1 篇	巴顿冰淇淋、巴顿冰淇淋机、巴顿冰淇淋加盟、巴顿冰激凌、巴顿冰激凌机、巴顿冰激凌加盟等
天涯博客	共 4 个	每周更新 5 篇	巴顿冰淇淋、巴顿冰淇淋机、冰淇淋加盟、巴顿冰激凌、巴顿冰激凌机、冰激凌加盟等
网易博客	共 2 个	每周每个博客更新 3 篇	巴顿冰淇淋机、巴顿冰淇淋加盟、巴顿冰激凌机、巴顿冰激凌加盟
企业博客	共 2 个	每周每个博客更新 6 篇	
搜狐博客	共 2 个	每周每个博客更新 3 篇	
百度空间	共 6 个 1 个主空间 5 个小空间	主空间每周更新 5 篇； 小空间每周更新 1 篇，转载主博客文章	

（1）新浪博客。公司在新浪博客中添加了公司网站的友情链接，在博客中添加了公司产品图片，主博客每天都要更新文章，文章关键词与博客关键词相关联，同时做好文章关键词的锚文本，如图 5-11 和图 5-12 所示。

（2）企业博客。公司在企博网建立了两个博客。企博网有两种形式的博客：一种是以公司形式开通的企业博客，如图 5-13 所示；另一种是以个人形式开通的职业博客，如图 5-14 所示。目前"巴顿设备商城"企业博客和"巴顿冰淇淋加盟博客"职业博客各有相关关键词排在百度首页，虽然博客建立前期没有多大作用，但这些博客建立后有利于提升公司网站的权重，且能给公司网站带来部分流量。

图 5-11 新浪"巴顿冰淇淋机 冰激凌机"博客

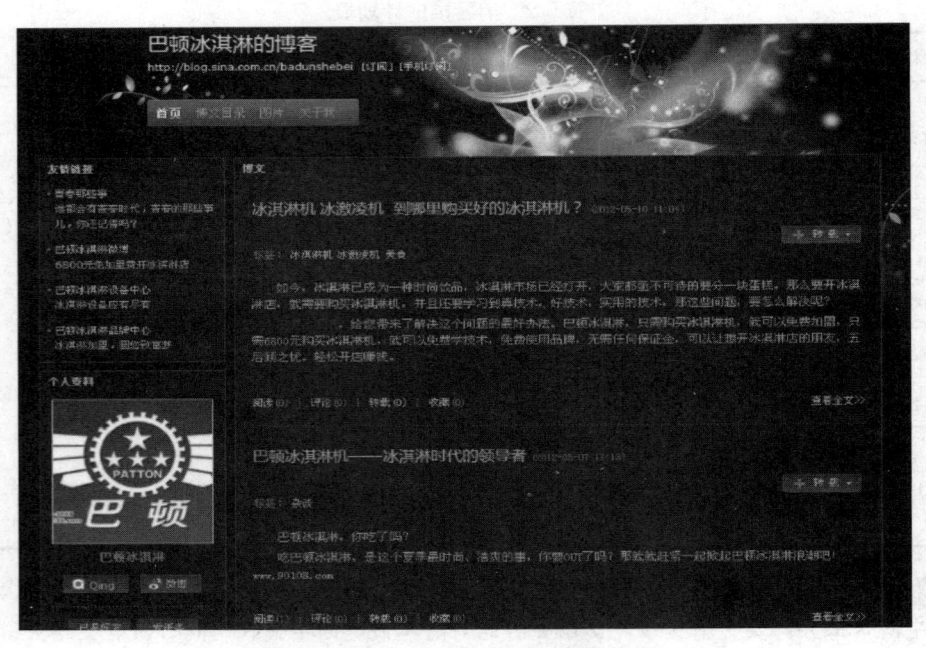

图 5-12 新浪"巴顿冰淇淋的博客"博客

3. 第三方网络营销平台推广

（1）第三方平台选择和信息发布。公司网络营销人员每天编辑好信息，在各大信息平台发布。信息发布平台包括：58同城、赶集网、中国分类信息网、今题网、易登网、百姓网、站台网、列表网、天涯分类信息网、去114网、解忧网、时不时信息网、帮帮网、百业网、我易网、生活123、U88创业加盟网等。

每天发布信息主要是为了增加公司网站反链，提高公司网站权重，提升公司知名度。在编辑信息时要注意关键词密度，还要注意信息内容图文并茂，并留下公司网址和联系方式。编辑信息的关键词主要是冰淇淋机、巴顿冰淇淋、巴顿冰淇淋机、冰淇淋加盟、冰激凌机、冰激凌加盟等。

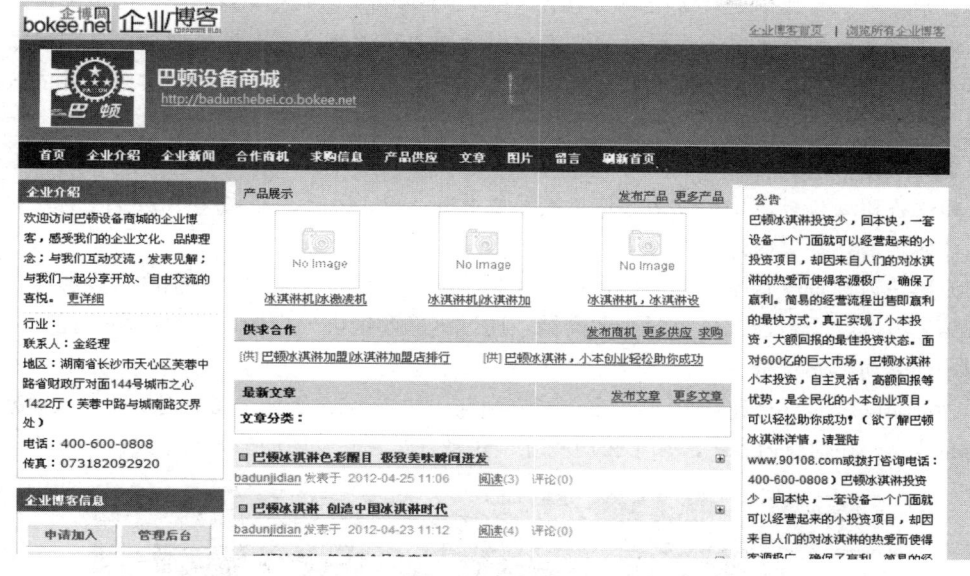

图 5-13　企业博客

图 5-14　职业博客

（2）信息发布案例展示。

巴顿冰淇淋机为您创造财富

巴顿冰淇淋机为您创造财富！新款巴顿冰淇淋机，美国先进技术生产制造，采用全数字电脑微控系统，选用进口压缩机，采用先进的生产工艺，具有故障诊断、软硬任意调制及自动修复功能，安全精确，可靠性高，通过 ISO9001—2000 国际质量体系认证。巴顿冰淇淋机有国际品质保证，请您放心使用，一年保修，终身维护！

巴顿冰淇淋机为您创造财富！目前在冰淇淋机市场上最受欢迎的是巴顿三头式冰淇淋机，这款冰淇淋机有两个储料缸、两个制冷缸和三个出料口，同时可以出三种颜色即三种口味的冰淇淋，还可以连续制作冰淇淋，无须等待，直接打制冰淇淋！

巴顿冰淇淋机为您创造财富！巴顿冰淇淋机通过专业成熟的制冷系统设计，选用美国大功率专用压缩机，大大缩短冰淇淋成型时间，在相同时间内冰淇淋产量大幅度增加，从调配原料到冰淇淋完全制作出来，只需很短时间。巴顿先进冰淇淋机让您的冰淇淋店生意火爆时依然得心应手。

免费热线电话：4006000808。

巴顿设备商城公司地址：湖南长沙市芙蓉区中路二段144号城市之心1422厅。

巴顿冰淇淋设备官网：略。

（3）第三方商铺平台推广。公司在商国互联、阿里巴巴、生意地、中铝网、勤加缘、马可波罗等第三方商铺平台建立了公司企业商铺。通过这些商铺进一步推广公司产品，提升公司知名度和增加公司网站反链。

① 商国互联。公司在商国互联平台上建立商铺，如图5-15所示。在商铺中发布巴顿冰淇淋设备产品信息，在信息内容中添加了公司网址、联系方式等，以增加公司网站反链。

图5-15　长沙巴顿公司在商国互联的商铺

② 勤加缘。公司在勤加缘平台上建立商铺，如图5-16所示，把公司产品信息（如设备图片、型号、价格等）优势，在平台上展示出来。在勤加缘平台上发布产品信息时不要加网址和联系方式，一旦出现网址和联系方式，信息就会被删掉。

4．问答及百科类推广

（1）问答类推广方案。

① 百度知道推广前期。在开始做问答时，网络营销人员根据关键词来设置问题。例如，以

"哪里的冰淇淋品牌好""什么品牌的冰淇淋好吃""品牌冰淇淋加盟""巴顿冰淇淋加盟"等关键词来提问,属于自问自答形式,回答问题时以热心网友身份来回复。

图 5-16 长沙巴顿公司在勤加缘平台的商铺

② 百度知道推广后期。随着百度知道推广工作的顺利进行,推广效果也慢慢体现,每天来自百度知道提问的咨询增加,此时,公司安排专人每天早上、中午、晚上三个时间段来检查百度问答,看是否有客户对公司品牌提问。如有问题,要及时回答,同时要解决一些来自竞争对手的恶意诽谤或攻击。百度知道问答推广中的一个案例如图 5-17 所示。

图 5-17 百度知道问答推广案例

有网友对冰淇淋加盟方式提出了反对意见,似乎是有理有据。发现这个问题后,公司马上采取了应对策略。

- 对这个知道进行了评论,及时回答了网民问题,同时修正了上面的说法。
- 由于这个问答已经排在百度相关关键词首页,公司又发布了相同关键词的问题,并编辑好问题和答案,发布后,这条影响不好的问答就排在后面了。

(2) 百科类推广方案。

① 百度百科。公司在百度百科中建立了"巴顿冰淇淋"这一条词条,如图 5-18 所示,在词条中简单介绍了巴顿冰淇淋,词条扩展阅读中加上了公司官网的链接。

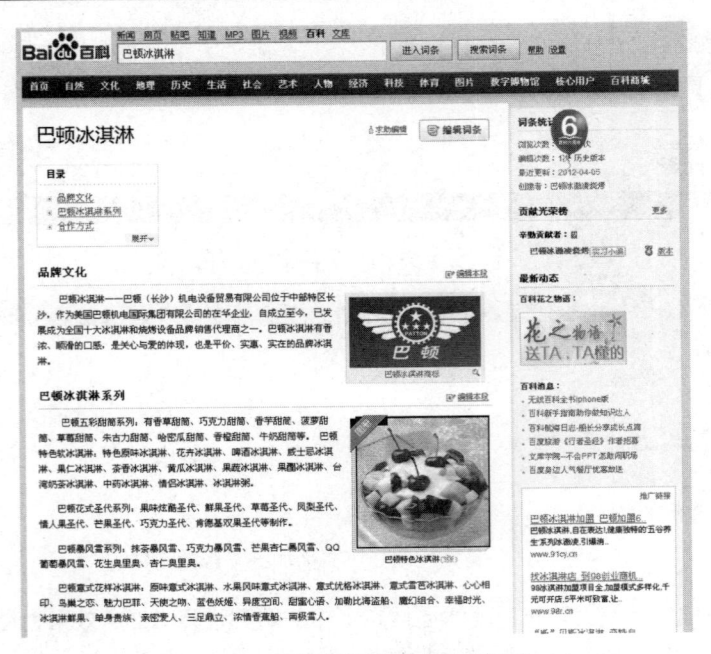

图 5-18 巴顿冰淇淋百度百科词条

② 互动百科。虽然互动百科没有百度百科的效果好，但互动百科的发布比较容易，而且可以轻易加上网站链接，这样有利于提升网站权重和公司知名度。公司在互动百科中建立了"巴顿冰淇淋"和"巴顿设备商城"两个词条，如图 5-19 和图 5-20 所示。

图 5-19 巴顿冰淇淋互动百科词条

（3）图片推广。在做网站推广时，公司策划设计了一些相关图片，不仅是为了让文章图文并茂，吸引浏览者，也是为了让百度能更好地抓取公司产品图片，达到公司产品推广效果。在添加图片时应注意如下几点。

① 图片命名。公司产品图片命名不能随意填写数字或者英文字母，应与公司关键词或者行业关键词相结合，如一张冰淇淋设备图片，可以把它命名为"巴顿冰淇淋机"，这样有利于搜索引擎抓取。

② 图片描述。在某些信息平台发布信息、添加图片时，会有填写图片描述的要求，一定要根据信息内容填写图片描述，不能随意填写或者不填。

图 5-20 巴顿设备商城互动百科词条

③ 图片水印添加。为了防止公司产品图片被其他公司盗用，一般会在图片上加上水印，图片水印一般内容为公司名称、网站网址及公司联系方式。

相关推广图片展示如图 5-21 所示。

图 5-21 巴顿冰淇淋图片

5．论坛推广

长沙巴顿公司在天涯论坛、猫扑论坛、网易论坛、百度贴吧、站长论坛等网站权重比较高的平台都进行了推广。公司根据论坛版块的特点发布了不同的帖子，如在天涯论坛的创业版块中发布了创业故事和巴顿加盟优惠政策等帖子。

（1）天涯论坛。公司在天涯论坛的创业家园、市场营销、家电天涯、招商加盟、灌水、天涯杂谈等版块发布了一些帖子。针对创业家园版块还编写了一些巴顿冰淇淋加盟创业故事；在招商加盟版块中发布了一些公司招商加盟最新的优惠活动，如图 5-22 所示。

（2）猫扑论坛。公司网络营销人员在猫扑大杂烩五花八门原创区、猫扑贴贴等论坛版块发布了帖子《香草人生，忠诚伴侣》，如图 5-23 所示。在猫扑发帖需要审核，低等级的账号一般是带不了链接的，如果带链接通常很难通过审核。

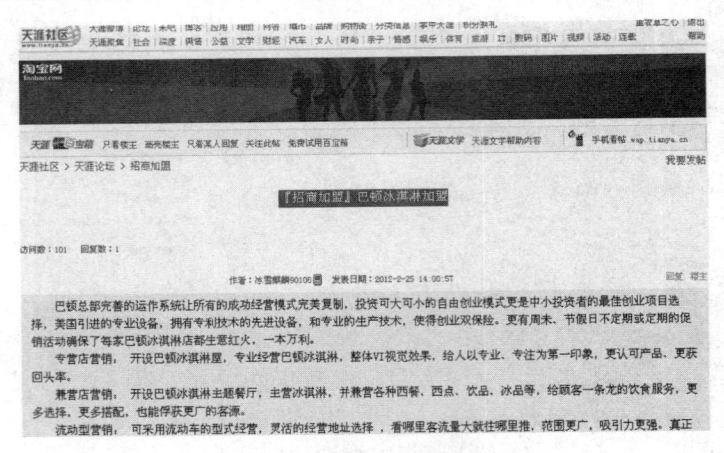

图 5-22　天涯巴顿冰淇淋加盟帖子

图 5-23　猫扑巴顿冰淇淋帖子

（3）网易论坛。公司网络营销人员在网易居家论坛、网易财经论坛、网易女人论坛版块发布了帖子《小女人创业梦想，巴顿冰淇淋帮你实现!》，如图 5-24 所示。在网易论坛中加链接的帖子是很难发表的，一般可留下公司其他联系方式，如公司地址、公司电话、公司邮箱等。

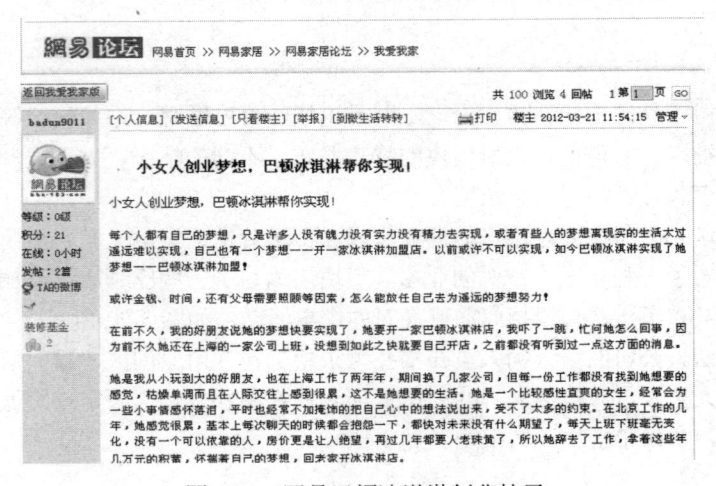

图 5-24　网易巴顿冰淇淋创业帖子

（4）百度贴吧。公司在冰淇淋贴吧、巴顿贴吧发帖。在冰淇淋贴吧中，公司编写了一些创业故事和公司最新优惠政策等相关内容的帖子。在贴吧中帖子一般是不能带链接的，一带链接就会被删掉，因此只能留下免费热线电话、QQ、公司地址等。

6．电子邮件推广

公司分别从各种广告平台、公司网站的客户服务系统等渠道获得了部分客户的邮件地址，并通过邮件向这些潜在客户发送公司招商政策和优惠活动。邮件内容首先展示公司实力，然后在邮件中突出公司产品价格优势和最新加盟优惠活动，吸引客户加盟公司。为了避免公司资源被盗用，采取以图片格式的文档来发送邮件。

7．网络广告推广

（1）78创业商机网。78创业商机网是国内知名招商加盟平台之一，一直致力于宣传中小型企业投资优势，推介相关精品项目，扩大企业招商规模，吸引投资的服务性工作。

公司选择78创业商机网这个平台的原因：78创业商机网有资源优势，其携手央视及各大卫视传媒，与搜狐、新浪、网易、腾讯等门户网站结成广告资源核心合作伙伴，并与百度、Google等多家品牌网络媒体建立了长期战略合作关系，为客户网络广告投放与渠道推广提供最全面、最快捷、最有效的媒体资源平台。公司在该平台投放的部分广告如图5-25和图5-26所示。

图5-25　公司在78创业商机网平台的广告位置

图5-26　公司在78创业商机网平台的广告详细页面

（2）28商机网。28商机网集中精力服务于行业客户，重点服务对象为特许加盟连锁企业，垂直定位于帮助特许加盟连锁企业建立完善的覆盖全国的加盟连锁营销渠道，实现了行业垂直门户网络广告产品的全国性推广。公司在 28 商机网投放的部分广告如图 5-27 和图 5-28 所示。

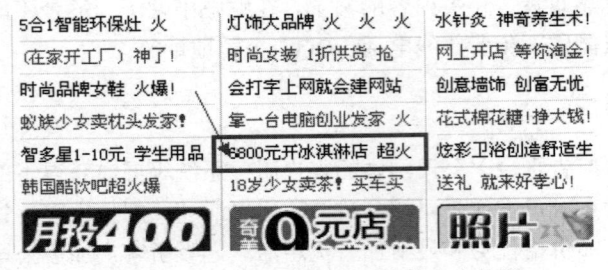

图 5-27　公司在 28 商机网平台的广告位置

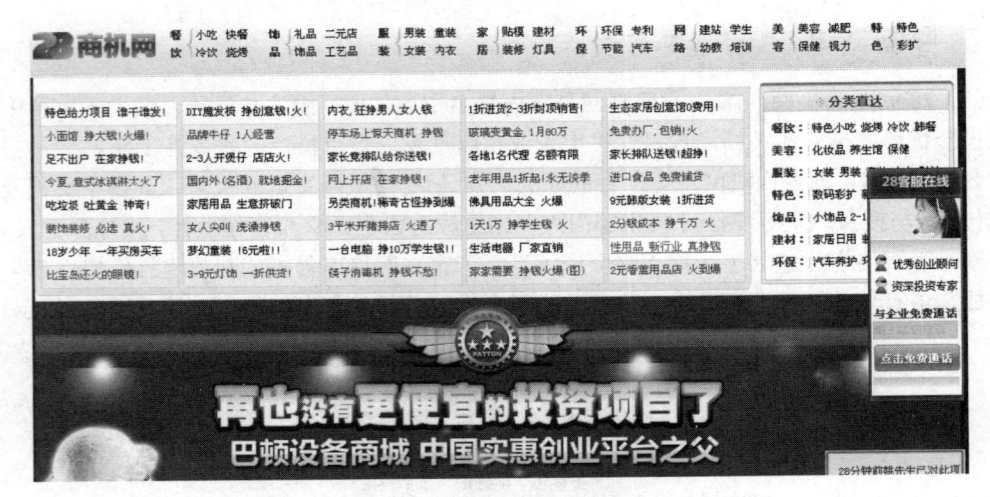

图 5-28　公司在 28 商机网平台的广告详细页面

（3）89178 创业商机网。89178 创业网络杂志与百度、四大门户等主流网络媒体共同打造创业商机网络平台，是创业者钟爱的创业商机网络杂志。公司通过在 89178 创业商机网上投放广告获得客户资源，同时 89178 创业商机网平台为公司网站在一些其他平台做广告，如图 5-29 和图 5-30 所示。

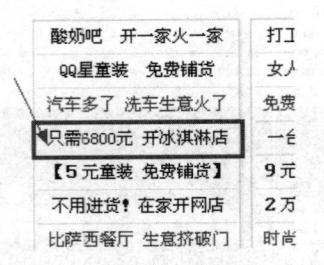

图 5-29　公司在 89178 创业商机网平台的广告位置

8. 微博推广

微博（Weibo）是指一种基于用户关系信息分享、传播及获取，并通过关注机制分享简短实时信息的广播式的社交媒体平台，用户可以通过 PC、手机等多种移动终端接入，以文字、图片、视频等多媒体形式，实现信息的即时分享、传播互动。随着中国 4G 网络的快速普及，5G 时代也已来临，移动智能终端将逐步成为中国网民使用互联网的主要终端。巴顿冰淇淋应紧跟移动互联网发展的步伐，开展微博营销推广。

图 5-30　公司在 89178 创业商机网平台的广告详细页面

（1）微博平台选择。在新浪微博平台、腾讯微博等平台上建设好官方微博账号，并把其作为公司信息发布的官方渠道之一。

（2）微博定位。长沙巴顿公司的主要业务是推广公司的冰淇淋机及加盟项目，因此企业微博主要定位于品牌宣传和客服服务。企业微博作为快速宣传企业新闻、产品、文化等信息，同时作为互动交流平台，对外提供一定的客户服务和技术支持反馈。

（3）内容建设。

① 单向地把长沙巴顿公司的新品、企业新闻等告知给粉丝，以达到扩大宣传范围、提高知名度的效果。发布这类内容的时候需要注意，要保证所发的微博文章有阅读价值，不要发布一些无聊的更新。多发一些有趣、有特色的更新，会得到更多的转载率，并提高企业微博的关注度。

② 互动交流。长沙巴顿公司应配备专门的微博运营人员，及时回答客户提出的问题。

（4）微博推广。

① 开展有奖活动。提供免费奖品鼓励是一种营销模式，同时也是一种推广手段，很多人喜欢免费获得奖品，这种方式可以在短期内获得一定的用户。

② 特价或打折信息。提供限时内的商品打折活动，也是一种有效的推广方法。长沙巴顿公司可以定时发布一些限时的优惠码，让用户可以用折扣价购买，带来不错的传播效果。

③ 广告宣传。在一些门户类网站、百度推广等平台发布巴顿公司微博的广告，增加普通网民的关注度，如图 5-31 所示。

9．微信推广

微信正逐渐成为整个移动互联网的基础设施。2018 年底，微信及 WeChat 合并月活跃账户达 10.4 亿，同比增长 10.9%，为全国用户量最多的手机 APP。微信公众号也成为企业网络营销推广的重要工具，长沙巴顿公司可通过微信公众号开展网络营销推广，公众号建设及推广具体策略如下。

（1）搭建巴顿冰淇淋微信基础平台：设置欢迎词、微网站、自定义菜单、自动回复匹配。

① 设置关注欢迎词：顾客扫描二维码，即回复图文并茂的欢迎词；

图 5-31　公司发布的微博信息

② 微官网：微信专用模板，扁平化风格的网站样式，适合手机显示及触屏操作，多模板可选；

③ 自定义菜单：通过底部导航菜单可以发挥有效的导航和提醒作用；

④ 自动回复匹配：根据关键字，自动回复设置好文字、图文或多图文资料，实现信息提示或查询。

（2）吸引新客户：功能开发，活动策划及举办。

① 地图定位：地图定位导航，可以在手机上直接获得巴顿冰淇淋加盟店铺的地图位置，并可以查询导航线路，方便顾客到现场参观。

② 周边街景：3D 街景展示，通过手机即可看到店铺的周边街景，顾客足不出户就可以看到店铺门面及周边情况，加深顾客印象。

③ 微游戏：刮刮乐、大转盘等，轻松设置大转盘游戏参数、活动期限、中奖概率、中奖码发放与跟踪统计。

（3）维护老顾客。

① 图文推送：精美图片及原创软文，不仅推送巴顿冰淇淋商品信息，还可以结合顾客需求，进行多角度推送。

② 微投票：分为文本投票、图片投票，巴顿冰淇淋通过发起产品或服务的投票活动获取用户想法，并通过活动数据了解企业产品或服务方向，加强巴顿冰淇淋与粉丝间的互动交流。

（4）提升订单量。可以通过发放电子优惠券和会员卡的形式增加转化率，提升订单量。

① 设置电子优惠券。

- 内置优惠券模板：有多种风格内置优惠券模板样式可选择；
- 自定义风格：内置模板不满足要求时，可选择自定义符合风格的新模板；
- 设置优惠券激活关键字：设置激活关键字，参与活动的顾客通过输入关键字即可获得相应活动的优惠券；
- 设置优惠券相关活动范畴：根据发起活动的不同，设置优惠券的使用范围、受惠人群；

- 设置优惠券使用期限：活动发起时即可设置优惠券的有效期限；
- 优惠券钱包：顾客的所有优惠券均在优惠券钱包里面保存，顾客通过提示选择优先使用哪张券；
- 优惠券使用权限：根据需要设置优惠券使用权限，实现拥有权和使用权两权分离；
- 优惠券使用方式：兼容传统录入优惠码使用方式，同时具有扫描二维码使用优惠券功能，大幅提高使用效率。

② 设置会员卡
- 设置会员卡模板：内置多种风格会员卡模板待选，还可根据企业的业务需求，定制会员卡模板；
- 信息导入：巴顿冰淇淋传统的会员卡信息、手机号、卡号、姓名等随心导入，实现与传统卡无缝对接；
- 调出传统会员卡：顾客可通过输入自己的手机号方便地调出自己的传统会员卡电子版，避免忘带会员卡的尴尬。

阅读材料 5-1　如何写企业的网络营销推广方案

现在大部分企业都通过网络渠道宣传产品信息，推广企业的品牌。要想做好网络营销，首先要制定一份精美的网络营销推广方案，那么如何写网络营销推广方案呢？

一、分析自身与竞争对手的网络营销现状

市场是一直在改变的，而且网络营销推广方案也不是一成不变的，作为网络营销推广的策划者要时刻关注这些变化，针对市场的变化、行业的变化、企业的变化实时调整、优化自己的方案，让自己的网络推广效果达到最大化。

1. 列出潜在客户群体

在做任何网络推广方案之前，都必须研究谁是潜在的客户群体，对相关群体进一步的细化，如年龄、性别、数量、学历、收入情况、兴趣爱好、上网习惯等，根据目标人群的习惯等来制定网络营销推广方案。

2. 选择网络推广方法及策略

根据收集资料分析，确定网络推广方法及策略，详细列出将使用哪些网络推广方法，如搜索引擎推广、博客推广、邮件群发营销、软文宣传、活动推广、网络广告投放等，对每一种网络推广方法的优劣及效果等进行分析并确定网络推广方法的具体实施。

3. 工作进度及人员安排

好的方案还要有好的执行团队，依据方案制作详细的计划进度表，控制方案执行的进程，对推广活动进行详细罗列，安排具体的人员来负责落实，确保方案得到有效的执行。

二、网络营销推广方案包含的内容

（1）方案要解决的问题是什么，执行方案后要实现什么样的目标，能创造多大的价值？

（2）谁负责创意和编制，总执行者是谁，各个实施部分由谁负责？

（3）推广存在的问题所在，执行方案时要涉及的方方面面。

（4）为什么提出这样的方案，为什么要这么执行？

（5）时间的安排，执行方案具体花费时间多长？

（6）各系列活动怎么操作，在操作过程中遇到的新问题该怎么解决？

（7）执行方案需要多少资金、多少人力？

三、网络营销推广方案涉及的工作

（1）对企业网络营销现状进行分析和总结，确定企业网络营销过程中的问题。

（2）了解企业的投入和期望回报，确认网络营销的目标。

（3）分析企业的竞争对手，做到知己知彼，得出其竞争优势及其不足，企业在实施网络营销的过程中就应该扬长避短。

（4）分析企业的网站，总结网站的优点和缺点。

（5）制定网络营销战略步骤、实施流程、具体操作，让网络营销实施有序。

（6）对网站不足的地方进行优化。

（7）运营合理的网站才能保证网站的健康发展，网站运营的主要工作包括网站日常维护、网站流量分析、网站故障排除等，网站运营的目标是为企业网络营销提供一个安全、稳定、方便的平台。

（8）网站推广，让更多的潜在客户到访网站。

（9）对网络营销实施进行跟踪和营销效果的评估。

四、网络营销推广方案的主要类型

1. 销售型网络营销推广方案

主要为企业拓宽网络销售，借助网上的交互性、直接性、实时性和全球性为顾客提供方便快捷的网上销售。

2. 服务型网络营销推广方案

主要为顾客提供网上联机服务，顾客通过客服可以进行在线咨询和享受售后服务。

3. 品牌型网络营销推广方案

主要为企业在网上建立企业的品牌形象，加强与顾客的直接联系和沟通，增加顾客的品牌忠诚度，配合企业现行营销目标的实现，并为企业的后续发展打下基础。

4. 提升型网络营销推广方案

主要通过网络营销手段替代传统营销手段，全面降低营销费用，提高营销效率，促进营销管理和提高企业竞争力。

5. 混合型网络营销推广方案

混合型网络营销力图同时达到上面目标中的若干种。

（资料来源：知乎 https://zhuanlan.zhihu.com/p/61139318，2019-04-02）

第二节　网络营销推广方案实施

内容提要：

方案策划，是作出决策；方案实施，是执行决策。

网络营销推广方案的实施，是将网络营销战略和计划转化为具体的营销活动的过程。

网络营销推广方案实施主要环节：制定行动方案、建立组织架构、设计决策和报酬制度、开发人力资源、建设企业文化等。

网络营销推广方案是为了在网络上达到推广网站或产品的目的而制定的切实可行的计划。网络营销推广方案是解决企业"应该做什么"和"为什么这样做"的问题，而网络营销推广方案实施则是要解决"什么人在什么地方、什么时候、怎么做"的问题。

网络营销推广方案是作出决策，网络营销推广方案实施是执行决策。一个网络营销推广方案必须得到有效的实施才能实现其价值。在实施过程中，企业可按照实际情况对方案内容进行部分调整。

一、方案实施过程

1．制定行动方案

为了有效地实施网络营销推广方案，必须制定详细的行动方案。这个方案应该明确网络营销策略实施的关键性决策和任务，并将执行这些决策和任务的责任落实到个人或小组。另外，还应包含具体的时间表，定出行动的确切时间。

2．建立组织结构

企业的正式组织在执行方案过程中起决定性的作用，组织将战略实施的任务分配给具体的部门和人员，规定明确的职权界限和信息沟通渠道，协调企业内部的各项决策和行动。

具有不同战略的企业，需要建立不同的组织结构。也就是说，组织结构必须同企业战略相一致，必须同企业本身的特点和环境相适应。组织结构具有两大职能：首先是提供明确的分工，将全部工作分解成管理的几个部分，再将它们分配给各有关部门和人员；其次是发挥协调作用，通过正式的组织联系、沟通网络，协调各部门人员行动。

3．设计决策和报酬制度

为实施网络营销推广方案，还必须设计相应的决策和报酬制度。这些制度直接关系到方案实施的成败。就企业对管理人员工作的评估和报酬制度而言，如果以短期的经营利润为标准，则管理人员的行为必定趋于短期化，他们就不会有为实现长期备战目标而努力的积极性。

4．开发人力资源

网络营销推广方案最终是由企业内部的工作人员来执行的，所以人力资源的开发至关重要。这涉及人员的考核、选拔、安置、培训、激励等问题。在考核选拔管理人员时，要注意将适当的工作分配给适当的人，做到人尽其才。为了激发员工的积极性，必须建立完善的工资、福利和奖惩制度。此外，企业还必须确定行政管理人员、业务管理人员和一线工人之间的比例。

应当指出的是，不同的网络营销战略需要具有不同性格和能力的管理者。"拓展型"战略要求由具有创业和冒险精神、有魄力的人员去完成；"维持型"战略要求管理人员具备组织和管理方面的才能；而"紧缩型"战略则需要寻找精打细算的管理者来执行。

5．建设企业文化

企业文化是指一个企业内部全体人员共同持有和普遍遵循的价值标准、基本信念和行为准则，对企业经营思想和领导风格、职工的工作态度和作风，均起着决定性作用。这些标准和信念是通过模范人物塑造来体现的，是通过正式和非正式组织加以树立、强化和传播的。由于企业文化体现了集体责任感和集体荣誉感，甚至关系到职工人生观和他们所追求的最高目标，能够起到把全体员工团结在一起的"黏合剂"作用，因此，塑造和强化企业文化是执行企业战略不容忽视的一环。

与企业文化相关联的，是企业的管理风格。有些管理者的管理风格属于"专权型"，他们发号施令，独揽大权，严格控制，坚持采用正式的信息沟通，不容忍非正式的组织和活动。有些管理者的管理风格属于"参与型"，他们主张授权下属协调各部门的工作，鼓励下属的主动精神和非正式的交流与沟通。这两种对立的管理风格各有利弊。不同的网络营销战略要求不同的管理风格，具体需要什么样的管理风格取决于企业的战略任务、组织结构、人员和环境。

公司为有效实施前期制定的网络营销推广方案，可由电子商务部制定详细的行动方案，指定专人负责网络营销推广实施。公司人力资源部针对电子商务部制定完善的绩效考核机制，电子商务部对网络营销推广中的各负责人设计相应的激励报酬机制。

二、方案实施中易出现的问题分析

1. 计划脱离实际

网络营销战略和网络营销推广方案通常由上层的专业计划人员制定，而执行则要依靠网络营销管理人员。由于这两类人员之间往往缺少必要的沟通和协调，可能导致下列问题出现。

（1）方案策划人员只考虑总体战略而忽视执行中的细节，结果使网络营销计划过于笼统和流于形式。

（2）方案策划人员往往不了解计划执行过程中的具体问题，所定计划脱离实际。

（3）方案策划人员和网络营销管理人员之间没有充分的交流与沟通，致使网络营销管理人员在执行过程中经常遇到困难，因为他们并不完全理解需要他们去执行的方案。

2. 长期目标和短期目标相矛盾

方案中的战略策划通常着眼于企业长期目标，涉及今后3～5年的经营活动。但具体执行这些战略的网络营销人员通常根据他们的短期工作绩效（如网络销售量、市场占有率或利润率等指标）获得评估和奖励，因此，网络营销人员常选择短期行为。

3. 存在因循守旧的惰性

企业当前的经营活动往往是为了实现既定的战略目标，新的网络营销推广方案如果不符合企业的传统习惯就会遭到抵制。新旧网络营销推广方案的差异越大，执行新方案可能遇到的阻力也就越大。要想执行与旧网络营销策划方案截然不同的新网络营销推广方案，常常需要打破企业传统的组织架构。

4. 缺乏具体明确的执行方案

有些网络营销推广方案计划之所以失败，是因为计划人员没有制定明确而具体的执行方案。实践证明，许多企业面临的困境，就是缺乏一个能够使企业内部各有关部门协调一致行动的具体实施方案。

阅读材料 5-2　**某茶叶公司淘宝店网络营销推广方案（节选）**

1. 总述

（1）目标。

① 通过推广实现500万元销售任务，完成100家网络专营店开店任务。

222

② 争取"黑茶""安化黑茶""湖南黑茶"关键词在淘宝网内搜索排名第一。
③ 推广费用控制在100万元以内。
（2）目标达成手段。
① 零售店铺引进100万次网站流量支撑。
② 分销平台、吸引意向加盟者2 000人。
③ 优化产品描述与关键词，提高成交量、收藏人数、信誉、好评率、浏览量等，争取用"黑茶""安化黑茶""湖南黑茶"关键词在淘宝网内搜索后，本品牌产品排在宝贝列表第一排。
（3）目标分析。
① 网站流量支撑：零售（淘宝等）任务的完成，需要总流量100万次支撑，目前自然流量50万次，新增推广流量50万次，如表5-3所示，其对应销量达成情况如表5-4所示。

表5-3　百万次流量来源构成

推广方式	流量总比	总流量/万次	操作手段	流量比例	网站流量/万次	费用/万元
付费推广	50%	50	直通车（单价1.5元）	25%	25	37.5
			钻石展位（单价1.5元）	20%	20	30
			卖霸（单次8 000元）	2.5%	2.5	3.2
			活动赞助（先试一次）	2.5%	2.5	3
站内免费推广	30%	30	站内搜索	20%	20	
			专题活动（商城，集市）	8.5%	8.5	
			帮派	0.5%	0.5	
			友情链接	0.02%	0.02	
			站内论坛	0.11%	0.11	
			淘江湖	0.3%	0.3	
			打听	0.02%	0.02	
			类目	0.5%	0.5	
			信用评价	0.05%	0.05	
老客户	15%	15	收藏	2.5%	2.5	
			阿里旺旺（老客户维护）	2.5%	2.5	
			直接回访	10%	10	
站外免费推广	5%	5	QQ、旺旺群发	0.5%	0.5	
			行业门户	0.5%	0.5	
			搜索引擎	0.23%	0.23	
			博客	1.5%	1.5	
			站外论坛	1.5%	1.5	
			公司网站	0.5%	0.5	
			邮件群发	0.25%	0.25	
			百度知道	0.02%	0.02	
其他			软件（淘宝固定营销分析）			1
			四次大型活动（每次4万元）			16

表 5-4　销量达成=流量×转化率×客单价

网站流量/次	成交量/单	出厂额/元	平均客单价/元	月均成交量/单	转化率
1 000 000	100 800	2 520 000	50	10 080	10.08%
1 000 000	84 000	2 520 000	60	8 400	8.40%
1 000 000	72 000	2 520 000	70	7 200	7.20%
1 000 000	63 000	2 520 000	80	6 300	6.30%
1 000 000	56 000	2 520 000	90	5 600	5.60%
1 000 000	50 400	2 520 000	100	5 040	5.04%
1 000 000	45 818	2 520 000	110	4 582	4.58%
1 000 000	42 000	2 520 000	120	4 200	4.20%
1 000 000	38 769	2 520 000	130	3 877	3.88%
1 000 000	36 000	2 520 000	140	3 600	3.60%
1 000 000	33 600	2 520 000	150	3 360	3.36%
1 000 000	31 500	2 520 000	160	3 150	3.15%
1 000 000	29 647	2 520 000	170	2 965	2.97%
1 000 000	28 000	2 520 000	180	2 800	2.80%
1 000 000	26 526	2 520 000	190	2 653	2.65%
1 000 000	25 200	2 520 000	200	2 520	2.52%

② 分销平台、吸引意向加盟者 2 000 人，如表 5-5 所示。

表 5-5　平台及费用情况

操 作 手 段	费用/元	意向加盟者
阿里巴巴联盟广告（品牌广告）	100 000	2 000 人
百度（竞价联盟广告）（品牌广告）	50 000	

③ 淘宝网内关键词排名：用"黑茶""安化黑茶""湖南黑茶"关键词在淘宝网内搜索后，本品牌产品排在宝贝列表第一排。
④ 提高店铺整体成交量。
⑤ 保持店铺及产品信誉与好评率。
⑥ 增加店铺与产品的收藏人数。
⑦ 增加店铺浏览量。
⑧ 保持单品每天有成交。
⑨ 优化产品描述与关键词。
⑩ 与同级别产品相比，价格不能超过 5%。
⑪ 不能出现产品质量问题。
⑫ 不能出现断货现象。

2. 推广方式

为了实现上面规划的推广目标，大致策划以下三种推广方式。
（1）四次淘宝大型推广活动。
（2）90.7 万～99.7 万元站内硬性广告投放。

（3）日常免费推广。

3. 推广计划

（1）全年至少四次大型活动推广。上一年春茶、中秋、"双 11"、"双 12"、下午茶带来了 10 万次网站流量，今年淘宝此类活动争取活动报满名。

① 活动前期预热推广如表 5-6 所示。

表 5-6　活动前期预热推广

平台	推广途径	操作实施
站内	钻石展位、直通车	付费手段，投放前做好销售和评价记录（15 单以上），设置好广告图片和关键词，按点击量和展现量收取费用
	淘宝活动（天天特价、卖霸）	运用秒杀等手段，先将主推产品的销量和评价做起来，达到淘宝活动报名要求和折扣后，淘宝提供免费资源位，达成销售，拉高人气（需牺牲产品利润）
	淘宝客	寻找站长做淘宝客； 设置合理的佣金，买家通过淘宝客链接购买产品后，淘宝客获得佣金
	在淘吧、导购、微博、社区、帮派、贴吧及其他店铺留言发布活动信息	在淘宝站内各个可以发布信息的地方，人工免费发布正在或即将开始的优惠信息或制作软性广告引导购买
	帮派合作、赞助（帮派发信息、发现金券）	寻找人气和活跃度高的帮派，支付费用和产品（付费）； 在活跃度和人气高的帮派发原创帖及留言，制作软性广告吸引访客进店
	成交后旺旺信息提示	客服设置好旺旺快捷回复，在客户付款完成后告知即将开展的大型优惠活动
	寻找茶叶消费者发信息（在同行客户购买记录中添加好友发信息）	同行茶叶网店中有购买茶叶产品的客户，不以匿名方式购买的，可以添加为好友进行优惠信息发送（风险度高）
	活动网店相互链接	寻找不同行业的活动网店资源互换，相互链接
站外	邮件营销	收集新老客户邮箱信息并每天采集 1 000 个电子邮箱发布促销广告
	茶叶垂直网站软文、活动广告宣传	前期撰写产品或活动软文，发布在茶叶垂直网站，同时在茶叶垂直网站投放图片广告，活动结束撰写新闻稿（预先写好）发布
	公司网站发布活动广告，新闻栏目发布成功信息	运用公司网站发布优惠信息及活动公告
	博客推广活动	运用博客发布活动信息、产品介绍、产品感受等主推产品相关内容
	阿里巴巴广告投放付费广告	通过阿里巴巴广告购买平台，长期稳定购买 100 家茶类行业网站图片广告
	百度广告投放	通过百度投放促销文字及图片，运用网盟投放茶类行业网站图片广告
	社区论坛推广发布活动信息	在社区论坛发布正在或即将开始的优惠信息或制作软性广告引导购买

② 活动中的推广如表 5-7 所示。

表 5-7　活动中的推广

平台	推广途径	操作实施
站内	大型活动支持（免费、付费）	稳保活动报名成功，制定合适的促销活动
	钻石展位、直通车、卖霸	付费手段，预热销售达成后，持续并加大广告图片和关键词投放力度，引进更多及更优质流量

续表

平台	推广途径	操作实施
站内	在淘吧、导购、微博、社区、其他店铺留言发布活动信息	持续发布促销信息
	淘宝客	持续发布促销信息
	帮派合作引入流量	要求合作帮派推荐或置顶促销活动
	成交后旺旺信息提示	客服设置好旺旺快捷回复，在客户付款完成后告知活动即将结束，欲购从速
	旺旺、QQ、邮件、手机短信群发信息	发旺旺软性消息，针对老客户发手机短信消息；在活动预热前十天，12个人每人申请10个QQ号，加入50个100人以上的QQ群，每个群发布促销信息，则12×10×50×100=60万人次看到，每个群如有两个人点击，则吸引流量12 000次
	活动网店相互链接	略
	寻找茶叶消费者发信息（在同行客户购买记录中添加好友发信息）	略
站外	茶叶垂直网站软文、活动广告宣传	略
	公司网站发布活动广告，新闻栏目发布成功信息	略
	博客推广活动	略
	社区论坛推广活动	略

③ 活动结束后的推广如表5-8所示。

表5-8 活动结束后的推广

平台	推广途径	操作实施
站内	买家秀（买家使用后写感受发到论坛）	在客户购买后邀请高质量买家撰写品饮感受并发布到网络，写后享受今后购买优惠，同时制造口碑（产品要好）
	钻石展位、直通车、焦点广告	持续投放广告吸引后期流量，同时适当降低费用
	帮派合作引入流量	选取合作良好的帮派进行后期合作
	淘宝客	略
	在淘吧、导购、微博、社区、帮派、贴吧及其他店铺留言发布活动信息	略
	旺旺回访	客户使用情况如何等
	寻找茶叶消费者发信息（在同行客户购买记录中添加好友发信息）	略
站外	茶叶垂直网站软文、活动广告宣传	持续发布，并撰写活动成功新闻软文
	公司网站发布活动广告，新闻栏目发布成功信息	持续投放
	博客推广活动	略
	社区论坛推广发布活动信息	持续发布，并撰写活动成功新闻软文

（2）80万～105.2万元硬性广告投放（负责人：×××）。

① 淘宝钻石展位：投入30万元，网站流量20万次。每月固定投放3万元/月×10个月=30万元，按目前钻石展位平均出价1.5元计算，预计获得展现量1亿次，以平均点击率0.2%计算，预计获取流量20万次。

② 直通车：投入37.5万元，流量25万次。每月固定投放3.75万元/月×10个月=37.5万元，按目前淘宝站内茶行业关键词平均价1.5元计算，预计引入流量25万次。

③ 购买淘宝剩余广告位，如卖霸，投入3.2万元，网站流量2万～2.5万次。通过卖霸展示平台，运用秒杀、特价等促销手段，拉高人气或爆单（需牺牲产品利润）。

④ 大型活动：投入16万元，网站流量5万～8万次。其中，进行四次大型促销活动期间加大广告投放力度，每次新增广告费用4万元，共计16万元。

⑤ 帮派活动：投入3万～12万元，网站流量1万～6万次。

- 结合大促联合帮派进行推广，在帮派内发红包（20元/个），预计赞助费用约为1万元/次；先试一次，再决定是否继续。
- 赞助帮派或社区活动，提供奖品：论坛内符合要求、提供奖品的卖家，将会获得相应论坛首页醒目位置的广告位，到时候该版块的掌门护法会把你的店铺、产品链接放在最醒目的位置，为你做店铺推广。奖品预算为2万元/次。先试一次，再决定是否继续。

⑥ 固定软件费用1万元。

小结：共计投入费用90.7万～99.7万元，实现新增网站流量53万～61.5万次。流量与推广费用分解如表5-9所示。

表5-9 流量与推广费用分解情况

月度	出厂额/元	月网站流量/次	费用投入/元	备注
1月	100 000	32 000	26 500	
2月	40 000	20 000	10 000	
3月	70 000	36 000	57 000	
4月	240 000	110 000	150 000	
5月	120 000	74 000	100 000	
6月	120 000	74 000	100 000	每月预算推广固定费用，主要由钻石展位、直通车、卖霸组成，根据月度策划主题分配预算
7月	120 000	74 000	100 000	
8月	160 000	75 000	50 000	
9月	340 000	115 000	80 000	
10月	350 000	120 000	50 000	
11月	380 000	125 000	80 000	
12月	480 000	145 000	103 500	
总计	2 520 000	1 000 000	907 000	

（3）日常免费推广。

① 博客推广：网站流量1.5万次，负责人，博客主管。博客须带来网站流量1.5万次，平均每天带来网站流量50次，按目前成交率2%计算，可产生交易量300单。分配给每个部门一个独立的链接统计账号，根据统计账号统计所带来的流量。

② 帮派推广：流量0.5万次，负责人，×××。

- 建立公司帮派，设置茶叶知识、产品介绍、发表言论、话题讨论、促销活动、免费派茶、用茶体验等内容，吸纳帮众，维护帮派活跃度，以推广品牌、培养客户，提升销售，拉动店铺流量等。
- 其他帮派留言发帖，软文推广产品。
- 帮派合作、赞助（帮派发信息、发现金券）。

③ 淘宝免费活动报名：流量8万次，负责人，×××。促销是顾客非常关注的一个话题，经常做促销活动，开展有吸引力的促销活动，可以在顾客之间形成很好的反响，相互介绍，起到较好的推广作用。可利用淘宝提供的免费资源，如天天特价、聚划算、淘宝大型活动、店内活动一元秒杀、拍卖、抵价券等来增加流量。

④ 老客户维护：流量15.2万～15.5万次，负责人，客服。

- 旺旺、站内信群发（通知老客户、新客户）：流量2.5万次。
- ◇ 建立高质量客户QQ群、旺旺群。
- ◇ 加入其他QQ群、旺旺群，最直接的就是能提高自己的品牌知名度，经常在群里发表言论、参加群讨论，能让大家更熟悉和了解你的品牌，自然也会到你店里去看看，想买的时候自然也就会想到，还能带来许多潜在客户。不要一进群就开始打广告，在没有把自己推销出去之前，不要推销产品，过急或过分地推广产品会带来很多负面影响。
- ◇ 合理利用群发站内信（每天限发100条）进行促销推广和招商推广。
- 其他店铺留言发布活动信息及信用评价带网店地址：流量0.2万～0.5万次。客服在给买家评价的时候，可以适当进行推广，能起到一定的宣传效果。同时买家给店铺评价后，我们可以充分利用解释的机会做宣传，对于中差评及时跟进处理。并不是只有对中差评才需要进行解释，也可以对好评进行说明，我们应该好好利用各种机会进行宣传，因为很多顾客在购买前都会先了解下产品的评价。
- 客户收藏：流量2.5万次。
- 客户回访：流量10万次。
- 超级买家秀：鼓励客户写心得体验或者提供相关资料，将信息发布在帮派、江湖或论坛等地方，不仅能使品牌形象在顾客心中有大幅度的提升，还能潜移默化地使许多潜在客户坚定选择我们的理由，并在客户群中流传，起到良好的推广作用。

⑤ 站内信息群发：流量0.43万次，负责人，×××。

- 在淘吧、导购、淘江湖、打听以软文形式推广产品：流量0.32万次。关注淘宝打听，经常到淘宝打听求购区去看看，是否有人求购的宝贝是我们店里有的，这样能找到许多潜在客户，提高转化率。同时也可以发布相关信息，吸引潜在客户。
- 淘宝论坛发帖：流量0.11万次。

⑥ 站内友情链接：流量0.02万～0.2万次，负责人，×××。

- 与有相同客户群体的大卖家做友情链接。
- 与品牌旗舰店做友情链接。
- 与合作伙伴做友情链接。

⑦ 站外信息群发：流量2.25万次，负责人，×××。

- QQ、微信、旺旺群发：流量0.5万次。
- 百度贴吧、天涯、猫扑、网易论坛等论坛，软文推广：流量1.5万次。
- 邮件群发：流量0.25万次。

⑧ 新闻推广：流量1万次，负责人，×××。在官网、行业门户网站、网络新闻平台等途

径，发布广告及相关稿件。

⑨ 搜索引擎：流量 0.3 万～0.5 万次，负责人，×××。使用技术手段让搜索引擎收录"怡清源旗舰店"、"三口农茗"茶业、"三口农茗"，带来流量。

⑩ 百度知道及百科等：流量 0.02 万次，负责人，×××。撰写"百科"词条、"知道"、新浪"问问"、雅虎"知识堂"问答时附带淘宝商城怡清源旗舰店链接或引导搜索。

⑪ 淘宝搜索：流量 20 万～25 万次，负责人，×××。

小结：免费推广实现流量 49.22 万～54.9 万次。

内部管理分工如表 5-10 所示。

表 5-10 内部管理分工

负责人	日常推广任务
×××	（1）每周一篇文章（发布博客、淘江湖日志、淘吧、论坛）； （2）帮派运营及管理（每日更新，每周保证六天都有更新）； （3）百度知道（淘宝打听、新浪问问、雅虎知识堂）每周至少一问一答； （4）微博每日提交一句，交由×××管理
×××	（1）每周一篇文章（发布博客、淘江湖日志、淘吧、论坛）； （2）帮派版主及推广（每日更新，每周保证六天都有更新）； （3）百度知道（淘宝打听、新浪问问、雅虎知识堂）每周至少一问一答； （4）微博每日提交一句，交由×××管理； （5）网络招商平台发布招商信息
×××	（1）站内友情链接（10～15个）； （2）淘宝客（50个）开发，每周一个； （3）淘宝搜索的管理； （4）每周一篇文章（发布博客、淘江湖日志、淘吧、论坛）； （5）帮派版主及推广（每日更新，每周保证六天都有更新）； （6）淘江湖与微博管理（每日更新，每周保证六天都有更新）； （7）百度知道（淘宝打听、新浪问问、雅虎知识堂）每周至少一问一答
×××	（1）淘宝免费活动报名； （2）每周一篇文章（发布博客、淘江湖日志、淘吧、论坛）； （3）帮派版主及推广（每日更新，每周保证六天都有更新）； （4）微博每日提交一句，交由×××管理； （5）百度知道（淘宝打听、新浪问问、雅虎知识堂）每周至少一问一答
×××	（1）论坛等地方发帖管理（淘吧、导购、淘江湖、打听，每日监督，每周保证六天都有信息发布）； （2）每周一篇文章（发布博客、淘江湖日志、淘吧、论坛）； （3）帮派版主及推广（每日更新，每周保证六天都有更新）； （4）微博每日提交一句，交由×××管理； （5）百度知道（淘宝打听、新浪问问、雅虎知识堂）每周至少一问一答
×××	（1）每周一篇文章（发布博客、淘江湖日志、淘吧、论坛）； （2）帮派版主及推广（每日更新，每周保证六天都有更新）； （3）微博每日提交一句，交由×××管理； （4）百度知道（淘宝打听、新浪问问、雅虎知识堂）每周至少一问一答
×××	（1）每周一篇文章（发布博客、淘江湖日志、淘吧、论坛）； （2）帮派版主及推广（每日更新，每周保证六天都有更新）； （3）微博每日提交一句，交由×××管理； （4）百度知道（淘宝打听、新浪问问、雅虎知识堂）每周至少一问一答

续表

负责人	日常推广任务
客服	（1）老客户维护（销量考核）； （2）每周一篇文章（发布博客、淘江湖日志、淘吧、论坛）； （3）帮派版主及推广（每日更新，每周保证六天都有更新）； （4）微博每日提交一句，交由×××管理； （5）百度知道（淘宝打听、新浪问问、雅虎知识堂）每周至少一问一答

技能训练 5-1　企业网络营销推广方案策划

请以自己熟悉的中小型企业为背景，认真分析该公司的行业环境、竞争者状况、公司的目标市场，然后为该公司撰写一份符合公司实际、具有一定可行性和可操作性的网络营销推广方案。方案内容可以参照以下框架。

1. 公司简介

2. ×××行业网络营销环境及竞争对手分析

（1）×××行业网络营销环境分析。

（2）×××公司主要竞争对手分析。

3. 公司网络市场 SWOT 分析

4. 公司网络营销目标市场定位

（1）公司主要目标市场。

（2）公司目标客户网上行为分析。

（3）公司网络营销定位。

5. 公司网络营销策略

（1）搜索引擎推广。

（2）电子邮件推广。

……

6. 公司网络营销实施计划

要求：

（1）2～3人为一小组，每组撰写一份。

（2）上交纸质版和电子版各一份，汇报时用 PPT 格式。

附：评价方案

（1）各小组用 PPT 展示自己的方案，并回答评委的提问。

（2）评委组成：任课老师、行业企业专家、其他班学生。

（3）分值构成：任课老师40%，行业企业专家40%，学生评价20%。

（4）根据最后得分，评出10%的一等奖、20%的二等奖和30%的三等奖。

（5）评分细则如表 5-11 所示。

表 5-11　评分细则

项　目	分值/分	A	B	C	D
规范要求	10	文档格式完全符合规范化要求	文档格式达到规范化要求	文档格式基本达到规范化要求	文档格式达不到规范化要求

续表

项目	分值/分	A	B	C	D
内容	40	结构严谨，逻辑缜密，层次清晰，能熟练综合运用本专业的基本理论和基本技能，表述概念清楚、正确	结构严谨，逻辑缜密，能熟练运用有关基本理论，表述概念基本正确	结构合理，论述尚有层次，文字基本通顺，能运用基本理论，表述概念无大错误	内容空泛，结构混乱，逻辑性差，基本理论模糊不清，基本技能不扎实，有错误表述
合理性	25	有明确的定位，消费者分析准确，推广手段很符合企业实际	有较明确的定位，对消费者分析基本准确，推广手段合理可行	定位不够清晰，消费者分析不够准确，推广手段基本合理可行	定位不明确，消费者分析不准确，推广手段不可行
可执行性	25	技术上、经济上完全具有可执行性	技术上、经济上绝大部分具有可行性	技术上、经济上半数以上不具有可执行性	技术上、经济上不具有可执行性
总分	100				

思考与练习

一、判断题

1. 网络营销推广方案策划，是作出决策；方案实施，是执行决策。（　　）
2. 网络营销推广方案的策划，主要包括企业未来一定时期内网络营销的战略定位及阶段目标，不包括开展网络营销推广活动的具体行动及措施。（　　）
3. 企业网络营销推广方案制定的可操作原则是指：方案应当是一系列具体的、明确的、直接的、相互联系的行动计划的指令。（　　）
4. 网络营销推广方案的实施，是将网络营销战略和计划，转化为具体的营销活动的过程。（　　）
5. 企业文化是一个企业内部全体人员共同持有和普遍遵循的价值标准、基本信念和行为准则，对企业经营思想和领导风格、职工的工作态度和行事作风等，均起着决定性作用。（　　）

二、选择题

1. 企业网络营销推广方案主要的类型有（　　）。
   A．销售型网络营销推广方案　　　　B．服务型网络营销推广方案
   C．品牌型网络营销推广方案　　　　D．混合型网络营销推广方案
2. 下列对SWOT分析的表述，正确的是（　　）。
   A．对企业在网络市场的优势、劣势、机会和威胁进行的综合分析
   B．对企业开展网络营销的内外部条件进行的综合和概括
   C．让企业发展战略变得更为清晰的途径
   D．对企业竞争对手进行分析的方法
3. 方案策划中要规划的网络营销推广目标是指（　　）。
   A．用户访问量及注册数　　　　　　B．目标用户及细分市场
   C．产品销售量　　　　　　　　　　D．品牌影响力

4．网络营销推广方案的实施，需要制定行动方案，还需要（　　）。
A．建立组织架构　　　　　　　　B．设计决策及报酬制度
C．开发人力资源　　　　　　　　D．建设企业文化等环节
5．网络营销推广方案实施过程中，容易出现的问题主要有（　　）。
A．计划脱离实际　　　　　　　　B．长期目标和短期目标冲突
C．企业存在因循守旧的惰性　　　D．缺乏具体明确的执行方案

三、简述题

1．企业制定网络营销推广方案的基本原则是什么？
2．请简述企业网络营销推广方案策划的主要步骤。

参考答案

第六章　网络营销效果评估与优化

网络营销效果的评估，不仅仅是在方案执行之后进行的总结，更应该贯穿方案执行全过程。因为网络用户的多样性与易变性，在网络营销推广方案执行过程中，要定期对广告类型、网站选择及推广方式进行调试，分析不同的调试效果，以确定最合适的广告投放及推广方式。

网络营销效果的评估与优化，是对某一阶段网络营销活动的总结，也是制定下一阶段网络营销目标策略的前提和基础。网络营销效果评估，包括网络营销活动过程控制及事后评估两种形式，过程控制是网络营销目标得以实现的保证，事后评估反映网络营销活动的综合效果。

引导案例　评估与优化长沙巴顿公司的网络营销效果

长沙巴顿公司对其主营巴顿冰淇淋和巴顿烧烤设备进行了一个阶段的网络营销推广之后，究竟效果如何？是否实现了预期的营销目标？是否有必要继续推广，或进一步扩大投入？这是公司网络营销推广项目告一段落后，必须回答的问题。

对前期的网络营销推广方案的实施效果进行合理评估与优化，是摆在公司网络营销推广专业团队全体成员面前的重要课题。

【案例思考】

能否正确评估一个项目，关键在于是否有合理的评估指标体系。由于公司的网络营销工作目前还处于初级阶段，理论和方法体系都在不断探索中，建立一套严密而完善的网络营销评估机制并非易事。

教学案例 6-0　网站运营分析报告

第一节　网络营销效果评估指标体系建立

> **内容提要：**
> 网络营销效果的评估与优化，不只是方案执行之后的总结，更要贯穿方案执行全过程。
> 不同的推广方式有不同的评估指标，在一整套推广方案中，有必要建立一套全方位、系统性的效果评估指标体系。
> 营销效果评估是企业绩效考评的前提和基础。绩效一般指员工或部门的工作结果，是对企业目标达成具有效益、具有贡献的部分。

在网络营销推广活动策划中，最关键的一个步骤，也是企业老板最关心的一个部分，就是推广能够带来何种效果？不同的推广方式，有不同的效果评估方式，在一整套推广方案中，有必要建立一套系统完整、全方位的效果评估指标体系。

网络营销效果评估，就是对各种网络营销活动进行及时跟踪控制，以保证各种网络营销方法可以达到预期的效果，同时对网络营销推广方案的正确性和网络营销人员的工作绩效进行检验。一般认为绩效是员工的工作结果，是对企业的目标达成具有效益、具有贡献的部分。另外，绩效也被用来描述组织的运行效能，指企业或组织为实现其目标而开展的活动在不同层面上的有效输出。

在具体的绩效考评中，网络营销可以量化的评估数据并不容易获得，即使对一些可以量化的指标，如网络营销对销售额的贡献率是多少？对品牌形象的提升产生了多大效果？这些都难以量化。虽然人们可以检测到某个搜索引擎每天的访问者数量，或者某个网络广告的点击数量，但这些访问者或者点击数最终产生了多少效益，仍然难以精确评估。因此，应该综合评估网络营销的总体效果，如品牌提升、顾客关系和顾客服务、销售促进等多项指标，即对"品效合一"的情况进行综合评估，而不仅仅局限于销售额等个别指标。因为，网络营销的根本目的是在于企业整体效益的最大化。

一、网络广告效果评估指标

网络广告效果评估指标，可以帮助网络营销领域网络媒体和广告主之间建立"互信机制"，从而促进网络营销行业长期健康发展。随着中国网络广告行业的进一步发展，建立行业标准与规范势在必行，该标准在大家熟知的广告展示、广告点击基础上，加入了点击后行为的分析，如到达率、转化率、路径分析等，与国际上网络广告效果分析行业通行法则相吻合，可帮助广告买卖双方减少无效用户收录，科学翔实并客观地反映网络广告有效流量全貌，对网络广告的长期发展具有一定的参考指导价值。

1．网络广告效果评估常用指标

（1）广告展示量（Impression）。网络广告每一次显示，称一次展示。统计周期通常有小时、天、周和月等，也可以按需设定。展示量一般为广告投放页面的浏览量，展示量通常反映广告所在媒体的访问热度，广告展示量的统计是 CPM 付费的基础。

被统计对象包括 Flash 广告、图片广告、文字链广告、软文、邮件广告、视频广告、富媒体广告等多种广告形式。

（2）广告点击量（Click）。网民点击广告的次数，称为广告点击量。统计周期通常有小时、天、周和月等，也可以按需设定；被统计对象包括 Flash 广告、图片广告、文字链广告、软文、邮件广告、视频广告、富媒体广告等多种广告形式。

广告点击量与产生点击的用户数（多以 Cookie 为统计依据）之比，可以初步反映广告是否含有虚假点击。

广告点击量与广告展示量之比，称为广告点击率，该值可以反映广告对网民的吸引程度。

广告点击量通常反映广告的投放量，广告点击量统计是 CPC（Cost Per Click）付费的基础。

（3）广告到达率（Reach Rate）。广告到达率，是指网民通过点击广告进入被推广网站的比例。统计周期通常有小时、天、周和月等，也可以按需设定；被统计对象包括 Flash 广告、图片广告、文字链广告、软文、邮件广告、视频广告、富媒体广告等多种广告形式。

广告到达量与广告点击量的比值称为广告到达率，广告到达量是指网民通过点击广告进入推广网站的次数。

广告到达率通常反映广告点击量的质量，是判断广告是否存在虚假点击的指标之一。广告到达率也能反映广告着陆页的加载效率。

（4）广告二跳率（2nd-Click Rate）。广告二跳率，是指通过点击广告进入推广网站的网民，在网站上产生了有效点击的比例。统计周期通常有小时、天、周和月等，也可以按需设定；被统计对象包括 Flash 广告、图片广告、文字链广告、软文、邮件广告、视频广告、富媒体广告等多种广告形式。

广告带来的用户在着陆页面上产生的第一次有效点击称为二跳，二跳的次数即二跳量。广告二跳量与广告到达量的比值称为二跳率。

广告二跳率通常反映广告带来的流量是否有效，是判断广告是否存在虚假点击的指标之一。广告二跳率也能反映着陆页面对广告用户的吸引程度。

（5）广告转化率（Conversion Rate）。广告转化率是指通过点击广告进入推广网站的网民形成转化的比例。统计周期通常有小时、天、周和月等，也可以按需设定；被统计对象包括 Flash 广告、图片广告、文字链广告、软文、邮件广告、视频广告、富媒体广告等多种广告形式。

转化是指网民的身份产生转变，如网民从普通浏览者升级为注册用户或购买用户等。转化标志一般指某些特定页面，如注册成功页、购买成功页、下载成功页等，这些页面的浏览量称为转化量。广告转化量与广告到达量的比值称为广告转化率。

广告转化量的统计是进行 CPA（Cost Per Action）、CPS（Cost Per Sale）付费的基础。广告转化率通常反映广告的直接收益。

2．网络广告术语和技术统计方法

（1）网络广告术语。
① CPM（Cost Per Mille）：每千次展示费用，根据每 1 000 个广告展示量收费。
② CPC（Cost Per Click）：每次点击的费用，根据广告点击量收费。
③ CPA（Cost Per Action）：每次行动的费用，根据广告转化量收费，如按每张订单、每个注册用户收费。
④ CPS（Cost Per Sale）：按广告带来的销售额收费。

（2）技术统计方法。
① Web 日志分析模式。Web 日志分析模式是指通过分析 Web 服务器日志来获取流量的来源，从而判断用户是否来自广告，并追踪广告用户在网站上进行的操作。

当互联网用户在浏览器中打开某一网页时，Web 服务器接受请求，在 Web 日志中为这个请求创建一条记录（记录的数据一般包括：页面的名称、IP 地址、客户的浏览器及日期时间戳）。

采用 Web 日志分析模式，不需要额外在网站上添加代码，不易造成数据缺失。但该模式主要以服务器端数据为分析依据，而不管客户端的情况如何，容易造成数据不准确，而且当数据量较大时，很难实时分析数据。

② JavaScript 标记模式。JavaScript 标记模式是指通过在被统计对象网站的网页上（包括静态页面、动态页面和基于浏览器的视频播放窗口等）嵌入 JavaScript 监测代码的方式获取互联网用户访问被统计对象网站的信息。互联网用户使用浏览器访问被统计页面时，会同时向监测服务器发送统计信息，监测服务器汇总接收到的浏览器请求数量，统计被监测网站或广告的流量数据。

JavaScript 标记模式有利于获取被统计对象网站的全样本（所有被用户访问过的网页和用户在被统计对象网站上的所有访问行为）细节数据。当被统计对象网站数量和行业分布具有一定的规模后，此种模式获取的数据也可以反映互联网行业中观和宏观状况。

二、网站访问效果评估指标

1. 网站访问统计常用指标

对企业来说，最常见的网络推广方式包括在搜索引擎和行业网站上注册会员，目的都是吸引更多的访问者浏览本企业网站或产品，并进行业务咨询。此外，企业通过与其他站点进行交换链接，也可以吸引用户点击访问。网站的独立访客数量是测量网站推广效果的最常见的指标之一，同时，也应考虑访问者与网站的交互程度，如浏览者在网站的平均停留时间、来自同一IP地址的重复浏览者数量、用户在一次网站浏览中查看网页的数量，等等。需注意的是，高的访问量并非网络推广的最终目标，而是尽可能多地将访问者转化为现实的顾客，因此，还需要统计通过网站向企业进行咨询的用户数量等指标。

网络营销要注重网站的推广及优化用户的访问体验，因为推广的目的就是为了树立企业的品牌形象，增加销售。因此，有必要对网站不同推广阶段的主要绩效指标进行综合分析，并设计优化路径，如图6-1所示。

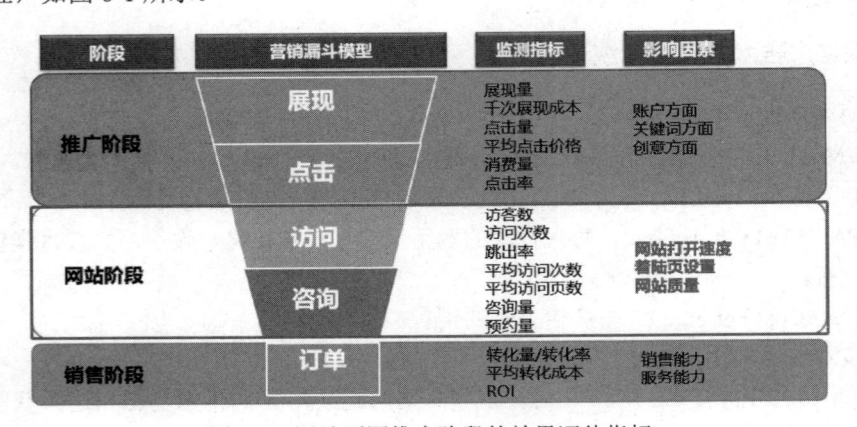

阶段	营销漏斗模型	监测指标	影响因素
推广阶段	展现 / 点击	展现量 千次展现成本 点击量 平均点击价格 消费量 点击率	账户方面 关键词方面 创意方面
网站阶段	访问 / 咨询	访客数 访问次数 跳出率 平均访问次数 平均访问页数 咨询量 预约量	网站打开速度 着陆页设置 网站质量
销售阶段	订单	转化量/转化率 平均转化成本 ROI	销售能力 服务能力

图6-1 网站不同推广阶段的效果评估指标

网站访问统计分析是网络营销的重要组成部分，也是网络营销推广效果评估的基础，它为网络营销优化和网络营销策略研究提供了参考依据。归纳起来，网站访问统计分析的作用主要表现在下列几个方面：及时掌握网站推广总的效果，减少盲目性；评估各种网络营销手段的效果，为制定和修正网络营销策略提供依据；通过网站访问数据分析进行网络营销诊断，包括对各项网站推广活动的效果分析、网站优化状况诊断等；了解用户访问网站的行为，为更好地满足用户需求提供支持。

（1）网站流量统计指标。网站流量（Traffic）是指网站的访问量，是用来描述访问一个网站的用户数量及用户所浏览的网页数量等指标。常用的统计指标包括网站的独立访问者数量、总访问者数量（含重复访问者）、页面浏览量、每个访问者的页面浏览量、用户在网站的平均停留时间等。

独立访客数（UV，Unique Visitors）：在一定时期内访问网站的人数，每个固定的访问者只代表一个唯一的用户。访问者越多，说明网站推广越有成效。

页面浏览量（PV，Page Views）：在一定时期内所有访问者浏览的页面数量。每打开或刷新一次页面PV计数+1，这个指标是评估一个网站受欢迎程度的主要指标之一。

网站访问深度（DV，Depth of Visit）：用户在一次网站浏览中查看网页的数量。

网页平均访问量（Page Views Per User）：在一定时间内，全部页面浏览量与所有访问者相除的平均数。这一指标表明了访问者对网站内容或者产品信息感兴趣的程度。如果大多数访问者的页面浏览量仅为一个网页，表明用户对网站内容或者产品没有多大兴趣。

除此之外，还有一些和流量指标相关的评估指标，虽然不能用来直接衡量流量的多少，但是和流量获取密切相关，如网站被各主流搜索引擎收录的数量和排名，被其他网站链接的数量等。一般来说，网站被搜索引擎收录的网页数量越多，对增加访问量越有效果；在搜索引擎排名靠前也很重要，因为排名在搜索结果第一页之后，与之后几百页相差无几，基本起不到多大作用；另外，获得高质量的网站链接、被其他网站链接的数量越多，对搜索结果排名越有利，而且，访问者还可以直接从链接的网页进入你的网站。

虽然网站链接的数量与网站访问量之间并没有严格的正比关系，但从搜索引擎优化角度来说，高质量的网站链接对网站推广还是有较大价值的。

（2）用户行为指标。用户行为指标主要反映用户是如何访问网站的，在网站上停留了多长时间，访问了哪些页面等，图 6-2 通过网站与超市用户行为对比，分析网站用户的主要行为指标，如点击量、浏览量、跳出率、平均访问时长、转化次数等。

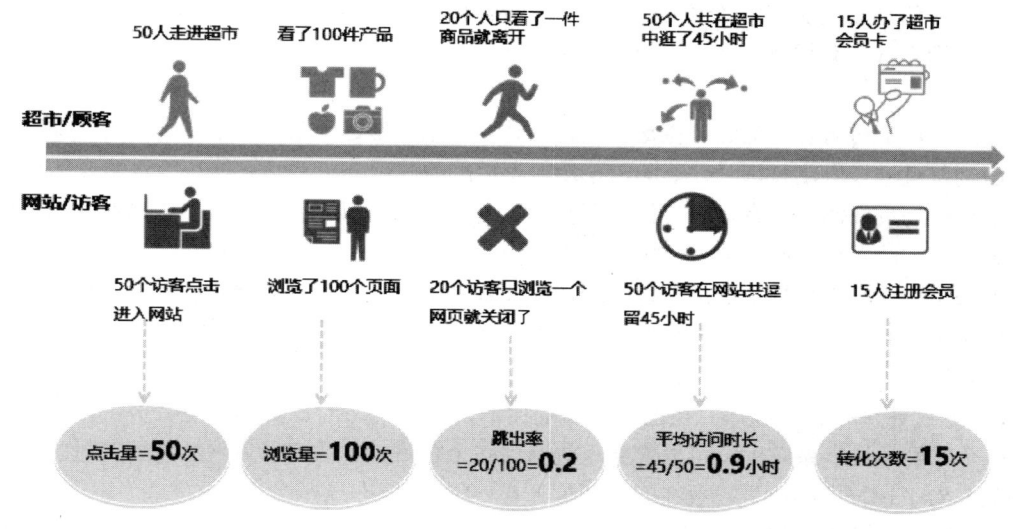

图 6-2 网站与超市用户行为指标对比分析

（3）用户浏览网站的方式。用户浏览网站的方式主要指用户的来源及使用的设备，其统计指标主要包括：用户所在地区域分布状况、用户上网设备类型、用户浏览器的名称和版本、用户所使用的操作系统名称和版本等。

此外，除了要分析自己网站的访问情况，专业的网站访问分析还应该包括对竞争者网站的分析评估等内容。下面将分析以上指标的具体含义。

2．网站访问统计指标分析

（1）页面浏览量分析。在网站流量统计分析报告中，给出的网站的页面浏览量，一般是在一个统计时期内的网页浏览总数，以及每天平均网页浏览量。这个数字表明了网站的访问量情况，可以用作网站推广运营效果的评估指标之一。

网络营销效果评估对页面浏览量的分析主要围绕以下四个方面。

① 分析页面浏览量历史数据与网站发展阶段的相关性。可以对 3 个月以来网站每天的页面

浏览量进行分析，从而分析出网站流量的发展趋势，并将这些数据与网站所处阶段特点结合起来分析。

对于新发布的网站，如果网站页面浏览量呈现上升趋势，那么与网站发展阶段的特征是基本吻合的；否则就要反思，为什么这期间网站访问量没有明显上升。

如果网站处于稳定阶段，网页浏览量应该相对稳定或有一定波动，但如果数据表明页面浏览量在持续下滑，则表明网站出现了某种问题，如网站内容和服务方面存在问题，或者出现了新竞争者造成用户转移，或者在保持老客户方面存在缺失致使用户流失等。

② 分析网页浏览量变化周期。当网站运营一段时间之后，网站处于相对稳定阶段，这期间网站访问量会呈现一定的周期性变化规律。如某个网站，每个星期一到星期四，访问量明显高于星期五到星期天；而在同一天中，上午 10 点和下午 3 点可能是网站访问的高峰。掌握了这些规律后，就可以充分利用用户的访问特点，在访问高峰到来之前推出最新的内容，尽可能提高网站信息传播效果。

③ 分析单个访问者的页面浏览量变化趋势，判断网站访问量的实际增长情况。用户页面浏览量的变化，反映了用户从网站获取信息的多少。一般来说，平均页面浏览量越高，说明用户获取的信息量越大（一个例外情况是，网站提供的信息对用户有价值，但因用户获得信息不方便而造成平均页面浏览量过大，如需要多次点击、查找信息不方便、每个页面的信息量过小等）。

在分析每个访问者的页面浏览量变化趋势时，如果发现这一数据基本保持稳定，那么与网站页面浏览量进行对比分析时，页面浏览量的变化趋势就反映了网站总体访问量的变化。

如果平均页面浏览量有较大变化，则需要对网站独立访问者数量、页面浏览量等指标进行比较分析，才能发现网站访问量变化的真正趋势。

如果每个访问者平均页面浏览量增加，即使独立访问者数量没有增长，同样会使得总的页面浏览量增加，反之，如果独立访问者数量保持稳定，但平均页面浏览量下降了，就会造成页面浏览量的减少。

④ 通过各个栏目（频道）页面浏览量的比例，分析网站的重要信息是否被用户关注。在 Alexa 全球网站排名系统中，可以看到一些网站各个栏目首页访问量占网站总访问量的比例，这一信息对于选择网络广告投放在哪个频道具有一定的参考价值。

这种数据主要来自第三方的统计，并且对于大多数访问量较低的网站，信息的准确性较差。但这种分析思路可以推广到任何一个网站，通过对各个栏目页面浏览量比例分析，可以看出企业用户对哪些信息比较关注。例如，可根据自己的期望，决定采用搜索引擎关键词广告推广时应该链接到哪些页面、注册快捷网址时直接到达哪些页面等。

（2）独立访问者数量分析。独立访问者数量，有时也称为独立用户数量，是网站流量统计分析中另一个重要的数据，并且与网页浏览量分析之间有密切关系。独立访问者越多，说明网站推广越有成效，也意味着网络营销卓有成效，因此，它是最有说服力的评估指标之一。相对于页面浏览量指标，网站独立访问者数量更能体现出网站推广的效果。

一些机构的网站流量排名，通常都是依据独立访问者数量指标来确定的。不过，由于不同调查机构对统计指标的定义和调查方法不同，各个机构对同一网站监测得出的具体数字并不一致。

目前对独立访问者数量的定义，通常是按照访问者的独立 IP 来进行统计的，和实际的独立用户也有一定差别。例如，多个用户共用一台服务器上网，使用的是同一个 IP，因此通过这个 IP 访问一个网站的实际用户数（自然人）可以有多个，但在网站流量统计中都算作一个用户；

对于采用拨号上网方式的动态用户，在同一天内的不同时段可能使用多个 IP 来访问同一个网站，这样就会被记录为多个独立访问者。因此，可采用更精确的方式来记录独立访问者数量，如用户网卡的物理地址等，或者多种方式综合应用。但由于这些统计方式可能会影响到对访问者其他信息的统计，如用户所在地区、用户使用的 ISP 名称等，因此在网站流量统计中，这种"精确统计"方式并不常用。因此，尽管独立 IP 数量与实际的用户数量之间可能存在一定差别，实际统计中，仍然倾向于采用 IP 数量的统计。图 6-3 显示了不同关键词带来的独立访问者数量情况。

关键字	搜索次数	独立访客	IP	新独立访客
coco奶茶	209	185	184	181
田子坊奶茶加盟	164	4	3	3
奶茶加盟排行榜	109	94	94	92
快乐柠檬加盟	83	73	72	66
红色巴士	51	45	45	31
地下铁奶茶	39	34	34	33
快乐柠檬	32	30	30	28
鲜果时间加盟费	31	29	29	29
卡旺卡奶茶加盟	31	24	24	23

图 6-3 某网站主要关键词带来的独立访问者数量情况

（3）用户来源分析。网站用户来源统计信息，为网络营销人员从不同角度分析网站运营的效果提供了方便。例如，至少可以分析常用的网站推广手段带来的访问量。

用户来到一个网站的方式通常有两种：一种是在浏览器地址栏中直接输入网址或者单击收藏夹中的网站链接；另一种是通过别的网站引导而来，即来源于其他网站。用户来源网站，有时也称为引导网站，或者推荐网站。许多网站统计分析系统都提供了用户来源网站统计的功能，这对于网站推广分析具有重要意义。

分析用户来源统计数据，可以了解用户来自哪个网站的推荐、哪个网页的链接。如果通过搜索引擎检索，可以看出是来自哪个搜索引擎、使用什么关键词进行检索，以及你的网站（网页）索引出现在搜索结果的第几页第几项等。

一般来说，通过网站流量统计数据，可以获得用户来源网站的基本信息：来源网站（网页）的 URL 及其占总访问量的百分比；来自各个搜索引擎的访问量百分比；用户检索所使用的各个关键词及其所占百分比；对网站访问量贡献最大的引导网站；对网站访问量贡献最大的搜索引擎；在搜索引擎检索时网站中表现最好的核心关键词等。

以搜索引擎为例，通过来源网站的分析，可以清楚地看出：各个搜索引擎对网站访问量的贡献；各个主流搜索引擎的重要程度，是否值得购买其付费搜索服务等。这些结论，有利于选择对网站推广有价值的搜索引擎作为重点推广工具，从而减少无效的投入。

当然，这些基本统计信息所能反映的问题并不全面，有些隐性问题可能并没有反映出来。例如，根据分析，某个关键词对于一个网站应该很重要，但是通过对主要搜索引擎带来访问量的分析发现，只有其中一个搜索引擎带来了访问量（通过自然搜索而不是付费方式），这种情况并不能因此而否定其他搜索引擎的价值，还需要做进一步分析才能知道是自己网站本身的问题，还是搜索引擎的问题。当网站访问量增长（或者下降）的时候，要考虑究竟是因为某些推广措施引起的，还是存在其他原因。对这些问题的深度分析，需要考虑更多的因素，也可能涉及更多的专业分析手段。

（4）搜索引擎和关键词分析。通过统计网站流量数据，可以对用户使用的搜索引擎及关键词进行统计分析，具体指标包括：各个搜索引擎重要程度统计；关键词使用情况统计；最重要的搜索引擎分析；最重要关键词分析；分散关键词分析；搜索引擎带来的访问量占网站总访问量的百分比。根据这些统计数据，可以初步断定该网站用户使用搜索引擎的一般特征，并可据此改善、优化搜索引擎营销策略。

总之，网站流量统计分析非常重要，尤其是其中的搜索引擎关键词分析，对于制定和改进网站的搜索引擎推广策略至关重要。无论是自己进行网站流量分析，还是请专业机构来操作，都很有必要了解网站流量统计分析期望获得的结果，或者说应该能够获得的分析结果。

三、其他推广渠道效果评估指标

衡量网络推广效果的关键指标，对于不同的企业，不同职责的人和不同的渠道，都有所不同。比如针对不同职位的人，从老板的角度来看，他会关注投资回报、带来多少客户等，客户转化率是他所看重的关键指标。而从市场推广人员的角度来看，他会关注推广转化率、投入产出比、各渠道转化效果，如网站/APP 引流量、曝光量、网站/关键词排名、收录、网站权重，以及留存率、客户询盘、询盘转化率，等等。

下面主要对不同网络推广渠道的效果评估指标体系进行阐述。

1. SEM（搜索引擎营销）竞价效果评估指标

评估 SEM 竞价效果的关键指标有可能是广告排名、广告展现量、点击量、点击转化率、询盘量、咨询转化率、跳出率等。在百度或者 Google 等竞价后台，有数据统计报告，通过该统计报告可以清晰地查看账户的推广情况。报告的类型分为账户报告、附加创意报告、分地域报告、关键词报告、创意报告、点击报告等。SEM 竞价的作用是可以监控每天的推广情况，针对不同的数据表现进行分析，以提升推广效果。数据报告中的指标，主要包括如下几个。

展现量：指定范围内获得的展现次数，即用户的推广结果覆盖了多少网民；

点击量：指定范围内获得的点击次数，即潜在客户点击用户的推广结果、用户访问网站的次数；

转化量：用户在百度商桥（或百度爱番番）的沟通次数。

SEM 竞价是很多企业选择的一个主要的网络推广方式，相对来说，它有着转化快，触达人群相对精准的特点。但它的成本不低，并非所有企业都能承受得了，对一些中小企业来说，如果从 SEM 竞价中获取客户的话，需要支出一笔不低的推广费，这会成为很多中小企业的负担。

2. SEO 优化效果评估指标

评估 SEO 优化效果的关键指标可能是 IP/PV 量、网站排名、关键词排名、收录量、PR 权重、外链、询盘量、咨询转化、跳出率等。

SEO 优化是利用搜索引擎的搜索规则来提高网站在搜索引擎中的自然排名，让网站排名更靠前，更容易被他人浏览。相对于 SEM 竞价，它的好处是不需要像竞价那样需要每天花费一笔费用去做推广就可以获得搜索引擎的自然排名，当然并非完全不需要成本，毕竟做推广也是需要投入人力成本的。

这种方式尽管低成本，但它的效果没有 SEM 竞价来得快，需要经营一段时间才能提升关键词和网站的排名，所以能不能做好 SEO 优化，不仅仅靠推广人员的优化技术，还得有一定的时间付出。

3. 软文推广效果评估指标

评估软文推广效果的关键指标可能是软文曝光量、阅读量、点击量、点赞数、好评量、引流量、咨询量、咨询转化率等。

如今是内容为王的时代，软文推广是很多企业会选择的一种网络推广方式。它的本质是创作文章内容，通过各种不同的平台，如门户网站（网易、腾讯等）、新闻网站（央视新闻、环球网等）、新媒体（头条、双微）等进行发布传播，植入软性广告，达到让人们容易快速接受宣传内容的目的，最终获得引流和客户转化。

4. 社群营销效果评估指标

评估社群营销效果的主要指标有社群成员数、活跃度、留存度、转化变现度（包括付费人员数量、卖货转化率、品牌影响力、分销参与度等）、复购率等。网络社群的质量主要取决于活跃留存程度+转化变现能力+成员质量数量等。

自 2020 年以来各类社群异常活跃，特别是新冠疫情期间很多大企业都在积极尝试社群营销，社群成为当前大家关注的热点。它是新的移动社交平台所提供的一种新的社交方式，这种新的社交方式为新营销活动创造了新的价值。

第二节　网络营销效果评估

> **内容提要：**
>
> 网络营销效果评估，既要有推广转化效果的评估，也要有品牌提升效果的评估；既要有定量的评估，也要有定性的评估。
>
> 效果评估是策略优化的前提和基础。根据营销推广的需要，既可以先评估后优化，也可以边评估边优化。

归根结底，市场推广的目的不外乎两类：第一是品牌提升（如品牌知晓度、品牌美誉度、第一品牌提及、购买倾向等），第二是效果转化（如销售额、下载激活量、留言数等）。在传统市场营销领域，这两类效果的评估是被严格分开的。前者基本是通过事前事后消费者调研，获得相关数据，佐证品牌活动效果；进入互联网时代，会采用线上调研方式，获得相对更为精确的调研结果。后者则会通过"广告+网站/APP 监测"工具，实现转化效果的监测。下面以长沙巴顿公司为例来探讨网络营销效果评估。

在长沙巴顿公司近期的网络营销推广方案中，推广的产品有两个：BD 冰淇淋机和 BD 烧烤机，目前主推 BD 冰淇淋机品牌，以冰淇淋品牌加盟形式和单卖设备形式经营。经过一个月的网络营销推广活动，已经取得了阶段性的成果，现在有必要对网络营销推广方案实施的效果进行评估。

一、搜索引擎推广效果评估

1. 收录及反链

长沙巴顿公司网站是二月中旬建好的，二月底开始做该网站推广工作，经过两个半月的推广工作，目前网站收录达到 212，反链达到 7210，如图 6-4 所示。

网站 www.90108.com 的收录/反链结果					
搜索引擎	baidu	google	soso	搜狗	Bing	有道
收录	212↑	367↓	69↑	查询失败	1	
反链	7210↑	2	838↑			0

图 6-4　两个半月后公司网站收录和反链

2. 百度权重、Google PR 值

公司网站百度权重提升到 1，Google PR 值提升到 3，如图 6-5 所示。

百度权重 1　Google 3　响应时间：203毫秒

图 6-5　公司网站百度权重及 Google PR 值

3. 关键词排名

由于公司网站建立时间不长，推广的时间较短，因而关键词排名波动比较大，下面是一些主要的关键词排名情况。

① 冰淇淋加盟关键词排名情况，如图 6-6 所示。

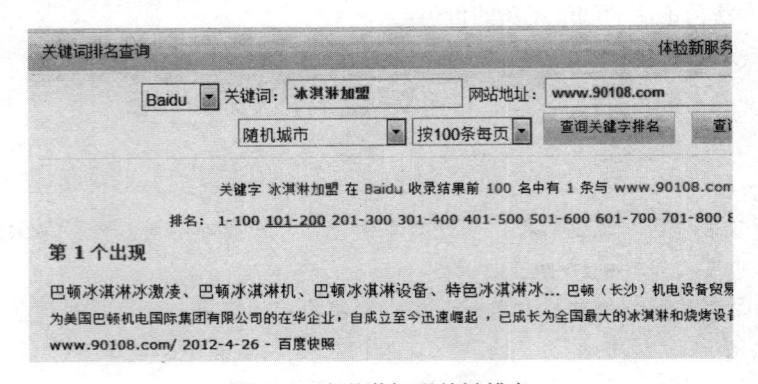

图 6-6　冰淇淋加盟关键排名

② 冰激凌加盟关键词排名情况，如图 6-7 所示。

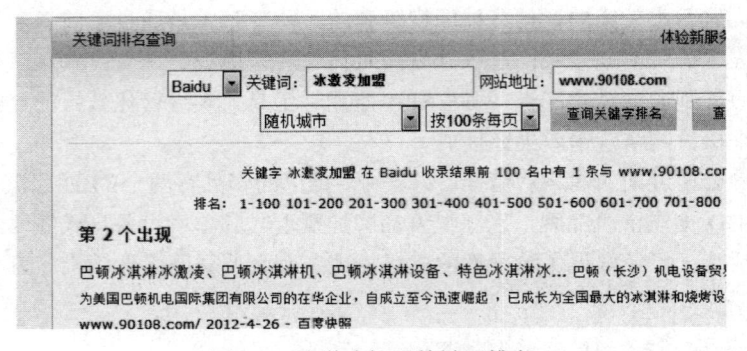

图 6-7　冰激凌加盟关键词排名

通过网站收录及反链、百度权重、Google PR 值和关键词排名这些指标的分析，可以发现，BD 公司网站被主流搜索引擎收录数量有较大的增加，Google PR 值提升到 3，在百度搜索"冰淇淋加盟""冰激凌加盟"等关键词，公司网站排到了首页靠前位置。因此，近一个月的推广对公司网络品牌和产品推广起到了较好的效果，基本实现了预期的搜索引擎推广目标。

二、其他推广效果评估

通过分析公司网站流量的来源域名，我们发现，网站流量的主要来源是百度，如图6-8所示。其次是公司在另一个品牌网站（www.chinajm8.com）所做的友情链接，通过Google搜索来的客户也占了一部分。

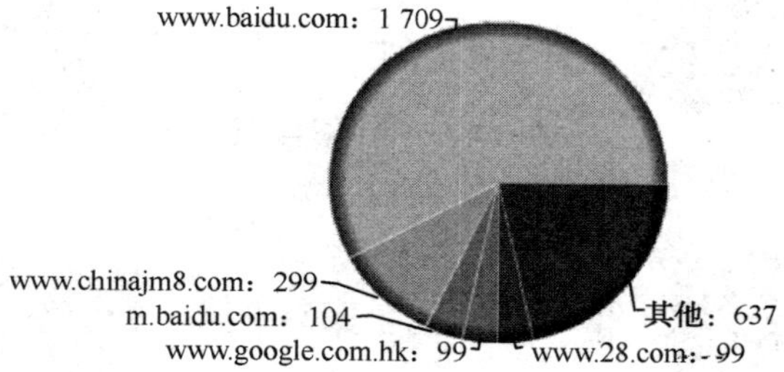

来源域名-按来访次数查询
2012/04/12—2012/05/11

www.baidu.com: 1 709
www.chinajm8.com: 299
m.baidu.com: 104
www.google.com.hk: 99
www.28.com: 99
其他: 637

图 6-8　来源域名分析

另外，在推广效果的反馈方面，发现通过半个多月的网络推广，打电话咨询的客户较以前明显增加，每天都有十来个客户打电话来咨询公司的项目，而且主动打电话进来的客户转化率较高。除此之外，公司官网每天都有客户留言，这些客户大都通过搜索引擎找到公司网站，进而了解公司创业项目，然后给网站留言。

总之，通过这一个多月的网络推广，基本上达到了预期的网络营销推广目标。

阅读材料6-1　如何评估网络广告的效果

网络广告虽然都是通过互联网手段做广告投放，但是种类千差万别，各有目的和用法，所以很难一概而论。有的是为了刷存在感的（banner位等硬广物料展示），有的是为了导流的（微博的婚庆广告），有的是为了提升品格的（奢侈品明星广告），有的是为了引起话题的（知乎的讨论式信息流广告），还有搜索引擎优化等手段，都算网络广告。

如何评估网络广告的效果呢？我们具体来看看各类投放广告的普遍评估方式。

1. 硬广展示的广告效果评估

一般在投放之前，甲方会充分了解投放网站或者APP的用户属性、日活、月活、消费能力结构、男女比例、不同位置的曝光和点击量、投放周期等各种维度信息，然后在调性匹配的渠道购买广告位。这种展示和线下投放地铁站灯箱、公交车车身广告、足球场边的广告的效果差不多，少量会希望能带来跳转和行为引导，更多的是曝光展示。广告界流行的说法是一个品牌在观众面前出现4次以上才会被记住，那么这类投放基本就是承载着前3次的功能。

在这类硬广投放中占据霸主地位的除了各类网综赞助商总冠名，就是各类APP的开屏广告了。开屏广告到底有什么用？咱们都在用的知乎开屏广告两年前是50万一天，今年的更高了。这样的价格，小企业是望而生畏的，更适合一线企业、世界500强公司、日化用品、泛娱乐产品等大C端超级土豪甲方。而他们往往不止这一个广告投放动作，当零零碎碎的广告被汇聚在若干个APP的开屏时带给目标用户的冲击力是最强的。唯一的问题就是分别投放太麻烦了。

在存量市场里抢占有率，是这类土豪型广告的意义，投入产出的计算方式通常由第三方提交，包括覆盖量、点击率、停留时长、用户回访量等。当然更多的成分也是看高层的策略和认知，尤其对于上市公司而言，门面的投资回报率，是无法估量的。

2. 导流型广告效果评估

导流型广告如今最常见的就是信息流广告。其评估方式主要分成三种：CPM，即按广告千人曝光量竞价；CPC，即按广告点击竞价；CPA：按广告投放效果转化如电话搜集数、下载次数等来计算，这种方式相对来说投资回报率比较容易计算，和行业以及产品有关，不同的产品获客成本差很大（如图6-9所示）。

图6-9 不同行业信息流广告的平均点击率及一般获客成本

3. 品牌公关型投放广告效果评估

品牌公关型广告简单来说就是传媒报道型公关文章、口碑营销、事件营销等新媒体素材等。发布一篇传统媒体通稿需要100~300元，深度采访报道可能2000元一篇，知名记者的报道高得无法纳入常规评估，而新媒体投放就更不用说了，新晋的抖音网红们更是以一个粉丝3分钱的报价疯狂收割各大企业广告预算。

4. 激发热度和讨论的UGC型广告效果评估

如今知乎企业机构账号发起的品牌提问就是最典型的一种，同理还有微博话题、网易云音乐评论区、虎扑热帖、豆瓣小组等。这类一般只在乎参与人数和UGC内容的质量水平来评估，以热闹为主，情感维系为辅，不会直接考核转化等等。

如果实在需要在投放前就知道预估的转化率只有几种方法：

（1）听销售介绍，是否相信需要靠个人经验和逻辑判断；

（2）获取同行机密资料做参考（目前最有效也最被广泛采用）；

（3）小范围灰度测试，5 000~10 000元的试错成本，一般都会有测试额度。

精准的转化率测试则需要结合销售数据和销售曲线，一般要到高层那边掌握全方位的财务数据才能计算出来，以及一些重要客户回访等。

（资料来源：知乎 https://zhuanlan.zhihu.com/p/60926746，2019-9）

第三节 网络营销效果优化

> **内容提要：**
>
> 网络营销优化，要善于利用模型迅速定位推广中的薄弱环节，如搜索营销效果转化漏斗、SEM优化决策树、矩阵分析模型、关键词分布曲线、创新点信息库等工具。
>
> 网络营销优化内容，主要包括流量优化、访问者来源优化、关键词优化、访客行为优化，以及营销推广策略的优化。

网络营销效果优化主要是指在对网络流量统计数据、点击率、转化率等数据进行分析并正确评估的基础上，对原有的网络营销策略进行调整和改进的行为。下面结合企业网络营销活动中常见的绩效案例对网络营销效果优化进行阐述。

一、网络营销优化常用工具

1. 营销漏斗模型

搜索营销效果转化漏斗，简称"营销漏斗"，漏斗的五层对应了企业搜索营销的各个环节，反映了从展现、点击、访问、咨询，直到生成订单过程中的客户数量及流失。从最大的展现量到最小的订单量，这个层层缩小的过程表示不断有客户因为各种原因离开，对企业失去兴趣或放弃购买。

营销漏斗模型指的是营销过程中，将非用户（也叫潜在客户）逐步变为用户（也叫客户）的转化量化模型。营销漏斗模型的关键要素包括：营销的环节和相邻环节的转化率。营销漏斗模型的价值在于其量化了营销过程各个环节的效率，帮助我们找到营销薄弱环节。

网络营销的漏斗模型的构建较为容易，其他类型营销漏斗模型的构建往往要通过定量调研的方式实现，图6-10为某装饰企业网络营销漏斗优化前后的实例。

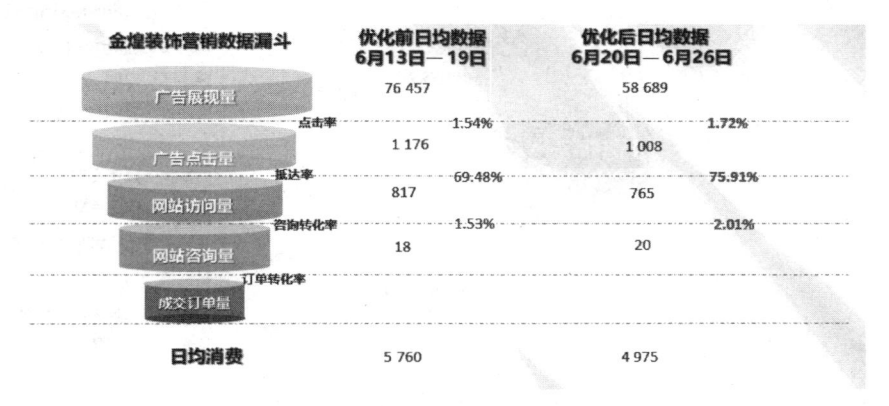

图6-10 企业网络营销漏斗实例

2. SEM优化决策树

决策树模型是一种简单易用的非参数分类器。它不需要对数据有任何的先验假设，计算速度较快，结果容易解释，而且稳定性强。

在复杂的决策过程中，往往需要多层次或多阶段的决策。当一个阶段决策完成后，可能有 N 种新的不同状况发生，每种自然状况下，都有 m 个新的策略可选择，选择后产生不同的结果并再次面临新的状况，继续产生一系列的决策过程，这种决策被称为序列决策或多级决策。此时，如果继续遵循上述的决策准则，就容易使相应的表格关系十分复杂。

决策树是一种能帮助决策者进行序列决策分析的有效工具，其方法是将问题中有关策略、自然状况、概率及收益值等通过线条和图形用类似于树状的形式表示出来。

决策树模型就是由决策点、策略点（事件点）及结果构成的树形图，一般应用于序列决策中，通常以最大收益期望值或最低期望成本作为决策准则，通过图解方式求解在不同条件下各类方案的效益值，然后通过比较，做出决策。

SEM（搜索引擎营销）就是根据用户使用搜索引擎的方式利用用户检索信息的机会尽可能

将营销信息传递给目标用户。图 6-11 是某企业 SEM 优化决策树的一个实例。

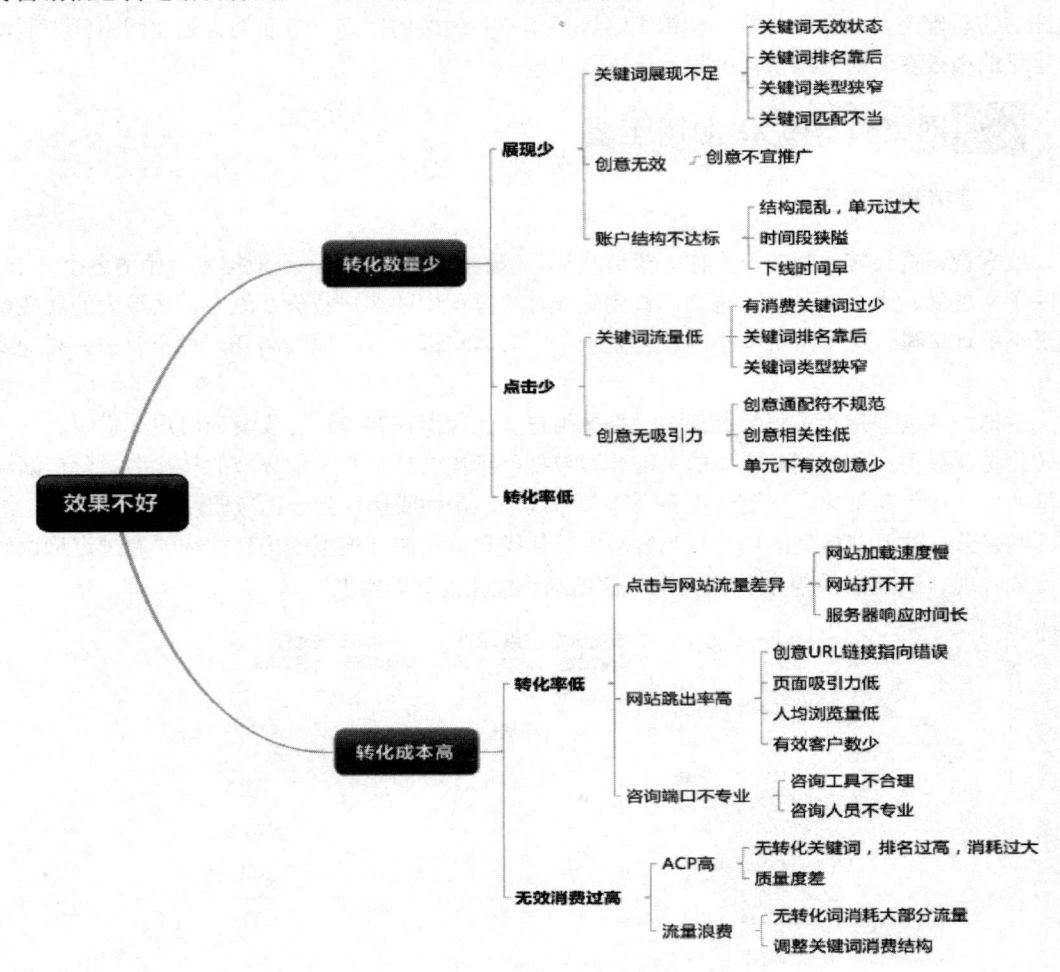

```
效果不好
├── 转化数量少
│   ├── 展现少
│   │   ├── 关键词展现不足
│   │   │   ├── 关键词无效状态
│   │   │   ├── 关键词排名靠后
│   │   │   ├── 关键词类型狭窄
│   │   │   └── 关键词匹配不当
│   │   ├── 创意无效 ── 创意不宜推广
│   │   └── 账户结构不达标
│   │       ├── 结构混乱，单元过大
│   │       ├── 时间段狭隘
│   │       └── 下线时间早
│   ├── 点击少
│   │   ├── 关键词流量低
│   │   │   ├── 有消费关键词过少
│   │   │   ├── 关键词排名靠后
│   │   │   └── 关键词类型狭窄
│   │   └── 创意无吸引力
│   │       ├── 创意通配符不规范
│   │       ├── 创意相关性低
│   │       └── 单元下有效创意少
│   └── 转化率低
└── 转化成本高
    ├── 转化率低
    │   ├── 点击与网站流量差异
    │   │   ├── 网站加载速度慢
    │   │   ├── 网站打不开
    │   │   └── 服务器响应时间长
    │   ├── 网站跳出率高
    │   │   ├── 创意URL链接指向错误
    │   │   ├── 页面吸引力低
    │   │   ├── 人均浏览量低
    │   │   └── 有效客户数少
    │   └── 咨询端口不专业
    │       ├── 咨询工具不合理
    │       └── 咨询人员不专业
    └── 无效消费过高
        ├── ACP高
        │   ├── 无转化关键词，排名过高，消耗过大
        │   └── 质量度差
        └── 流量浪费
            ├── 无转化词消耗大部分流量
            └── 调整关键词消费结构
```

图 6-11 企业 SEM 优化决策树实例

3. 转化及成本计算模型

企业在互联网上投放广告，到最终产生订单，中间需要监测的核心指标有：展现量、点击量、转化量、消费额、订单额等，它们之间的逻辑关系如图 6-12 所示。

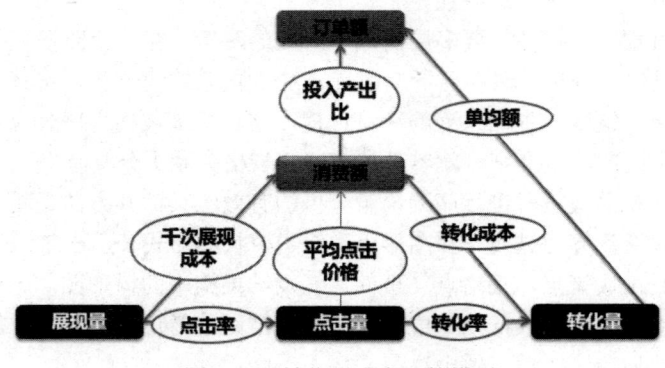

图 6-12 转化及成本计算模型

消费=点击量×平均点击价格
　　　=展现量×点击率×平均点击价格
转化成本=消费÷转化量
　　　　=（点击量×平均点击价格）÷（点击量×转化率）
　　　　=平均点击价格÷转化率
转化量=点击量×转化率
　　　=展现量×点击率×转化率

任意两个具体数值组合的横轴和纵轴，都可以形成对应的分析矩阵。

同时，转化及成本计算逻辑是具体的数值，分析数值后，结合营销决策树，可推导出具体优化的动作。

4．矩阵分析模型

利用矩阵分析模型，可用"成本/转化""成本/消费"一对关键词两个指标的均值线，将分布在坐标系中的关键词划分到四个象限中，如图6-13和图6-14所示。以"成本/转化"矩阵为例，它们的特征如下。

第一象限的关键词：转化成本高，转化量高；这个象限的关键词转化量非常充足，对效果有帮助，但是最需要解决的是降低成本的问题。

第二象限的关键词：转化成本高，转化量低；是表现最不好的一类关键词。

第三象限的关键词：转化成本低，转化量低；是风险与潜力并存的关键词。

第四象限的关键词：转化成本低，转化量高；是最优质的关键词。

以上四个象限中的关键词，会产生明显不同的营销绩效，可针对性地采取不同的优化策略。

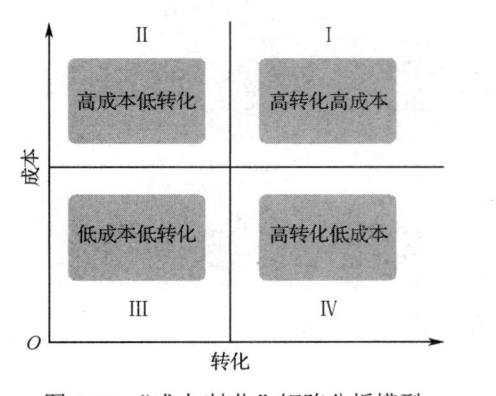

图6-13 "成本/转化"矩阵分析模型 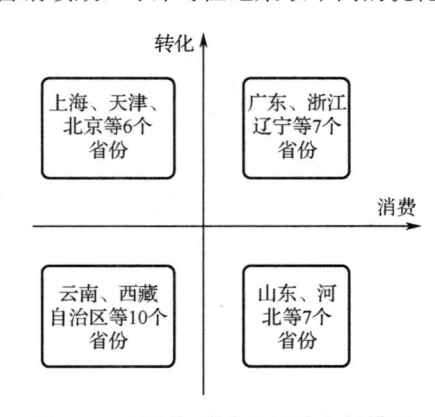　　图6-14 "转化/消费"矩阵分析模型

5．关键词分布曲线

搜索引擎营销推广账户的众多关键词中，根据其发生的消费及产生的转化情况，大致可以划分为核心词、通用词及长尾词三种类型，如图6-15所示。

核心词：在关键词推广账户中，高消费、高转化的核心词，占据了账户80%的消费，但转化也是由这些词带来的，需要稳定其消费及排名。

通用词：账户内还有一部分词，消费一般，但转化也一般。针对这种情况，可大量拓词，并适当放宽匹配模式，以提升推广绩效。

长尾词：它们的消费低、转化低，但并不是没有推广价值。可针对性采用"广泛+否定"的黄金组合，用低价获取优质流量，当长尾足够长时产生的长尾效应，也可以获得足够可观的推广绩效。

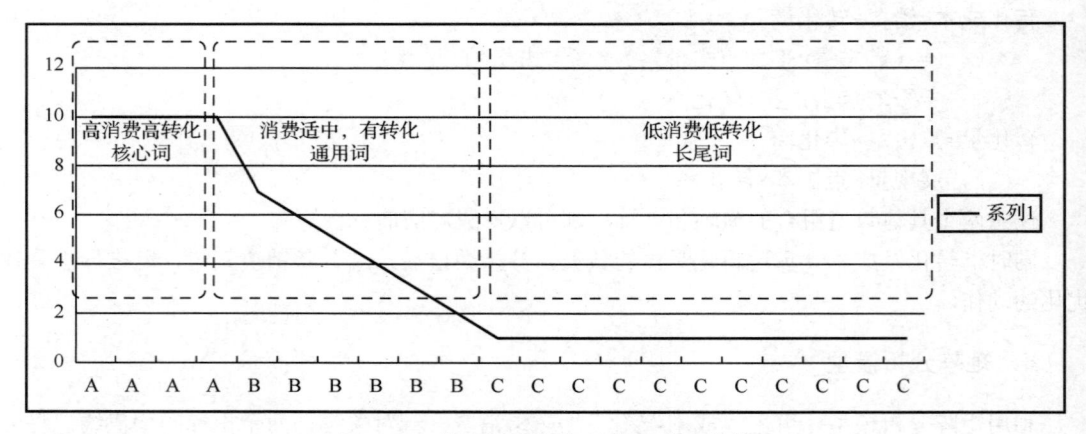

图 6-15 关键词"消费/转化"分布曲线

6．创意点信息库

通过 BDP 等大数据平台，对网络推广账户内点击率较高的创意点进行整理收集，可汇总形成行业创意点信息库，如图 6-16 所示。这些短语及词汇，是对点击率较高的广告创意内的关键词进行的提炼及沉淀，在编写创意广告的标题和描述时，具有极大的借鉴及参考价值。

图 6-16 威胜电气公司的网络推广创意点信息库

二、网络营销优化常用方法

1．访客流量优化

案例 1：根据店铺每天的访客高峰及低谷，优化客服人员安排、商品上架时间、广告投放时段等。

图 6-17 为某店铺流量统计图。通过分析可以发现：流量的高峰期在 8~14 点及 23~凌晨 1 点，流量的低谷期在凌晨 1 点后，5 点前。

针对店铺每天的访客高峰及低谷的变化规律，可以进行如下调整与优化。

① 值班客服人员安排，凌晨 1 点后到 5 点前可以休息，流量高峰期要适当增加客服人员。

② 重要商品上下架时间要错开高流量的时间段。

图 6-17　某店铺流量统计图

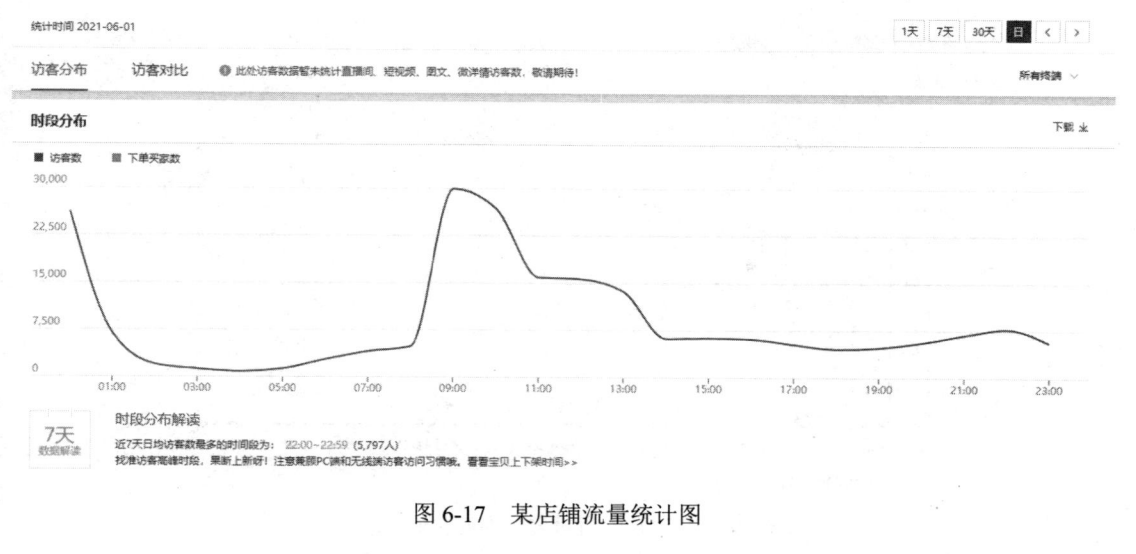

③ 在推广预算有限的情况下，公司如果参加百度竞价或淘宝直通车，应尽量多安排在流量高峰期。

案例 2：根据店铺的月访客数及转化率变化情况，优化上架商品种类、产品关键词设置等内容。

某店铺从 10 月 11 日起访客数快速增加，如图 6-18 所示，而转化率从 10 月 6 日开始呈快速下降的趋势，如图 6-19 所示。

通过对这两张图的对比分析可以发现，该店铺的访客数在 10 月份呈现快速上升趋势，而同期的转化率却急剧下降，这说明店铺的上架产品、产品关键词设置等方面出现了问题，应该及时进行调整与优化。具体操作可从以下几方面着手。

① 产品方面，选择应季时尚、款式好、性价比高的产品，并且每类产品只推广 1~2 款，其他产品适当做关联销售。

② 产品的关键词设置应精确，尽量与推广产品的目标客户搜索习惯及需求相一致。

③ 产品图片一定要清晰、美观、大气，产品描述一定要图文并茂，以提升产品的转化率。

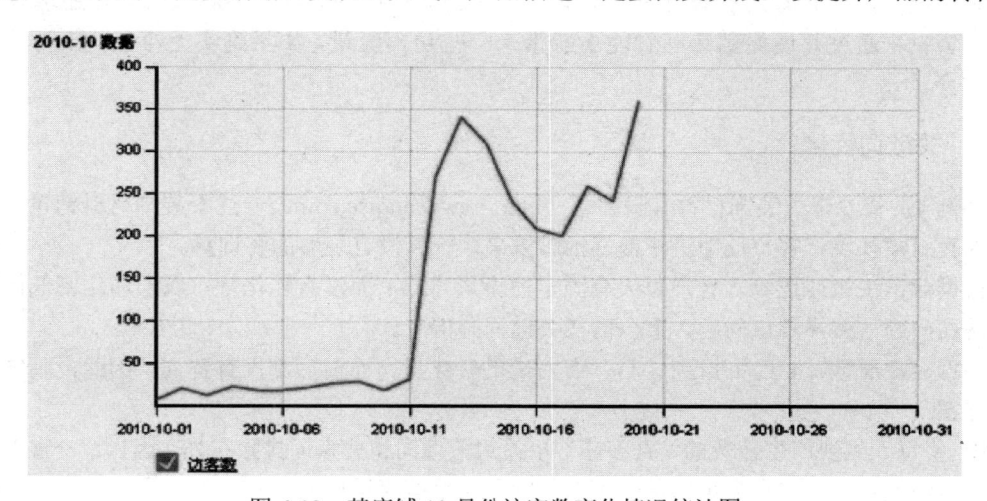

图 6-18　某店铺 10 月份访客数变化情况统计图

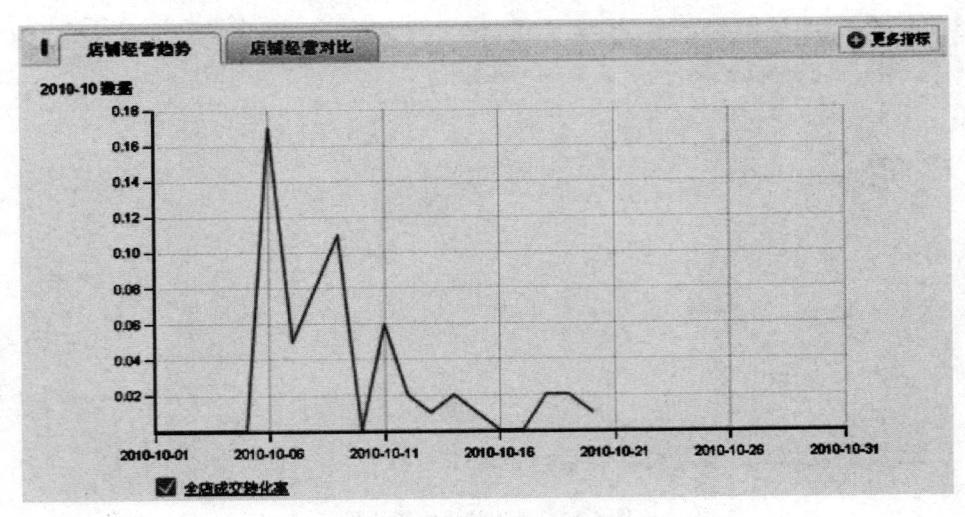

图 6-19　某店铺 10 月份转化率变化情况统计图

④ 用户对所购商品的评价尽量避免中差评，假如客户评了中差评，客服人员应尽量与客户沟通交流，让客户修改中差评。即使最后客户评了中差评，客服人员也应该给一个合乎情理的解释与回复，不能让不良信息不断发酵并持续扩散。

2．访问来源优化

案例 3： 在流量统计模块中，有一个关于访问来源的分析图，图中颜色越深，表示该区域访问者人数越多。针对访问来源的分析结果，应对公司的网络营销策略进行相应的调整。

① 对于访客比较集中的区域，可以单独针对这部分客户实施一些优惠促销活动，如包邮等，以提高转化率；也可以实施区域定向的百度竞价（或淘宝直通车）推广计划。

② 注意维护好这些区域老客户的关系，定期发送一些促销打折信息给这些老客户。

③ 对于颜色稍浅的访客稀少的区域地带，要认真研究为什么会缺少流量。如果是地域原本人烟稀少，或者是快递送不到的区域，可以暂时不管。如果是网站的内部设置有问题，就要去调整，比如查看运费设计是否合理等。另外，在网站（网店）测试阶段，还可以做一个包邮尝试，通过开展促销活动看能不能带来一些访问流量，如果确实无流量，该区域可以暂时放弃。

3．关键词优化

案例 4： 长沙奇色装饰材料有限公司（http://www.hnqise.com）专注于装饰材料销售，主营产品为真石漆外墙，客户反馈进行搜索推广以来，一直没有足够的咨询量。

根据营销决策树逻辑，客户每天有固定的流量导入，而没有转化量，属于转化率低问题，排除网站问题、咨询端口问题，重点落在关键词分析上。

根据客户反馈，4 月 1 日到 3 日，有对应的转化量，而前后都没有咨询。因此，制定以下优化方案。

① 将每天主要产生消费的"真石漆"相关的关键词和搜索词排除在外。因为，一直以来都有流量，但没咨询，存在变量的部分可以判断不在这些流量里面。

② 除去主要消费的关键词后，通过对产生咨询的前 3 天即 3 月 29 日到 31 日，以及后 3 天即 4 月 4 日到 6 日这一周期内的消费和点击数据进行对比分析，如图 6-20 所示，将 4

月 1 日到 3 日产生了咨询而之前之后没有咨询转化的全部关键词提取出来，将其中那些之前没有投放的关键词加到投放序列中，连同之前已经在投放序列并产生了咨询的关键词，一起进行提价排名。

图 6-20　关键词转化分析及提取优化

百度的匹配方式背后有着复杂的算法，每天都有可能产生很多有效或无效的搜索词匹配流量。因此，需要精细化的对比分析，找到那些有价值的流量进行推广，对无价值的进行否定处理。经过以上优化操作，咨询转化提升效果明显，并得到了客户积极反馈，如图 6-21 所示。

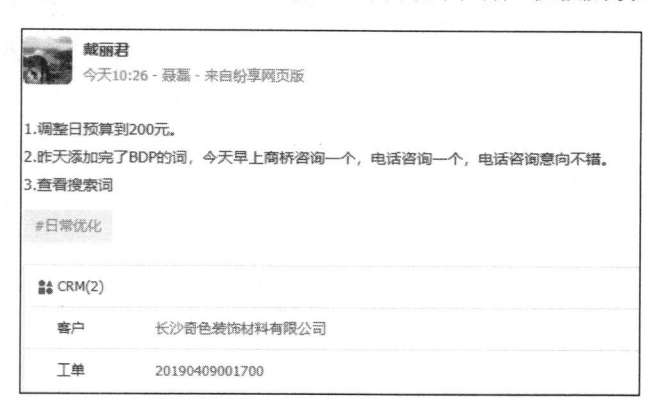

图 6-21　关键词优化后客户反馈

案例 5：图 6-22 是某淘宝店铺的访客关键词分析图，从中可以发现，4 号关键词相对其他关键词的展现量较高，点击量小，点击率低。针对此种情况，应该采取相应的优化策略。

① 优化主题图片：主图要清晰、突出特点；图片文案突出卖点；图片有创意，要适当制造购买紧迫感。

② 优化关键词标题：使标题更具吸引力，如特价包邮、打折促销等。

③ 优选推广产品：推广产品应选择具有高性价比的产品，从而使推广产品价格具吸引力。

④ 优化关键词：关键词的设计要最大限度地与产品目标客户的搜索习惯及需求一致。

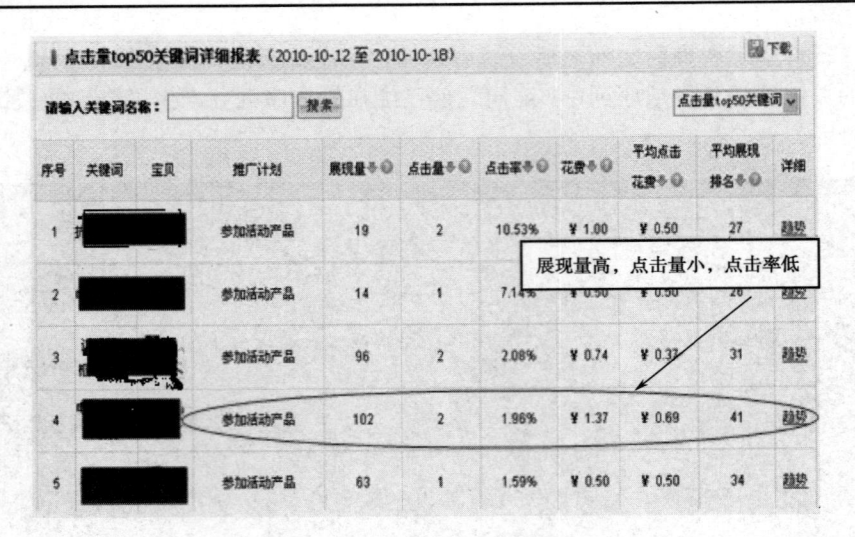

图 6-22 某淘宝店铺的访客关键词分析

4. 访客行为优化

案例 6：图 6-23 是某淘宝店铺的访客行为分析图，通过分析发现，店铺新访客数、转化率等关键指标均有大幅增长，可见近期的营销推广及店铺活动效果显著；而跳失率、人均浏览量等指标有一定程度下降，说明营销推广还需要进一步精准引流。

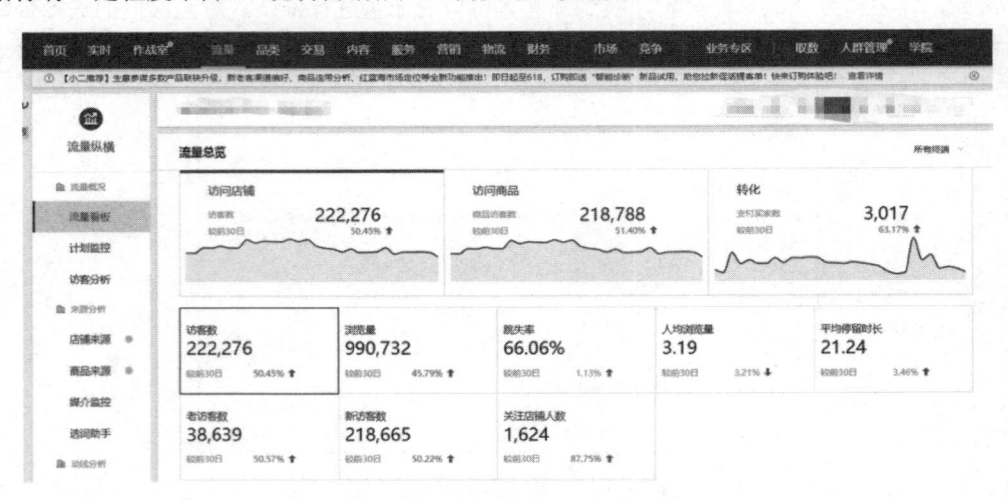

图 6-23 某淘宝店铺的访客行为分析图

5. 推广策略优化

网络营销定位及策略的制定，关键是帮助企业在具体业务或场景方面，做精细化分解，帮助企业做"减法"，越聚焦，越能够达成和实现营销目标。

案例 7：乐住智慧小区，在搜索引擎上主要投放的关键词为智慧小区、智能小区等价格为 800 元/天，为达成相对较好的投入产出比，又进行了每天 1 500 元的投放测试，但转化量并没有较大变化，下一步的投放遇到瓶颈无法突破。

通过分析发现，在投放过程中，核心转化的关键词智慧小区、智能小区，会因为同时需要面对两类人群而在不同的计划里面出现，对投放产生资源的拼抢，也无法针对性提炼出撰写创意，因此在策略上，需要细分客户的目标人群和业务，拆解为面向招商加盟的客户和面向终端直接采购的客户两类，构建独立的招商加盟的投放账户（规划开独立新户），建设专门的招商加盟的网站。根据客户对于招商加盟的策略，实施精细化的投放，从而突破原有的将招商加盟业务、终端直采业务混在一起带来的瓶颈制约。

案例 8：威胜电气一直主推高低压开关柜等强弱电成套设备，年消费不超过 3 万元，咨询量一直平稳，无法突破，对工业客户而言，投放对象细分，领域相对狭窄。突破转化瓶颈，就需要对威胜电气进行精细化拆解。通过与客户沟通，落实了威胜电气拥有在原来业务基础的光伏项目、电力后期运维服务等，因此，在策略上细分为光伏的项目计划、运维的项目计划，分别针对不同的人群，制定不同的着陆页承接。突破了流量的瓶颈后，就可以突破转化量的瓶颈。

对一个具体的网络营销平台，企业在网络营销定位上，要做减法、做聚焦，做到"一厘米的宽度，一公里的深度"；像一颗钉子扎进去，做深做透，就可以不断突破客户的服务深度和价值。

总之，网络营销效果评估与优化是一项复杂而又非常重要的系统工程。随着电子商务的飞速发展，网络营销必然会受到越来越多专业人士的青睐，评估与优化的手段也会不断创新与发展。

技能训练 6-1　网络访问数据分析与营销优化

某公司经过一段时间的搜索引擎推广后，进行了推广效果的分析，数据统计报表如图 6-24 所示，请根据报表统计的数据，按表格中的要求进行回答，并将答案填入表 6-1 中。

排名	来源名称	访客数	下单买家数	下单转化率
1	米粉	11,892	994	8.36%
2	米粉婴儿	11,321	898	7.93%
3	英氏	11,182	861	7.70%
4	英氏米粉	7,804	552	7.07%
5	米粉婴儿高铁	5,524	517	9.36%
6	英式	5,236	419	8.00%
7	米糊	5,064	356	7.03%
8	婴儿面条	4,696	446	9.50%
9	磨牙棒	4,635	578	12.47%
10	米销婴儿+无添加	4,058	506	12.47%

图 6-24　推广效果数据分析

表 6-1　数据分析和优化改进措施表

（1）请解释跳出率的含义	
答：	
（2）找出图 6-26 中跳出率低的排名前 5 的搜索词项，跳出率高的排名前 3 的搜索词项	
跳出率低：	跳出率高：
（3）分析跳出率低的搜索词项，你有何改进建议	
答：	
（4）分析跳出率高的搜索词项，你有何改进建议	
答：	

技能训练 6-2　淘宝店铺数据分析与营销优化

某淘宝店铺通过一段时间的推广后,通过淘宝的直通车报表、量子恒道统计、数据魔方等工具对数据进行了分析,相关的数据如图 6-25 所示。

①号折线是本店全店的支付转化率,②号折线是同行同层优秀支付转化率,③号折线是同行同层平均支付转化率。请分析本店的支付转化率较之本行业其他店铺如何?①号折线波动较大的可能原因是什么,应如何进行优化?

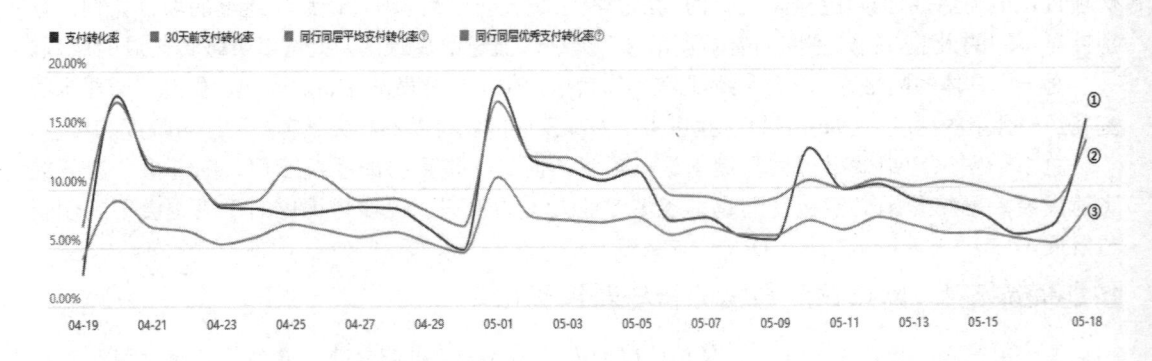

图 6-25　店铺经营转化率图

思考与练习

一、判断题

1．网络营销效果评估,就是对各种网络营销活动进行及时跟踪控制,以保证各种网络营销方法可以达到预期的效果,同时对网络营销方案的正确性和网络营销人员的工作绩效进行检验。（　）

2．绩效一般指员工或部门的工作结果,是对企业目标达成具有效益、具有贡献的部分。（　）

3．衡量网络营销推广效果的关键指标,对于不同企业、不同职责的人和不同渠道,都大体相同。（　）

4．网站的独立访问者数量,通常是按照访问者的独立 IP 来进行统计的,这一数据和真正的独立用户数量没有差别。（　）

5．无论网络营销方式多么复杂,营销推广目的不外两类:其一是品牌提升(如品牌知晓度、品牌美誉度、第一品牌提及、购买倾向等),其二是效果转化(如销售额、下载激活量、留言数等)。（　）

二、选择题

1．社群营销的效果评估指标主要包括（　　）。
　　A．社群成员数、活跃度、留存度
　　B．转化变现度(包括付费人员数量、卖货转化率、品牌影响力、分销参与度等)
　　C．复购率

D．软文曝光量、阅读量、点击量、点赞数、好评量
2．网站推广效果的评价指标主要包括（　　）。
    A．网站被主流搜索引擎收录　　　　B．整合性
    C．网站在主流搜索引擎中的排名　　D．获得其他相关网站链接的数量
3．网站访问量评价的主要指标有（　　）。
    A．UV 独立访客数　　　　　　　　B．PV 页面浏览量
    C．DV 网站访问深度　　　　　　　D．每个访问者平均页面浏览量
4．获取网站访问统计资料通常的方法有（　　）。
    A．通过在自己的网站服务器端安装统计分析软件来进行网站流量监测
    B．购买流量统计服务
    C．采用第三方提供的网站流量分析服务
    D．网站自动生成的流量统计服务
5．网络营销优化常用的工具包括（　　）。
    A．营销漏斗模型　　　　　　　　　B．SEM 优化决策树
    C．关键词分布曲线　　　　　　　　D．创意点信息库

三、简述题

1．网站流量分析的指标有哪些？
2．企业要提高网络用户对网站的回访率，可以采取哪些措施？

参考答案

参考文献

[1] 菲利普·科特勒，等. 营销管理[M]. 15 版. 王永贵，等. 译. 北京：中国人民大学出版社，2016.
[2] 昝辉. 网络营销实战密码——策略·技巧·案例[M]. 修订版. 北京：电子工业出版社，2013.
[3] 昝辉. SEO 实战密码——60 天网站流量提高 20 倍[M]. 3 版. 北京：电子工业出版社，2015.
[4] 聂磊. Linkdu-数字营销六力服务手册[内部资料]. 长沙：湖南领度信息技术有限公司，2019.
[5] 温潇. 论短视频的场景化营销[D]. 西安：西安工业大学，2018.
[6] 黄然然. 企业抖音账号的营销传播策略探究[J]. 传播力研究，2019(5).
[7] 徐创创. B2B 中小企业网络营销绩效评价指标体系研究[D]. 大连：大连理工大学，2008.
[8] 刘少宁. 基于用户需求的微信营销策略研究[D]. 济南：山东师范大学，2017.
[9] 刘依坤，李明. 移动电子商务的商业模式和关键技术分析[J]. 计算机技术与发展，2014(10).
[10] 古春杰. 移动电子商务发展趋势研究[J]. 电子商务，2015(05).
[11] 中国互联网络信息中心. 第 44 次中国互联网络发展状况统计报告. 2019.
[12] BCG，阿里研究院，等. 解读中国互联网特色[DB/OL]. 2017.
[13] BCG，阿里研究院，等. 中国互联网经济白皮书 2.0 [DB/OL]. 2019.
[14] 艾瑞咨询. 2019 年中国 KOL 营销策略白皮书[DB/OL]. 2019.
[15] 艾瑞咨询. 2019 年中国网络广告市场年度监测报告[DB/OL]. 2019.
[16] 艾瑞咨询. 2019 年中国品效合一营销趋势展望白皮书[DB/OL]. 2019.
[17] 艾瑞咨询. 2019 年中国网络广告市场年度监测报告[DB/OL]. 2019.
[18] 阿里数据，生意参谋. 2019 年内容营销 5A 度量衡白皮书[DB/OL]. 2019.
[19] 巨量引擎. 中小企业网络营销必备手册. 2019.
[20] 秒针系统. 2020 中国数字营销趋势报告[DB/OL]. 2020.